公路工程试验检测仪器设备计量校准指南

中国计量测试学会交通计量测试分会　组织编写

人民交通出版社股份有限公司
北　京

内 容 提 要

为普及计量基础知识,有效地指导公路工程试验检测仪器设备计量测试工作,中国计量测试学会交通计量测试分会组织有关单位编写了本书。本书分为三部分,第一部分介绍了计量基础知识;第二部分阐述了量值溯源的相关内容;第三部分从《公路工程试验检测仪器设备服务手册》中选择了42项仪器设备,同时在道路运输服务领域选择了1项采用在线校准方式实现计量测试的仪器设备——道路运输车辆车载卫星定位装置,共编写了43项仪器设备的计量测试作业指导书和测试记录表。

本书可作为公路工程实验室开展仪器设备计量测试工作的参考手册,可供从事计量测试工作的人员、实验室管理人员以及相关研究人员参考使用。

图书在版编目(CIP)数据

公路工程试验检测仪器设备计量校准指南 / 中国计量测试学会交通计量测试分会组织编写. — 北京 : 人民交通出版社股份有限公司, 2023.5

ISBN 978-7-114-18634-9

Ⅰ.①公… Ⅱ.①中… Ⅲ.①道路工程—检测仪表—计量管理—指南 Ⅳ.①U41-62

中国国家版本馆CIP数据核字(2023)第030123号

Gonglu Gongcheng Shiyan Jiance Yiqi Shebei Jiliang Jiaozhun Zhinan

书　　名: 公路工程试验检测仪器设备计量校准指南
著 作 者: 中国计量测试学会交通计量测试分会
责任编辑: 周　宇　潘艳霞
责任校对: 孙国靖　宋佳时
责任印制: 张　凯
出版发行: 人民交通出版社股份有限公司
地　　址: (100011)北京市朝阳区安定门外外馆斜街3号
网　　址: http://www.ccpcl.com.cn
销售电话: (010)59757973
总 经 销: 人民交通出版社股份有限公司发行部
经　　销: 各地新华书店
印　　刷: 北京市密东印刷有限公司
开　　本: 787 ×1092　1/16
印　　张: 29.5
字　　数: 516千
版　　次: 2023年5月　第1版
印　　次: 2023年5月　第1次印刷
书　　号: ISBN 978-7-114-18634-9
定　　价: 168.00元

《公路工程试验检测仪器设备计量校准指南》

编写审查组

组织编写单位：中国计量测试学会交通计量测试分会

编 写 人 员：刘　璐　王子彬　彭　璐　孙小男　李铁军
林志丹　张建军　朱木峰　刘宜锬　赵小彦
赵向敏　袁　媛　孙　寅　杨志煜　徐　屹
段　达　孟庆生　邹存平　施旭东　李　廷
王　刚　王　俊　马立奇　毛菊良　袁若浩
刘光焰　赵品余　罗利华　黄维蓉　唐　波
朱园园　郭鸿博　黄崇刚　王锦清　屈煜伟
张晓宇　查　庆　李小林　何　凡　吴耀宗
李　钰　岳雪荣　李　婷　朱　军　沈　超
孙　满　袁　鑫　陶云芳　王　静　魏　强
杨昱衡　高绿林　徐瑞芳　赵晓川　刘　倡
孙马驰　朱建勇　史海波　吴秀固　裴海燕

审 查 人 员：何 勇 罗 翥 窦光武 沈小俊 胡建福
薛忠军 张洪伟 卢世军 王 勤 李 斌
王永红 张武毅 杨晓明 温晓凯 宿 静
刘仕顺 付建村 李 蒙 吴佳晔 张新越
周毅姝 陈建友 张建山 王海燕 侯海元
张 涛 和 松 谭 华 苏文英 张伟强
梁 勇 郭洪涛 司炳军 胡晓波 丁 伟
刘肖云 贾广伟 李建军 毋 刚

前　言

交通运输是国民经济中基础性、先导性、战略性产业和重要的服务性行业，是现代化经济体系的重要组成部分，是构建新发展格局的重要支撑和服务人民美好生活、促进共同富裕的坚实保障。"十四五"时期是建设交通强国的重要阶段，《国家"十四五"规划纲要》为"十四五"时期交通运输的高质量发展指明了方向。量值定义世界、精准改变未来。计量是认识世界、改造世界的工具，同时也是国家核心竞争力的重要标志。在科技迅速发展和经济日益全球化的今天，计量被赋予新的内涵和使命，成为国家核心竞争力的重要标志之一。从衣食住行到经济建设，乃至国防外交，计量不仅是控制质量、提升质量、创造更高质量的基础，也是经济运行、社会发展的保障。当然，交通运输高质量发展也一样离不开计量的支撑作用。

根据《中华人民共和国计量法》和相关法律法规的规定，试验检测仪器设备应依法进行计量管理。部门计量检定规程是试验检测仪器设备进行有效量值溯源的基础，根据《公路工程试验检测仪器设备服务手册》，公路工程试验检测所用的专用仪器设备有225种，其中已有部门计量检定规程仅97种，因此，如何快速解决剩余128种设备有效量值溯源的问题，是整个行业面临的难题。本书选择部分仪器设备开展计量技术研究，为部门计量检定规程的制定做好技术储备。

本书分为三部分，第一部分介绍了计量基础知识；第二部分阐述了量值溯源的相关内容；第三部分从《公路工程试验检测仪器设备服务手册》中选择了42项仪器设备，同时在道路运输服务领域选择了1项采用在线校准方式实现计量测试的仪器设备——道路运输车辆车载卫星定位装置，共编写了43项仪器设备的计量测试作业指导书和测试记录表。

由于编者水平有限，时间仓促，本书中的观点和内容难免有欠妥和错误之处，敬请大家在使用过程中根据情况灵活掌握和应用，及时将意见与建议反馈至交通运输部公路科学研究院（地址：北京市海淀区西土城路8号院公路院，邮政编码：100088，电子邮箱：lu. liu@ rioh. cn，联系电话：010-62079861），以便于进一步修改与完善。

作　者

2022年12月

目　　录

第1篇　计量基础知识

第2篇 量值溯源

第3篇 作业指导书

第1篇

计量基础知识

1 概 述

1.1 什么是计量

自然界的一切现象或物质,都是通过一定的“量”来描述和体现的。也就是说,“量是现象、物体或物质的特性,其大小可用一个数和一个参照对象表示”。因此,要认识大千世界和造福人类,就必须对各种“量”进行分析和确认,既要区分量的性质,又要确定其量值。计量正是达到这种目的的重要手段之一。从广义上说,计量是对“量”的定性分析和定量确认的过程。

计量是实现单位统一、量值准确可靠的活动。计量学是关于测量的科学,它涵盖测量理论和实践的各个方面,而不论测量的不确定度如何,也不论测量是在哪个领域中进行的。为了经济而有效地满足社会对测量的需要,应从法制、技术和管理等方面开展计量管理工作。

在相当长的历史时期内,计量的对象主要是物理量。在历史上,计量被称为度量衡,即指长度、容积、质量的测量,所用的器具主要是尺、斗、秤。中国古代用人体的某一部分或其他的天然物体、植物的果实作为计量标准,如“布手知尺”“掬手为升”“取权为重”“过步定亩”“滴水计时”来进行计量活动。随着科技、经济和社会的发展,计量的对象逐渐扩展到工程量、化学量、生理量,甚至心理量。与此同时,计量的内容也在不断地扩展和充实,现代计量的内容通常概括为六个方面:

(1)计量单位与单位制;

(2)计量器具(或测量仪器),包括实现或复现计量单位的计量基准、标准与工作计量器具;

(3)量值传递与溯源,包括检定、校准、测试、检验与检测;

(4)物理常量、材料与物质特性的测定;

(5)测量不确定度、数据处理与测量理论及其方法;

(6)计量管理,包括计量保证与计量监督等。

1.2 计量的分类

计量涉及社会的各个领域。国际上有一种观点，按计量的社会功能，把计量大致分为三个组成部分，即法制计量、科学计量、工业计量（又称工程计量），分别代表以政府为主导的计量社会事业、计量的基础和计量应用三个方面。

(1)法制计量是指为满足法定要求，由有资格的机构进行的涉及测量、测量单位、测量仪器、测量方法和测量结果的计量活动，它是计量学的一部分。法制计量的内容主要包括：计量立法、统一计量单位、测量方法、计量器具和测量结果的控制、法定计量检定机构及测量试验室管理等。计量立法包括：国家计量法的制定、计量法规和规章的制定以及各种计量技术法规的制定。统一计量单位要求强制推行法定计量单位。测量方法和计量器具的控制包括：计量器具的型式批准、许可制度、强制检定（首次检定和后续检定）、计量器具的检查等。测量结果和有关计量技术机构的管理包括：定量包装商品量的管理、对校准和检测实验室的要求。法制计量是政府行为，是政府的职责。

(2)科学计量是科技和经济发展的基础，也是计量的基础，它是指基础性、探索性、先行性的计量科学研究，它通常采用最新的科技成果来准确定义和实现计量单位，并为最新的科技发展提供可靠的测量基础。科学计量是计量技术机构的主要任务，包括计量单位与单位制的研究、计量基准与标准的研制、物理常数与精密测量技术的研究、量值传递和量值溯源系统的研究、量值比对方法与测量不确定度的研究。当然也包括对测量原理、测量方法、测量仪器的研究，以解决有关领域准确测量的问题，开展动态、在线、自动、综合测量技术的研究，开展新的科学领域中量值溯源方法的研究，提高测量人员测量能力的研究，联系生产实际开展与提高工业竞争能力有关的计量测试课题的研究，以及涉及法制计量和计量管理的研究等。科学计量是实现单位统一量值准确可靠的重要保障。

(3)工业计量，又称工程计量，是指各种工程、工业、企业中的实用计量。“工业计量”的含义具有广义性，并不是指单纯的工业领域，广义的是指除了科学计量、法制计量以外的其他计量测试活动，它是涉及应用领域的计量测试活动的统称，涉及社会生活的各个领域，在生产和其他各种过程中的应用计量技术均属于工业计量的范畴。工业计量一词是我国对这些计量测试活动的一种习惯用语，涉及建立企业计量检测体系，开展各种计量测试活动，建立校准、测试服务市场，发展仪器仪表产业等方面。随着产品技术含量提高和复杂性的增大，为保证经济贸易全球化所必需的一致性和互换性，它已成为生产过程控制不可缺少的环节。

计量属于国家的基础事业,它不仅为科学技术、国民经济和国防建设的发展提供技术基础,而且有利于最大限度地减少商贸、医疗、安全等诸多领域的纠纷,维护消费者权益。

1.3 计量的特点

计量的特点可以概括地归纳为准确性、一致性、溯源性和法制性四个方面。

(1)准确性是指测量结果与被测量真值的一致程度。由于实际上不存在完全准确无误的测量,与测量结果相联系的必然是反映测量质量的、适用于应用目的或实际需要的不确定度。从这个意义上说,计量是与测量结果置信度有关的、与不确定度评定联系在一起的规范化的测量。因此在给出量值的同时,必须给出适应于应用目的或实际需要的不确定度或误差范围,否则,所进行的测量的质量就无从判断,量值也就不具备充分的社会实用价值。所谓量值的准确,即是在一定的不确定度、误差极限或允许误差范围内的准确。

(2)一致性是指在计量单位统一的基础上,无论何时、何地,采用何种方法,使用何种计量器具,以及由何人测量,只要符合有关的要求,其测量结果应在给定的区间内一致。也就是说,测量结果应该是可重复、可再现(复现)、可比较的。

(3)溯源性是指任何一个测量结果或计量标准的量值,都能通过一条具有规定不确定度的连续比较链与计量基准联系起来,使所有的同种量值都可以按照这条比较链通过校准向测量的源头追溯,也就是溯源到同一计量基准(国家基准或国际基准),使准确性和一致性得到技术保证。如果量值出于多源或多头,必然会在技术上和管理上造成混乱。假设我国和美国的测量标准没有溯源到同一国际标准,势必造成两国测量结果没有可比性,致使不能实现互认,从而给经济贸易和技术交流等带来障碍,可见量值溯源是测量数据可信性的基础。

(4)法制性源于计量的社会性。量值的准确可靠不仅依赖于科学技术手段,还要有相应的法律、法规、规范和行政监督管理。特别是对国计民生有明显影响,涉及公众利益和可持续发展,或者需要特殊信任的领域,必须由政府部门主导建立起法制保障,否则,量值的准确性、一致性和溯源性就不可能实现,计量的作用也难以发挥。

通过计量特性的分析可见,计量不同于一般的测量。测量是以确定量值为目的的操作,一般不具备、也不必具备计量的四个特性。所以,计量又严于一般的测量。

1.4 测量结果的评定与表示

近年来国际上普遍引入测量不确定度的概念,对测量结果的水平或质量进行评定。《检测和校准实验室能力的通用要求》(ISO/IEC 17025:2017)中指明,校准实验室出具的每份证书或报告,都应包括有关测量结果不确定度评定的说明;在检测实验室出具的检测报告中,必要时也应予以说明。

如何正确、统一地表达校准结果的可靠程度,是计量学中的一个十分重要的问题。

1993 年,ISO(国际标准化组织)以 7 个国际组织的名义出版了《测量不确定度表示指南》*Guide to the Expression of Uncertainty in Measurement*,简称 GUM(第 1 版),1995 年又做了修改。

GUM 是国际计量界总结大量测量实践和误差理论研究的重要成果,对测量不确定度的定义、概念、评定方法和报告的表达方式等都做了明确的统一规定。它代表了当时国际上表示测量结果及其不确定度的约定做法,从而使不同国家、不同地区、不同学科、不同领域,在表示测量结果及其不确定度时具有一致的含义和认同,各有关方面都重视并采用实施。我国原国家质量技术监督局组织计量专家对 GUM 深入研究和探讨,原则上等同采用 GUM 的基本内容,并于 1999 年 1 月批准发布了适合中国国情的《测量不确定度评定与表示》(JJF 1059—1999),并从 1999 年 5 月起施行。

随着不确定度理论的进一步发展,国际上于 2007 年又发布了《国际通用计量学基本名词》*International vocabulary of basic and general terms in metrology*,简称 VIM(第 3 版,2008)和新版的 GUM,即 ISO/IEC Guide98-3:2008(GUM)及其附件 1《用蒙特卡洛法传播概率分布》。我国也于 2011 年和 2012 年发布了与这两个文件相应的新版本,即《通用计量术语和定义》(JJF 1001—2011)和《测量不确定度评定与表示》(JJF 1059.1—2012)。《用蒙特卡洛法评定测量不确定度》(JJF 1059.2—2012)则作为《测量不确定度评定与表示》(JJF 1059.1—2012)的补充件,同样于 2012 年发布。

2 计量常用术语

统一计量学基本术语，对于形成计量界的共同语言、开展学术交流和普及计量知识、正确评价测量结果、实现法制计量管理规范化，都是十分重要的。

为了使计量学通用的基本名词在国际范围内得到统一理解，国际计量局、国际电工委员会、国际标准化组织、国际法制计量组织等8个国际组织组成计量导则联合委员会(JCGM)起草《国际通用计量学基本名词》*International vocabulary of basic and general terms in metrology*，并于2007年正式通过，主要包括量和单位、测量、测量结果、测量器具、测量器具的特性、测量基准标准6章共计138条词目。现已成为《ISO/IEC 导则99:2007》，名称变更为《国际计量学词汇——基础和通用概念及相关术语》*International vocabulary of metrology—Basic and general concepts and associated terms*，简称VIM。文本出版以后，在国际上得到广泛采用，在统一计量术语和概念方面发挥了积极作用。

国家计量技术规范《通用计量术语及定义》(JJF 1001—1998)，经原国家质量技术监督局于1998年9月16日批准，并自1999年3月1日起试行。对于“计量”和“测量”这两个容易混淆的名词，科学地界定了不同的含义；考虑到实施现行计量法律、法规的实际需要，约定计量单位与测量单位，计量器具与测量仪器，计量基准、标准与测量标准分别为三组同义术语，标准物质与参考物质也是同义术语，使以往出现的种种矛盾迎刃而解。

《通用计量术语及定义》(JJF 1001—2011)是《通用计量术语及定义》(JJF 1001—1998)的修订，修订中保持了JJF 1001—1998的章节。术语中的定义原则上与VIM和《国际法制计量术语汇编》(修订版，2009)(*International vocabulary of terms in legal metrology*，简称VIML保持一致，并根据我国的国情做了适当调整或文字处理，并且通过增加注解使词条更加易懂。该规范规定了计量工作中常用概念的术语及其定义，适用于计量领域各项工作。

1)校准 calibration

在规定条件下的一组操作，其第一步是确定由测量标准提供的量值与相应示值之间的关系，第二步则是用此信息确定由示值获得测量结果的关系，这里测量标准提供的量值与相应示值都具有测量不确定度。

注:

(1)校准可以用文字说明、校准函数、校准图、校准曲线或校准表格的形式表示。某些情况下,可以包含示值的具有测量不确定度的修正值或修正因子。

(2)校准不应与测量系统的调整(常被错误称作的"自校准")相混淆,也不应与校准的验证相混淆。

(3)通常,只把上述定义中的第一步认为是校准。

2)检测 testing

对给定产品,按照规定程序确定某一种或多种特性、进行处理或提供服务所组成的技术操作。

3)测量仪器的监督检查 inspection of a measuring instrument

为验证使用中的测量仪器符合要求所作的检查。

注:检查项目一般包括:检定标记和/或检定证书有效性,封印是否被损坏,检定后测量仪器是否遭受到明显改动,其误差是否超过使用中的最大允许误差。

4)法制计量 legal metrology

为满足法定要求,由有资格的机构进行的涉及测量、测量单位、测量仪器、测量方法和测量结果的计量活动,它是计量学的一部分。

5)法定计量单位 legal unit of measurement

国家法律、法规规定使用的测量单位。

6)法定计量机构 service of legal metrology

负责在法制计量领域实施法律或法规的机构。

注:法定计量机构可以是政府机构,也可以是国家授权的其他机构。其主要任务是执行法制计量控制。

7)测量仪器的检定 verification of a measuring instrument

简称计量检定(metrological verification)或检定(verification)

查明和确认测量仪器符合法定要求的活动,它包括检查、加标记和/或出具检定证书。

注:在 VIM 中,将"提供客观证据证明测量仪器满足规定的要求"定义为验证(verification)。

8)首次检定 initial verification

对未被检定过的测量仪器进行的检定。

9)后续检定 subsequent verification

测量仪器在首次检定后的一种检定,包括强制周期检定和修理后检定。

10)强制周期检定 mandatory periodic verification

根据规程规定的周期和程序,对测量仪器定期进行的一种后续检定。

11)检定证书 verification certificate

证明计量器具已经检定并符合相关法定要求的文件。

12)计量确认 metrological confirmation

为确保测量设备处于满足预期使用要求的状态所需要的一组操作。

注:

(1)计量确认通常包括:校准和验证、各种必要的调整或维修及随后的再校准、与设备预期使用的计量要求相比较以及所要求的封印和标签。

(2)只有测量设备已被证实适合于预期使用并形成文件,计量确认才算完成。

(3)预期使用要求包括:测量范围、分辨力、最大允许误差等。

(4)计量要求通常与产品要求不同,并不在产品要求中规定。

13)溯源等级图 hierarchy scheme

一种代表等级顺序的框图,用以表明测量仪器的计量特性与给定量的测量标准之间的关系。

注:溯源等级图是对给定量或给定类别的测量仪器所用比较链的一种说明,以此作为其溯源性的证据。

14)实验室认可 laboratory accreditation

对校准和检测实验室有能力进行特定类型校准和检测所做的一种正式承认。

15)能力验证 proficiency testing

利用实验室间比对确定实验室的检定、校准和检测的能力。

16)期间核查 intermediate checks

根据规定程序,为了确定计量标准、标准物质或其他测量仪器是否保持其原有状态而进行的操作。

17)量值 quantity value

全称量的值(value of a quantity),简称值(value)

例:

用数和参照对象一起表示的量的大小。

(1)给定杆的长度:5.34m 或 534cm;

(2)给定物体的质量:0.152kg 或 152g;

(3)给定弧的曲率:$112m^{-1}$;

(4)给定样品的摄氏温度：-5℃；

(5)在给定频率上给定电路组件的阻抗(其中 j 是虚数单位)：$(7+3j)\Omega$；

(6)给定玻璃样品的折射率：1.52；

(7)给定样品的洛氏C标尺硬度(150kg负荷下)：43.5HRC(150kg)；

(8)铜材样品中镉的质量分数：3μg/kg或 3×10^{-9}；

(9)水样品中溶质 Pb^{2+} 的质量摩尔浓度：1.76mmol/kg；

(10)在给定血浆样本中任意镥亲菌素的物质的量浓度(世界卫生组织国际标准80/552)：50国际单位/I。

注：

(1)根据参照对象的类型，量值可表示为：一个数和一个测量单位的乘积[见例(1)~(5)、例(8)和例(9)]，量纲为一，测量单位1，通常不表示[见例(6)和例(8)]；一个数和一个作为参照对象的测量程序[见例(7)]；一个数和一个标准物质[见例(10)]。

(2)数可以是复数[见例(5)]。

(3)一个量值可用多种方式表示[见例(1)例(2)和例(8)]。

(4)对向量或张量，每个分量有一个量值。

作用在给定质点上的力用笛卡尔坐标分量表示，见式(1-1-1)

$$(F_x:F_y:F_z)=(-31.5:43.2:17.0)N \tag{1-1-1}$$

18)计量 metrology

实现单位统一、量值准确可靠的活动。

19)计量学 metrology

测量及其应用的科学。

注：计量学涵盖有关测量的理论及其不论其测量不确定度大小的所有应用领域。

20)测量仪器 measuring instrument

计量器具 measuring instrument

单独或与一个或多个辅助设备组合，用于进行测量的装置。

注：

(1)一台可单独使用的测量仪器是一个测量系统。

(2)测量仪器可以是指示式测量仪器，也可以是实物量具。

21)实物量具 material measure

具有所赋量值，使用时以固定形态复现或提供一个或多个量值的测量仪器。

例：标准砝码；容积量器(提供单个或多个量值，带或不带量的标尺)；标准电阻器；

线纹尺;量块;标准信号发生器;有证标准物质。

注:

(1)实物量具的示值是其所赋的量值。

(2)实物量具可以是测量标准。

22)测量设备 measuring equipment

为实现测量过程所必需的测量仪器、软件、测量标准、标准物质、辅助设备或其组合。

23)标称示值区间 nominal indication interval(VIM4.4)

简称标称区间(nominal interval)当测量仪器或测量系统调节到特定位置时获得并用于指明该位置的、化整或近似的极限示值所界定的一组量值。

注:

(1)标称示值区间通常以它的最小和最大量值表示,例如100V~200V。

(2)在某些领域,此术语也称"标称范围(nominal range)"。

(3)在我国,此术语也简称"量程(span)"。

24)标称量值 nominal quantity value(VIM4.6)

简称标称值(nominal value)。测量仪器或测量系统特征量的经化整的值或近似值,以便为适当使用提供指导。

例:

(1)标在标准电阻上的量值:100Ω;

(2)标在单刻度量杯上的量值:1000mL;

(3)盐酸溶液 HCl 的物质的量浓度:0.1mol/L;

(4)恒温箱的温度为-20℃。

注:"标称量值"和"标称值"不要与"标称特性值"相混淆。

25)测量区间 measuring interval(VIM4.7)

又称工作区间(working interval)。在规定条件下,由具有一定的仪器不确定度的测量仪器或测量系统能够测量出的一组同类量的量值。

注:

(1)在某些领域,此术语也称"测量范围(measuring range)或工作范围(working range)"。

(2)测量区间的下限不应与检测限相混淆。

26)参考工作条件 reference operating condition(VIM4.11)

简称参考条件(reference condition)。为测量仪器或测量系统的性能评价或测量结果的相互比较而规定的工作条件。

注：

(1)参考条件通常规定了被测量和影响量的量值区间。

(2)在 IEC 60050-300 第 311-06-02 条款中，术语“参考条件”是指仪器测量不确定度为最小可能值时的工作条件。

27)测量系统的灵敏度 sensitivity of a measuring system(VIM4.12)

简称灵敏度(sensitivity)。测量系统的示值变化除以相应的被测量值变化所得的商。

注：

(1)测量系统的灵敏度可能与被测量的量值有关。

(2)所考虑的被测量值的变化必须大于测量系统的分辨力。

28)显示装置的分辨力 resolution of a displaying device

能有效辨别地显示示值间的最小差值。

29)示值误差 error of indication

测量仪量示值与对应输入量的参考量值之差。

30)测量标准 measurement standard，etalon(VIM5.1)

具有确定的量值和相关联的测量不确定度，实现给定量定义的参照对象。

例：

(1)具有标准测量不确定度为 3μg 的 1kg 质量测量标准；

(2)具有标准测量不确定度为 1μΩ 的 100Ω 测量标准电阻器；

(3)具有相对标准测量不确定度为 2×10^{-15}的铯频率标准；

(4)量值为 7.072，其标准测量不确定度为 0.006 的氢标准电极；

(5)每种溶液具有测量不确定度的有证量值的一组人体血清中的可的松参考溶液；

(6)对 10 种不同蛋白质中每种的质量浓度提供具有测量不确定度的量值的有证标准物质。

注：

(1)在我国，测量标准按其用途分为计量基准和计量标准。

(2)给定量的定义可通过测量系统、实物量具或有证标准物质复现。

(3)测量标准经常作为参照对象用于为其他同类量确定量值及其测量不确定度。通过其他测量标准、测量仪器或测量系统对其进行校准，确立其计量溯源性。

(4)这里所用的“实现”是按一般意义说的。“实现”有三种方式：一是根据定义，物理实现测量单位，这是严格意义上的实现；二是基于物理现象建立可高度复现的测量标准,它不是根据定义实现的测量单位,所以称“复现”,如使用稳频激光器建立米的测量标准,利用约瑟夫森效应建立伏特测量标准或利用霍尔效应建立欧姆测量标准;三是采用实物量具作为测量标准,如1kg的质量测量标准。

(5)测量标准的标准测量不确定度是用该测量标准获得的测量结果的合成标准不确定度的一个分量。通常,该分量比合成标准不确定度的其他分量小。

(6)量值及其测量不确定度必须在测量标准使用的同时确定。

(7)几个同类量或不同类量可由一个装置实现,该装置通常也称测量标准。

(8)术语“测量标准”有时用于表示其他计量工具,例如“软件测量标准”(见ISO 5436-2)。

31)国际测量标准 international measurement standard

由国际协议签约方承认的并旨在世界范围使用的测量标准。

例:

(1)国际千克原器;

(2)绒(毛)膜促性腺激素,世界卫生组织(WHO)第4国际标准1999,75/589,650每安瓿的国际单位;

(3)VSMOW2(维也纳标准平均海水)由国际原子能机构(IAEA)为不同种稳定同位素物质的量比率测量而发布。

32)国家测量标准 national measurement standard

简称国家标准(national standard)。经国家权威机构承认,在一个国家或经济体内作为同类量的其他测量标准定值依据的测量标准。

注:在我国称计量基准或国家计量标准。

33)原级测量标准 primary measurement standard(VIM5.4)

简称原级标准(primary standard)。使用原级参考测量程序或约定选用的一种人造物品建立的测量标准。

例:

(1)物质的量浓度的原级测量标准由将已知物质的量的化学成分溶解到已知体积的溶液中制备而成。

(2)压力的原级测量标准基于对力和面积的分别测量。

(3)同位素物质的量比率测量的原级测量标准通过混合已知物质的量的规定的同位素制备而成。

(4)水的三相点瓶作为热力学温度的原级测量标准。

(5)国际千克原器是一个约定选用的人造物品。

34)次级测量标准 secondary measurement standard(VIM5.5)

简称次级标准(secondary standard)。通过用同类量的原级测量标准对其进行校准而建立的测量标准。

注:

(1)次级测量标准与原级测量标准之间的这种关系可通过直接校准得到,也可通过一个经原级测量标准校准过的媒介测量系统对次级测量标准赋予测量结果。

(2)通过原级参考测量程序按比率给出其量值的测量标准是次级测量标准。

35)参考测量标准 reference measurement standard (VIM5.6)

简称参考标准 reference standard

在给定组织或给定地区内指定用于校准或检定同类量其他测量标准的测量标准。

注:在我国,这类标准称为计量标准。

36)工作测量标准 working measurement standard(VIM5.7)

简称工作标准(working standard)。用于日常校准或检定测量仪器或测量系统的测量标准。

注:工作测量标准通常用参考测量标准校准或检定。

37)传递测量装置 transfer measurement device(VIM5.9)

简称传递装置(transfer device)。在测量标准比对中用作媒介的装置。

注:有时用测量标准作为传递装置。

38)计量溯源性 metrological traceability

通过文件规定的不间断的校准链,测量结果与参照对象联系起来的特性,校准链中的每项校准均会引入测量不确定度。

注:

(1)本定义中的参照对象可以是实际实现的测量单位的定义,或包括无序量测量单位的测量程序,或测量标准。

(2)计量溯源性要求建立校准等级序列。

(3)参照对象的技术规范必须包括在建立等级序列时所使用该参照对象的时间,以及关于该参照对象的任何计量信息,如在这个校准等级序列中进行第一次校准的时间。

(4)对于在测量模型中具有一个以上输入量的测量,每个输入量本身应该是经过计量溯源的,并且校准等级序列可形成一个分支结构或网络。为每个输入量建立计量溯源性所作的努力应与对测量结果的贡献相适应。

(5)测量结果的计量溯源性不能保证其测量不确定度满足给定的目的,也不能保证不发生错误。

(6)如果两个测量标准的比较用于检查,必要时用于对量值进行修正,以及对其中一个测量标准赋予测量不确定度时,测量标准间的比较可看作一种校准。

(7)两台测量标准之间的比较,如果用于对其中一台测量标准进行核查以及必要时修正量值并给出测量不确定度,则可视为一次校准。

(8)国际实验室认可合作组织(ILAC)认为确认计量溯源性的要素是向国际测量标准或国家测量标准的不间断的溯源链、文件规定的测量不确定度、文件规定的测量程序、认可的技术能力、向SI的计量溯源性以及校准间隔。

(9)"溯源性"有时是指"计量溯源性",有时也用于其他概念,诸如"样品可追溯性""文件可追溯性"或"仪器可追溯性"等,其含义是指某项目的历程("轨迹")。所以,当有产生混淆的风险时,最好使用全称"计量溯源性"。

39)参考物质 reference material(RM),又称标准物质

具有足够均匀和稳定的特定特性的物质,其特性被证实适用于测量中或标称特性检查中的预期用途。

注:

(1)标称特性的检查提供一个标称特性值及其不确定度。该不确定度不是测量不确定度。

(2)赋值或未赋值的标准物质都可用于测量精密度控制,只有赋值的标准物质才可用于校准或测量正确度控制。

(3)"标准物质"既包括具有量的物质,也包括具有标称特性的物质。

例:

(1)具有量的标准物质举例:

①给出了纯度的水,其动力学黏度用于校准黏度计;

②含胆固醇但没有其物质的量浓度赋值的人血清,仅用作测量精密度控制;

③阐明了所含二噁英的质量分数的鱼尾形纸巾,用作校准物。

(2)具有标称特性的标准物质举例:

①一种或多种指定颜色的色图;

②含有特定的核酸序列的DNA化合物;

③含有19-雄(甾)烯二酮的尿。

④标准物质有时与特制装置是一体化的。

例:

(1)三相点瓶中已知三相点的物质。

(2)置于透射滤光器支架上已知光密度的玻璃。

(3)安放在显微镜载玻片上尺寸一致的小球。

(4)有些标准物质的量值计量溯源到SI制外的某个测量单位。这类物质包括量值溯源到由世界卫生组织指定的国际单位(IU)的疫苗。

(5)在某个特定测量中,所给定的标准物质只能用于校准或质量保证两者中的一种用途。

(6)对标准物质的说明应包括该物质的追溯性,指明其来源和加工过程。

(7)国际标准化组织/标准物质委员会有类似定义,但采用术语"测量过程"意指"检查",它既包含了量的测量,也包含了标称特性的检查。

40)有证标准物质 certified reference material(CRM)

附有由权威机构发布的文件,提供使用有效程序获得的具有不确定度和溯源性的一个或多个特性量值的标准物质。

例:在所附证书中,给出胆固醇浓度赋值及其测量不确定度的人体血清,用作校准器或测量正确度控制的物质。

注:

(1)"文件"是以"证书"的形式给出,见ISO Guide31:2000。

(2)有证标准物质制备和颁发证书的程序是有规定的,例如ISO Guide 34和ISOGuide 35。

(3)在定义中,"不确定度"包含了测量不确定度和标称特性值的不确定度两个含义,这样做是为了一致和连贯。"溯源性"既包含量值的计量溯源性,也包含标称特性值的追溯性。

(4)"有证标准物质"的特定量值要求附有测量不确定度的计量溯源性。

3 测量、测量结果与测量不确定度

3.1 测量

测量是“通过实验获得并可合理赋予某量一个或多个量值的过程”。测量给出某物的属性,告诉我们某物体有多重、或多长、或多热等,即告诉我们量值有多大。测量是通过尺子、秒表、衡器、温度计等测量仪器实现的。测量意味着量的比较并包括实体的计数,测量的先决条件是对测量结果预期用途相适应的量的描述、测量程序以及根据规定测量程序(包括测量条件)进行操作的校准的测量系统。被测量的测量结果通常由数和测量单位两部分组成,他们构成了量值,如被测量身高 1.8m,数是 1.8,测量单位是 m。

3.2 测量结果

测量结果是“与其他有用的相关信息一起赋予被测量的一组量值”。即,通过测量所得到的,属于被测量或认作被测量的值。测量结果通常包含这组量值的“相关信息”,诸如某些可以比其他方式更能代表被测量的信息,它可以概率密度函数(PDF)的方式表示。

使用这一术语时,如有必要,应表明它是示值、未修正测量结果或已修正测量结果,还应表明是否已对若干个测量结果进行了平均,即它是由单次测量所得,还是由多次测量所得。对于前者,测得值就是测量结果;对于后者,测得值的算术平均值才是测量结果。在不会引起混淆的情况下,有时也称测得值为测量结果。

测量结果是被测量的最佳估计值,而不是真值。通常人们通过多次测量并取其算术平均值作为“被测量之值”的最佳估值。完整表述测量结果时,必须同时给出不确定度。必要时还应说明测量所处的条件,或影响量的取值范围。

3.3 误差

3.3.1 测量误差

测得的量值减去参考量值。

测量误差 = 测得的量值 - 参考量值

由定义可知误差是两个量值之差,即误差表示的是一个差值,而不是区间。当测得的量值大于参考量值时误差为正值,当测得的量值小于参考量值时误差为负值。因此,误差不应当以“±”号的形式出现。

有时测量误差以相对形式给出。

相对误差 = (测得的量值 - 参考量值)/参考量值 × 100%

[前面已经将“真值”按《通用计量术语及定义》(JJF 1001—2011)中5.3修改为“参考量值”,所以不必提“真值”。]必须区分误差和粗差。粗差造成测量结果中的异常值,往往是由测量过程中不可重复的突发事件引起的。显然,它们不可能被定量地描述,也不能成为测量不确定度的一个分量。在计算测量结果和进行测量不确定度评定之前必须按一定规则将粗差或异常值剔除。

3.3.2 示值误差

测量仪器示值与对应输入量的参考量值之差。

确定示值误差的大小,是为了判定测量仪器是否合格,或获得其示值的修正值。在多数情况下,校准的目的就是为了确定示值误差,从而对其示值进行修正;使用测量仪器,主要关心的也是示值误差对测量结果的影响。

示值误差是测量仪器最主要的计量特性之一,反映了测量仪器准确度的高低,是测量仪器准确度定量表述的主要形式。示值误差大则准确度低,示值误差小,则准确度高。

3.3.3 最大允许误差

最大允许误差(MPE)是测量仪器的最大允许误差的简称,是对给定的测量仪器,由规范、规程等所允许的误差极限值。有时也称测量仪器的允许误差限,俗称允差。

例:《标准水银温度计检定规程》(JJG 161—2010)规定,当测量范围为0℃ ~50℃时,使用中的这种温度计的最大允许误差为±0.15℃。即,若被测温度为30℃,则合格的二等标准水银温度计示值应在29.85℃～30.15℃范围内。

3.3.4　示值误差和测量仪器的最大允许误差的区别

示值误差和最大允许误差都是对测量仪器本身而言的。最大允许误差(MPE)是指由技术规范(如标准、检定规程)所规定的允许误差极限值,是判断测量仪器是否合格的规定要求;而示值误差则是测量仪器某一示值点的实际误差大小,是通过检定、校准所得到的值。若示值误差小于最大允许误差,则该测量仪器合格;或根据示值误差对测量结果进行修正,以提高测量结果的准确度。测量仪器在不同的示值点,通常有不同的示值误差。

3.3.5　系统误差与随机误差

误差按其性质,可以分为随机误差和系统误差两类。随机误差是"测量结果与在重复性条件下,对同一被测量进行无限多次测量所得结果的平均值(总体均值)之差"。而系统误差是"在重复性条件下,对同一被测量进行无限多次测量所得结果的平均值(总体均值)与被测量的真值之差"。

由于系统误差与随机误差都是对应于无限多次测量的理想概念,而实际上只能用有限次测量的结果作为无限多次测量结果的估计值,可以确定的只是它们的估计值。

由误差、随机误差和系统误差的定义可知:

误差＝测得的量值－参考量值＝测得的量值－总体均值＋总体均值－参考量值

＝随机误差＋系统误差

测得的量值＝参考量值＋误差＝参考量值＋随机误差＋系统误差

图1-3-1示意了测量结果的随机误差、系统误差和误差之间的关系。由图可知,误差等于随机误差和系统误差的代数和。而且,由于误差是一个差值,因此任何误差的合成都应采用代数相加的方法。

随机误差大抵来源于影响量的变化,这种变化在时间和空间上是不可预知或随机的,它会引起被测量重复观测值的变化,故称为"随机效应"。可以认为正是这种随机效应导致了重复观测值中的分散性,即来源于测量过程的随机效应,而并非来源于测量结果中的随机误差分量。

系统误差大抵来源于影响量,它对测量结果的影响若可识别并可定量表述,则称之为"系统效应"。该效应的大小若是显著的,则可通过估计的修正值予以补偿。因此,在用计量标准或标准物质对测量仪器进行校准或调整以消除系统误差时,还须考虑这些标准自身带来的不确定度。

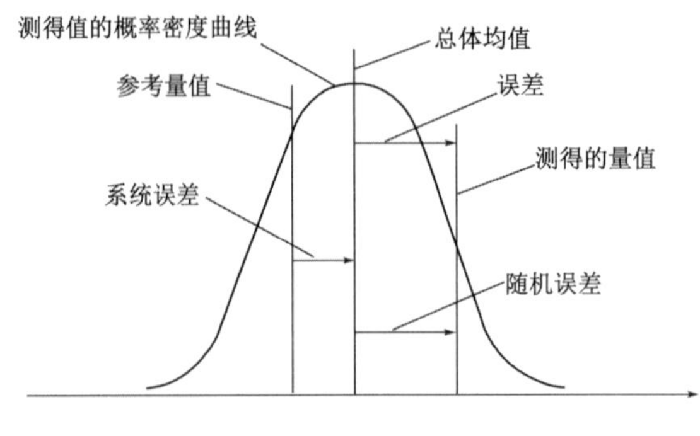

图 1-3-1　测量误差示意图

3.4　误差理论在发展中遇到的问题

在用传统方法对测量结果进行误差评定时,大体上遇到两方面的问题,即逻辑概念上的和评定方法上的问题。

3.4.1　逻辑概念上的问题

在原标准《通用计量术语及定义》(JJF 1001—1998)中,测量误差的定义为“测量结果减去被测量的真值”;真值的定义为“与给定的特定量的定义一致的值”。

注:

(1)量的真值只有通过完善的测量才有可能获得。

(2)真值按其本性是不确定的。

(3)与给定的特定量定义一致的值不一定只有一个。

即被测量在观测时所具有的真实大小为真值,它只有通过完善的测量才有可能得到;而任何测量都会有缺陷,并不存在所谓完善的测量,因而真值只是一个理想的概念。

根据 JJF 1001—1998 定义,若要得到误差就应知道真值,而真值按其本性是不确定的,因此误差也无法得到,能得到的只是其估计值。“误差”原定义中指出“由于真值不能确定,实际上用的是约定真值”,但此时需要考虑约定真值自身存在的误差。而测量的目的就是要获得被测量之值。若知道了被测量的真值或约定真值,也就没有必要进行测量了。

根据误差定义,误差是一个差值,而非区间。即,误差是一个具有确定符号的量值,或正或负,不应冠以“±”。过去通过误差分析,测得的量值的“误差”,实际上并非误差,而是被测量不能确定的范围。

3.4.2 评定方法上的问题

在进行误差评定时先找出误差来源,然后根据这些误差源的性质将他们分为随机和系统两类。

随机误差用测量结果的标准偏差表示。通常将所有随机误差分量按方和根法进行合成,得到测量结果的总的随机误差。在正态分布情况下,标准偏差对应区间的置信概率仅为68.27%,而实际要求较大的置信概率,故常用两或三倍的标准偏差来表示其随机误差。

系统误差则用该分量的最大误差限表示。同样采用方和根法合成,得到测量结果的总的系统误差。

然后对总的随机误差和总的系统误差进行合成,得到测量结果的总误差。由于随机误差和系统误差是两个性质不同的量,前者用标准偏差表示,后者用最大误差限表示,在数学上难以解决两者的合成问题。

不仅各国评定方法不一致,不同领域也不一致,致使测量结果之间缺乏可比性。用统一的测量不确定度方法来评价测量结果就是在这种背景下产生的。

3.5 基本概念

1)测量不确定度的定义

测量不确定度(measurement uncertainty,uncertainty of measurement),简称不确定度(uncertainty):根据所用到的信息,表征赋予被测量量值分散性的非负参数。

注:

(1)测量不确定度包括由系统影响引起的分量,如与修正量和测量标准所赋量值有关的分量及定义的不确定度。有时对估计的系统影响未做修正,而是当作不确定度分量处理。

(2)此参数可以是诸如称为标准测量不确定度的标准偏差(或其特定倍数),或是说明了包含概率的区间半宽度。

(3)测量不确定度一般由若干分量组成。其中一些分量可根据一系列测量值的统计分布,按测量不确定度的A类评定进行评定,并可用标准偏差表征。而另一些分量则可根据基于经验或其他信息获得的概率密度函数,按测量不确定度的B类评定进行评定,也用标准偏差表征。

(4)通常,对于一组给定的信息,测量不确定度是相应于所赋予被测量的值的。该值的改变将导致相应的不确定度的改变。

(5)本定义是按2008版VIM给出,而在GUM中的定义是:表征合理地赋予被测量之值的分散性,与测量结果相联系的参数。

2)测量不确定度与测量误差的主要区别

由于过去在“误差”一词使用上的混乱,因此准确地区分测量误差和测量不确定度的概念是十分重要的。测量误差与测量不确定度的主要区别如下:

(1)测量误差和测量不确定度两者最根本的区别在于定义上的差别。误差表示测量结果相对于参考量值的偏离量,因此它是一个确定的差值,在数轴上表示为一个点。而测量不确定度表示被测量之值的分散性,它以分布区间的半宽度表示,因此在数轴上它表示一个区间。

(2)按其出现于测量结果中的规律,误差通常分为随机误差和系统误差两类。随机误差表示测量结果与无限多次测量结果的平均值(也称为总体均值)之差,而系统误差则是无限多次测量结果的平均值与参考量值之差,因此它们都是对应于无限多次测量的理想概念。由于实际上只能进行有限次测量,因此只能用有限次测量结果的平均值,即样本均值作为无限多次测量结果平均值的估计值。也就是说,在实际工作中我们只能得到随机误差和系统误差的估计值。而不确定度则是根据标准不确定度的评定方法不同分成A类评定和B类评定两类,它们与“随机误差”和“系统误差”的分类之间不存在简单的对应关系。“随机”和“系统”表示两种不同的性质,而“A类”和“B类”表示两种不同的评定方法。目前,国际上一致认为,为避免误解和混淆,不再使用“随机不确定度”和“系统不确定度”这两个术语(这两个术语在采用不确定度概念的初期,曾被许多人经常使用,并且至今还有不少人在不正确地使用)。在进行测量不确定度评定时,一般不必区分各不确定度分量的性质。若必须要区分时,也应表述为“由随机效应引入的不确定度分量”或“由系统效应引入的不确定度分量”。

(3)当用真值作为参考量值时误差是未知的,系统误差和随机误差又与无限多次测量的平均值有关,因此它们都是理想化的概念。实际上只能得到它们的估计值,因而误差的可操作性较差。而不确定度则可以根据实验、资料、经验等信息进行评定,从而是可以定量操作的。

(4)根据误差的定义,误差表示两个量的差值。当测量结果大于参考量值时误差为正值,当测量结果小于参考量值时误差为负值。因此误差既不应当也不可能以“±”号的形式出现。而根据定义,不确定度以包含区间的半宽度表示,且恒为正值,故在不确定度之前也不能冠以“±”号。即使不确定度是由方差经开方后得到,也仅取其正值。

(5)误差和不确定度的合成方法不同。误差是一个确定的量值,因此对各误差分量进行合成时,采用代数相加的方法。而不确定度表示一个区间,因此当对应于各不确定度分量的输入量估计值彼此不相关时,用方和根法进行合成(也称为几何相加),否则应考虑加入相关项。

(6)已知系统误差的估计值时,可以对测量结果进行修正,得到已修正的测量结果。修正值即为负的系统误差。但不能用不确定度对测量结果进行修正。对已修正测量结果进行不确定度评定时,应考虑修正不完善引入的不确定度分量,即应考虑修正值的不确定度。

(7)测量结果的不确定度表示在重复性条件、期间精密度条件或复现性条件下被测量之值的分散性,因此测量不确定度仅与测量方法有关,而与具体测得值的大小无关。此处所述的测量方法应包括测量原理、测量仪器、测量环境条件、测量程序、测量人员以及数据处理方法等。而根据定义,测量结果的误差仅与测量结果以及参考量值有关,而与测量方法无关。

例如,用钢板尺测量某一物体的长度,得到测量结果为14.5mm。如果为测量得更为准确而改用卡尺进行测量,并假设得到的测量结果仍为14.5mm。不少人可能会认为由于卡尺的测量准确度较高,而测量误差更小一些。但实际上由于两者的测量结果相同,参考量值也相同,因此它们的测量误差是相同的。两者的测量不确定度则是不同的,因为如果分别用两种方法进行多次重复测量的话,两者的测量结果的分散性无疑是不同的。

(8)测量结果的误差和测量结果的不确定度两者在数值上没有确定的关系。

虽然测量误差和测量不确定度都可用来描述测量结果,测量误差是描述测量结果对参考量值的偏离,而测量不确定度则描述被测量之值的分散性,但两者在数值上并无确定的关系。测量结果可能非常接近于参考量值,此时其误差很小,但由于对不确定度来源认识不足,评定得到的不确定度可能很大,也可能测量误差实际上较大,但由于分析估计不足,评定得到的不确定度可能很小,例如当存在还未发现的较大系统误差时。

(9)误差是通过实验测量得到的,而不确定度是通过分析评定得到的。

由于误差等于测量结果减去被测量的参考量值,而测量结果只有通过测量才能得到,因此误差是由测量得到的,而不可能由分析评定得到。不确定度则可以通过分析评定得到,当然有时还得辅以必要的实验测量。

(10)误差和不确定度是两个不同的概念,测量得到的误差肯定会有不确定度。反之也是一样,评定得到的不确定度可能存在误差。

例如,在测量仪器的检定或校准中,主要的目的是给出测量仪器的示值误差。换句话说,示值误差就是检定或校准的测量结果,这时不确定度评定的目的就是要估算出所测得的示值误差的不确定度。

反之,评定得到的不确定度也会存在误差,当知道不确定度的约定量值时,就可以得到不确定度的误差。文件 GUM 给出了评定测量不确定度的约定方法,任何领域的测量不确定度评定都应按 GUM 给出的方法进行。但在某些情况下也可以采用本领域内约定的简化或近似方法来评定测量不确定度。例如,文件 ISO/TS14253-2 给出了几何量测量领域评定测量不确定度的简化方法,两种方法得到的不确定度之差,就是用简化方法评定得到的测量不确定度的误差。

(11)对观测列进行统计分析得到的实验标准差表示该观测列中任一个被测量估计值的标准不确定度,而并不表示被测量估计值的随机误差。

(12)自由度是表示测量不确定度评定可靠程度的指标,它与评定得到的不确定度的相对标准不确定度有关。而误差则没有自由度的概念。

(13)当了解被测量的分布时,可以根据包含概率求出包含区间,而包含区间的半宽度可以用来表示不确定度,而误差则不存在包含概率的概念。

测量误差与测量不确定度的主要区别见表 1-3-1。

测量误差与测量不确定度的主要区别 表 1-3-1

序号	内容	测量误差	测量不确定度
1	定义	表明测量结果偏离参考量值,是一个确定的值。在数轴上表示为一个点	表明赋予被测量量值的分散性,是一个区间。用标准偏差、标准偏差的特定倍数,或说明了包含概率的区间的半宽度来表示。在数轴上表示为一个区间
2	分类	按在测量结果中出现的规律,分为随机误差和系统误差,它们都是无限多次测量的理想概念	按是否用统计方法求得,分为 A 类评定和 B 类评定。它们都以标准不确定度表示。 在评定测量不确定度时,一般不必区分其性质。若需要区分时,应表述为“由随机效应引入的测量不确定度分量”和“由系统效应引入的测量不确定度分量”
3	可操作性	当用真值作为参考量值时,误差是未知的。并且随机误差和系统误差均为与无限多次测量结果的平均值有关	测量不确定度可以由人们根据实验、资料、经验等信息进行评定,从而可以定量确定测量不确定度的值

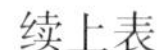

续上表

序号	内容	测量误差	测量不确定度
4	数值符号	非正即负(或零),不能用正负(±)号表示	是一个无符号的参数,恒取正值。当由方差求得时,取其正平方根
5	合成方法	各误差分量的代数和	当各分量彼此不相关时用方和根法合成,否则应考虑加入相关项
6	结果修正	已知系统误差的估计值时,可以对测量结果进行修正,得到已修正的测量结果。修正值等于负的系统误差	由于测量不确定度表示一个区间,因此无法用测量不确定度对测量结果进行修正。对已修正测量结果进行不确定度评定时,应考虑修正不完善引入的不确定度分量
7	结果说明	误差是客观存在的,不以人的认识而转移。误差属于给定的测量结果,相同的测量结果具有相同的误差,而与得到该测量结果的测量仪器和测量方法无关	测量不确定度与人们对被测量、影响量以及测量过程的认识有关。在相同的条件下进行测量时,合理赋予被测量的任何值,均具有相同的测量不确定度。即测量不确定度仅与测量方法有关
8	实验标准差	来源于给定的测量结果,它不表示被测量估计值的随机误差	来源于合理赋予的被测量之量值,表示同一观测列中,任一个估计值的标准不确定度
9	自由度	不存在	可作为不确定度评定可靠程度的指标。它是与评定得到的不确定度的相对标准不确定度有关的参数
10	包含概率	不存在	当了解分布时,可按包含概率给出包含区间

3.6 测量不确定度评定的重要意义

(1)测量不确定度是对测量结果质量和水平的科学表达。

(2)通过评定测量不确定度可以分析影响测量结果的主要成分,从而提高测量结果的质量。

(3)通过评定测量不确定度可以评价校准方法的合理性。

(4)通过评定测量不确定度评价各实验室间比对试验的结果。

(5)通过评定测量不确定度可以知道或给出结果判定的风险。

3.7　测量不确定度的来源与分类

测量不确定度的来源和测量误差的来源基本上是一样的，一般来说其主要原因是测量设备、测量人员、测量方法和被测对象的不完善引起的。如被测量的定义不完整、复现被测量的测量方法不理想、取样的代表性不够（被测样本不能完全代表所定义的被测量）、对测量过程受环境影响的认识不充分、测量仪器的计量性能的局限性等。

测量不确定度按评定方法可分为A类和B类

用标准偏差表示的测量不确定度称为标准不确定度。

A类评定：用对观测列进行统计分析的方法来评定标准不确定度。

B类评定：用不同于对观测列进行统计分析的方法来评定标准不确定度。

3.8　测量不确定度评定步骤

（1）找出所有影响测量不确定度的影响量；

（2）建立满足测量不确定度评定所需的数学模型；

（3）确定各影响因素的估计值以及对应的标准不确定度；

（4）确定对应于各影响因素标准不确定度分量；

（5）列出不确定度分量汇总表；

（6）将各标准不确定度分量合成标准不确定度；

（7）确定测量可能值分布的包含因子；

（8）确定扩展不确定度；

（9）给出测量不确定度报告。

具体评定步骤参考《测量不确定度评定与表示》（JJF 1059.1—2012）（略）。

3.9　测量不确定度评定案例（钢筋抗拉强度试验）

3.9.1　概述

用拉力试验机测量钢筋的拉伸强度。试验机的示值误差为1%FS，量程500kN，分度值为0.5kN。钢筋直径$d=20$mm。

3.9.2 数学模型

$$R_m = \frac{F}{A} + \Delta_x \tag{1-3-1}$$

式中：R_m——拉伸强度（MPa）；

A——试验截面积（mm^2）（$d=20mm, A=314mm^2$）；

F——拉力（kN）；

Δ_x——数据修约的影响。

3.9.3 不确定度传播率

$$u_c^2(R_m) = u^2\left(\frac{F}{A}\right) + u^2(\Delta_x) \tag{1-3-2}$$

3.9.4 各输入量的标准不确定度

1）拉力的标准不确定度 $u(F)$

拉力的标准不确定度 $u(F)$ 由三个分量组成：试验机的示值误差的影响、重复性的影响、读数误差的影响。

（1）试验机的示值误差的影响 u_1

校准书未说明置信概率，故取包含因子 $k=2$

$$u_1 = \frac{a}{k} = \frac{1\% \times 174.3}{2} = 0.872(\text{kN})$$

（2）重复性的影响 u_2

重复性的影响是通过多次独立重复测量来评定的。包括人员操作的重复性、试验机的重复性、样品的不均匀性等因素。测量次数 $n=10$，测量结果的平均值为174.3kN，单次测量的标准偏差为 $s(F)=0.6$kN，实际测量时取两次测量值的平均值。

$$u_2 = \frac{s(F)}{\sqrt{2}} = \frac{0.6}{\sqrt{2}} = 0.424(\text{kN})$$

（3）读数误差的影响 u_3

人工读数可以估计到分度值的五分之一，即0.1kN，不确定度按均匀分布考虑。

$$u_3 = \frac{a}{k} = \frac{0.2}{\sqrt{3}} = 0.0575(\text{kN})$$

（4）合成

$$u^2(F) = u_1^2 + u_2^2 + u_3^2 = 0.872^2 + 0.424^2 + 0.0575^2$$

$$u(F) = 0.976(\mathrm{kN})$$

$$u_r(F) = \frac{0.976}{174.3} = 0.56\%$$

2)面积的不确定度 $u(A)$

钢筋直径的标称值 $d = 20\mathrm{mm}$,允许偏差 $\pm 0.5\mathrm{mm}$,按均匀分布考虑,故面积的不确定度:

$$u_r(A) = 2u_r(d) = 2 \times \frac{0.5/20}{\sqrt{3}} = 0.0289 = 2.89\%$$

3) $u\left(\frac{F}{A}\right)$

$$u_r^2\left(\frac{F}{A}\right) = u_r^2(F) = u_r^2(A) = (0.60^2 + 2.89^2) \times 10^{-4}$$

$$u_r\left(\frac{F}{A}\right) = 2.94\%$$

$$u\left(\frac{F}{A}\right) = \left(\frac{F}{A}\right) \times u_r\left(\frac{F}{A}\right) = \frac{174.3 \times 10^3}{318} \times 2.94\% = 16.11(\mathrm{MPa})$$

4)数据修约的影响

国标规定,钢筋拉伸强度的结果应修约到 0 或 5MPa,由修约导致的不确定度按均匀分布考虑:

$$u(\Delta_x) = \frac{a}{k} = \frac{0.5I}{\sqrt{3}} = 1.45(\mathrm{MPa})$$

5)求合成标准不确定度

$$u_c^2(R_m) = u^2\left(\frac{F}{A}\right) + u^2(\Delta_x) = 16.11^2 + 1.45^5$$

$$u_c(R_m) \approx 16(\mathrm{MPa})$$

3.9.5 求扩展不确定度

取扩展因子 $k = 2$,则

$$U = ku_c(R_m) = 32(\mathrm{MPa})$$

3.9.6 结论

采用公称直径计算钢筋拉伸强度会带来一定的不确定度。

第2篇

量值溯源

1　我国计量器具量值溯源的有关规定

1.1　认识量值溯源

首先来认识一下什么是“量值”，随着人们生活水平和工业科技发展需要的不断提高，人们评价一个物体或者物体的某个特性，不再满足于一些“较大、很重”等定性词语，而需要科学、准确的量化指标。在《通用计量术语及定义》(JJF 1001—2011)中，这样定义量，“量是现象、物体或物质的特性，其大小可用一个数和一个参照对象表示。”量的大小就是我们这里所说的“量值”。如一个砝码的质量是1kg，这里的“1kg”就是量值。为了表征量的大小，我们需要一个数和一个参照对象，而这个“数”和“参照对象”往往不是一成不变的，它会随着社会进步和人们对世界的认识而不断发展。几千年前，秦始皇统一度量衡时，“度”是指计量长短的用的器具，1 引 = 10 丈，1 丈 = 10 尺，“量”是测定计算容积的器皿，1 斛 = 10 斗，1 斗 = 10 升，而“衡”则是测量物体轻重的工具，1 石 = 钧，1 钧 = 3 斤，1 斤 = 16 两。而现在，上述基本量的定义已经随着社会进步发生了翻天覆地的变化，比如，国际上用米作为长度的SI(法语：Système International d'Unités 国际单位制)单位，1983 年第十七届国际计量大会定义为“光在真空中(1/299792458)秒的时间间隔内所经路径的长度”，而质量则用千克作为SI单位，根据2018 年第26 届国际计量大会修订，其定义是普朗克常数为 $6.62607015 \times 10^{-34}$ J·s时的质量单位等。

可见，不同时代，甚至同一时代的不同国家和地区，由于经济、文化、政治背景不同，在对同一量值的表征可能存在差异，随着当今社会全球化进程的不断深入，量值在国际贸易中的重要性更加突显，量值的统一、准确是维护商业活动的公平，保障人们经济生活正常运行的基础。

我国在1985 年颁布实施了《中华人民共和国计量法》(简称《计量法》)，当时的《计量法》虽然带有浓重的计划经济特点，但对我国社会经济生活中量值的统一起到了关键作用。随着社会的发展和需要，《计量法》也进行了多次修正。1985 年 9 月 6 日第六届全国人民代表大会常务委员会第十二次会议通过，根据2009年8月27日第十一届全国人民代表大会常务委员会第十次会议《关于修改部分法律的决定》第一次修正，根据2013年12月28日第十二届全国人民代表大会常务委员会第六次会议《关于修改〈中华人民共和国海洋环境保护法〉等七部法律的决定》第二次修正。根据2015年4月24日第十二届全国人民代表大会常务委员会第十四次会议《关于修改〈中华人民共和国计量法〉等五部法律的决定》第三次修正。根据2017年12月27日第十二届全国人民代表大会常务委员会第三十一次会议《关于修改〈中华人民共和国招标投标法〉、〈中华人民共和国计量法〉的决定》第四次修正。根据2018年10月26日第十三届全国人民代表大会常务委员会第六次会议《关于修改〈中华人民共和国野生动物保护法〉等十五部法律的决定》第五次修正。

《计量法》把"溯源"作为保证量值统一和准确的手段，溯源的含义是追本溯源，探寻事物的根本、源头，简单地讲，就是实际使用的量值可能千差万别，但都能跟这个根本、这个源头建立某种联系，从而达到统一量值、保证量值准确之目的。例如在测量质量时，计量基准是一块保存在巴黎的铂铱合金，即国际千克原器。国际单位制将千克的大小定义为跟国际千克原器的质量相等。在此，国际千克原器就是质量的"源头"，但是由于消耗与磨损，它的质量正慢慢地减少，基本单位的准确性受到影响，误差越来越大。2018年11月16日，第26届国际计量大会对千克进行重新定义，将1千克被定义为"对应普朗克常数为6.62607015×10^{-34}J·s时的质量单位。"

生活中使用的形形色色的测量质量的计量器具，都能通过一条比较链，与该"源头"建立关系，从而保证测量质量的准确性。《通用计量术语及定义》(JJF 1001—2011)这样定义溯源型，它是指"通过一条具有规定的不确定度的连续比较链，使测量结果或测量标准的值能够与规定的参考标准，通常是与国家测量标准(国家基准)或国标测量标准联系起来的特性。"量值溯源的"源头"主要包括：我国国家计量基(标)准；国际计量局(BIPM)框架下，签署MRA并能证明溯源至SI的国家或经济体的最高计量基(标)准；有证参考物质(CRM)。这里的"比较链"，在我国是用计量检定系统表或溯源等级图表述。它表述了某一量从计量基准、计量标准直至工作计量器具直到被测的量，它们之间的关系和程序，规定了测量不确定度或最大允许误差及其测量方法。一般认为，实施这一比较链有两种途径或形式，一个是量值溯源，另一个量值传递。对于工程检测机构来说，更多地涉及量值溯源，而且也没有必要在概念上过多地纠缠，这里只做简单地解释，以帮助大家了解这两种形式的一些基本知识。量值传递是通过对计量器具的检定或校准，将国家基准所复现的计量单位量值通过各等级计量标准传递到工作计量器具，以保证对被测对象量值的准确一致。自上而下,从计量基准→计量标准→工作计量器具→被测量的测量结果,逐级传递下去,以确保被测量的测量结果单位量值的统一准确。而量值溯源则是自下而上,从被测量的测量结果→工作计量器具→计量标准→计量基准,可以逐级或越级地向上追溯,以使被测量的测量结果与计量基准联系起来。实际上量值溯源就是量值传递的逆过程。量值传递和量值溯源的主要区别是,量值传递是《中华人民共和国计量法》的要求,是自上而下的,体现了政府的一种法制性要求,是计划经济体制下的产物,一般是法定计量检定机构的主要职责之一;而量值溯源是自下而上地寻求量值"源"的行为,体现了企、事业单位自觉为客户服务的要求,更符合市场经济的规律,工程检测机构将仪器设备送检,就是一种典型的量值溯源行为。

总之,量值溯源是为了确保其相关测量结果的准确性和一致性。它是测量结果可信性的基础,也是国际相互承认测量结果的前提。

1.2 量值溯源方式

《中华人民共和国计量法》第九条规定,"县级以上人民政府计量行政部门对社会公用计量标准器具,部门和企业、事业单位使用的最高计量标准器具,以及用于贸易结算、安全防护、医疗卫生、环境监测方面的列入强制检定目录的工作计量器具,实行强制检定。未按照规定申请检定或者检定不合格的,不得使用。实行强制检定的工作计量器具的目录和管理办法,由国务院制定。

对前款规定以外的其他计量标准器具和工作计量器具,使用单位应当自行定期检定或者送其他计量检定机构检定。"

第二十六条规定,"使用不合格的计量器具或者破坏计量器具准确度,给国家和消费者造成损失的,责令赔偿损失,没收计量器具和违法所得,可以并处罚款。"

2017 年,中国国家认证认可监督管理委员会发布实施的《检验检测机构资质认定能力评价　检验检测机构通用要求》(RB/T 214—2017)4.4.3 设备管理规定:"检验检测机构应对检验检测结果、抽样结果的准确性或有效性有影响或计量溯源性有要求的设备,包括用于测量环境条件等辅助测量设备有计划地实施检定或校准。设备在投入使用前,应采用核查、检定或校准等方式,以确认其是否满足检验检测的要求。所有需要检定、校准或有有效期的设备应使用标签、编码或其他方式标识,以便使用人员易于识别检定、校准状态或有效期。"

《检测和校准实验室能力的通用要求》(GB/T 27025—2019)第6.4.6条规定:在下列情况下,测量设备应进行校准:

(1)当测量准确度或测量不确定度影响报告结果的有效性;和(或)。

(2)为建立报告结果的计量溯源性,要求对设备进行校准。

注:影响报告结果有效性的设备类型可包括:

①用于直接测量被测量的设备,例如使用天平测量质量。

②用于修正测量值的设备,例如温度测量。

③用于从多个量计算获得测量结果的设备。

按照上述规定,量值溯源可以采用如下方式:

1)用实物计量标准进行检定或校准

将仪器设备送至法定计量检定机构或已认可的校准实验室,通过使用相应等级的计量标准进行定期检定或校准;必要时,可直接溯源至工作基准、国家副计量基准、国家计量基准。在这里需要强调一下,计量标准并非计量检定规程,也不是校准规范,更不是发布的某一本标准,而是依据上述规程、规范或标准建立的一套实物装置,这种计量标准要经过计量行政主管部门的考核,并取得计量授权(计量标准证书),如图2-1-1所示。

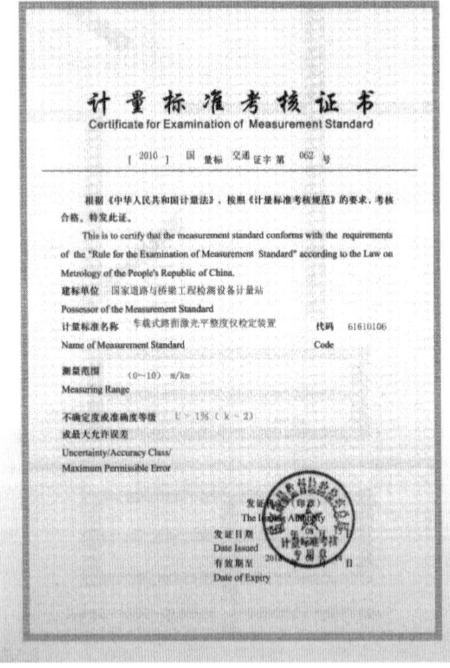

计量标准考核证书

Certificate for Examination of Measurement Standard

[2010] 国 量标 交通 证字第 062 号

根据《中华人民共和国计量法》,按照《计量标准考核规范》的要求,考核合格,特发此证。

This is to certify that the measurement standard conforms with the requirements of the "Rule for the Examination of Measurement Standard" according to the Law on Metrology of the People's Republic of China.

建标单位 国家道路与桥梁工程检测设备计量站

Possessor of the Measurement Standard

计量标准名称 车载式路面激光平整度仪检定装置 代码 61610106

Name of Measurement Standard Code

测量范围 (0~10) m/km

Measuring Range

不确定度或准确度等级或最大允许误差 U=1% (k=2)

Uncertainty/Accuracy Class/Maximum Permissible Error

发证机关(印章)

The Issuing Authority

发证日期

Date Issued

有效期至 201[illegible] 日

Date of Expiry

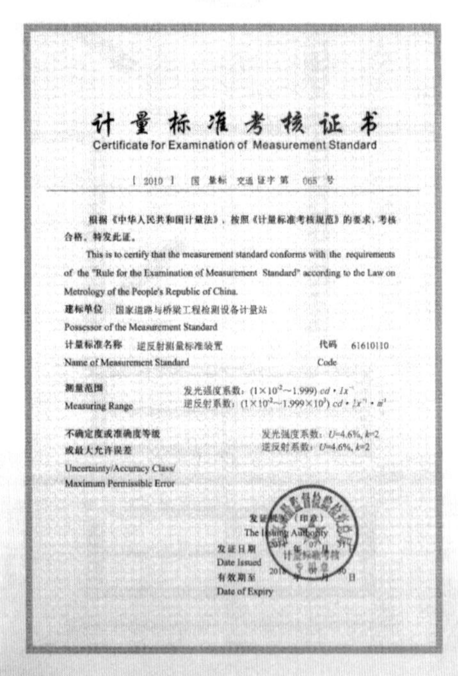

计量标准考核证书

Certificate for Examination of Measurement Standard

[2010] 国 量标 交通 证字第 065 号

根据《中华人民共和国计量法》,按照《计量标准考核规范》的要求,考核合格,特发此证。

This is to certify that the measurement standard conforms with the requirements of the "Rule for the Examination of Measurement Standard" according to the Law on Metrology of the People's Republic of China.

建标单位 国家道路与桥梁工程检测设备计量站

Possessor of the Measurement Standard

计量标准名称 逆反射测量标准装置 代码 61610110

Name of Measurement Standard Code

测量范围 发光强度系数:$(1\times10^{-2}\sim1.999)\ cd\cdot lx^{-1}$

逆反射系数:$(1\times10^{-2}\sim1.999\times10^{3})\ cd\cdot lx^{-1}\cdot m^{-2}$

Measuring Range

不确定度或准确度等级或最大允许误差 发光强度系数:U=4.6%, k=2

逆反射系数:U=4.6%, k=2

Uncertainty/Accuracy Class/Maximum Permissible Error

发证机关(印章)

The Issuing Authority

发证日期 2014 年 07 月 31

Date Issued

有效期至 201[illegible] 日

Date of Expiry

图2-1-1 计量标准证书

这种方式相对比较费时,有时检定好了的仪器设备,经过运输后,受到振动、撞击、潮湿或温度的影响,丧失了原有的准确度。尽管有这么多的缺点,但到目前为止,它还是量值溯源的主要方式。对于不便于运输的计量器具,则由上一级计量技术机构派员携带计量标准到现场检定或校准。这里有必要简单解释一下检定、校准,帮助理解其基本概念。《通用计量术语及定义》(JJF 1001—2011)明确了检定、校准的定义,检定、校准的概念对于普通工程技术人员来说,相对比较晦涩难懂,工程检测机构也没有必要纠缠概念,只需要知道二者均是实现量值溯源的合理方式即可。值得一提的是,按照现行《中华人民共和国计量法》,检定是用高准确度的计量标准检验低准确度的工作计量器具,一般要求上下级不确定度比例为1/3～1/10,以保证进行测量不确定评定时,计量标准的不确定度可以忽略。而校准无此限制,甚至可以采用同级标准进行检验。并且,按照我国计量管理体系改革的趋势,将进一步扩大计量校准的适用范围,激活计量检验业务市场活力,将来的"检定"极有可能仅局限于目前的强制检定范围内,当然,有关强制检定的规定和目录会被重新核定。目前我国《中华人民共和国计量法》规定,用于贸易结算、安全防护、医疗卫生、环境监测四个方面,且列入强制检定目录的工作计量器具,实行强制检定。我国强制检定目录经过历次修订,目前包含40项62种,具体如表2-1-1所示。

实施强制管理的计量器具目录　　表2-1-1

一级序号	二级序号	一级目录	二级目录	监管方式	强检方式	强检范围及说明
1	(1)	体温计	体温计	型式批准 强制检定	玻璃体温计只做型式批准和首次强制检定,失准报废;其他体温计周期检定	用于医疗卫生;医疗机构对人体温度的测量
2	(2)	非自动衡器	非自动衡器	型式批准 强制检定	周期检定	用于贸易结算;商品、包裹、行李、粮食等的称重
3	(3)	自动衡器	动态汽车衡(车辆总重计量)	型式批准 强制检定	周期检定	用于安全防护;车辆超限超载的称重用于贸易结算;商品的称重

续上表

一级序号	二级序号	一级目录	二级目录	监管方式	强检方式	强检范围及说明
4	(4)	轨道衡	轨道衡	型式批准 强制检定	周期检定	用于贸易结算;商品的称重
5	(5)	计量罐	铁路计量罐(车)	强制检定	周期检定	用于贸易结算;液体容积的测量
	(6)		船舶液货计量舱(供油船舶计量舱、船舶污油舱、污水舱、运输船舶计量舱5000载重吨以下)	强制检定	周期检定	用于贸易结算;原油、成品油及其他液体或固体容积的测量
	(7)		立式金属罐	强制检定	周期检定	用于贸易结算;液体容积的测量
6	(8)	称重传感器	称重传感器	型式批准	—	—
7	(9)	称重显示器	称重显示器	型式批准	—	—
8	(10)	加油机	燃油加油机	型式批准 强制检定	周期检定	用于贸易结算;成品油流量的测量
9	(11)	加气机	液化石油气加气机	型式批准 强制检定	周期检定	用于贸易结算;石油气流量的测量
	(12)		压缩天然气加气机	型式批准 强制检定	周期检定	用于贸易结算;天然气流量的测量
	(13)		液化天然气加气机	型式批准 强制检定	周期检定	用于贸易结算;天然气流量的测量
10	(14)	水表	水表 DN15~DN50	型式批准 强制检定	工业用:周期检定 生活用:首次强制检定,限期使用,到期轮换	用于贸易结算:用水量的测量
11	(15)	燃气表	燃气表 G1.6~G16	型式批准 强制检定	工业用:周期检定 生活用:首次强制检定,限期使用,到期轮换	用于贸易结算:煤气(天然气)用量的测量

续上表

一级序号	二级序号	一级目录	二级目录	监管方式	强检方式	强检范围及说明
12	(16)	热能表	热能表 DN15～DN50	型式批准 强制检定	周期检定	用于贸易结算:用热量的测量
13	(17)	流量计	流量计(口径范围 DN300 及以下)	型式批准 强制检定	周期检定	用于贸易结算:液体、气体、蒸汽流量的测量
14	(18)	血压计(表)	无创自动测量血压计	型式批准 强制检定	周期检定	用于医疗卫生:医疗机构对人体血压的测量
	(19)		无创非自动测量血压计	型式批准 强制检定	周期检定	用于医疗卫生:医疗机构对人体血压的测量
15	(20)	眼压计	眼压计	型式批准 强制检定	周期检定	用于医疗卫生:医疗机构对人体血压的测量
16	(21)	压力仪表	指示类压力表、显示类压力表	型式批准 强制检定	周期检定	用于安全防护:1. 电站锅炉主气包和给谁压力的测量;2. 固定式空压机风仓及总管压力的测量;3. 发电机、汽轮机油压及机车压力的测量;4. 带报警装置压力的测量;5. 密封增压容器压力的测量;6. 有害、有毒、腐蚀性严重介质压力的测量
17	(22)	机动车测速仪	机动车测速仪	型式批准 强制检定	周期检定	用于安全防护:机动车行驶速度的监测
18	(23)	出租汽车计价器	出租汽车计价器	型式批准 强制检定	周期检定	用于贸易结算:出租汽车计时计里程的测量
19	(24)	电能表	电能表	型式批准 强制检定	工业用:周期检定 生活用:首次强制检定,限期使用,到期轮换或根据表计状态延期	用于贸易结算:用电量的测量
20	(25)	声级计	声级计	型式批准 强制检定	周期检定	用于环境监测:噪声的测量

续上表

一级序号	二级序号	一级目录	二级目录	监管方式	强检方式	强检范围及说明
21	(26)	听力计	纯音听力计	型式批准 强制检定	周期检定	用于医疗卫生：医疗机构对人体听力的测量
	(27)		阻抗听力计	型式批准 强制检定	周期检定	用于医疗卫生：医疗机构对人体听力的测量
22	(28)	焦度计	焦度计	型式批准 强制检定	周期检定	用于医疗卫生：医疗机构、眼镜制配场所对眼镜镜片焦度的测量
23	(29)	验光仪器	验光仪、综合验光仪	型式批准 强制检定	周期检定	用于医疗卫生：医疗机构、眼镜制配场所验光使用
	(30)		验光镜片箱	型式批准 强制检定	周期检定	用于医疗卫生：医疗机构、眼镜制配场所验光使用
	(31)		角膜曲率计	型式批准 强制检定	周期检定	用于医疗卫生：医疗机构、眼镜制配场所测量角膜曲率使用
24	(32)	糖量计	糖量计	型式批准 强制检定	周期检定	用于贸易结算：制糖原料含糖量的测量
25	(33)	烟尘粉尘测量仪	烟尘采样器	型式批准	—	—
	(34)		粉尘采样器	型式批准	—	—
	(35)		粉尘浓度测量仪	型式批准	—	—
26	(36)	颗粒物采样器	颗粒物采样器	型式批准	—	—
27	(37)	大气采样器	大气采样器	型式批准	—	—
28	(38)	透射式烟度计	透射式烟度计	型式批准 强制检定	周期检定	用于环境监测：柴油发动机排放污染物的测量
29	(39)	水分测定仪	烘干法水分测定仪	型式批准 强制检定	周期检定	用于贸易结算：水分的测量
	(40)		电容法和电阻法谷物水分测定仪	型式批准 强制检定	周期检定	用于贸易结算：谷物水分的测量
	(41)		原棉水分测定仪	型式批准 强制检定	周期检定	用于贸易结算：水分的测量

续上表

一级序号	二级序号	一级目录	二级目录	监管方式	强检方式	强检范围及说明
30	(42)	呼出气体酒精含量检测仪	呼出气体酒精含量检测仪	型式批准强制检定	周期检定	用于安全防护:对机动车司机是否酒后开车的监测
31	(43)	谷物容重器	谷物容重器	强制检定	周期检定	用于贸易结算:谷物收购时定等定价每升重量的测量
32	(44)	乳汁计	乳汁计	强制检定	周期检定	用于贸易结算:乳汁浓度和密度的测量
33	(45)	电动汽车充电桩	电动汽车(交)直流充电桩/非车载直流充电机	强制检定	周期检定	用于贸易结算:向社会提供充电服务的电动汽车充电桩充电量的测量
34	(46)	放射治疗用电离室剂量计	放射治疗用电离室剂量计	强制检定	周期检定	用于医疗卫生:医疗机构对人体放射剂量的测量
35	(47)	医用诊断X射线设备	医用诊断X射线设备	强制检定	周期检定	用于医疗卫生:医疗机构对人体进行辐射诊断和治疗
36	(48)	医用活度计	医用活度计	强制检定	周期检定	用于医疗卫生:医疗机构以放射性核素进行诊断和治疗的核素活度的测量
37	(49)	心脑电测量仪器	心电图仪	强制检定	周期检定	用于医疗卫生:医疗机构对人体心电位的测量
	(50)		脑电图仪	强制检定	周期检定	用于医疗卫生:医疗机构对人体脑电位的测量
	(51)		多参数监护仪	强制检定	周期检定	用于医疗卫生:医疗机构对人体心电、脉搏、血氧饱和度等测量
38	(52)	电力测量用互感器	电力测量用互感器	500kV(含)以下型式批准,强制检定;500kV以上型式批准	周期检定	用于贸易结算:作为电能表的配套设备,对用电量的测量

续上表

一级序号	二级序号	一级目录	二级目录	监管方式	强检方式	强检范围及说明
39	(53)	测绘仪器	手持式激光测距仪	型式批准	—	—
	(54)		全站仪	型式批准	—	—
	(55)		测地型 GNSS 接收机	型式批准	—	—
40	(56)	有毒有害、易燃易爆气体检测(报警)仪	二氧化硫气体检测仪	型式批准	—	—
	(57)		硫化氢气体分析仪	型式批准	—	—
	(58)		一氧化碳检测报警器	型式批准	—	—
	(59)		一氧化碳二氧化碳红外线气体分析器	型式批准	—	—
	(60)		烟气分析仪	型式批准	—	—
	(61)		化学发光法氮氧化物分析仪	型式批准	—	—
	(62)		甲烷测定器	型式批准	—	—

2)发放标准物质

世界上第一批标准物质是 1906 年由美国标准局和美国铸造协会共同研制的铸铁化学成分标准物质。20 世纪 60 年后标准物质种类大大增加,在化学测量、生物测量、工程测量与物理测量领域广泛应用。标准物质种类繁多,按照技术特性,可将标准物质分为三类:①化学成分标准物质;②物理化学特性标准物质;③工程技术特性标准物质。从量值传递和经济观点出发,常把标准物质分为两个级别:一级(国家级)标准物质和二级(部门级)标准物质。

一级国家标准物质(Reference Material,RM),代号"GBW"。国际上,有美国国家标准局的 SRM 标准物质,英国的 BAS 标准物质,德国的 BAM 标准物质等。我国现行的技术规范是《一级标准物质》(JJF 1006—1994),规定了标准物质的制备、准确性、均匀性和稳定性检验、定值、总不确定度估计和包装储存等内容。它主要用来标定比它低一级的标准物质、检定高准确度的计量仪器、评定和研究标准方法或在高准确度要求的关键场合下应用。它由国家计量机构或经国家计量主管部门确认的机构制备,采用定义法或其他准确、可靠的方法对其特性量值进行计量。计量的准确度达到国内最高水平并相当于国际水平。

二级标准物质(Working Reference Materials)或工作标准物质代号“GBW(E)”主要用于满足一些一般的检测分析需要和社会行业的一般要求,作为工作标准直接使用,用于现场方法的研究和评价,用于较低要求的日常分析测量。二级标准物质由工业主管部门确认的机构制备。用于一级标准物质进行比较测量的方法或一级标准物质的定值方法定值,定值通常采用相对测量法,因此需要相应的一级标准物质来校准仪器,也可采用多种不同的分析方法,如标准曲线法、标准加入法、内标法等进行比较测量,由此确定其量值不确定度的水平,保证测量的溯源性。

我国颁布有《标准物质管理办法》,采取行政许可的方式对标准物质进行定级管理,标准物质必须由国家计量部门或由其授权的单位进行制造,并附有合格证书的才有效。这种有效的标准物质称为“有证标准物质”(英文缩写为CRM),使用CRM进行传递,具有很多优点,例如可免去仪器设备的运输,可以快速评定并可在现场使用等。这种方式目前主要用于化学计量的领域;在建筑领域用于水泥的细度试验检测等。

3)发播标准信号

通过发播标准信号进行量值传递是最简便、迅速和准确的方式。目前,我国主要用于时间频率计量和无线电计量领域;通过无线电台发播标准时间频率信号,由中央电视总台播出标准时间信号,这样,用户可直接接收并可在现场直接校正时间频率计量器具。

4)内部校准

企事业单位按照《计量标准考核规范》(JJF 1033)建立并经考核取得相应的《计量标准考核证书》,可开展企事业单位内部非强制检定或校准,也可以经CNAS评审获得证书和相应授权项目,可开展相应项目的校准。为了弥补社会计量服务力量的不足,以及提高其技术有效性,国家实验室认可准则规定内部校准也是实现量值溯源的一种方式。《内部校准要求》(CNAS-CL 31:2011)这样定义内部校准,在实验室或其所在组织内部实施的,使用自有的设施和测量标准,校准结果仅用于内部需要,为实现获认可的检测活动相关的测量设备的量值溯源而实施的校准。同时,还规定了实施内部校准的主要条件如下:

(1)检测实验室对使用的与认可能力相关的测量设备实施的内部校准,应满足《检测和校准实验室能力认可准则》(CNAS-CL01)和《检测和校准实验室能力认可准则在校准领域的应用说明》(CNAS-CL25)的要求。

(2)实施内部校准的人员,应经过相关计量知识、校准技能等必要的培训、考核合格并持证或经授权。

(3)实验室实施内部校准的校准环境、设施应满足校准方法的要求。

(4)实施内部校准应按照校准方法要求配置和使用参考标准和/或标准物质(计量标准)以及辅助设备,其量值溯源应满足《检测和校准实验室能力认可准则》(CNAS-CL01)第5.6条“测量溯源性”的要求和《量值溯源要求》(CNAS-CL06)的要求。

(5)实验室实施内部校准应优先采用标准方法,当没有标准方法时,可以使用自编方法、测量设备制造商推荐的方法等非标方法。使用外部非标方法时应转化为实验室文件。非标方法使用前应经过确认。

(6)内部校准活动应满足CNAS对校准领域测量不确定度的要求。

(7)内部校准的校准证书可以简化,或不出具校准证书,但校准记录的内容应符合校准方法和认可准则的要求。

(8)实验室的质量控制程序、质量监督计划应覆盖内部校准活动。

(9)相关法规规定属于强制检定管理的测量设备,应按规定检定。

按照上述要求,如果一个普通的检测机构要开展内部校准,所要做的工作还是比较多的,而且往往难以真正满足要求。因此,很多检测机构为了规避内部校准的要求,对于自行开展仪器设备检验工作,采用了其他用语,如自检验等。

5)比对

当溯源至国家计量基(标)准不可能或不适用时,可通过实验室间比对及参加能力验证等途径提供证据。由于公路工程自动化仪器设备的计量标准缺口较大,很多仪器设备在现阶段还需要采取这种方式溯源,本书将在后节详细介绍这种方式,帮助大家理解和规范比对的开展。

6)计量保证方案(MAP)

“计量保证方案(MAP)”是美国在20世纪50年代末,针对如何保证更高的计量准确度的问题探索,70年代末,已形成了比较完整和可行的“计量保证方案”。该方案是测量过程用统计方法对测量质量进行控制的科学保证方法,可以定量地确定测量过程相对于国家基准或其他指定标准的总的测量不确定度,并验证总的不确定度是否小到足以满足用户要求。我国GB/T 19022—2003/ISO 10012:2003标准也提出了这一方案,但是由于成本等原因还未广泛采用。

1.3 量值溯源依据

《中华人民共和国计量法》第十条规定:“计量检定必须按照国家计量检定系统表进

行。国家计量检定系统表由国务院计量行政部门制定。计量检定必须执行计量检定规程。国家计量检定规程由国务院计量行政部门制定。没有国家计量检定规程的,由国务院有关主管部门和省、自治区、直辖市人民政府计量行政部门分别制定部门计量检定规程和地方计量检定规程”。国家计量检定系统表是指从计量基准到各级计量标准,直至工作计量器具的检定程序所作的技术规定,它由文字和框图构成。这里的“框图”即“计量检定系统表框图”,它是计量检定系统表的组成内容。例如,砝码的计量检定按照《质量计量器具检定系统表》(JJG 2053—2016)中5质量计量检定系统表框图。

在《通用计量术语及定义》(JJF 1001—2011)规定,在一个国家内,对给定量的测量仪器有效的一种溯源等级图,包括推荐(或允许)的比较方法或手段。

注:在我国,也称国家计量检定系统表。

因此可以认为,国家计量检定系统表包括其中的计量检定系统表框图也可称为国家溯源等级图。

国家溯源等级图以文字加框图构成,主要内容包括:

(1)测量设备或基准、标准的名称;

(2)测量范围;

(3)准确度等级、测量不确定度或最大允许误差;

(4)检定方法或手段。

检定方法(测量方法)是指,进行测量时所用的按类别叙述的一组操作逻辑次序,如比较测量、直接测量、间接测量、干涉测量、比对。一般按相应的计量检定规程中规定的方法来填写。

国家溯源等级图应反映出“三个级别”“三个要素”和“三个方框”。

(1)三个级别中,上级是计量基准器具(上方框),中级是计量标准器具(中间方框),下级是工作计量器具(下方框),此图强调器具的级别。

(2)三个要素是:计量器具名称、测量范围、不确定度(或误差)。

(3)三个方框表明了国家溯源等级图的基本格式要求,三个方框在垂直方向自上而下摆放。

制定国家检定系统表主要目的是确立我国计量器具的量值传递体系,指导计量检定,对所有的测量包括最普通的测量,在其溯源到基准的途径中尽可能减少测量误差又能给出最大的可信度;既确保被检计量器具的准确度,又考虑到量值传递的经济性、合理性。制定时,各等级计量标准的准确度要求,必须从工作计量器具的准确度和测量范围要求开始,由下向上地逐级确定。国家溯源等级图基本上是按各类计量器具(如:量块、线纹尺、表面粗糙度参数值样板等）分别制定的。在我国，每项国家计量基准对应一种国家溯源等级图，这时称为"××计量检定系统表框图"。它可作为建立计量测量标准，制定检定规程、校准规范的依据。因此，"计量检定必须按照国家计量检定系统表进行"。

建立计量标准的机构可以依据国家检定系统表编制本机构的检定系统表（溯源等级图）；按从下往上的顺序，画出本机构从测量仪器到上一级计量标准（或国家计量基准）的溯源等级图。

当溯源至国家计量基（标）准或国际计量基（标）准不可能或不适用时，则可依据一定的技术文件，溯源至公认实物标准，或通过比对实验、参加能力验证等方式，证明其测量结果与同类实验室的一致性。

由于公路工程自动化试验检测仪器设备很少是单一量值的，多数情况下没有现成的国家溯源等级图可用，现有的国家溯源等级图（国家计量检定系统表）仅适用于目前属于检定范畴的、已经建立了国家基准的计量器具的量值传递。所以只能借鉴现有的国家溯源等级图（国家计量检定系统表）的形式和内容，按照国家溯源等级图格式，根据仪器设备的量值和应该溯源到的计量标（基）准，绘制自己需要的溯源等级图。仪器设备（工作计量器具）溯源等级图的绘制，可参照以下步骤进行：

（1）前提。

①实验室仪器设备的名称，量值/测量范围，测量不确定度（允许误差）；

②有效的校准方法。校准方法应该是经过实验室计量确认的有效方法（检定规程、校准规范）；

③传递量值的计量（基）标准器具名称，量值/测量范围，测量不确定度（允许误差）；

④传递量值所用的方法。

如果仪器设备已经通过检定/校准，取得证书，以上信息可以通过证书获得。

（2）图形元素：长方形图框：▭；椭圆形图框：⬭；带箭头直线段⟶。

（3）将各级量值分别填入几个长方形图框中，将溯源采用的方法填入椭圆形图框中，并将其放在各长方形图框之间；用方向朝上的带箭头直线段将长方形图框和椭圆形图框连接起来，即绘制成量值溯源图。

为了便于检测机构科学地开展量值溯源，明确量值溯源依据，以下给出公路工程仪器设备涉及的常见计量门类（长度、温度、时间频率、压力）的计量检定系统表框图（见图2-1-2～图2-1-5），以供参考。

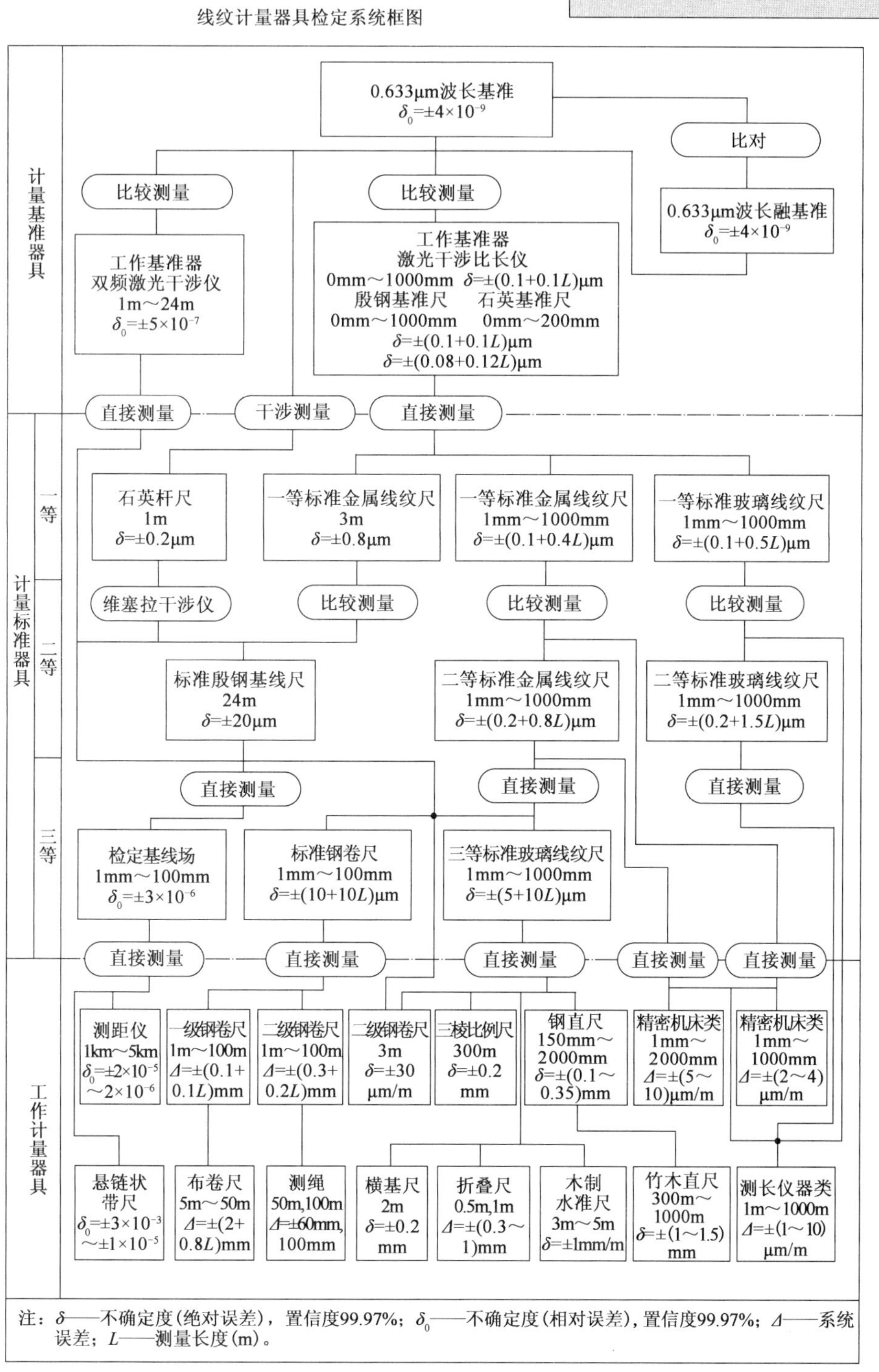

图 2-1-2　长度计量器具检定系统框图

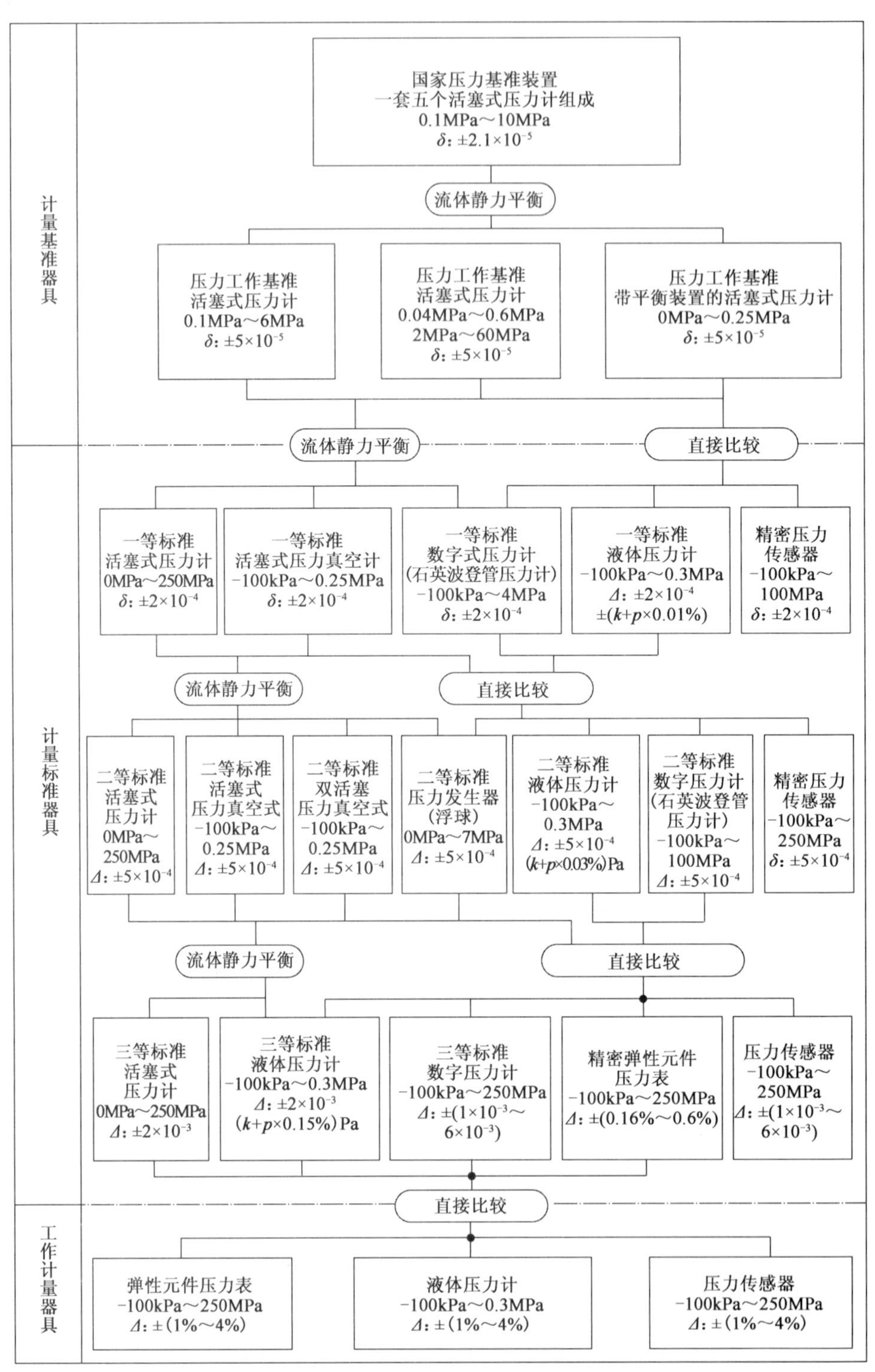

图 2-1-3　压力计量器具检定系统框图

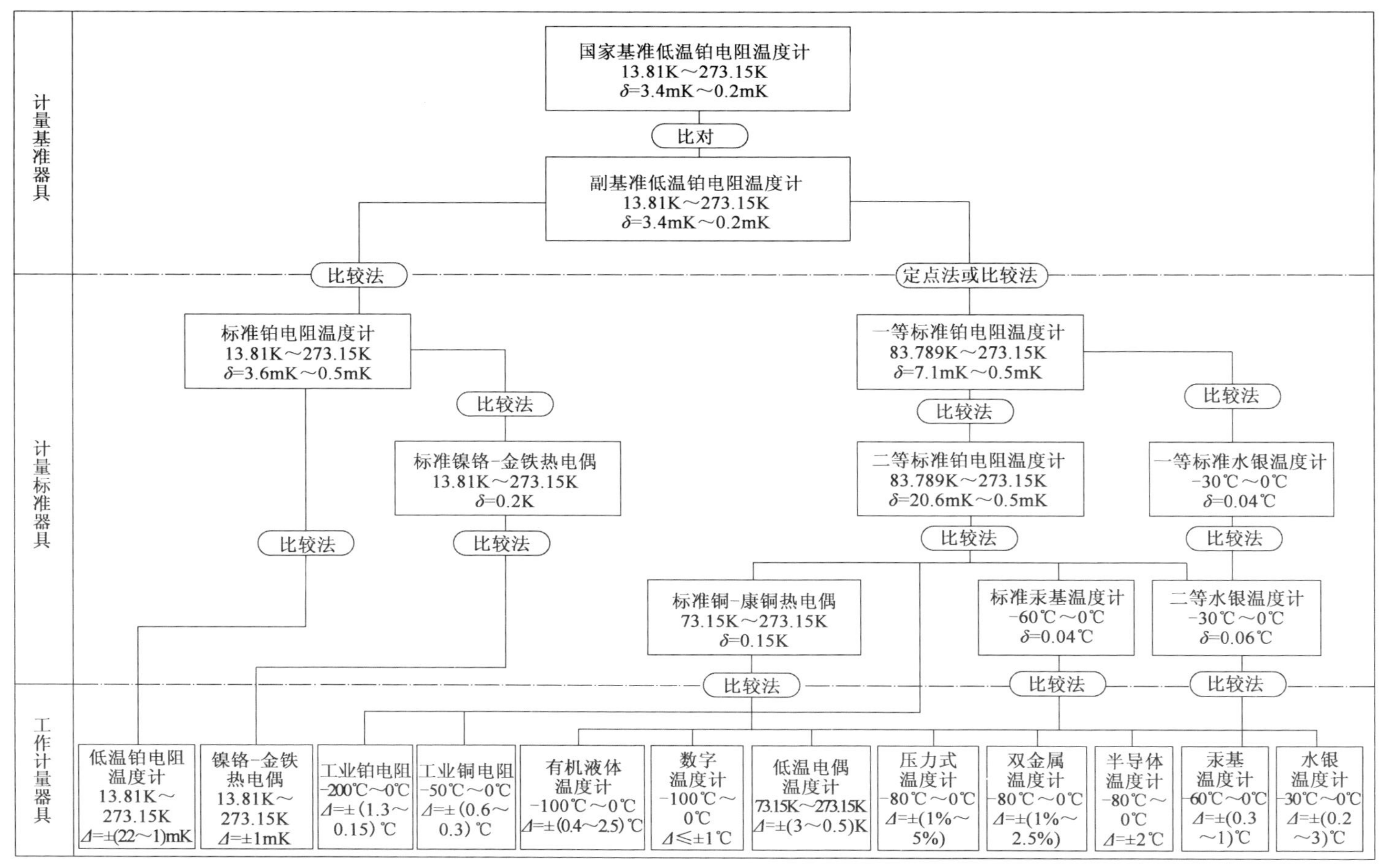

图2-1-4　温度计量器具检定系统框图

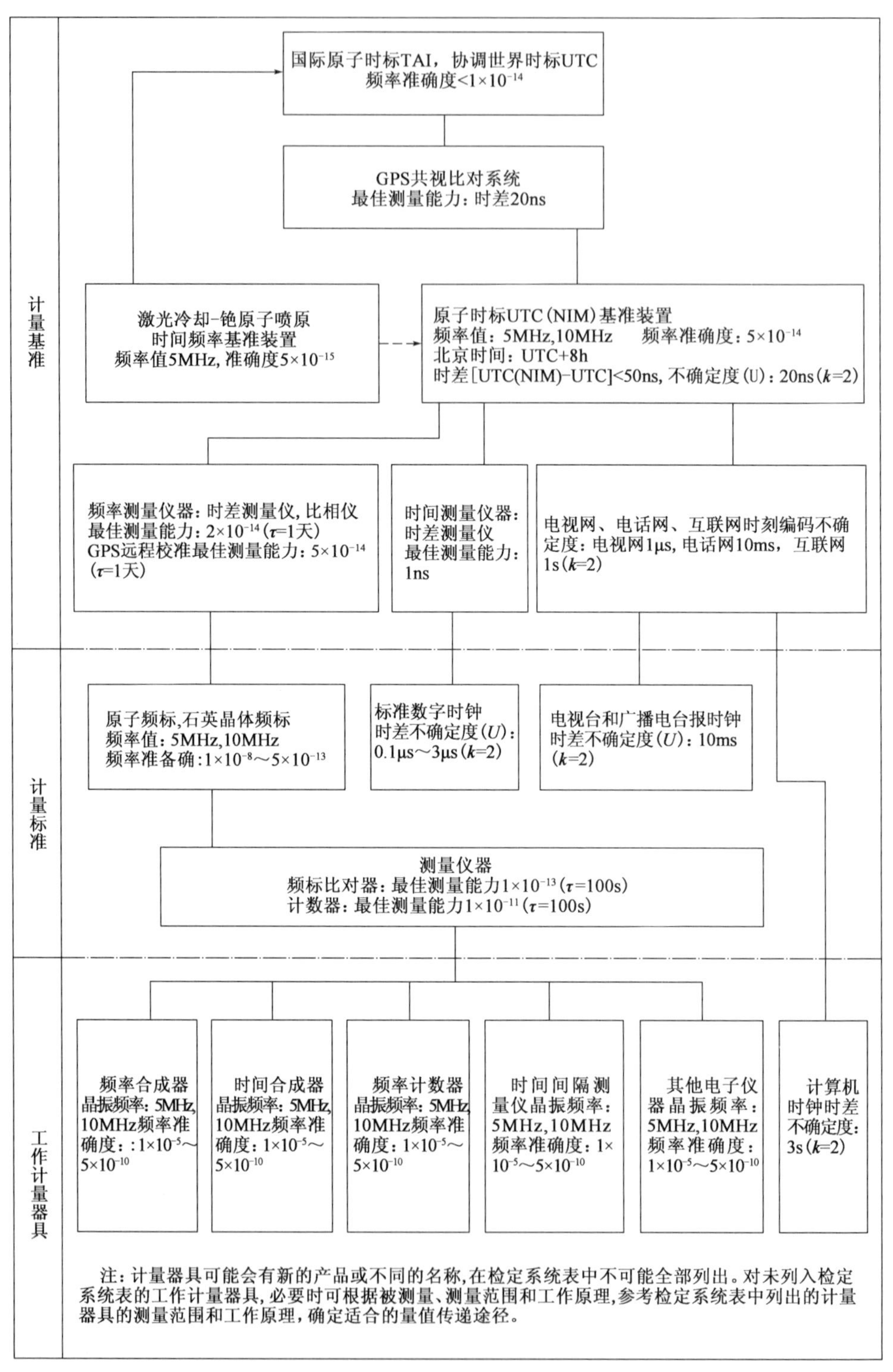

图 2-1-5　时间频率计量器具检定系统表框图

2 公路工程专用仪器设备的量值溯源要求

公路工程属于公益性基础设施，其工程质量和服务水平受到社会广泛关注，为了准确地控制和评定工程质量和服务水平，大量的带有公路工程特点的专用仪器设备在交通行业内广泛使用，为保障工程质量安全发挥着重要作用。如前所述，这些专用仪器设备的专业特点极强，且保有量有限，使用范围也仅仅局限于交通行业内部，社会公用计量技术力量的投入极为有限，无法保障其量值准确、统一。为此，行业部门也十分重视这些专用仪器设备的管理。早在1997年，交通部[1]体改法规司发布了《交通专用计量器具管理办法(试行)》(体法管字〔1997〕115号)，其中规定，专门或主要在交通行业使用的或在量值传递及计量管理方面具有交通行业特殊性的计量器具，交通部计量主管部门分期分批公布交通专用计量器具目录及明细目录。交通部计量主管部门、交通部各派出机构计量主管部门、地方各级交通计量主管部门按照行政隶属关系或地区管辖范围会同技术监督部门对交通企事业单位的交通专用计量器具的检定、校准、管理情况实施监督检查。2005年，《公路水运工程试验检测管理办法》(交通部令2005年第12号)规定，依据检测机构的公路水运试验检测水平、主要试验检测仪器设备及检测人员的配备情况、试验检测环境等基本条件，对检测机构进行能力划分。可见，检测机构的仪器设备配备情况是机构试验检测能力的重要体现。同时，该办法第三十三条规定，检测机构应当建立严密、完善、运行有效的质量保证体系。应当按照有关规定对仪器设备进行正常维护，定期检定与校准；第四十五条规定，把仪器设备的运行、检定和校准情况作为行业监督检查的重要内容之一。

公路工程试验检测参数数量繁多，涉及的专业领域也很多，既包括普通公路建筑原材料(如土、砂石、水泥、沥青等)的基本物理、力学、化学性能检测，又包括一些特殊材料(如沥青混合料、防护栏、标线标志等)和道路、桥梁、隧道等结构物路用性能、安全性能等使用功能检测，因此，所使用的仪器设备种类繁杂、指标项目多，其计量参数涉及长度、温度、力学、电磁等多项基本计量门类，甚至还包括一些交通专用的特殊量值，如弯沉、延

[1] 现为交通运输部。

度、针入度、摆值、平整度、车辙深度、构造深度、逆反射系数等。对于仪器设备计量单位和精确度的要求，也具有很强的专业特点，如弯沉的计量单位为0.01mm，沥青针入度以0.1mm计，沥青延度以cm计。试验中一些通用仪器的精确度要求一般比较明确，如天平、温度计等，而对于一些专用仪器的精确度要求往往比较模糊，如摆式摩擦系数测定仪，要求同一处5次测量值的极差不大于3BPN。还有很多平行试验，均对试验检测结果的极差、标准差提出了要求，这实际上也对仪器设备的精确度提出了隐性要求，所以在考量仪器设备的精确度是否能够用于某类试验时，这些都是考虑的因素。另外，由于被检测材料性质不同，检测的参数不同，试验检测的环境条件也有所不同，例如沥青针入度试验，水温度条件有15℃、25℃、30℃等；水泥混凝土抗压强度试件是在温度20℃ ±2℃、相对湿度95%以上的环境条件下养护至规定的龄期，进行抗压试验。土工试验用烘箱，工作温度一般为105℃ ~110℃。表面上看这些是对试验环境本身的要求，实际上是明确了仪器设备工作方式和条件，尤其在仪器设备进行量值溯源时，特别要注意这些要求，否则影响了量值溯源的有效性。例如，土工用烘箱送检时，只对0℃ ~50℃范围内的校准点给出了示值误差，而在其工作温度105℃附近没有校准点，这样的量值溯源有效性就比较差。

为了帮助大家理解公路工程仪器设备的专业特点，以便更好地管理和使用它们，以下将从量值溯源的角度介绍其主要的专业特点。

(1)表征多个量值，涉及的计量门类较多。

一些公路工程专业试验检测仪器设备，往往表征多个量值，其计量参数往往涉及长度、力学、时间、温度、光学等各个专业门类，只有对其各项计量参数分别进行溯源，才能保证其综合量值的可靠性，此类仪器设备的量值溯源路径往往比较分散。如针入度仪，其计量参数包括温度、时间、长度；马歇尔稳定度仪，其计量参数包括力学、长度等。因此计量测试人员(或试验检测人员)要具备较扎实的计量学基础知识和较强的专业知识，才能确保这些专业仪器量值溯源的比较链准确、可靠。

(2)通过直接测量值得到导出量的系统设备的计量工作是难题。

公路建设项目中存在一些隐蔽性工程和大量圬工结构，其质量评价的参数往往不易直接测得，或者虽然可以直接测量，但会对工程实体造成一定损坏。因此，在公路工程质量与安全评价工作中，会应用一些间接、无损检测技术手段，通过复杂的函数关系，由单一或者多个测量值得到导出量，用于工程质量与安全的评价。这类仪器设备量值的准确性受函数转换过程中一些参量的影响，如何在复杂的测量环境下，正确处理转换关系，或者说涉及参量的稳定性与其导出量准确性之间的关系，是此类仪器设备量值溯源工作的难点，尤其对于绝大部分无损检测技术，这一难点尤为突出。

例如雷达测厚仪，其直接测量值是电磁波在被测物体里传播时间，需要通过与波速的函数转换关系，导出所需的厚度数据，用于工程质量评价。然而，导出过程中波速这一参量的不确定性，给雷达测厚仪量值准确性评判带来很大的技术难度。又如核子密湿仪，其直接测量值——放射性粒子的计数值，通过一定的比对关系导出被测物体的密度及湿度。这种转换关系受到被测材料的颗粒大小、级配、均匀度，以及物理状态、化学成分等方面的影响较大，同样难以找到合适可行的技术方法，衡量其本身量值的准确性。另外，公路工程试验中常用的压力机，其提供的是正压力，但在工程实际中，无论是压混凝土试件还是桥梁支座，得出的结果均为压强，另外该设备在工作过程中由于垂直度等因素的影响，会引入水平分力，设备的测量值与输出量并不完全一致，需要进行量值转换。这些转换影响了对导出量准确性的把握。总之，这类仪器设备量值溯源工作的难点在于如何确定稳定的被测量，及营造理想的测试环境，如何准确量化转换过程中各参量的影响。

(3)具有相当数量影响试验结果的非计量器具。

公路工程试验检测项目中，有部分室内试验项目在制样过程中，需要借助一些辅助性的工具完成，或者试验过程中，需要采用某些约定属性工具。这类工具往往没有计量性质，即不具备量化被测对象某项属性的能力，然而此类工具对被测量的测量结果却有很大影响。公路工程试验检测仪器设备中约有 30 余种工具类设备。

例如，公路工程集料试验用到的加速磨光机，其本身并不产生量值，只是以固定的体积，一定的转速等约定属性条件为集料提供磨光作用，再由摆式摩擦系数仪测量经磨光后集料的摩擦系数，来评价集料的抗磨光性能。可以看出，如果加速磨光机的一些约定属性不在同一水平上，势必造成集料的磨光作用存在差异，那么经磨光后的集料将不在同一磨光作用水平上评价，试验结果便不具备可比性。同样地，公路工程集料试验用到的洛杉矶磨耗试验机也是一样，其为集料提供固定的磨耗功，本身并不产生量值，用磨耗前后的质量损失来评价集料的抗磨耗能力，其一些约定属性也需要被限定在同一水平上，以保证试验结果的可比性。这样的例子，在公路工程试验检测工作中还很多，如标准筛、环刀、灌砂筒、击实仪、振动台、搅拌机、试模等，它们均为本身不产生量值，却对试验结果影响很大的工具类设备，其一些约定属性须进行检验，以保证试验检测结果的可比性。

(4)部分试验方法的粗略性给仪器设备的计量造成一定困惑。

仪器设备的计量工作是为确保其量值的准确，从而保障试验检测结果的可靠性。然而，公路工程相比于电子、航空等行业，其管理方式及各方面技术要求相对粗犷，部分用于工程质量与安全评价的试验方法精确性也相对较低。部分试验方法的粗略性一方面削弱了仪器设备计量工作的意义，达不到保障试验检测结果可靠性的目的；另一方面也给仪器设备检定/校准方法带来一定的技术难度。

例如，滚搓法测土壤塑限，所用主要计量设备为天平。天平的量值溯源方法较为成熟，但其量值准确性并不能保证塑限测试结果可靠，该试验结果的准确性很大程度上取决于滚搓方法及对土样状态的经验判断，这给试验结果带来不可量化的偏差，而这一偏差要比天平本身的准确性对试验结果的影响高一个数量级。又例如，铺砂法测量路面构造深度时所用的仪器设备，单从计量的角度，灌砂筒的几何尺寸、推平板的几何尺寸及底面平整性、量尺的示值误差等，均可以准确计量，以保证其符合试验方法的要求。但是，如果通过模拟试验过程，来准确计量这一仪器设备输出量值，基本无法实现。因为，试验过程中的摊铺环节变异性太大，不同的操作人员测试结果大相径庭，存在不可量化的粗略误差，给这类仪器设备的计量工作带来很大的技术难度。还有，砂的相对密度试验中人工测定最小孔隙比时，试验操作人员用振动仪（锤）敲打容器两侧，“敲打时要用足够的力量；振击时，粗砂可用较少击数，细砂应用较多击数”，在此“足够的力量”和击数都没有定量等。

（5）系统集成设备的整体性能计量是关键。

公路工程试验检测仪器设备中存在大量的系统集成设备，一台（套）设备往往涉及光学、电磁学、力学等各个学科，依赖各个不同工作原理部件的协同作业，完成某项参数的试验检测。这类仪器往往是具有复杂控制系统、不可拆卸的大型设备，即使能够拆解，对各个部件分别计量，也无法保证其集成系统的整体性能的可靠，这给计量工作带来困难。对于这类仪器设备的计量工作，要想发挥其对试验检测结果可靠性的保障作用，检验其整体性能的准确性无法回避。

例如松弛试验机为不可拆卸的集成系统设备，目前根据《拉力、压力和万能试验机》（JJG 139—1999）检定规程进行计量检定，采用的是离机方式，单独检验力传感器和温度传感器，没有考虑该温度传感器或力传感器在集成系统中的用途，带来了集成设备的整体性能确认问题，对于松弛试验机整个系统而言是不适用的。另外松弛试验机一般以一个小时为时间段，应该考虑分时段检验，同时应该考虑机架的刚度对于试验结果的影响等。分析设备使用过程中的一些影响因素，并综合考虑仪器设备整体性能，确定合适的量值溯源链，十分必要。又例如路面激光平整度仪，从理论上讲，其核心部件激光测距传感器、加速度传感器以及距离传感器均可以拆解，分别计量，以保证各部件量值准确。但是，这对于路面激光平整度仪的检定/校准来说，并不充分，还需要检验其在测试工作状态下，其各部件协同作业时的整体性能如何，其综合输出值的可靠性如何。总之，这类集成系统设备的整体性能是衡量其可靠性的关键，在其量值溯源方法工作中须予以考虑，才能真正保证其量值的准确性。

(6)仪器设备普遍载有软件。

随着科技进步及学科交叉应用的日益深入，公路工程试验检测仪器中也涌现出大量的基于自动化控制的设备，不仅提高了测试效率，也大大减少了对试验结果的人为影响。此类设备一个必不可少的组成部分即为机载软件。该机载软件是仪器设备工作的控制中枢，也是用户与仪器设备交互的唯一媒介，更是将各类测试信号转化为所需导出值的处理系统。可以看出，此类仪器设备量值的准确性不仅依赖于各实体部件的测量精度，很大程度上受机载软件算法准确性及处理精度的影响。然而，仪器设备机载软件的计量并没有纳入其量值溯源体系。例如路面激光车辙仪，其机载软件根据仪器采集的路面横断面高度值，按照一定的计算模型，导出所需的车辙深度值。如果机载软件在计算模型选择方面稍有偏差，极有可能造成车辙深度计算结果错误，或者偏差较大。机载软件与仪器设备的其他实体测试部件并没有本质区别，从某种程度上讲更加重要，其应纳入仪器设备的检定/校准参数，才能保证量值溯源体系的完整性。

另外，公路工程的试验中，还存在一些一次性使用的消耗品，与仪器设备配合使用，如成型水泥胶砂试件时用的ISO标准砂、化学试剂，包括一些应变片等。这些消耗品所代表量值的准确性对试验结果的影响很大，却往往只能通过“抽样”检验的方式确保其量值可靠，因此，检测机构应重视合格供应商的评定工作，尽可能地选择品质有保障的消耗品。

为了有效解决公路工程专用仪器设备量值溯源问题，自2008年至今，交通运输部高度重视专业计量体系的建设工作，不仅在全国范围内开展交通专业计量技术机构的布局建设工作，还发布了《公路工程试验检测仪器设备计量管理目录》，明确了公路工程试验检测仪器设备计量管理范围，是各级交通运输主管部门对公路工程试验检测仪器设备进行计量监督管理及相关标准制修订工作的基本依据。作为公路水运工程试验检测行业管理部门，交通运输部办公厅还在此基础上发布了《公路工程试验检测仪器设备服务手册》(以下简称《手册》)，分别从计量参数、依据标准、管理方式等方面，对公路工程试验检测仪器设备的检验工作提出了明确的规定，具有较强的可操作性。

3　量值溯源工作的开展

从事公路工程行业试验检测工作的单位，配置的仪器设备种类繁多，且大多数为专用仪器，其他行业极少使用，且随着仪器自动化程度的提高，仪器量值准确性对保证试验检测结果可靠性的作用越来越显著，因此，检测机构应重视开展仪器设备的检验工作，在尽可能的条件下，保证仪器量值能够科学、有效地溯源至国家相关基（标）准，或者采用一定技术手段，尽可能地保证仪器量值准确可靠。量值溯源工作可以分量值溯源计划、检验实施、结果确认、结论反馈四个步骤进行。

3.1　量值溯源计划

提升仪器设备量值准确性的技术手段很多，在尽可能条件下，应采取量值溯源的方式进行。量值溯源的方式有很多，检定和校准是最为常用的方式。由于公路工程行业的试验检测仪器设备不涉及或较少涉及国家强制检定范畴，可按照前述《手册》的有关规定，根据仪器设备的具体情况，确定合理的检验方式。值得一提的是，受我国计量管理体系的影响，人们往往认为只有“检定”才是保证仪器设备量值准确、可靠的唯一方式，而校准或其他形式则都是无法检定时采取的一种变通方式，其实不然。人们对“检定”的青睐，主要原因可能是检定证书给出仪器设备合格与否，或者满足某个等级的结论，而校准证书则主要列出检验数据，一般不给合格与否的结论。但是，检定证书展现的检验数据往往极为有限，有的甚至没有具体的检验数据，只有结论，而校准证书是从服务客户的角度，为了方便客户了解仪器的技术状态，往往会示出客户不易获取的详细检验数据，因此，对于试验检测机构而言，那种证书更为实用，取决于具体仪器设备的技术复杂程度及使用场合，并不能一概而论。如果单从管理方式的角度讲，检定比校准更为有效的说法是没有根据的，而且随着各行各业国际接轨的不断深入，校准这种方式的采用范围更为广泛。对于公路工程使用的自动化仪器设备，由于其技术复杂程度较高，或许校准更为实用，这要根据检测机构的实际需求而定。总之，检定和校准的区别可以总结见表 2-3-1。

检定与校准的区别 表 2-3-1

序号	项目	检　　定	校　　准
1	目的不同	检定的目的:对测量装置进行强制性全面评定。这种全面评定属于量值统一的范畴,是自上而下的量值传递过程。检定应评定计量器具是否符合规定要求。这种规定要求就是测量装置检定规程规定的误差范围,通过检定,评定测量装置的误差范围是否在规定的误差范围之内	校准的目的:对照计量标准,评定测量装置的示值误差,确保量值准确,属于自下而上的量值溯源的一组操作。这种示值误差的评定应根据组织的校准规程作出相应规定,按校准周期进行,并做好校准记录及校准标识。校准,除评定测量装置的示值误差和确定有关计量特性外,校准结果也可以表示为修正值和校准因子,具体指导测量过程的操作
2	对象不同	检定的对象:我国计量法明确规定的强制检定的测量装置。检定对象主要为三大类计量器具: A. 计量基准(包括国际[计量]基准和国家[计量]基准)。国际[计量]基准:"经国际协议承认,在国际上作为对有关量的所有计量基准定值依据的计量基准。"国家[计量]基准:"经国家官方决定承认,在国内作为有关量的所有其他计量标准定值依据的计量基准。" B. 计量标准[计量]标准定义:"用以定义、实现、保持或复现单位或一个或多个已知量值,并通过比较将它们传递到其他计量器具的实物量具、计量仪器、标准物质或系统。"(例如:1kg 质量标准,25kg 标准砝码,标准量块,100Ω 标准电阻等,都是计量标准。) C. 中国计量法和中华人民共和国强制检定的工作计量器具明细目录规定:"凡用于贸易计算、安全防护、医疗卫生、环境监测的,均实行强制检定"。以上三大类之外的测量装置则属于非强制检定,即校准范围	校准的对象:属于强制检定之外的测量装置。在我国非强制检定的测量装置,主要是指在生产和服务过程中大量使用的计量器具,包括进货检验、过程检验、和最终产品检验及其他检测等所使用的计量器具等
3	性质不同	检定属于强制性的执法行为,属法制计量管理范畴,其中,检定规程,检定周期等全部都要按法定要求进行	校准不具有强制性,属于组织自愿的溯源行为。这是一种技术活动,可根据组织的实际需要,为计量器具或标准物质定值的过程。组织可以根据实际需要规定校准规范或校准方法。可自行规定校准周期、校准标识和记录等
4	依据不同	检定的主要依据:计量检定规程,这是计量设备检定必须遵守的法定技术文件。计量检定规程,可分为国家计量检定规程、部门行业计量检定规程和地方计量检定规程三种。计量检定规程,属于计量法规性文件,由经批准授权的计量部门制定,企业组织无权制定	校准的主要依据:校准规范或参照计量检定规程的要求。在校准规范中,规定校准程序、方法、校准周期、校准记录及标识等的要求。校准规范属于组织实施校准的指导性文件

续上表

序号	项目	检　　定	校　　准
5	方式不同	检定的方式:必须到具有资质的计量部门或法定授权的计量检定部门进行检定	校准的方式是采用组织内部校准、外部校准或内校与外校相结合的方式进行。组织进行内部校准,必须具备必要的条件: 1. 编制校准规范或程序,规定校准周期; 2. 具备必要的校准环境和校准人员; 3. 至少具备高于同一个等级的标准计量器具。标准器的测量误差应不超过被确认设备使用时误差的 1/3～1/10; 4. 对校准记录、校准标识等进行规定
6	周期不同	检定周期,必须按计量检定规程的规定进行,组织不能自行确定。检定周期,属于强制性约束的内容	校准周期,由组织根据使用的计量器具的需要自行确定。可以进行定期校准或不定期校准,或在使用前校准
7	项目内容不同	检定的内容和项目,是对测量装置的全面评定。除了包括校准的全部内容之外,还需要检定有关项目及检定结果的处理等	校准的内容和项目,只是评定测量装置的示值误差,以保量值准确。校准的内容和项目可由组织根据需要自行确定
8	结论不同	检定,必须依据计量检定规程规定的量值误差范围,给出测量装置合格或不合格的判定。超出检定规程规定的量值误差范围为不合格,在规定的量值误差范围之内则为合格。检定的结果给出检定合格证书	校准的结论,只是评定测量装置的量值误差,确保量值准确。不要求给出合格或不合格的判定。校准的结果可给出校准证书或校准报告
9	法律效力不同	检定结论,具有法律效力,可作为计量器具或测量装置检定的法定依据,检定合格证书属于具有法律效力的技术文件	校准的结论,不具备法律效力,给出的校准证书或校准报告只是标明量值误差,属于一种技术文件
10	企业管理分类不同	企业工作计量器具,目前大多采用 ABC 分类管理的方法。ABC 管理法应用于计量检测设备的等级划分。“检定”范围的计量器具,在企业 ABC 管理法应用中,属 A 级管理。用于贸易结算、安全防护、环境监测、医疗卫生等属强制检定管理范围的计量检测设备及企业内部用于量值传递的计量标准器等“检定”范围的计量器具,必须是 A 级计量检测设备的范围	“校准”范围的计量器具,在企业 ABC 管理法应用中,一般都是 B 级或 C 级计量检测设备的范围。 1. 如在工艺、质量、经营管理、能源管理中对计量数据有较高准确度要求,但平时拆装不便,实行周期检定又有困难的计量检测设备,划入 B 级计量检测设备的范围; 2. 如在工艺、质量、经营管理、能源管理对计量数据无准确度要求的指示用计量检测设备,则划入 C 级计量检测设备的范围

制定切实可行的量值溯源计划，是有效开展仪器设备检验工作，提升仪器设备量值可靠性的基础。检测机构应重视量值溯源计划的制订，所有检验的器具均应列入该计划，尤其对一些测量关键量值的仪器及用于仪器设备自检验、期间核查的标准器具。在制订量值溯源计划时要保证既不超周期使用，又尽可能减少对正常工作的影响。仪器设备的量值溯源计划至少应包含（但不限于）仪器名称、管理编号、反映准确度的技术指标、检验方法（依据标准）、计量参数、检验方式、检验单位、检验周期、技术确认依据等信息。计划除了符合相关管理规定，应征求相关试验检测人员的意见，并由技术负责人确认，尤其对于检验方法、计量参数等信息。其中，反映仪器设备准确度的技术指标，一般可在准确度等级、最大允许误差、测量不确定度中选择使用。《通用计量术语及定义》（JJF 1001—2011）中，测量准确度是指被测量的测得值与其真值的一致程度，可见准确度是一个定性概念，不能给出有数字的量值。而计量检定规程、检定系统表、OIML 国际建议、标准或其他技术文件用“准确度等级”来表征测量准确度的好坏，准确度等级是指符合一定的计量要求，使误差保持在规定极限以内的测量仪器的等别、级别。准确度等级其实只是一个符号，虽然与测量仪器的准确性有着一定的对应关系，但并不是一个量值。例如，全站仪测距部分适用的计量检定规程《光电测距仪检定规程》（JJG 703—2003），将测距仪的准确度分为Ⅰ、Ⅱ、Ⅲ、Ⅳ四个级别，分别对应着不同的测距标准差，代表了不同的测量准确度。

这里有必要简单解释一下准确度等级、最大允许误差、测量不确定度。

（1）准确度等级

准确度等级中“等”和“级”的使用区别，具体见表 2-3-2。

按“等”使用和按“级”使用比较 表 2-3-2

比较项	按“等”使用	按“级”使用
说法	也称加修正值使用	也称不加修正值使用
划分	以不确定度的大小划分	以最大允许误差大小划分
使用方法	仪器得到的读数加上修正值后才是测量结果	仪器得到的读数直接就是测量结果
不确定度来源	由修正值的不确定度确定，通常由仪器的校准证书得到	由仪器的有关技术文件规定的最大允许误差通过假定分布后得到
不确定度计算	由校准证书中给出的扩展不确定度除以证书中标明的包含因子 k 得到	由最大允许误差除以假定分布所对应的 k 值得到。通常为矩形分布 $k=\sqrt{3}$
不确定度损失	量值传递过程中的不确定度损失较小	量值传递过程中的不确定度损失较大
用途	常用于量值传递链的高端	常用于量值传递链的末端

续上表

<table>
<tr><th colspan="2">比较项</th><th>按“等”使用</th><th>按“级”使用</th></tr>
<tr><td rowspan="6">量块实例</td><td>依据</td><td colspan="2">JJG 146—2003 量块检定规程
JJG 2056—1990 长度计量器具(量块部分)检定系统表</td></tr>
<tr><td>定级别</td><td>购买之后使用之前，由计量检定机构对量块进行检定并定等，给出具体修正值。定级依据国家量值传递系统表确定，并自上至下传递。例：一量块出厂时为0级，送检后计量检定机构对其判定为3等，并给出修正值</td><td>依据生产厂商的出厂公差带来给量块定“级”</td></tr>
<tr><td>使用方法</td><td>以量块检定证书上列出的实际尺寸为依据，忽略检定量块实际尺寸的测量误差</td><td>以刻在量块上的标称长度为工作尺寸，忽略量块的制造误差</td></tr>
<tr><td>划分</td><td>根据量块长度的测量不确定度划分，分为1、2、3、4、5共五等。采用其中心长度的实测值，测量结果包含量块实测值对其真值的偏差，只在一定程度上接近该量块真值</td><td>以量块长度相对于标称长度的偏差(即量块的长度偏差)划分，分为K、0、1、2、3共五级。采用其中心长度的标称长度，测量结果中包含量块实测值对其标称值的偏差</td></tr>
<tr><td rowspan="2">代替</td><td colspan="2">K、0、1、2、3级量块的长度偏差分别与1、2、3、4、5等量块长度的测量不确定度相当，因此一定“等”的量块可以用相应“级”的量块来代替，但只在使用标称尺寸，不能加以修正时才作此代替，并存在不经济问题(例如3级量块测量面的平面度、研合性都比5等量块的要求高)</td></tr>
<tr><td colspan="2">1等与K级，2等与0级，3等与1级，4等与2级，5等与3级分别相近，所以一定等的量块只能从一定级的量块中检定出来(例如：出厂为0级的量块只能检定为2等及以下，以此类推)</td></tr>
</table>

(2)最大允许误差

最大允许误差是对给定的测量仪器，规范、规程等所允许的误差极限值。即在规定的参考条件下，测量仪器在技术标准、计量检定规程等技术规范上所规定的允许误差的极限值。例如测量范围为25℃ ~50℃的分度值为0.05℃的一等标准水银温度计，其示值的最大允许误差为±0.10℃。

(3)不确定度

不确定度是三者中相对复杂的一个，《通用计量术语及定义》(JJF 1001—2011)这样定义，“根据所用到的信息，表征赋予被测量量值分散性的非负参数。”而仪器设备的不确定度则指由所用的测量仪器或测量系统引起的测量不确定的分量。限于本书的内容和篇幅，这里对不确定的概念不加以详细阐述，需要了解的可研读《测量不确定度评定与表示》(JJF 1059.1—2012)及相关书籍。需要指出的是，测量不确定度是表征测量结果分散性的一个参数，它只能表述一个区间或一个范围，说明被测量真值以一定概率落于其中,它对测量结果而言,可以判定测量结果的可靠性,不能用于对仪器设备示值的修正。

量值溯源计划应该是检测机构在仪器设备量值溯源方面长期遵守的规则,量值溯源计划一般不包含经常发生变动的信息,如最近检验日期等。出现下列情况时,应对计划进行补充或更新:

(1)新购置仪器设备时;

(2)停用时间超过检定/校准周期的仪器设备需重新启用时;

(3)改装或修理后的仪器设备需投入使用时;

(4)经期间核查确认仪器设备量值失准时;

(5)借用外部仪器设备时(必要时);

(6)相关技术标准、管理规定发生变化时。

为了更好地实施量值溯源计划,检测机构可根据本单位仪器设备的数量和工作安排上的需要,合理制订年度计划甚至月计划,规定具体的检验日期、实施人员等信息。年度计划包括当年所有需要检定或校准的仪器设备,月计划只包括当月需要检定或校准的仪器设备,如果采取比对方式时,应制定具体的比对计划。对于仪器设备规模很大的单位还可以分别制订各部门的溯源计划,规定制订计划人员的职责,执行计划人员的职责,监督计划实施人员的职责,以及完成各自职责的时限要求和办事程序等。

3.1.1 方法确定

检定应依据国家计量检定系统表和国家计量检定规程。

校准应根据顾客的要求选择适当的技术文件。首选是国家计量校准规范。如果没有国家计量校准规范,可使用满足顾客需要的、公开发布的,国际的、地区的或国家的技术标准或技术规范,或依据计量检定规程中的相关部分,或国务院有关主管部门、行业的技术标准或技术规范,或由设备制造商指定的方法。还可以使用自编的校准方法文件。这种自编的校准方法文件应依据《国家计量校准规范编写规则》(JJF 1071—2010)进行编写,经确认后使用。

总之,在选择仪器设备量值溯源方法时,应首选适用的、公开发布的技术文件,当没有适用的公开发布的技术文件时,可考虑参考相近的公开发布的技术文件或自编方法等。由于交通专业计量体系建设相对落后,所以可能存在已经有公开发布的部门计量检定规程,但却没有能够按照规程提供量值溯源服务的技术机构,因此,针对这类仪器设备开展的测试、自校验等工作,也应按照这些部门计量检定规程的公开发布的技术文件,确保量值溯源技术有效性。无论哪一种计量检定规程、计量校准规范、和经确认的非标准方法文件,都必须使用现行有效的版本。因为各类技术文件经常会修订,经过修订作废的、被替代的、或未经确认的非标准的或自编文件都不允许使用。

3.1.2 计量参数

对仪器设备进行检定时,应根据相应计量检定规程,检验适用的或全部计量参数;对仪器设备进行校准、测试时,可根据仪器设备使用场合的实际需要,检验其中全部或部分计量参数。但均应做好对检定/校准结果与试验检测工作要求符合性的确认。对仪器设备开展自校验工作时,应着重做好影响测量结果因素的识别,而不只是对功能的核查。

3.1.3 检验周期

检验周期是指对仪器设备检验的时间间隔(如检定周期、校准间隔等),一般应根据仪器设备本身特性、仪器设备的性能要求以及仪器设备的使用情况,按照《计量器具检定周期确定原则和方法》(JJF 1139—2005)确定。在确定仪器设备校准周期时,首先应明确仪器设备的测量可靠性目标 R;一般仪器设备的测量可靠性目标可定为:$R \geqslant 90\%$。见图 2-3-1。

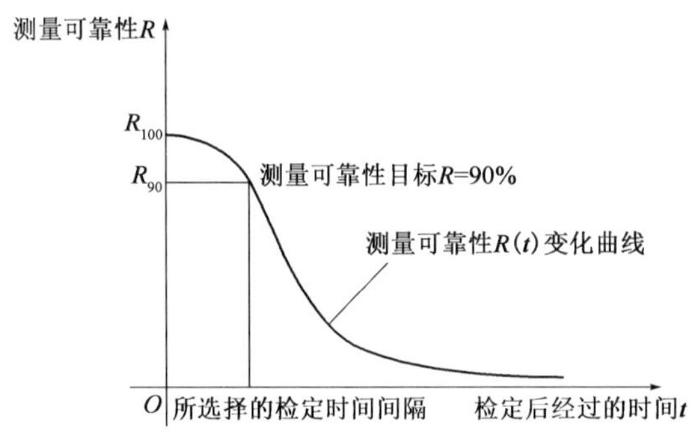

图 2-3-1 测量可靠性

一般需要考虑以下因素:

(1)相关计量检定规程对检定周期的规定;

(2)有关部门的要求或建议;

(3)工作原理、结构形式、所用材质;

(4)制造厂商的要求或建议;

(5)使用的频繁程度;

(6)使用者的操作水平;维护状况;

(7)磨损和漂移量的趋势；

(8)环境的严酷度及其影响(例如,腐蚀、灰尘、振动、频繁运输)；

(9)追求的测量准确度(重复性、稳定性)；

(10)期间核查和功能检查的有效性和可靠性。

检测机构可绘制上述仪器设备随时间变化的曲线图,从而确定合理的检验周期。然而由于检测机构同规格型号的仪器设备有限,给统计分析带来困难,因此对于连续使用的仪器设备,目前广泛采用固定的校准周期。例如,对检定的仪器设备,按检定证书确定检定周期;对校准的仪器设备,若给出建议下次校准时间,则一般遵其建议;若校准证书未给出建议,但该仪器设备有相应检定规程或校准规范的,按检定规程或校准规范确定;若无相应检定规程、校准规范的,则可参照其他公开发布的技术文件或同类仪器设备的规定建议,这种方法操作方便,但当怀疑存在异常时,应及时调整周期。

具体来讲,对于公路工程试验检测仪器设备,可按照以下原则确定:

(1)属于国家规定的强制检定范畴的计量器具,应按相应计量检定规程规定的检定周期送检,检测机构不得随意延长检定周期。带有计量标准器具属性的仪器设备也应按照计量检定规程要求的检定周期送检。这些器具一般用于检验其他仪器设备功能是否正常,或期间核查等。例如某检测机构配备二等标准水银温度计,用于自行校核其他温度计示值,其检定周期一般不超过2年[《标准水银温度计》(JJG 161—2010)]。

(2)对于连续使用的非强制检定范畴的仪器设备,如有计量检定规程或校准规范,或其他适用的、公开发布的技术文件,一般宜按照其要求确定的检定周期(或校准间隔)送检。检测机构对仪器设备确定合理的检验周期,取决于测量风险和经济因素,即测量仪器在使用中超出最大允许误差的风险应当尽量小,而年度的校准费用应当最少,换言之,使风险和费用两者的平衡达到最佳化。对于非强检计量器具检定/校准周期,国家质量技术监督局❶《加强企业计量工作的若干意见》(1993年9月18日)指出:企业检定或校准非强检工作计量器具时,允许对国家计量检定规程或校准技术规范中的检定和校准时间间隔、项目和测量范围根据实际情况做适当调整。国家质量技术监督局1999年第6号《关于企业使用的非强检计量器具由企业依法自主管理的公告》规定:非强制检定计量器具的检定周期,由企业根据计量器具的实际使用情况,本着科学、经济和量值准确的原则自行确定。然而,公路工程所用的仪器设备,使用环境一般比较恶劣,而且,一些专用仪器设备的定型、制造环节缺乏有效技术监管,很多仪器在科研阶段即推向市场,仪器

❶ 现为国家市场监督管理局。

设备超差风险很大,因此,无特殊情况,对于连续使用、频次较高的仪器设备应按照相应技术文件确定检验周期。尤其对于自动化程度较高的、新型的仪器设备,更应掌握"不延长检验周期"的原则,且应该正确判断对计量参数稳定性影响最大的测试部件,确定其检验周期。

(3)对于量值很稳定、使用频次极少、或阶段性使用的仪器设备,检测机构可根据使用计量器具的需要自行确定。可以进行定期检验,也可以不定期检验,甚至使用前检验。检验周期的确定原则应是在尽可能减少测量设备在使用中的风险的同时,维持最小的校准费用。例如试验筛、量筒等量值稳定的仪器设备,在进行首次检验后,检测机构可根据实际使用情况自行确定检验周期。又如某检测机构沥青延度试验开展极少,对沥青延度试验仪及试模检验周期可延长《沥青延度试验仪》(JJG 023—2020)规定的1年,甚至使用前检验。

无论确定多长的检验周期,检测机构均需保证在使用仪器设备开展检测工作,出具检测报告时,其检验时间处在检验周期内,量值准确、可靠。

3.1.4 检验方式

(1)送检。检测机构将需要检验的仪器设备送到建有高一等级实物计量标准的计量技术机构去检定或校准(含本单位建立的计量标准)。

(2)现场检验。由负责检定或校准的计量技术机构,派员将可移动的实物计量标准带到被检单位进行现场(或指定地点)或巡回的检定或校准。

对于多数易于搬运的计量器具来说,这种按照检定系统表用实物计量标准进行检定或校准的方式,由于规定具体,易于操作,简单易行,尽管还存在易发生运输损坏、耗时等弊端,但仍然是我国最主要的、应用最广泛的量值溯源方式。

当仪器设备溯源至国家计量基(标)准不可能或不适用时(如无检定规程、校准规范,或者无提供计量服务的技术机构),可采用以下两种措施,确保量值准确可靠。

(3)自校验。指检测机构按照《量值溯源要求》(CNAS-CL06)的有关规定,在内部实施的,使用自有人员、设备及环境等条件,为保证仪器设备量值准确、可靠而开展的校准活动。检测机构按照《手册》中"计量参数"一栏所列内容,按照《国家计量校准规范编写规则》(JJF 1071—2010)的格式、参照行业内相关仪器设备计量管理、校准指南中的方法,或自行、或委托有能力的单位(如有关科研院所、高校、大型仪器设备研发及生产单位等)编制仪器设备计量测试工作的指导性技术文件,对所列出的计量参数进行自校验,并编制计量测试报告,留存相应技术和管理记录。

(4)比对。属于无法直接实现量值溯源时的一种计量方式,是对不同计量器具进行的同参数、同量程的相互比对。有些检测机构认为,比对这种方式,相对于检定、校准等方式,更容易操作,容易得到合格的结论,也不需要遵循什么规定和标准,其实不然。从某种程度上讲,采取比对的方式进行量值溯源,比采取检定、校准等方式,对于检测机构技术能力的要求反而更高,因为检定、校准一般采取送检方式,检测机构需要做的是,按照量值溯源计划,对提供量值溯源服务的技术机构提出要求,得到相应的证书报告进行确认即可,其余的技术工作则由提供量值溯源服务的技术机构完成。而比对则往往需要检测机构自行组织,确定技术方案和评价标准,试验环节则需要控制各种影响因素,这些控制条件往往比实际检测时更为严格,因此需要建立一套完整的技术文件,才能保证实施效果,这对一般从事工程检测的机构来说是比较困难的。另外,比对能够达到统一测量结果的目的,但却不能有效保证测量结果的准确性,尤其对于比对参与者测量能力均较低时更是如此,见图 2-3-2。

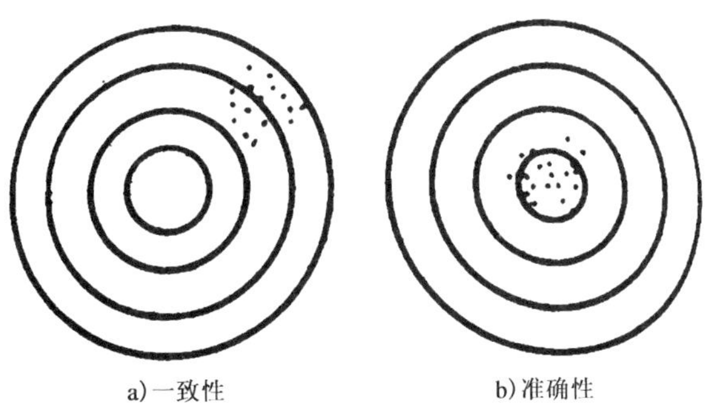

图 2-3-2 比对结果

图 2-3-2 中,靶心代表真值。图 2-3-2a)表示各检测机构比对结果的一致性很好,但是均偏离了真值,准确性不好;图 2-3-2b)表示各检测机构比对结果的一致性和准确性都很好。

之所以认为比对这种方式简便易行,主要是认识上的误区,认为是自发行为,随意找几家单位比画一下,自说自话,双方给一个满意的结论了事。然而,这种观念是极为错误的,也是极其危险的,长期如此,将造成测量能力下降。为帮助检测机构做好比对试验,以下将就比对的一些基本概念做简要介绍。

1)比对类型

比对的类型有实验室间量值比对、实验室间检测比对、分割样品检测比对、定性比对、已知值比对、部分过程比对。其中最基本的类型是实验室间量值比对、实验室间检测比对。

(1)量值比对(又称测量比对)

一般是将被测物品按拟定的顺序从一个实验室传送到下一个实验室作为“盲样”(未知量值)按约定的方案进行测量,并由主持实验室将各测得值分别与指定值(参考值)进行比对,从而得出相应的结论。

(2)检测比对

一般指从待测物品中随机抽取若干散样,同时分发各参加实验室按约定方案进行检测,然后由协调者(主持者)求出公议值,并将各测得值分别与公议值进行比对,从而得出相应的结论。

2)比对方式

(1)环式。环式比对往往适用于为数不多的单位参加比对,而且传递标准结构比较简单,便于搬运。一般主导实验室不必派人去,只要把传递标准及校准的数据、方法寄到“A”单位。“A”单位将传递标准校准后,把校准数据寄给主导实验室而将传递标准及主导实验室校准的数据及方法寄到“B”单位,以下依次类推。最后传递标准返回到主导实验室时,主导实验室必须复检,以验证传递标准示值变化是否正常。采用这种比对方式时,因为经过一圈循环,时间较长,比对结果中往往会引入由于传递标准的不稳定而引起的误差,而且传递标准经过多次装卸运输,损坏概率较高,往往会导致比对的失败。

比对结果由主导实验室整理,并寄发各参加单位。各参加单位不仅可知道与主导实验室间的差值,也可知道与其他参加单位之间的间接差值,见图2-3-3。

(2)星形式。星形式比对,主导实验室可同时发出多套传递标准。星式的优点是比对周期短,即使某一个传递标准损坏,也只影响一个单位的比对结果。缺点是所需传递标准多,主导实验室的工作量大,见图2-3-4。

(3)花瓣式。即由多个小的环式所组成,需多套传递标准。优点是可缩短比对周期,见图2-3-5。

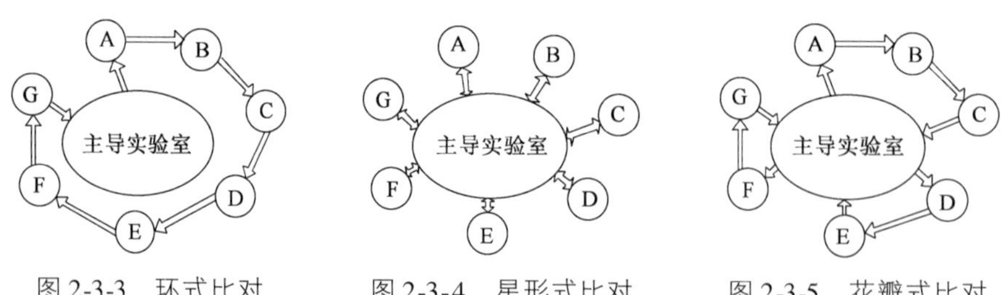

图2-3-3　环式比对　　图2-3-4　星形式比对　　图2-3-5　花瓣式比对

(4)一字式。由主导实验室“O”先将传递标准在本单位参加比对的计量仪器上进行校准,然后及时地将传递标准、校准数据和校准方式一并送到参加单位“A”。当传递标准操作需很仔细或较复杂时,主导实验室“O”一般派员到“A”单位并与“A”单位操作人员一起工作,严格按照主导实验室“O”的操作方法进行,得出校准数据。然后,主导实验室“O”把传递标准运回,再次在本单位仪器上校准,以考察传递标准经过运输后示值是否发生变化。若变化在允许范围内,则比对有效。主导实验室“O”可取前后两次的平均值作为主导实验室“O”值,就可算出“O”“A”两单位仪器的差异。若差异在传递标准不确定度范围内,则表明两单位仪器设备的示值一致。当差异较大时,两单位可各自检查自己的仪器设备是否存在系统误差,若找到了,并采取了措施,又可进行第二轮比对。

第二轮比对的顺序一般与第一轮相反,由“A”单位派员并携带传递标准去主导实验室“O”,其余相同,如图2-3-6所示。

(5)连环式。当参加比对单位较多时,可采用连环式,这时必须有两套传递标准。其余与环式相同,如图2-3-7所示。

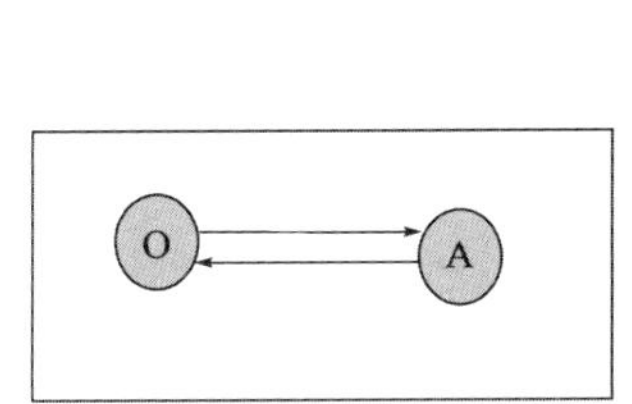

图2-3-6 一字式对比

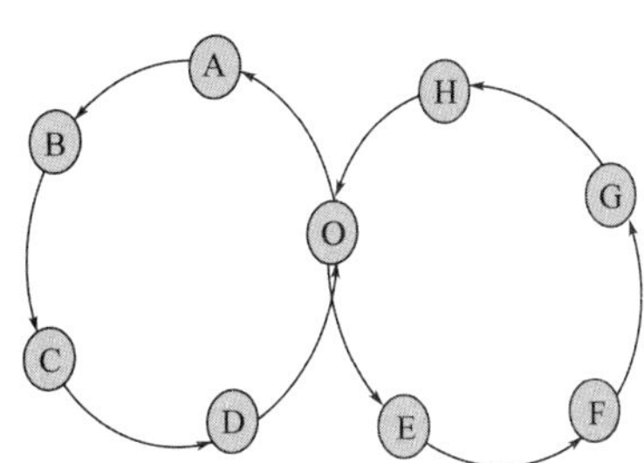

图2-3-7 连环式对比

各种比对方式,都存在一定的优缺点,可视具体情况而采用。

3)比对结果的评价

比对结果评价的方法主要有计算归一化偏差 E_n 值进行评价及计算 Z 比分数进行评价:

(1)当采用计算归一化偏差 E_n 值进行比对结果评价时,当 E_n 值的绝对值小于等于1时($|E_n| \leqslant 1$),表示比对结果满意、通过;当 E_n 值的绝对值大于1时($|E_n| > 1$),表示比对结果不满意,不通过。

(2)当采用计算 Z 比分数进行比对结果评价时,当 Z 值的绝对值小于等于2时($|z| \leqslant 2$),表示比对结果满意,通过;当 Z 值的绝对值大于2小于3时($2 < |z| < 3$),表示比对结果可疑;当 Z 值的绝对值大于等于3时($|z| \geqslant 3$),表示比对结果不满意,不通过。

3.1.5 检验机构

对于单位使用的最高计量标准器具以外的其他计量标准器具和工作计量器具依法自主管理,使用单位自行定期检定或者送其他计量检定机构检定。选择其他计量检定机构时应全面考核该机构的资质、能力以及其技术匹配性;防范误导或过分看重校准费用,选择一些名不符实的检验机构。一方面因数据缺乏科学性而误了质量大事,另一方面更因其校准结果不被相关审核机构或客户所认可。

对于计量技术机构的选择,可注意考察三个方面,即资质及能力,设备资源及参数精度,服务水平及配合程度。

1)资质及能力

(1)是否是国家法定计量检定机构或取得认可及其他方面的认证(如校准试验室认可等)。

(2)检定/校准、认可项目是否覆盖仪器设备校准范围。一般可查看其是否具有送检仪器设备的《计量标准证书》。

(3)技术人员是否有校准资格证。

(4)赔偿能力。有些价值昂贵仪器设备送检时,还可以了解计量技术机构的赔偿能力,如由于检验人员失误造成仪器损坏的。

2)设备资源及参数精度

(1)计量技术机构配备的计量标准器具及辅助设备是否满足要求。

(2)参数是否满足仪器设备计量参数的精确度要求。

3)服务水平及配合程度

(1)了解在其提供的报告中,所检验的技术指标、取点/通道数量是否全面符合相应技术文件的要求。

(2)技术人员的学历、职称及科研能力。

(3)工作效率,能否提供现场校准、仪器取送、加急服务等配套服务。

(4)能否提供一站式服务,如维修、培训、咨询、产品测试。

(5)程序文件是否完备,如《投诉处理程序》《不符合检测和校准工作的控制程序》《改进控制程序》《纠正措施控制程序》等。

检测机构在进行合格供应商评定时,可向计量技术机构了解上述信息。

3.2 检验实施

检测机构应确定实施仪器设备检验工作的具体部门,并落实仪器设备管理员岗位责任,负责按计划组织实施检验工作。

在进行送检、现场检验时，应提前与计量技术机构取得联系，确定检验时间，尤其是对一些大型的、复杂的、车载式的自动化仪器设备，送检前仪器设备保管人应对仪器设备进行通电检查，发现严重问题时应暂不送检；进行现场检验时，要提前准备好必要的附属设备和辅助工具，并做好配合工作，如照明、电源、温度、湿度、气压、灰尘、电磁干扰、噪声、振动等环境条件应满足进行检验工作的要求。在进行送检、现场检验时，应根据量值溯源计划的有关信息认真填写书面（委托）合同，以便全面、有效地完成计划。检测机构往往不太重视检验委托合同的填写，出现纠纷或异议时，往往由于缺乏书面根据而束手无策。以下列出仪器设备检验委托合同一般应包含的内容，供参考。

（1）合同标的。它指合同双方权利义务关系的对象，不同种类的合同，有不同的标的。另外在合同中必须对标的作出严格规定，且不可违反国家法律、政策规定，否则无效。仪器设备检验合同的标的应该是检验服务，并确定好检验类型、项目、依据等内容。

（2）数量和质量。这是对标的具体化。其中数量约定应当按国家所规定的计量单位确定，质量的约定应当符合国家规定和标准化要求。委托合同应明确送检仪器设备的名称、出厂编号、台套数、型号、产地等信息，有关附件或配套设备也应标注清楚。

（3）价款或报酬。委托合同应明确检验服务的总金额，以及运输仪器设备、寄送检验报告的费用支付方式等。必要时，可明确当仪器设备出现异常时，调修服务、二次送检等的计费方式。

（4）履约期限。即合同当事人应明确履约期限，除遇不可抗力，均应在规定期限内履行承诺，否则承担违约责任。履约期限越具体越好，如可规定领取仪器和检验报告的日期。

（5）履约地点与方式。这两点也是合同纠纷时违约与否的证据，应该明确。例如，可以明确当仪器设备技术指标出现异常时的处理方式。

（6）违约责任。它指的是一旦合同当事人不履行或不按合同约定要求履行合同义务，应当承担的相应后果。可以约定检验人员损坏仪器、履约期限超期等的赔偿责任。

以上条款并非缺一不可，最好全面顾及，避免不必要的纷争。

3.3 结果确认

对检定、校准证书及测试报告等的结果确认工作极为重要，它是决定仪器设备是否能正常使用、如何使用的前提，尤其是校准证书和测试报告，一般不给出合格与否的结论,因此必须进行证书报告的结果确认工作。有些仪器设备检定证书的技术依据针对性很强,证书直接给出了符合性结论,可以省略技术方面的确认工作,对于采用的技术依据针对性不强的检定证书,或者检测机构的使用环境和场合有特殊要求的,虽然检定证书给出了合格结论,仍需要针对实际使用要求,进行结果确认。结果确认可分为基本信息和技术信息两个方面来完成。

3.3.1 基本信息确认

证书包括封面和内页;证书内页会因被检仪器设备不同而有所不同,但一般应包含“所用计量标准(器具)”及“检验结果”两部分内容。

在领取证书时,应对证书的内容与(委托)合同约定一一核对,确认合同的完成情况。主要包括以下内容:

(1)证书或报告类型是否与合同约定一致,证书封面及内页基本信息是否完整。

(2)各种印章是否加盖齐全。

(3)委托单位、仪器名称、型号、出厂编号、产地等基本信息是否与(委托)合同一致。

(4)检定证书应注有证书有效期。校准证书一般也会给出“建议下次校准的时间”。

(5)采用的技术依据是否符合要求。

(6)所用计量标准(器具)是否符合要求。

(7)是否减少了检验项目,检验结论或技术指标检验结果是否明确。

(8)法定计量单位是否符合规定的使用规则。

(9)有准确度等级的仪器设备的检定证书结论“合格”同时应指明符合几等或几级。

(10)测量不确定度的表达是否规范。应该指明是什么参数的什么测量结果的不确定度,测量不确定度信息是否完整,测量结果与其不确定度的有效位数是否合适。

(11)当检定为“不合格”时,出具证书名称为“检定结果通知书”。其结论为“不合格”或“见检定结果”,在检定结果中应指出不合格项,只给出检定日期,不给有效期。对“检定结果通知书”中指出的不合格项应该确认。

(12)如果仪器设备尚无适用的检定规程/校准规范,提供的是比对或测试报告,则应确认报告是否满足使用要求。

(13)证书内容表达结束,应有终结标志。

如果检验过程中对被检仪器设备进行了调整或修理,应注明经过调修,并尽可能给出调修前后的检验结果。还应包括计量检定规程要求的其他内容。

以下给出检定、校准证书的封面及内页示例,供基本信息确认时参考使用,如图2-3-8所示。

计量技术机构名称

检 定 证 书

证书编号：________号

送检单位 ________

计量器具名称 ________

型号/规格 ________

出厂编号 ________

制造单位 ________

检定依据 ________

检定结论 ________

(检定专用章)

批准人 ________

核验员 ________

检定员 ________

检定日期： 年 月 日

有效期至： 年 月 日

计量检定机构授权证书号：(X)法计[****]*****号，

电话：********

地址： 邮政编码：

传真： 电子邮件：

计量技术机构名称

校 准 证 书

证书编号：________号

器具名称 ________

型号/规格 ________

出厂编号 ________

制造单位 ________

委托单位 ________

委托单位地址 ________

(校准专用章)

批准人 ________

核验员 ________

校准员 ________

校准日期： 年 月 日

建议下次校准日期： 年 月 日

计量技术机构授权（认可）号：

电话：********

地址： 邮政编码：

传真： 电子邮件：

证书编号：________号 第 2 页 共 2 页

检定所使用的计量标准	
名　称	三等测力计标准装置
不确定度/准确度	0.3级
社会公用计量标准证书编号	[2010]计量标*证字第006号
证书有效期至	2018年1月日15
本计量标准可溯源至：**省计量科学研究院	
检定地点及环境条件 地　点： 温　度：0℃　　相对湿度:%　　其　他:/	

检 定 结 果

试验力(kN)	示值相对误差(%)	重复性(%)	试验力(kN)	示值相对误差(%)	重复性(%)
备注：					

注：1.本证2.本证书封面未加盖检定专用章无效。
2.本证书封面未加盖检定专用章无效。
3.下次检定时请携带(出示)此证书。

未经本所书面授权，不得部分复制本证书。

图 2-3-8　检定、校准证书的封面及内页示例

3.3.2 技术信息确认

对证书、报告示出的技术信息的确认，是保证仪器设备检验工作有效性的关键。证书、报告的技术信息一般在内页中示出，如前所述，主要包括“检定依据”“所用计量标准(器具)”及“检验结果”两部分内容，其中所用计量标准(器具)对照相应计量检定规程或技术文件即可确认。这里着重介绍一下检验结果的确认。

检验结果一般按照所依据的技术文件，分别列出各检验项目(计量参数)的测量结果，检定证书一般会示出计量检定规程中各项目要求的允许值，并给出合格与否的结论，而校准证书一般只给出测量结果，需要对照有关技术文件进行符合性判断。但无论如何，仪器设备的检验证书、报告只是从仪器设备本身出发，检验环境条件也较为固定，而并不考虑其测量时的使用环境，因此，检测机构仍需根据实际使用场合，确认检验结果是否符合使用要求。仪器设备的使用要求要根据具体的试验检测工作而定，一般可从以下技术文件中得到：

(1)试验规范、规程、标准；

(2)仪器设备的国家标准、行业标准；

(3)计量检定规程、校准规范；

(4)仪器设备产品说明书；

(5)其他特殊要求。

检测机构可从上述技术文件中获取仪器设备的技术要求和使用范围要求，与检验证书、报告中示出的检验结果对比，判断其各项技术指标是否合格。除此之外，还应核查给出的测量不确定度或示值误差，以便对仪器设备的准确度进行确认。

(1)以示值误差评定准确度

依据有关技术标准、规范、规程，当测量仪器示值误差不超出某一档次的最大允许误差的要求，其他相关特性也符合规定要求时，可判为测量仪器符合该准确度级别(即合格)。这种测量仪器使用时，可直接用其示值，而不能以示值误差对测量结果进行修正。例如万能试验机、压力机是分级别的；按现行的试验规程，拉压力试验使用的万能试验机、压力机要求为1级，如果检定结论是“合格/1级”，或者对校准数据确认后满足1级允差要求，则可以使用，否则不得使用，或限制使用。如果证书直接给出仪器设备的准确度等级，可按照其计量检定规程或产品标准，查出对应的允许误差或不确定度，以便了解其准确度的量化指标。

××检测中心
仪器设备检定（校准）结果确认表

编号：QR-2014-0057

<table>
<tr><td rowspan="2">设备基本信息</td><td>设备名称</td><td>路面综合信息采集系统（平整度仪）</td><td>管理编号</td><td>LM-009</td></tr>
<tr><td>型号规格</td><td>ZOYON-RTM-T</td><td>管理部门</td><td>外检室</td></tr>
<tr><td rowspan="3">证书/报告信息</td><td>检定/校准机构</td><td>国家道路与桥梁工程检测设备计量站</td><td>资格证书编号</td><td>（国）法计（2010）00067号</td></tr>
<tr><td>证书/报告类型</td><td>□检定证书 ■校准证书
□测试报告 □其他</td><td>证书有效期至</td><td>2015年5月19日</td></tr>
<tr><td>检定/校准依据</td><td>JJG 075—2010车载式路面激光平整度仪</td><td>证书/报告编号</td><td>GDQ-A01Z2014-183</td></tr>
<tr><td rowspan="4">证书/报告信息确认</td><td colspan="3">确认内容</td><td>符合性确认</td></tr>
<tr><td colspan="3">1. 检定/校准依据准确有效；</td><td>■满足 □不满足</td></tr>
<tr><td colspan="3">2. 检定/校准项目或校准点符合本实验室使用要求；</td><td>■满足 □不满足</td></tr>
<tr><td colspan="3">3. 检定/校准结果提出了具体数据或测量不确定度；</td><td>■满足 □不满足</td></tr>
<tr><td rowspan="7">技术指标确认</td><td colspan="3">确认内容</td><td>确认结果</td></tr>
<tr><td>检定/校准项目</td><td>技术要求</td><td>检定/校准结果</td><td>是否满足要求</td></tr>
<tr><td>垂直测距示值误差</td><td>±1mm</td><td>0.28mm</td><td>■是□否</td></tr>
<tr><td>纵向测距示值误差</td><td>≤0.05%</td><td>0.04%</td><td>■是□否</td></tr>
<tr><td>检测速度影响误差</td><td>≤5%</td><td>0.58%</td><td>■是□否</td></tr>
<tr><td>IRI 测量重复性</td><td>≤5%</td><td>1.72%</td><td>■是□否</td></tr>
<tr><td>IRI 测量误差</td><td>≤15%</td><td>5.53%</td><td>■是□否</td></tr>
<tr><td rowspan="2">结果确认</td><td colspan="4">■设备合格，可以使用：II 级。
□设备限制范围使用，准用范围为：
□设备停用。
■设备使用时应进行修正，修正值或修正因子：换算参数：A=0.968，B=0.147。
□无法确认，原因：

确认人： 日期：2014年06月10日</td></tr>
<tr><td colspan="4">技术（或专业技术）负责人意见：

同意确认。

签 名： 日期：2014年06月20日</td></tr>
<tr><td>备注</td><td colspan="4"></td></tr>
</table>

图 2-3-9 检定（校准）结果确认表的示意图

(2)以实际值的测量不确定度评定准确度

依据计量检定规程对测量仪器进行检定,测量仪器实测值的扩展不确定度满足某一档次的要求,并且其他相关的特性符合规定的要求,则判测量仪器在该准确度等别合格。这表明测量仪器的实际值的扩展不确定度不超出某个给定的极限。用这种方法评定的测量仪器在使用时,需加上修正值,或使用校准曲线的给出值。例如用不同等别的标准砝码检验天平时,就应该是砝码的实际值,而不是标称值,因为标准砝码是根据检验时的不确定度而确定等别。

另外,结果确认工作还应重点关注证书、报告给出的修正值(因子)、校准曲线等,尤其对于具有复杂计算模型和机载计算软件的仪器设备,应将其修正值(因子)或校准曲线函数在结果确认中予以记录。一般地,一些简单实物量具,如砝码等,检验后即可得到其修正值,而对于复杂的自动化设备,常通过校准曲线函数来反映其修正情况。

通过上述对仪器设备各技术指标、准确度及修正值等的核查,可得到仪器设备是否能正常使用,以及如何使用的结论,填写检定(校准)结果确认表(图2-3-9),经技术负责人确认后留存。

3.4 结论反馈

对检验结果进行确认的过程,实际上是对仪器设备技术状态一次全面的掌握,确认后的结论不仅对试验检测工作极为重要,而且有助于改进量值溯源计划,使其更加科学、有效。因此,检测机构要建立检验结果确认后的结论反馈机制,不能只为了满足有关管理要求而进行结果确认。对检验结果确认后,一般可应用于以下方面工作。

3.4.1 应用修正值/修正因子、校准曲线

在确定示值误差的过程中,可能产生修正值,也可能产生修正因子,这些都是仪器设备在检验时的性能,如果检定/校准证书提供修正值、修正因子或校准曲线等,则应将其传递到相关部门,便于试验检测时的使用。修正值/修正因子是在特定的条件下产生的,随条件的变化而改变,当仪器设备经检定或校准后产生了新的修正值/修正因子时,应及时以新的修正值代替旧的修正值/修正因子,特别要注意使用计算机处理检测数据的相关软件中存储的修正值/修正因子,要及时得到更新。仪器设备修正值/修正因子、校准曲线等的应用,应按照程序要求得到相关技术负责人员的确认,试验检测工作人员无权决定是否应用。

1）修正值

修正值是指用代数方法与未修正测量结果相加，以补偿系统误差的值。它与系统误差相等，符号相反。在试验检测过程中，对仪器设备的示值结果进行修正，可以适当补偿系统误差。例如，某工作用玻璃液体温度计检定证书（内页）中，示值误差的检定结果以修正值的形式给出（表 2-3-3）。可据此绘制校准曲线（图 2-3-10），在使用工作用玻璃液体温度计时，采用经过修正的示值。

示值误差检定结果的修正值　　表 2-3-3

检定结果

测量范围：（0～50）℃　　分度值：0.1 ℃

浸没方式或浸没深度：全浸

检定点（℃）	0	10	20	30	40	50
示值修正值（℃）	0.06	0.05	0.04	0.04	-0.01	-0.05

注：1. 检定依据国家计量检定规程 JJG 130—2011。

2. 根据温度计示值计算实际温度的公式：

全浸温度计：实际温度 = 示值 + 示值修正值

局浸温度计：实际温度 = 示值 + 示值修正值 + 露出液柱修正值

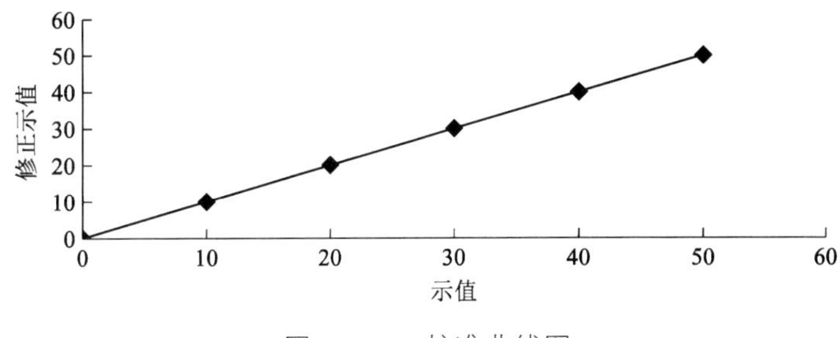

图 2-3-10　校准曲线图

该温度计用于实际测量时，可根据此曲线获取修正值，从而补偿系统误差，提高测量结果准确性。相邻两检定点间的任意有刻度值的一个温度点的示值修正值，可用内插法求得。上述温度计分度值为 0.1℃。在 10℃时，修正值为 +0.05℃；在 20℃时，修正值为 +0.04℃，则计算 15℃的修正值 +0.045℃。

2）修正因子

为补偿系统误差而与未修正测量结果相乘的数字因子。含有系统误差的测量结果，乘以修正因子后就可以补偿或减少误差的影响。例如水泥细度试验的筛余值，受孔径的变化所带来的测量结果中的系统误差，均可以通过乘一个修正因子得以补偿。检验水泥试验筛时，修正因子一般按以下方式计算确定：

$$C = F_n / F_t \tag{2-3-1}$$

式中：C——试验筛修正系数；

F_n——标准样品的筛余标准值(%)，已知为2.25%；

F_t——标准样品在试验筛上的筛余值(%)。该修正系数一般计算精确至0.01。

标准样品在试验筛上的筛余值 F_t 计算如表2-3-4所示。

标准样品在试验筛上的筛余值 表2-3-4

标准样品筛前质量(g)	25.00	25.00	标准样品筛余平均值(%)
标准样品筛余质量(g)	0.68	0.66	
标准样品的筛余值(%)	2.72	2.64	2.68

则试验筛修正系数 $C=F_n/F_t=2.25/2.68=0.84$，修正系数 C 在0.80~1.20范围内。

水泥细度试验时，水泥试样筛余(F)结果如表2-3-5所示。

水泥试样筛余 表2-3-5

水泥试样质量(g)	筛余干质量(g)	筛余百分数(%)	平均筛余百分数(%)
25.00	0.71	2.84	2.9
25.00	0.73	2.92	

须应用上述修正因子，则修正后筛余百分数(%)：$F_c=C\cdot F=0.84\times2.9\%=2.4\%$。

3)校准曲线

校准曲线是一种表示被测量值与仪器实际测得值之间关系的曲线，常用于化学定理分析中。校准曲线实际使用时，常以函数形式出现。可见，校准曲线实际上是另外一种形式的修正值和修正因子。这里，介绍一种公路工程自动化仪器设备上特殊的"校准曲线"。以测量路面平整度的车载式路面激光平整度仪为例，交通运输部部门计量检定规程《车载式路面激光平整度仪》(JJG 075—2010)规定，该仪器应具有有效的换算系数 A、B，并规定仪器示值通过线性方式换算为标准国际平整度指数(IRI)，即 $IRI_{标}=A\times IRI_{测}+B$。激光平整度仪出厂时，即应该具有该换算系数，该换算系数有的通过机载软件进行设置，有的则需要对示值进行后期处理。送检后，计量机构会根据仪器既有换算系数得出示值，进行示值误差检验，如果不满足规程要求，则给出新的换算系数后，重新检验，合格后，将新的换算系数提供给送检单位，供检测时使用。由于该换算系数实际上应该是仪器设备的组成部分，并非真正意义上的校准曲线，只是作用相当于校准曲线，因此，一般并不是以校准曲线的形式给出。这种情况在公路工程自动化仪器设备量值溯源时，具有一定的普遍性，主要原因是公路工程行业中存在一些专用量值，比如平整度、车辙、构造深度等，每个量值可能有多种测量方法(往往衍生出多种仪器设备)，为了提高各测量结果的一致性，常常采用线性回归，得到换算系数的做法。检测机构在拿到这类仪器设备的检验证书/报告时,要特别留意证书/报告中给出的换算系数(计算公式),经确认后在检测工作中应用,输入仪器机载软件,作为其输出示值的前提条件。

无论是修正值,还是修正因子、校准曲线,或是换算系数,均是为了最大限度地减少系统误差对测量结果的影响。然而,由于系统误差不能完全获知,所以这种补偿是不完全的。修正值/修正因子、校准曲线等本身就含有不确定度,因此对测量数据的修正过程只能对系统误差进行有限程度的补偿。

3.4.2 应用于测量不确定度评定

关于测量不确定的评定,我国发布有《测量不确定度评定与表示》(JJF 1059.1—2012),鉴于测量不确定度在公路工程试验检测工作中的应用水平,这里仅就检测机构目前较为困惑的基本问题做简单阐述,需要深入了解测量不确定相关知识的,可参考上述标准和有关书籍。

(1)哪里应用测量不确定度

当不确定度与检测结果的有效性或与应用有关,或客户有要求,或不确定度影响到对结果符合性的判定时,检测报告中还需要包括不确定度的信息。检测机构应有能力对每一项有数值要求的测量结果进行测量不确定度评估,并建立测量不确定度评估管理程序,要求检测机构的授权签字人、主管测量方法的技术人员或熟练操作人员能够评估相关项目的测量不确定度,对于检定/校准证书上给出的测量不确定度值,要确认是否超出某个给定的极限,并要求具体实施检测的人员能够正确应用和报告测量不确定度。检测机构在采用新的检测方法之前,应制定相关项目的测量不确定度的评估方法。对所采用的非标准方法、实验室自己设计和研制的方法、超出预定使用范围的标准方法以及经过扩展和修改的标准方法重新进行确认,其中应包括对测量不确定度的评估。在对所检测结果进行测量不确定度评定时,应该将仪器设备检定/校准证书上给出的测量不确定度作为分量引入,对于自动化仪器设备,此分量往往是检测结果不确定度的主要来源。

图2-3-11中示出了测量不确定与符合性判断的关系,测量值处在允许偏差范围内,考虑不确定度后也可能超出允许误差,符合性应判定为不合格。因此,从减小自身风险的角度考虑,检测机构应该重视不确定度的评定。

(2)如何应用测量不确定度

首先,测量不确定度是表征测量结果分散程度的量,不能直接作为修正值用。其次,在评定测量结果不确定度时,是否直接引用检验证书报告给出的不确定度,作为仪器设备的不确定分量呢？关键是看该仪器设备在使用时是否使用检验值并加以修正，因为检验证书列出的测量不确定度是检验结果测量值的不确定度。例如，标准砝码校准证书上列出不同质量砝码的实际值和测量不确定度，当采用标准砝码检定或校准天平时，使用的是标准砝码的实际值而不是标称值，因此在分析测量结果不确定度时，应直接引用标准砝码测量的不确定度。反之，如果测量结果不能修正的，其测量结果的不确定度是毫无使用意义的。例如，游标卡尺校准证书上列出校准结果的测量不确定度，是测量点实际值的测量不确定度，但由于使用游标卡尺时不可能进行修正，在分析使用游标卡尺进行测量所引入的不确定度时，如果用游标卡尺校准证书上列出校准结果的测量不确定度，可能会导致评定风险，因为校准是在标准环境下进行，与实际工作环境不同，此时应该使用游标卡尺的最大允许误差评定其不确定度。

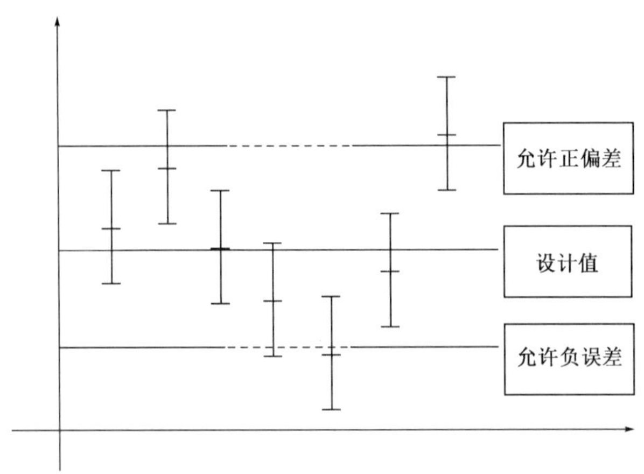

图 2-3-11　测量不确定与符合性判断的关系

另外，如果仪器设备是经过检定的，检定证书往往没有测量不确定度信息，在分析测量结果不确定度时，自然没有测量不确定度可引用。如果有允许误差值，可以引入允许误差值，计算测量不确定度。

3.4.3　应用于仪器设备状态标识

在完成证书内容的各项确认后，应在仪器设备上粘贴、固定反映检定、校准状态的状态标识。如果检定不合格，或校准后示值误差、修正值或其他参数超出规定值，应确认仪器设备状态，必要时对已出具的试验检测报告进行追溯并提出对该仪器设备处置要求。

仪器设备的使用状态，一般分为“合格”“准用”“停用”三种，分别用“绿”“黄”“红”三色标签进行标识；应保证标签规格统一、信息完整。其尺寸建议为：宽 × 高 = 50mm × 30mm，如图 2-3-12 所示。

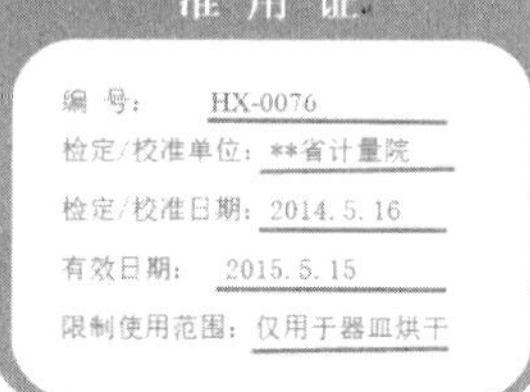

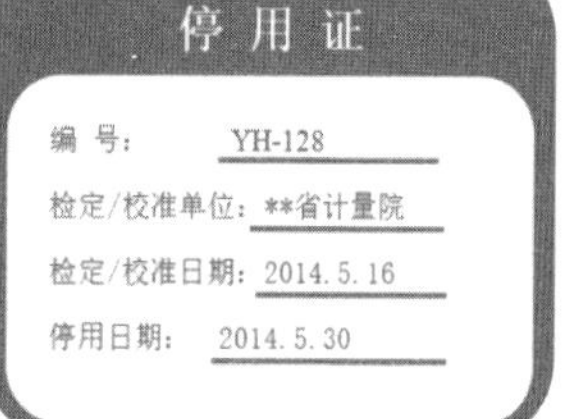

图 2-3-12 设备状态标识

(1)合格标识(绿色):适用于经检定/校准(比对或测试)合格的仪器设备、量具。标识内容至少应包含设备编号、检定/校准(比对或测试)单位、检定/校准(比对或测试)日期、有效日期等信息。

(2)准用标识(黄色):适用于某一功能或某一指标达不到仪器设备技术要求,但又可以限制使用的仪器设备。标识内容至少应包含设备编号、检定/校准(比对或测试)单位、检定/校准(比对或测试)日期、有效日期、限制使用范围等信息。

(3)停用标识(红色):适用于仪器设备损坏,经检定不合格或校准、比对、测试技术指标达不到使用要求的;超过检定/校准或比对、测试周期的;怀疑仪器设备有失准问题的,封存的。标识内容至少应包含设备编号、开始停用时间等信息。

如果仪器设备是由多台(件)组合而成,则各台(件)都应粘贴、固定标识或微型编号。过期的使用状态标识要及时清理,保证状态标识唯一、有效。检测机构的所有工作场所,不应出现没有状态标识的仪器设备;反之,有“合格”“准用”标识的仪器设备、有微型编号的小型仪器设备,都可认为其量值是经过有效溯源、并经过确认允许使用的仪器设备。

随着信息化时代的到来,仪器设备的状态标识也发生了重大变化,引入了二维码技术,使其内容更加丰富。

3.4.4 应用于量值溯源计划改进

检验证书是仪器设备的“健康”档案，对其反映的技术信息加以整理分析，有助于量值溯源计划的不断改进，更加有效地开展量值溯源工作。主要体现在以下方面：

(1)仪器设备各项技术指标测量值比较稳定，能够很好地满足相关试验技术方法的要求，可以考虑适当延长检验周期；反之，如果仪器设备历次检验的技术指标测量值极不稳定，总是在允许值附近甚至超限，要考虑缩短检验周期，或增加期间核查频次，甚至保养维修等。

(2)试验方法更新或变更，可能会带来对仪器设备技术要求的变化，包括仪器设备技术标准的更新，计量溯源方法的更新，或者技术依据的适用性不强等，检测机构应注意及时更新量值溯源的技术依据、调整计量参数及变换检验方式等。

(3)检验证书报告质量不高，经常出现错误，如仪器设备基本信息、签字不齐全、计量参数漏项、技术依据不正确、检验数据不齐全或可靠度不高等，或者检验机构的测量能力不满足检测工作需要，要考虑重新选择检验机构。

3.5 试验材料的量值保证

这里所说的试验材料，是指那些对试验检测结果有重要影响，并代表或表征一定量值的，一次性使用的消耗品或易变质物质。例如标准砂、水泥标准粉、标准溶液、量砂等，还包括应变片、标准针等。通常情况下，这些对检测结果有重要影响的试验材料，带有标准物质属性，需要进行技术验收或评价。对于不合格比例较高(具体由检测机构自行确定)，需要更换其他品牌，以免影响检测结果。

目前市场上标准物质销售比较混乱，究竟是哪一级标准，标志不清，有的无三证(即定级证书、制造计量器具许可证、标准物质证书)。公路工程试验检测所用的试验材料，由于对量值精密度要求相对较低，大多数没有标准物质证书，检测机构对其管理和使用也较为随意。实际上，这些试验材料对检测结果的影响不亚于仪器设备，很多试验结果还取决于这些试验材料的品质。因此，检测机构应该引起充分重视，确保这些试验材料的品质，可从以下方面做好工作：

(1)做好试验材料供应商的合格评定工作，把好入口关。对于不同品牌、厂家的试验材料，要抽样送计量技术机构检验，在确保产品品质过硬、量值稳定前提下，才能批量采购，并注意保留标准物质证书、成分单、说明书等资料。

(2)标准物质证书是向使用人员提供足够的技术信息和量值溯源性的依据,试验材料如果是有证标准物质,在采用标准物质之前,应熟读和理解证书的内容,按照证书中所提出的要求规范使用和保存标准物质,同时标准物质证书也是使用者检验分析结果所具有溯源性的证明书。

(3)对于一次性使用且用量较大的消耗材料,如标准针、应变片、压力盒、传感器等,应首先选择可靠的供应商,使用过程中可按照购买批次抽样送检,对未送检的材料应确定合理方式进行互校,确保所有材料量值准确、性能可靠。

(4)检测机构应按照试验材料保存要求,做好遮光、防潮等存放工作,确保试验材料的品质。有条件的检测机构,可按照标准物质的管理方法进行管理。如果不具备条件,也没有必要把普通的试验材料当成标准物质,以便引起不必要的麻烦。

第3篇

作业指导书

工欲善其事,必先利其器。只有使用“顺手”的工具,才能做到“庖丁解牛游刃有余”。公路工程试验检测工作也是一样,仪器设备很重要。公路工程试验检测实验室最终的工作体现就是检测的数据和结果,检测的数据和结果不仅关系到实验室的信誉和自身的形象,也关系到社会和客户等相关方的利益。只有使用完全符合试验规程和相关管理规定要求的仪器设备,才能保证试验检测数据的准确性。仪器设备的全寿命周期分为购置、使用(维护、量值溯源、期间核查)、维修、报废四个阶段,其中使用期占整个生命周期的时间是最长的,同时仪器设备的使用期,也是仪器设备发挥功用、获得经济效益、达到配置目标的阶段,因此该阶段在仪器设备生命周期中可谓是最重要的阶段。“购置是前提,使用是目的,维护是保障”,要让仪器设备尽可能地发挥其功能,这就要求在使用过程中满足标准规范和仪器设备自身的要求,因此,仪器设备的量值溯源具有极其重要的作用。

计量技术规范是在科学实验的基础上形成的技术文件,是开展测量活动的技术规则和依据,同时也是规范量值溯源工作开展的基础。《公路工程试验检测仪器设备服务手册》中明确专用类试验检测设备为225项,具有公开发布的国家或交通运输部部门计量检定规程及校准规范的仪器设备共计97种,仍有128种仪器设备缺少检定/校准依据。计量技术规范保障计量测试的统一和准确可靠。只有测得出,才能造得出,只有测得准,才能造得精。没有精密测量,就没有精密产品。没有统一准确的测量,就无法进行统一标准的产品质量评价,就无法实现社会化大生产的分工协作。为加快适应公路交通专用仪器设备量值溯源需求,从《公路工程试验检测仪器设备服务手册》中选择了42项仪器设备,同时在道路运输服务领域选择了1项采用在线校准方式实现计量测试的仪器设备——道路运输车辆车载卫星定位装置,共编写了43项仪器设备的计量测试作业指导书和测试记录表。

1 比重瓶计量测试作业指导书
(仪器编号:GL01010007)

1.1 范围

本作业指导书适用于土粒比重试验用比重瓶的计量测试。

1.2 引用文件

本作业指导书引用了下列文件:

GB/T 6682 分析实验室用水规格和试验方法

凡是注日期的引用文件,仅注日期的版本适用于本作业指导书;凡是不注日期的引用文件,其最新版本(包括所有的修改单)适用于本作业指导书。

1.3 概述

比重瓶用于测量液体、固体粉末、颗粒的比重。其工作原理是:在一定温度条件下,测定相同体积被测液体的质量与标准液体的质量,或测定固体粉末、颗粒质量与其排出的等体积标准液体的质量,从而计算被测液体或固体粉末、颗粒的比重。

土粒比重试验中通常使用容积为50mL或100mL的比重瓶,按结构类型可分为短颈比重瓶(图3-1-1)和长颈比重瓶(图3-1-2)。

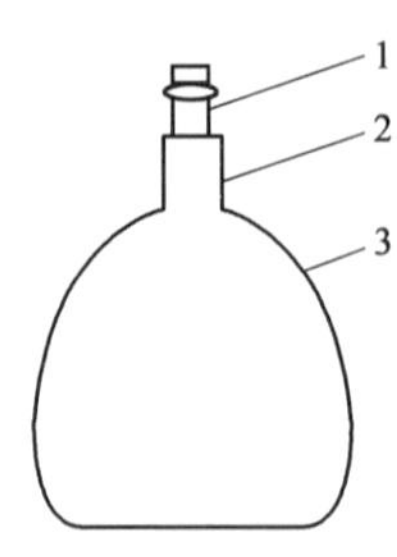

图 3-1-1　短颈比重瓶

1——瓶塞;2——瓶颈;3——瓶体。

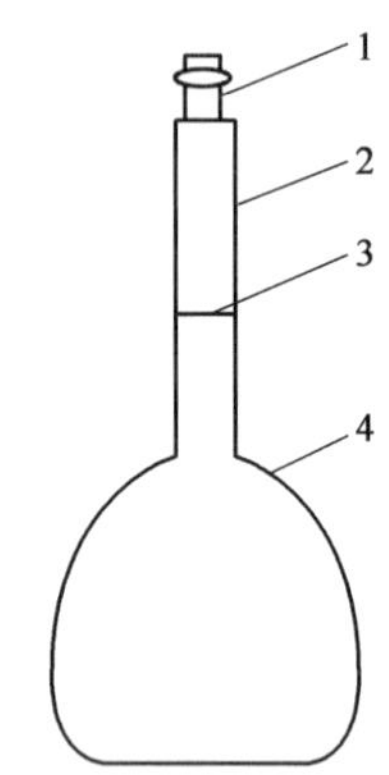

图 3-1-2　长颈比重瓶

1——瓶塞;2——瓶颈;3——刻度线;4——瓶体。

1.4　通用技术要求

(1)比重瓶的标记应齐全、清晰。

(2)瓶塞与瓶口具有密合性,无渗漏。

1.5　计量性能要求

比重瓶容积的示值相对误差不大于5%。

1.6　环境条件

(1)温度:(23 ±2)℃。

(2)周围无影响试验的振动及腐蚀性气体等。

1.7　计量器具

(1)电子天平:最大称量不低于200g,检定分度值1μg≤e≤1mg,准确度等级Ⅰ级。

(2)恒温水浴:温度偏差0.1℃。

(3)温度计:刻度为(0~50)℃,分度值为0.05℃,最大允许误差±0.15℃。

(4)其他:蒸馏水(应符合 GB/T 6682 的要求)、三角瓶、滴管。

1.8 测试步骤

1.8.1 通用技术要求

目测和手感检查通用技术要求。

1.8.2 比重瓶的容积示值误差

(1)测试前应检查比重瓶完好无缺损,如有标签等贴纸,去除干净,并将比重瓶洗净、晾干。

(2)将晾干的比重瓶置于电子天平托盘中间位置,称比重瓶质量 m_1,结果精确至0.001g。

(3)将煮沸后冷却的蒸馏水注入比重瓶中,对短颈比重瓶应注满蒸馏水后塞紧瓶塞,使多余水分自瓶塞毛细管中溢出,对长颈比重瓶应注蒸馏水至刻度线处。

(4)调节恒温水浴至4℃,将注入蒸馏水后的比重瓶和注入蒸馏水的三角瓶、滴管置于水浴中,待温度稳定至少 10min。

(5)用温度计复测水浴温度且满足(4 ±0.1)℃后,取出比重瓶(对长颈比重瓶,瓶内水分有多余或不足,使用滴管快速将多余水分吸出或注入相同温度的蒸馏水),迅速擦干比重瓶表面水分,并将比重瓶置于电子天平托盘中间位置,称比重瓶与瓶内蒸馏水的总质量,结果精确至0.001g。

(6)重复步骤(3)~(5)3 次,3 次中最大值与最小值之差应不超过0.005g,如果差值超过0.005g 则应继续进行,直至满足最大值与最小值之差不超过0.005g,取满足要求3 次称量的算术平均值 m_2,按照式(3-1-1)计算比重瓶容积的标准值。

$$V = \frac{m_2 - m_1}{\rho} \tag{3-1-1}$$

式中:V——比重瓶容积的标准值(mL);

m_1——空比重瓶质量(g);

m_2——注满蒸馏水比重瓶质量(g);

ρ——蒸馏水的密度(g/mL)。

按照式(3-1-2)计算比重瓶容积的示值相对误差。

$$V_0 = \frac{V_1 - V}{V} \times 100\% \tag{3-1-2}$$

式中：V_0——比重瓶容积的示值相对误差；

V_1——比重瓶容积的标称值(mL)。

1.9 测试周期

测试时间间隔一般不超过36个月，使用中可根据实际情况增加测试次数。

1.10 原始数据记录表

原始数据记录表见表3-1-1。

比重瓶测试原始数据记录表 表3-1-1

表格编号：

记录编号：

设备名称		比重瓶		样品编号			
型号规格				出厂编号			
制造单位				测试依据			
接收日期				测试地点			
测试前样品状态				测试后样品状态			
环境条件							
测试使用的计量器具及主要配套设备							
名称(设备编号)	测量范围	测量不确定度/准确度等级/最大允许误差	证书编号	溯源机构	证书有效期至	使用前情况(是否良好)	使用后情况(是否良好)
电子天平	≥200g	Ⅰ级					
温度计	(0~50)℃	±0.15℃					
恒温水浴	—	温度偏差0.1℃					

续上表

<table>
<tr><td colspan="5">测试项目</td></tr>
<tr><td rowspan="3">1)</td><td rowspan="3">比重瓶的容积相对误差</td><td colspan="3">≤5%</td></tr>
<tr><td rowspan="2">{标称值－[((2).⑤－(1).⑤)/水的密度]}/[((2).⑤－(1).⑤)/水的密度]</td><td>①本项目测试结果</td><td></td></tr>
<tr><td>②本项目评价结果</td><td></td></tr>
<tr><td rowspan="6">(1)</td><td rowspan="6">空比重瓶质量</td><td>试验序号</td><td>③测量值(g)</td><td>④标准值(g)</td></tr>
<tr><td>1</td><td></td><td></td></tr>
<tr><td>2</td><td></td><td></td></tr>
<tr><td>3</td><td></td><td></td></tr>
<tr><td rowspan="2">AVERAGE(③)</td><td>⑤本指标测试结果</td><td></td></tr>
<tr><td>⑥本指标评价结果</td><td></td></tr>
<tr><td rowspan="6">(2)</td><td rowspan="6">注满蒸馏水比重瓶质量</td><td>试验序号</td><td>③测量值(g)</td><td>④标准值(g)</td></tr>
<tr><td>1</td><td></td><td></td></tr>
<tr><td>2</td><td></td><td></td></tr>
<tr><td>3</td><td></td><td></td></tr>
<tr><td rowspan="2">AVERAGE(③)</td><td>⑤本指标测试结果</td><td></td></tr>
<tr><td>⑥本指标评价结果</td><td></td></tr>
<tr><td colspan="5">测量不确定度</td></tr>
<tr><td>序号</td><td>评定项目</td><td colspan="2">评定结果</td><td>计算方法说明</td></tr>
<tr><td>1</td><td></td><td colspan="2"></td><td></td></tr>
<tr><td>2</td><td></td><td colspan="2"></td><td></td></tr>
<tr><td>3</td><td></td><td colspan="2"></td><td></td></tr>
</table>

测试： 核验： 日期：

2　垂直渗透系数测定仪计量测试作业指导书（仪器编号：GL01120003）

2.1　范围

本作业指导书适用于土工布及有关产品的渗透性试验用垂直渗透系数测定仪的计量测试。

2.2　概述

垂直渗透系数测定仪利用水头差产生压力，测定在系列恒定水头下，水流垂直通过单层、无负荷的土工布及其有关产品的流速指数及其他渗透特性。垂直渗透系数测定仪由进水端和出水端、夹持器（试样）组成，其结构示意图如图3-2-1所示。

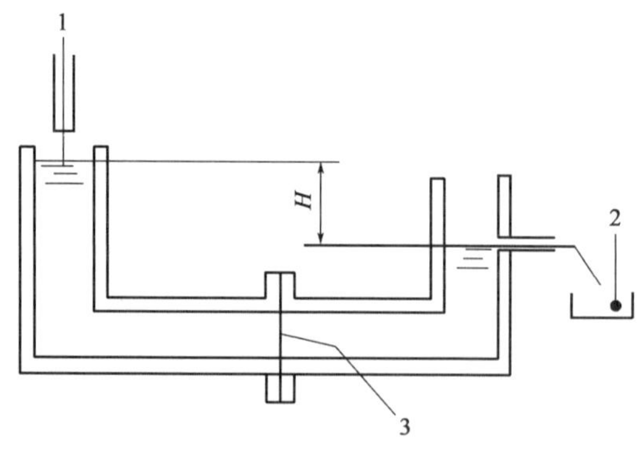

图3-2-1　垂直渗透系数测定仪结构示意图

1——进水端；2——出水端；3——夹持器（试样）；H——水头差。

2.3 通用技术要求

(1)标尺清晰,无影响示值的磨损。

(2)垂直渗透系数测定仪的各部分连接无渗漏,阀门灵活,方便开关。

(3)垂直渗透系数测定仪能够设置的最大水头差不小于70mm,有溢流和水位调节装置,能够在试验期间保持试件两侧水头恒定,有达到250mm恒定水头的能力。

2.4 计量技术性能

(1)夹持器内径的示值误差不超过±1mm。

(2)水头差零位误差不超过±0.2mm。

(3)水头测量误差不超过±0.5mm。

2.5 环境条件

(1)温度:(20±2)℃。

(2)周围无影响测量的噪声和机械振动。

2.6 计量器具

(1)游标卡尺:测量范围(0~200)mm,分度值不大于0.02mm,最大允许误差±0.03mm。

(2)高度卡尺:测量范围(0~600)mm,分度值不大于0.02mm,最大允许误差±0.05mm。

(3)电子秒表:分辨力0.01s。

2.7 测试步骤

2.7.1 通用技术要求

采用目测和手感检查。

2.7.2 夹持器内径误差

试验步骤如下：

(1)松开夹持器两端的连接,清洁夹持器两端内壁。

(2)使用游标卡尺测量夹持器一端的内径,在两个相互垂直的方向各测一次。

(3)在夹持器的另一端重复(2)的操作,每端测2次,共测4次,记录测量数据。

(4)取4次测量的平均值作为夹持器内径的测量结果。夹持器内径误差按照式(3-2-1)计算。

$$\Delta_{d} = D_{i} - D_{r} \tag{3-2-1}$$

式中：Δ_{d}——夹持器内径误差(mm)；

D_{i}——夹持器内径标称值(mm)；

D_{r}——游标卡尺测量值(mm)。

2.7.3 水头差零位误差

试验步骤如下：

(1)连接夹持器,打开仪器电源,进水端和出水端水头均调节至水头零位或水头差为0的最低水头位置。

(2)打开进水系统,向进水端注入试验用水,接近满溢时减缓注水速度,必要时人工滴注,满溢后停止注水。

(3)若进水端与出水端同时满溢,且静置1min仍能保持,水头零位误差记为0mm。

(4)若进水端与出水端不能同时满溢,或静置1min后一端水位下降,则应适当微调先满溢的一端或静置后水位未下降的一端,使其达到同时满溢且静置1min仍能保持。

(5)记录进水端标尺指示值L_{i}和出水端标尺指示值L_{o},水头零位误差按照式(3-2-2)计算。

$$\Delta_0 = L_i - L_o \tag{3-2-2}$$

式中：Δ_0——水头差零位误差(mm)；

L_i——进水端标尺指示值(mm)；

L_o——出水端标尺指示值(mm)。

2.7.4　水头测量误差

试验步骤如下：

(1)排出仪器内试验水，将进水端水头调节至水头零位。高度尺刀口与进水仓底座紧密接触，底座调平。

(2)分别调节进水端水头至水头20%、60%、100%的位置，用高度尺测量进水仓位移量，每个位置记录进水端水头的指示值和高度尺测得值各1次。

(3)分别调节出水端水头至水头20%、60%、100%的位置，用高度尺测量出水仓位移量，每个位置记录出水端水头的指示值和高度尺测得值各1次。

(4)水头测量误差按照式(3-2-3)计算，应列出所有测试点的水头测量误差。

$$\Delta_h = L_i - L_r \tag{3-2-3}$$

式中：Δ_h——第i个测试点的水头测量误差(mm)；

L_i——垂直渗透系数测定仪标尺指示值(mm)；

L_r——高度尺测得值(mm)。

2.8　测试周期

垂直渗透系数测定仪测试时间间隔一般不超过12个月，使用中可根据实际情况增加测试次数。

2.9　原始数据记录表

原始数据记录表见表3-2-1。

垂直渗透系数测定仪测试原始数据记录表　　表 3-2-1

表格编号：
记录编号：

<table>
<tr><td colspan="2">设备名称</td><td colspan="2">垂直渗透系数测定仪</td><td colspan="2">样品编号</td><td colspan="2"></td></tr>
<tr><td colspan="2">型号规格</td><td colspan="2"></td><td colspan="2">出厂编号</td><td colspan="2"></td></tr>
<tr><td colspan="2">制造单位</td><td colspan="2"></td><td colspan="2">测试依据</td><td colspan="2"></td></tr>
<tr><td colspan="2">接收日期</td><td colspan="2"></td><td colspan="2">测试地点</td><td colspan="2"></td></tr>
<tr><td colspan="2">测试前样品状态</td><td colspan="2"></td><td colspan="2">测试后样品状态</td><td colspan="2"></td></tr>
<tr><td colspan="2">环境条件</td><td colspan="6"></td></tr>
<tr><td colspan="8">测试使用的计量器具及主要配套设备</td></tr>
<tr><td>名称
(设备编号)</td><td>测量范围</td><td>不确定度/准确度等级/最大允许误差</td><td>证书编号</td><td>溯源机构</td><td>证书
有效期至</td><td>使用前情况
(是否良好)</td><td>使用后情况
(是否良好)</td></tr>
<tr><td>游标卡尺</td><td>(0～200)mm</td><td>±0.02mm</td><td></td><td></td><td></td><td></td><td></td></tr>
<tr><td>高度卡尺</td><td>(0～600)mm</td><td>±0.02mm</td><td></td><td></td><td></td><td></td><td></td></tr>
<tr><td>电子秒表</td><td>—</td><td>分辨力
0.01s</td><td></td><td></td><td></td><td></td><td></td></tr>
<tr><td colspan="8">测试项目</td></tr>
<tr><td rowspan="3">1)</td><td rowspan="3">夹持器内径误差</td><td colspan="6">±1mm</td></tr>
<tr><td colspan="2" rowspan="2">(1).⑤</td><td colspan="2">①本项目测试结果</td><td colspan="2"></td></tr>
<tr><td colspan="2">②本项目评价结果</td><td colspan="2"></td></tr>
<tr><td rowspan="7">(1)</td><td rowspan="7">夹持器内径误差</td><td colspan="2">试验序号</td><td colspan="2">③测量值(mm)</td><td colspan="2">④标准值(mm)</td></tr>
<tr><td colspan="2">1</td><td colspan="2"></td><td colspan="2" rowspan="4"></td></tr>
<tr><td colspan="2">2</td><td colspan="2"></td></tr>
<tr><td colspan="2">3</td><td colspan="2"></td></tr>
<tr><td colspan="2">4</td><td colspan="2"></td></tr>
<tr><td colspan="2" rowspan="2">1.④ - AVERAGE(③)</td><td colspan="2">⑤本指标测试结果</td><td colspan="2"></td></tr>
<tr><td colspan="2">⑥本指标评价结果</td><td colspan="2"></td></tr>
<tr><td rowspan="3">2)</td><td rowspan="3">水头差零位误差</td><td colspan="6">±0.2mm</td></tr>
<tr><td colspan="2" rowspan="2">(1).⑤ -
(2).⑤</td><td colspan="2">①本项目测试结果</td><td colspan="2"></td></tr>
<tr><td colspan="2">②本项目评价结果</td><td colspan="2"></td></tr>
</table>

续上表

<table>
<tr><td colspan="5">测试项目</td></tr>
<tr><td rowspan="6">(1)</td><td rowspan="6">进水端标尺指示值</td><td>试验序号</td><td>③测量值(mm)</td><td>④标准值(mm)</td></tr>
<tr><td>1</td><td></td><td></td></tr>
<tr><td>2</td><td></td><td></td></tr>
<tr><td>3</td><td></td><td></td></tr>
<tr><td rowspan="2">1.③</td><td>⑤本指标测试结果</td><td></td></tr>
<tr><td>⑥本指标评价结果</td><td></td></tr>
<tr><td rowspan="6">(2)</td><td rowspan="6">出水端标尺指示值</td><td>试验序号</td><td>③测量值(mm)</td><td>④标准值(mm)</td></tr>
<tr><td>1</td><td></td><td></td></tr>
<tr><td>2</td><td></td><td></td></tr>
<tr><td>3</td><td></td><td></td></tr>
<tr><td rowspan="2">1.③</td><td>⑤本指标测试结果</td><td></td></tr>
<tr><td>⑥本指标评价结果</td><td></td></tr>
<tr><td rowspan="3">3)</td><td rowspan="3">水头测量误差(20%)</td><td colspan="3">±1mm</td></tr>
<tr><td rowspan="2">(1).⑤</td><td>①本项目测试结果</td><td></td></tr>
<tr><td>②本项目评价结果</td><td></td></tr>
<tr><td rowspan="6">(1)</td><td rowspan="6">水头测量误差(20%)</td><td>试验序号</td><td>③测量值(mm)</td><td>④标准值(mm)</td></tr>
<tr><td>1</td><td></td><td></td></tr>
<tr><td>2</td><td></td><td></td></tr>
<tr><td>3</td><td></td><td></td></tr>
<tr><td rowspan="2">1.③ - 1.④</td><td>⑤本指标测试结果</td><td></td></tr>
<tr><td>⑥本指标评价结果</td><td></td></tr>
<tr><td rowspan="3">4)</td><td rowspan="3">水头测量误差(60%)</td><td colspan="3">±1mm</td></tr>
<tr><td rowspan="2">(1).⑤</td><td>①本项目测试结果</td><td></td></tr>
<tr><td>②本项目评价结果</td><td></td></tr>
<tr><td rowspan="4">(1)</td><td rowspan="4">水头测量误差(60%)</td><td>试验序号</td><td>③测量值(mm)</td><td>④标准值(mm)</td></tr>
<tr><td>1</td><td></td><td></td></tr>
<tr><td rowspan="2">1.③ - 1.④</td><td>⑤本指标测试结果</td><td></td></tr>
<tr><td>⑥本指标评价结果</td><td></td></tr>
<tr><td rowspan="3">5)</td><td rowspan="3">水头测量误差(100%)</td><td colspan="3">±1mm</td></tr>
<tr><td rowspan="2">(1).⑤</td><td>①本项目测试结果</td><td></td></tr>
<tr><td>②本项目评价结果</td><td></td></tr>
</table>

续上表

<table>
<tr><td colspan="5">测试项目</td></tr>
<tr><td rowspan="4">(1)</td><td rowspan="4">水头测量误差(100%)</td><td>试验序号</td><td>③测量值(mm)</td><td>④标准值(mm)</td></tr>
<tr><td>1</td><td></td><td></td></tr>
<tr><td rowspan="2">1.③ - 1.④</td><td>⑤本指标测试结果</td><td></td></tr>
<tr><td>⑥本指标评价结果</td><td></td></tr>
<tr><td colspan="5">测量不确定度</td></tr>
<tr><td>序号</td><td>评定项目</td><td>测量评定结果</td><td colspan="2">计算方法说明</td></tr>
<tr><td>1</td><td></td><td></td><td colspan="2"></td></tr>
<tr><td>2</td><td></td><td></td><td colspan="2"></td></tr>
<tr><td>3</td><td></td><td></td><td colspan="2"></td></tr>
</table>

测试：　　　　　　　　核验：　　　　　　　　日期：

3 承载板测定仪计量测试作业指导书（仪器编号：GL01200022）

3.1 范围

本作业指导书适用于承载板测定仪的计量测试。

3.2 引用文件

本作业指导书引用了下列文件：

JJF 1094—2002 测量仪器特性评定

凡是注日期的引用文件，仅注日期的版本适用于本作业指导书；凡是不注日期的引用文件，其最新版本（包括所有的修改单）适用于本作业指导书。

3.3 概述

承载板测定仪用于测定公路土基回弹模量。承载板测定仪由油泵对千斤顶加压，横梁和承载板在千斤顶的作用下对地基施加力值。

承载板测定仪采用力环（以下简称力环类承载板测定仪）或压力表（以下简称压力表类承载板测定仪）作为指示仪表。

压力表类承载板测定仪由承载板、千斤顶（含压力表）、加劲横梁等组成，如图 3-3-1 所示。

力环类承载板测定仪由承载板、千斤顶、力环、加劲横梁等组成，如图 3-3-2 所示。

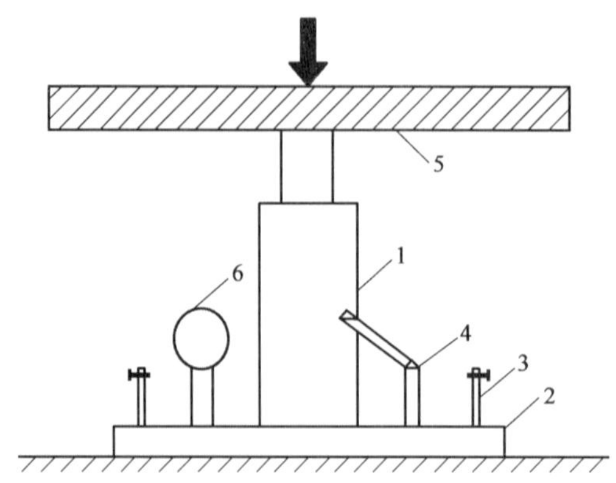

图 3-3-1　压力表类承载板测定仪结构示意图

1——千斤顶;2——承载板;3——百分表支座;4——压杆;5——加劲横梁;6——压力表。

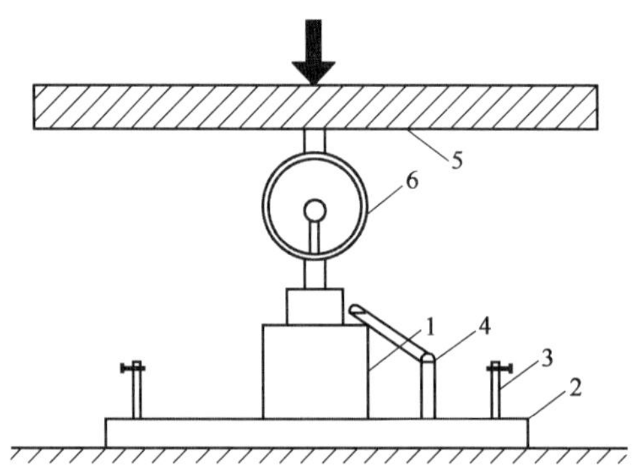

图 3-3-2　力环类承载板测定仪结构示意图

1——千斤顶;2——承载板;3——百分表支座;4——压杆;5——加劲横梁;6——力环。

3.4　计量性能要求

(1)承载板测定仪力值。

①示值误差不超过 ±5%。

②重复性不大于 5%。

(2)承载板位移值示值误差不超过 ±0.5%。

(3)承载板尺寸。

①承载板的水平度:平面度应不超过 0.01mm/100mm。

②厚度:不超过(20 ±1)mm。

③直径:不超过(300 ±3)mm。

3.5　环境条件

(1)温度:(20 ±5)℃。

(2)相对湿度:≤80%。

(3)周围无影响测量的污染、振动、噪声等干扰。

3.6　计量器具

(1)标准测力仪:准确度等级不低于0.5级,量程为被检仪器的(1.2~1.3)倍。

(2)反力架:选取10t及以上反力架(建议内部尺寸为35.5cm×23cm×73cm)。

(3)秒表:量程(0~3600)s,分度值0.1s,最大允许误差±0.10s。

(4)位移测量装置:量程不小于150mm,最大允许误差±0.003mm。

(5)游标卡尺:量程(0~70)mm,分度值0.10mm,最大允许误差±0.10mm。

(6)π尺:量程(0~500)mm,分度值0.02mm,最大允许误差±0.04mm。

(7)水平度测量仪:0.005mm/m。

3.7　测试步骤

3.7.1　试验步骤

(1)将承载板测定仪在反力架上按照组装顺序进行安装,根据高度适当地增减垫块,并在上部安放标准测力仪,调整上、下垫块和标准测力仪的位置,使承载板测定仪中心位置和垫块中间以及标准测力仪中心对在同一轴线上[图3-3-3a)、图3-3-3b)],将位移测量装置与千斤顶平行安装。

对力环类承载板测定仪,在安装过程中,对力环中的百分表进行按压测试,确定百分表有初始读数x_0,并对百分表进行轻敲,确保数值无异常变化。

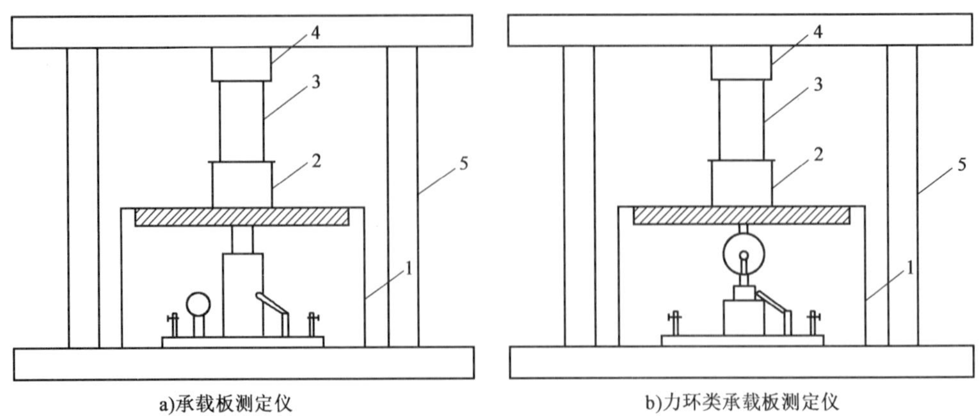

图 3-3-3 承载板测定仪测试安装图

1——承载板测定仪;2——下垫块;3——标准测力仪;4——上垫块;5——反力框架。

(2)打开标准测力仪,并调零,关闭回油阀,对承载板测定仪进行加压至指示仪表最大值,进行 3 次预加压,查看加、卸力是否平稳。液压系统工作平稳,无液压渗漏,停止加载时能保持荷载稳定,稳压力时间不少于 5min。

(3)选取被检仪器指示仪表值或者力环量程均匀分布逐级加载,测试点数不少于 5 个,卸载后,重复 3 次操作。

(4)记录各级加载力值下的仪器示值、标准测力仪示值和位移测量装置示值,读取并记录承载板测定仪的百分表示值或压力表示值。

3.7.2 承载板测定仪示值误差

按照式(3-3-1)计算示值误差 δ:

$$\delta = (\overline{P}_d - P_s)/P_s \times 100\% \tag{3-3-1}$$

式中:δ——第 i 级加载力值下的示值相对误差;

$\overline{P}_d$——第 i 级加载力值下对应压强值的 3 次测量平均值(MPa);

P_s——标准测力仪在测试点对应的压强值的 3 次平均值(MPa)。

测量时的压力值请根据设备换算公式进行换算。

3.7.3 承载板测定仪位移测量示值误差

按照式(3-3-2)计算示值误差 Δl_i:

$$\Delta l_i = l_{Si} - l_{Ri} \tag{3-3-2}$$

式中：Δl_i——承载测定仪位移测量示值误差（mm）；

l_{Si}——承载测定仪位移测量值（mm）；

l_{Ri}——位移测量装置测量值（mm）。

3.7.4 压力表类承载板测定仪重复性

在示值误差测试的同时进行，采用极差法进行计算：

$$R = (P_{i\max} - P_{i\min}) / d_n \times 100\% \tag{3-3-3}$$

式中：$P_{i\max}$——第 i 级加载力值下，承载板测定仪指示器 3 次重复测量的最大值（MPa）；

$P_{i\min}$——第 i 级加载力值下，承载板测定仪指示器 3 次重复测量的最小值（MPa）；

d_n——极差系数，根据 JJF 1094—2002 取 1.69。

3.7.5 力环类承载板测定仪重复性

在示值误差测试的同时进行，采用极差法进行计算：

$$R = (\Delta x_{i\max} - \Delta x_{i\min}) / d_n \times 100\% \tag{3-3-4}$$

式中：R——承载板测定仪的重复性；

$\Delta x_{i\max}$——第 i 级加载力值下，承载板测定仪指示器 3 次重复测量的最大值（mm）；

$\Delta x_{i\min}$——第 i 级加载力值下，承载板测定仪指示器 3 次重复测量的最小值（mm）；

d_n——极差系数，根据 JJF 1094—2002 取 1.69。

3.7.6 承载板的水平度

承载板的水平度：平面度应不超过 0.01 mm/100 mm。

水平度测量仪：0.005mm/m。

3.7.7 承载板厚度

在承载板的 4 个角选取 4 个测试点，用游标卡尺对厚度方向测量，计算 4 个测试点厚度的平均值作为承载板的厚度值。

3.7.8 承载板直径

在承载板上使用 π 尺将承载板缠绕一周，并拉紧读取直径，副尺零点超过主尺刻度件的刻度值加副尺上与主尺两条对齐的刻度值为直径值。重复测量 3 次，取 3 次测量的算术平均值作为承载板直径的测量结果。

3.8 测试周期

测试时间间隔一般不超过12个月,使用中可根据实际情况增加测试次数。

3.9 原始数据记录表

原始数据记录表见表3-3-1。

承载板测定仪测试原始数据记录表　　表3-3-1

表格编号:

记录编号:

设备名称		承载板测定仪		样品编号			
型号规格				出厂编号			
制造单位				测试依据			
接收日期				测试地点			
测试前样品状态				测试后样品状态			
环境条件							
测试使用的计量标准器及主要配套设备							
名称(设备编号)	测量范围	不确定度/准确度等级/最大允许误差	证书编号	溯源机构	证书有效期至	使用前情况(是否良好)	使用后情况(是否良好)
标准测力仪	—	≥0.5级					
秒表	(0~3600)s	±0.1s					
位移测量装置	≥150mm	±0.003mm					
游标卡尺	(0~70)mm	±0.10mm					
π尺	(0~500)mm	±0.04mm					
水平度测量仪	—	0.005mm/m					

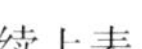

续上表

测试项目				
1)	承载板测定仪力值示值误差	±5%		
		(1).⑤	①本项目测试结果	
			②本项目评价结果	
(1)	检定点1	试验序号	③测量值(MPa)	④标准值(MPa)
		1		
		2		
		3		
		[AVERAGE(③) - AVERAGE(④)]/AVERAGE(④)×100%	⑤本指标测试结果	
			⑥本指标评价结果	
2)	承载板测定仪力值示值误差	±5%		
		(1).⑤	①本项目测试结果	
			②本项目评价结果	
(1)	检定点2	试验序号	③测量值(MPa)	④标准值(MPa)
		1		
		2		
		3		
		[AVERAGE(③) - AVERAGE(④)]/AVERAGE(④)×100%	⑤本指标测试结果	
			⑥本指标评价结果	
3)	承载板测定仪力值示值误差	±5%		
		(1).⑤	①本项目测试结果	
			②本项目评价结果	
(1)	检定点3	试验序号	③测量值(MPa)	④标准值(MPa)
		1		
		2		
		3		
		[AVERAGE(③) - AVERAGE(④)]/AVERAGE(④)×100%	⑤本指标测试结果	
			⑥本指标评价结果	

续上表

测试项目				
4)	承载板测定仪力值示值误差	±5%		
		(1).⑤	①本项目测试结果	
			②本项目评价结果	
(1)	检定点4	试验序号	③测量值(MPa)	④标准值(MPa)
		1		
		2		
		3		
		[AVERAGE(③) - AVERAGE(④)]/AVERAGE(④)×100%	⑤本指标测试结果	
			⑥本指标评价结果	
5)	承载板测定仪力值示值误差	±5%		
		(1).⑤	①本项目测试结果	
			②本项目评价结果	
(1)	检定点5	试验序号	③测量值(MPa)	④标准值(MPa)
		1		
		2		
		3		
		[AVERAGE(③) - AVERAGE(④)]/AVERAGE(④)×100%	⑤本指标测试结果	
			⑥本指标评价结果	
6)	承载板测定仪位移测量示值误差	±5%		
		(1).⑤	①本项目测试结果	
			②本项目评价结果	
(1)	检定点数1	试验序号	③测量值(mm)	④标准值(mm)
		1		
		1.③-1.④	⑤本指标测试结果	
			⑥本指标评价结果	
7)	承载板测定仪位移测量示值误差	±5%		
		(1).⑤	①本项目测试结果	
			②本项目评价结果	

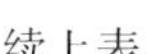

续上表

测试项目				
(1)	检定点数 2	试验序号	③测量值(mm)	④标准值(mm)
		1		
		1.③－1.④	⑤本指标测试结果	
			⑥本指标评价结果	
8)	承载板测定仪位移测量示值误差	±5%		
		(1).⑤	①本项目测试结果	
			②本项目评价结果	
(1)	检定点数 3	试验序号	③测量值(mm)	④标准值(mm)
		1		
		1.③－1.④	⑤本指标测试结果	
			⑥本指标评价结果	
9)	承载板测定仪位移测量示值误差	±5%		
		(1).⑤	①本项目测试结果	
			②本项目评价结果	
(1)	检定点数 4	试验序号	③测量值(mm)	④标准值(mm)
		1		
		1.③－1.④	⑤本指标测试结果	
			⑥本指标评价结果	
10)	承载板测定仪位移测量示值误差	±5%		
		(1).⑤	①本项目测试结果	
			②本项目评价结果	
(1)	检定点数 5	试验序号	③测量值(mm)	④标准值(mm)
		1		
		1.③－1.④	⑤本指标测试结果	
			⑥本指标评价结果	
11)	压力表类承载板测定仪重复性	≤5%		
		(1).⑤	①本项目测试结果	
			②本项目评价结果	

续上表

<table>
<tr><td colspan="5">测试项目</td></tr>
<tr><td rowspan="6">(1)</td><td rowspan="6">检定
点数 1</td><td>试验序号</td><td>③测量值(MPa)</td><td>④标准值(MPa)</td></tr>
<tr><td>1</td><td></td><td></td></tr>
<tr><td>2</td><td></td><td></td></tr>
<tr><td>3</td><td></td><td></td></tr>
<tr><td rowspan="2">[MAX(③) - MIN(③)]/1.69×100%</td><td>⑤本指标测试结果</td><td></td></tr>
<tr><td>⑥本指标评价结果</td><td></td></tr>
<tr><td rowspan="3">12)</td><td rowspan="3">压力表类承载板测定仪重复性</td><td colspan="3">≤5%</td></tr>
<tr><td rowspan="2">(1).⑤</td><td>①本项目测试结果</td><td></td></tr>
<tr><td>②本项目评价结果</td><td></td></tr>
<tr><td rowspan="6">(1)</td><td rowspan="6">检定
点数 2</td><td>试验序号</td><td>③测量值(MPa)</td><td>④标准值(MPa)</td></tr>
<tr><td>1</td><td></td><td></td></tr>
<tr><td>2</td><td></td><td></td></tr>
<tr><td>3</td><td></td><td></td></tr>
<tr><td rowspan="2">[MAX(③) - MIN(③)]/1.69×100%</td><td>⑤本指标测试结果</td><td></td></tr>
<tr><td>⑥本指标评价结果</td><td></td></tr>
<tr><td rowspan="3">13)</td><td rowspan="3">压力表类承载板测定仪重复性</td><td colspan="3">≤5%</td></tr>
<tr><td rowspan="2">(1).⑤</td><td>①本项目测试结果</td><td></td></tr>
<tr><td>②本项目评价结果</td><td></td></tr>
<tr><td rowspan="6">(1)</td><td rowspan="6">检定
点数 3</td><td>试验序号</td><td>③测量值(MPa)</td><td>④标准值(MPa)</td></tr>
<tr><td>1</td><td></td><td></td></tr>
<tr><td>2</td><td></td><td></td></tr>
<tr><td>3</td><td></td><td></td></tr>
<tr><td rowspan="2">[MAX(③) - MIN(③)]/1.69×100%</td><td>⑤本指标测试结果</td><td></td></tr>
<tr><td>⑥本指标评价结果</td><td></td></tr>
<tr><td rowspan="3">14)</td><td rowspan="3">压力表类承载板测定仪重复性</td><td colspan="3">≤5%</td></tr>
<tr><td rowspan="2">(1).⑤</td><td>①本项目测试结果</td><td></td></tr>
<tr><td>②本项目评价结果</td><td></td></tr>
</table>

续上表

测试项目				
(1)	检定点数 4	试验序号	③测量值(MPa)	④标准值(MPa)
		1		
		2		
		3		
		[MAX(③) - MIN(③)]/1.69×100%	⑤本指标测试结果	
			⑥本指标评价结果	
15)	压力表类承载板测定仪重复性	≤5%		
		(1).⑤	①本项目测试结果	
			②本项目评价结果	
(1)	检定点数 5	试验序号	③测量值(MPa)	④标准值(MPa)
		1		
		2		
		3		
		[MAX(③) - MIN(③)]/1.69×100%	⑤本指标测试结果	
			⑥本指标评价结果	
16)	力环类承载板测定仪重复性	≤5%		
		(1).⑤	①本项目测试结果	
			②本项目评价结果	
(1)	检定点数 1	试验序号	③测量值(MPa)	④标准值(MPa)
		1		
		2		
		3		
		[MAX(③) - MIN(③)]/1.69×100%	⑤本指标测试结果	
			⑥本指标评价结果	
17)	力环类承载板测定仪重复性	≤5%		
		(1).⑤	①本项目测试结果	
			②本项目评价结果	

续上表

<table>
<tr><td colspan="5">测试项目</td></tr>
<tr><td rowspan="6">(1)</td><td rowspan="6">检定
点数 2</td><td>试验序号</td><td>③测量值(MPa)</td><td>④标准值(MPa)</td></tr>
<tr><td>1</td><td></td><td></td></tr>
<tr><td>2</td><td></td><td></td></tr>
<tr><td>3</td><td></td><td></td></tr>
<tr><td rowspan="2">[MAX(③) - MIN(③)]/
1.69 × 100%</td><td>⑤本指标测试结果</td><td></td></tr>
<tr><td>⑥本指标评价结果</td><td></td></tr>
<tr><td rowspan="3">18)</td><td rowspan="3">力环类承载
板测定仪
重复性</td><td colspan="3">≤5%</td></tr>
<tr><td rowspan="2">(1).⑤</td><td>①本项目测试结果</td><td></td></tr>
<tr><td>②本项目评价结果</td><td></td></tr>
<tr><td rowspan="6">(1)</td><td rowspan="6">检定
点数 3</td><td>试验序号</td><td>③测量值(MPa)</td><td>④标准值(MPa)</td></tr>
<tr><td>1</td><td></td><td></td></tr>
<tr><td>2</td><td></td><td></td></tr>
<tr><td>3</td><td></td><td></td></tr>
<tr><td rowspan="2">[MAX(③) - MIN(③]/
1.69 × 100%</td><td>⑤本指标测试结果</td><td></td></tr>
<tr><td>⑥本指标评价结果</td><td></td></tr>
<tr><td rowspan="3">19)</td><td rowspan="3">力环类承载
板测定仪
重复性</td><td colspan="3">≤5%</td></tr>
<tr><td rowspan="2">(1).⑤</td><td>①本项目测试结果</td><td></td></tr>
<tr><td>②本项目评价结果</td><td></td></tr>
<tr><td rowspan="6">(1)</td><td rowspan="6">检定
点数 4</td><td>试验序号</td><td>③测量值(MPa)</td><td>④标准值(MPa)</td></tr>
<tr><td>1</td><td></td><td></td></tr>
<tr><td>2</td><td></td><td></td></tr>
<tr><td>3</td><td></td><td></td></tr>
<tr><td rowspan="2">(MAX(③) - MIN(③))/
1.69 × 100%</td><td>⑤本指标测试结果</td><td></td></tr>
<tr><td>⑥本指标评价结果</td><td></td></tr>
<tr><td rowspan="3">20)</td><td rowspan="3">力环类承载
板测定仪
重复性</td><td colspan="3">≤5%</td></tr>
<tr><td rowspan="2">(1).⑤</td><td>①本项目测试结果</td><td></td></tr>
<tr><td>②本项目评价结果</td><td></td></tr>
</table>

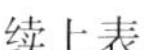

续上表

<table>
<tr><td colspan="5">测试项目</td></tr>
<tr><td rowspan="6">(1)</td><td rowspan="6">检定点数5</td><td>试验序号</td><td>③测量值(MPa)</td><td>④标准值(MPa)</td></tr>
<tr><td>1</td><td></td><td></td></tr>
<tr><td>2</td><td></td><td></td></tr>
<tr><td>3</td><td></td><td></td></tr>
<tr><td rowspan="2">[MAX(③) − MIN(③)]/1.69 × 100%</td><td>⑤本指标测试结果</td><td></td></tr>
<tr><td>⑥本指标评价结果</td><td></td></tr>
<tr><td rowspan="3">21)</td><td rowspan="3">承载板厚度</td><td colspan="3">(20 ± 1)mm</td></tr>
<tr><td rowspan="2">(1).⑤</td><td>①本项目测试结果</td><td></td></tr>
<tr><td>②本项目评价结果</td><td></td></tr>
<tr><td rowspan="7">(1)</td><td rowspan="7">承载板厚度</td><td>试验序号</td><td>③测量值(mm)</td><td>④标准值(mm)</td></tr>
<tr><td>1</td><td></td><td></td></tr>
<tr><td>2</td><td></td><td></td></tr>
<tr><td>3</td><td></td><td></td></tr>
<tr><td>4</td><td></td><td></td></tr>
<tr><td rowspan="2">AVERAGE(③)</td><td>⑤本指标测试结果</td><td></td></tr>
<tr><td>⑥本指标评价结果</td><td></td></tr>
<tr><td rowspan="3">22)</td><td rowspan="3">承载板直径</td><td colspan="3">(300 ± 3)mm</td></tr>
<tr><td rowspan="2">(1).⑤</td><td>①本项目测试结果</td><td></td></tr>
<tr><td>②本项目评价结果</td><td></td></tr>
<tr><td rowspan="6">(1)</td><td rowspan="6">承载板直径</td><td>试验序号</td><td>③测量值(mm)</td><td>④标准值(mm)</td></tr>
<tr><td>1</td><td></td><td></td></tr>
<tr><td>2</td><td></td><td></td></tr>
<tr><td>3</td><td></td><td></td></tr>
<tr><td rowspan="2">AVERAGE(③)</td><td>⑤本指标测试结果</td><td></td></tr>
<tr><td>⑥本指标评价结果</td><td></td></tr>
<tr><td colspan="5">测量不确定度</td></tr>
<tr><td>序号</td><td>评定项目</td><td>评定结果</td><td colspan="2">计算方法说明</td></tr>
<tr><td>1</td><td></td><td></td><td colspan="2"></td></tr>
<tr><td>2</td><td></td><td></td><td colspan="2"></td></tr>
<tr><td>3</td><td></td><td></td><td colspan="2"></td></tr>
</table>

测试：　　　　　　　　　　　核验：　　　　　　　　　　　日期：

4　应变控制式直剪仪计量测试作业指导书
（仪器编号：GL01010027）

4.1　范围

本作业指导书适用于应变控制式直剪仪的计量测试。

4.2　引用文件

本作业指导书引用了下列文件：

JJG 99　砝码

凡是注日期的引用文件，仅注日期的版本适用于本作业指导书；凡是不注日期的引用文件，其最新版本（包括所有的修改单）适用于本作业指导书。

4.3　概述

应变控制式直剪仪通过匀速推动剪切容器对土样的固定剪切面施加剪切力，求得土样在不同垂直力条件下的抗剪强度。

应变控制式直剪仪由剪切传动机构、推动座、下剪切盒、上剪切盒、垂直位移测量装置、传压板、透水板、储水盒、剪切力计量装置、剪切位移测量装置、联动装置、砝码等组成。应变控制式直剪仪按剪切操作方式可分为手动式和电动式两种，结构示意见图 3-4-1。

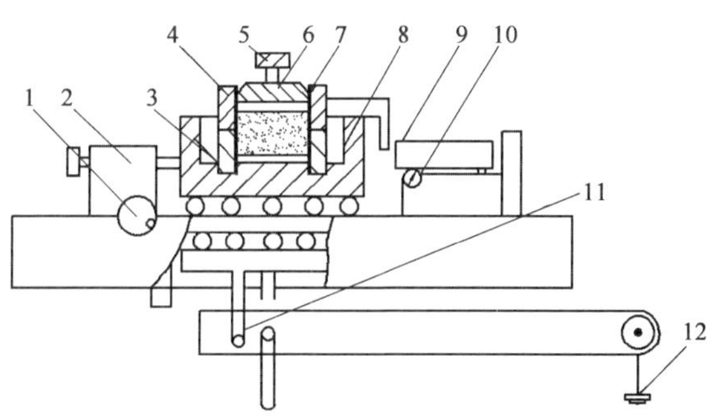

图 3-4-1 应变控制直剪仪结构示意图

1——剪切传动机构;2——推动座;3——下剪切盒;4——上剪切盒;5——垂直位移测量装置;6——传压板;7——透水板;8——储水盒;9——剪切力计量装置;10——剪切位移量测装置;11——联动装置;12——砝码。

4.4 通用技术要求

(1)应变控制式直剪仪表面应无严重锈蚀及破裂损伤,控制操纵灵活,各紧固件应无松动。

(2)应变控制式直剪仪应安置稳定,不得有摇晃、倾斜等状况,受压台面应保持水平。

(3)加压框架竖杆必须垂直,不得与受压台面接触。

(4)上剪切盒的传力凸咀与量力环的着力点应很好接触。

(5)手轮横轴与下剪切盒的着力点同上剪切盒与量力环的着力点应在同一水平线上,不应有扭斜现象。

4.5 计量性能要求

(1)剪切盒的尺寸。

①内径。

上、下盒内径 61.8mm 或 79.8mm,示值误差不超过 ±0.1%。

②高度。

剪切盒高度 20mm,示值误差不超过 ±0.1%。

③表面粗糙度。

内壁粗糙度及接触面粗糙度 Ra 应不大于3.2μm。

(2)法向力示值误差不超过±1.0%。

(3)剪切力示值误差:如用测力仪(或类似的计量仪器)时,在最大负荷的10%~30%范围内其示值误差不超过±1.5%;在最大负荷的30%~100%范围内其示值误差不超过±1.0%。负荷传感器其非线性度误差的绝对值应不大于0.3% F_S。

(4)电动式位移速率示值误差不超过±10%。

(5)垂直位移测量装置的示值误差不超过±0.2% FS。

(6)砝码符合JJG 99的要求。

4.6 环境条件

(1)温度:(5~35)℃。

(2)相对湿度:≤80%。

4.7 测试器具

(1)标准测力仪:1.5kN,0.3级。

(2)游标卡尺:量程(0~150)mm,分度值0.02mm,误差范围±0.03mm。

(3)百分表:(0~10)mm,分度值0.01mm,误差范围±0.02mm。

(4)千分表:(0~3)mm,分度值0.001mm,误差范围±0.002mm。

(5)粗糙度标准对比样块:误差范围-17%~+12%。

(6)量块:1级。

(7)秒表:分辨力不大于0.1s。

4.8 测试步骤

4.8.1 通用技术要求

目测和手感检查。

4.8.2　剪切盒的尺寸

1)内径

用游标卡尺分别测量上剪切盒和下剪切盒的内径,等间隔选取 3 个测试点,每个测试点测量一次,取测量 3 次测量的算术平均值作为剪切盒内径的测量值。计算标称值与标准值的差值,除以标准值得到内径的示值误差。

2)高度

同 1)。

3)表面粗糙度

用表面粗糙度比较样块比测内壁粗糙度及接触面粗糙度。

4.8.3　法向力示值误差

试验步骤如下:

(1)取下剪切盒部件,将标准测力仪置放在剪切盒的位置(图 3-4-2),调整加压框架,使其处于竖直状态并与标准测力仪受力点接触后,将标准测力仪调零。

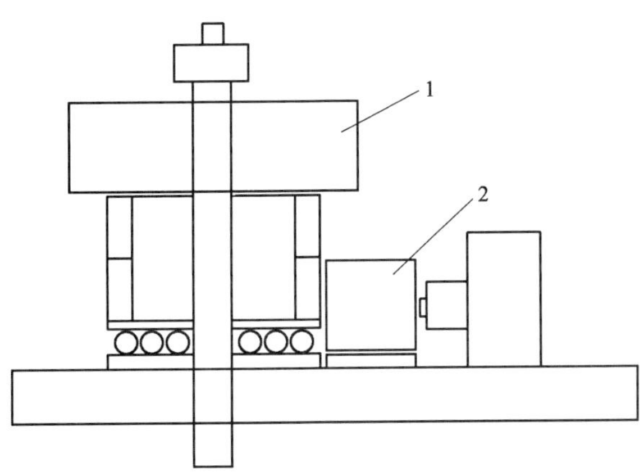

图 3-4-2　法向力及剪切力标准器安装示意图

1——法向力计量测试时标准测力仪安装位置;2——剪切力计量测试时标准测力仪安装位置。

(2)待标准测力仪调零且示值稳定后,进行法向压力初始加载状态调准。

(3)将带有初始砝码的挂钩挂上杠杆,将杠杆从悬挂钩具处放下。

(4)观察标准测力仪示值是否与初始砝码的标称力值对应,若对应,则无须调整,进行下一步操作。若存在差异,则需调整杠杆另一侧平衡块的位置,当测得值大于标称值时,向远离砝码的方向旋转平衡块;当测得值小于标称值,向靠近砝码的方向旋转平衡块。

(5)调整的同时观察标准测力仪数值变动,直至示值达到初始砝码标称力值,停止调整。

(6)在测量范围内选取均匀分布的5个值作为测试点,应至少包含300N、600N、900N、1200N。

(7)按各测试点的负荷值逐级加载标准砝码,操作时应平稳,砝码应对中,轻加轻卸确保无冲击,并在加荷过程中,读取标准测力仪的示值,每个测试点测量3次,按照式(3-4-1)计算每个测试点的法向力示值误差。

$$\delta = \frac{\overline{D}_i - D_{i0}}{D_{i0}} \times 100\% \tag{3-4-1}$$

式中:δ——法向力示值误差;

D_{i0}——应变控制式直剪仪的示值(N);

$\overline{D}_i$——直剪仪第 i 级负荷下,标准测力仪三次读数的算术平均值(N)。

4.8.4 剪切力示值误差

试验步骤如下:

(1)将标准测力仪安装在剪切盒与测力环之间(图3-4-2),调整到工作状态,同时将百分表调零。

(2)让标准测力仪的受力点与测力环受力点重合,以保证施加水平力时,两者的受力方向同轴。

(3)将标准测力仪施加力,反复预压3次。

(4)以应变控制式直剪仪最大量程的20%、40%、60%、80%,作为测试点。

(5)调整百分表至零位,按照测试点依次加荷,读取百分表在每个测试点的示值,加、卸荷为3次,加荷过程应平稳、无冲击。

(6)测量时每次卸负荷后,百分表回零误差应不大于0.3mm,否则应重新试验。

(7)按照式(3-4-2)进行计算剪切力示值误差。

$$\delta_F = \frac{\overline{F}_i - F_i}{F_i} \times 100\% \tag{3-4-2}$$

式中：δ_F——第 i 个测试点剪切力示值误差；

F_i——第 i 个测试点标准测力仪的示值(N)；

$\overline{F}_i$——应变控制式直剪仪第 i 个测试点示值的算术平均值(N)。

4.8.5　电动式位移速率示值误差（只针对电动式应变控制式直剪仪）

试验步骤如下：

(1)将千分表安装在测力环内，调整测杆移动方向与推动轴在同一轴线上。

(2)在额定电压和负荷状态下，启动电机，用秒表计时。

(3)当计时为1min时，读取千分表的位移值。

(4)重复步骤(1)~步骤(3)，对应变控制式直剪仪不同的速率档位进行测试，按照式(3-4-3)计算不同速率的示值误差，取最大值作为电动式位移速率示值误差。

$$\Delta s = \frac{s_1 - s_0}{s_0} \times 100\% \tag{3-4-3}$$

式中：Δs——不同位移速率的示值相对误差；

s_1——应变控制式直剪仪的标称速率(mm/min)；

s_0——1min时，千分表的示值(mm/min)。

4.8.6　垂直位移测量装置的示值误差

试验步骤如下：

(1)将位移传感器安装在刚性表架上，调整压缩测杆约(0.1~0.2)mm时，将位移传感器置“零”。

(2)在位移测量范围均匀分布选取5个测试点。

(3)放置不同量程的量块，读取位移传感器的数值，按照式(3-4-4)计算不同测试点的位移传感器的引用误差。

$$\delta = \frac{(L_i' - L_i)_{\max}}{s} \times 100\% \tag{3-4-4}$$

式中：δ——位移传感器的引用误差；

L_i——不同测试点，量块的值(mm)；

L_i'——不同测试点，位移传感器的示值(mm)；

s——位移传感器的量程(mm)。

4.8.7 砝码的检定和校准

砝码按照 JJG 99 进行检定或校准。

4.9 测试周期

测试时间间隔一般不超过 12 个月，使用中可根据实际情况增加测试次数。

4.10 原始数据记录表

原始数据记录表见表 3-4-1。

应变控制式直剪仪测试原始数据记录表　　表 3-4-1

表格编号：

记录编号：

设备名称		应变控制式直剪仪		样品编号			
型号规格				出厂编号			
制造单位				测试依据			
接收日期				测试地点			
测试前样品状态				测试后样品状态			
环境条件							
测试使用的计量标准器及主要配套设备							
名称（设备编号）	测量范围	不确定度/准确度等级/最大允许误差	证书编号	溯源机构	证书有效期至	使用前情况（是否良好）	使用后情况（是否良好）
标准测力仪	—	0.3 级					
游标卡尺	(0 ~ 150) mm	±0.03mm					
百分表	(0 ~ 10) mm	±0.02mm					
千分表	(0 ~ 3) mm	±0.02mm					
粗糙度标准对比样块	—	-17% ~ 12%					
量块	—	1 级					
秒表	—	—					

续上表

测试项目				
1)	上剪切盒内径	±0.1%		
		(1).⑤	①本项目测试结果	
			②本项目评价结果	
(1)	上剪切盒内径	试验序号	③测量值(mm)	④标准值(mm)
		1		
		2		
		3		
		[AVERAGE(④) -1.③)]/AVERAGE(④)	⑤本指标测试结果	
			⑥本指标评价结果	
2)	下剪切盒内径	±0.1%		
		(1).⑤	①本项目测试结果	
			②本项目评价结果	
(1)	下剪切盒内径	试验序号	③测量值(mm)	④标准值(mm)
		1		
		2		
		3		
		[AVERAGE(④) -1.③)]/AVERAGE(④)	⑤本指标测试结果	
			⑥本指标评价结果	
3)	剪切盒高度	±0.1%		
		(1).⑤	①本项目测试结果	
			②本项目评价结果	
(1)	剪切盒高度	试验序号	③测量值(mm)	④标准值(mm)
		1		
		2		
		3		
		[AVERAGE(④) -1.③)]/AVERAGE(④)	⑤本指标测试结果	
			⑥本指标评价结果	

续上表

<table>
<tr><td colspan="5">测试项目</td></tr>
<tr><td rowspan="3">4)</td><td rowspan="3">剪切盒表面粗糙度</td><td colspan="3">≤3.2μm</td></tr>
<tr><td rowspan="2">(1).⑤</td><td>①本项目测试结果</td><td></td></tr>
<tr><td>②本项目评价结果</td><td></td></tr>
<tr><td rowspan="4">(1)</td><td rowspan="4">剪切盒表面粗糙度</td><td>试验序号</td><td>③测量值(μm)</td><td>④标准值(μm)</td></tr>
<tr><td>1</td><td></td><td></td></tr>
<tr><td rowspan="2">1.③-1.④</td><td>⑤本指标测试结果</td><td></td></tr>
<tr><td>⑥本指标评价结果</td><td></td></tr>
<tr><td rowspan="3">5)</td><td rowspan="3">法向力示值误差</td><td colspan="3">±1.0%</td></tr>
<tr><td rowspan="2">(1).⑤</td><td>①本项目测试结果</td><td></td></tr>
<tr><td>②本项目评价结果</td><td></td></tr>
<tr><td rowspan="6">(1)</td><td rowspan="6">测试点1</td><td>试验序号</td><td>③测量值(N)</td><td>④标准值(N)</td></tr>
<tr><td>1</td><td></td><td></td></tr>
<tr><td>2</td><td></td><td></td></tr>
<tr><td>3</td><td></td><td></td></tr>
<tr><td rowspan="2">[AVERAGE(③)-1.④]/1.④×100%</td><td>⑤本指标测试结果</td><td></td></tr>
<tr><td>⑥本指标评价结果</td><td></td></tr>
<tr><td rowspan="3">6)</td><td rowspan="3">法向力示值误差</td><td colspan="3">±1.0%</td></tr>
<tr><td rowspan="2">(1).⑤</td><td>①本项目测试结果</td><td></td></tr>
<tr><td>②本项目评价结果</td><td></td></tr>
<tr><td rowspan="6">(1)</td><td rowspan="6">测试点2</td><td>试验序号</td><td>③测量值(N)</td><td>④标准值(N)</td></tr>
<tr><td>1</td><td></td><td></td></tr>
<tr><td>2</td><td></td><td></td></tr>
<tr><td>3</td><td></td><td></td></tr>
<tr><td rowspan="2">[AVERAGE(③)-1.④]/1.④×100%</td><td>⑤本指标测试结果</td><td></td></tr>
<tr><td>⑥本指标评价结果</td><td></td></tr>
<tr><td rowspan="3">7)</td><td rowspan="3">法向力示值误差</td><td colspan="3">±1.0%</td></tr>
<tr><td rowspan="2">(1).⑤</td><td>①本项目测试结果</td><td></td></tr>
<tr><td>②本项目评价结果</td><td></td></tr>
</table>

续上表

<table>
<tr><td colspan="5">测试项目</td></tr>
<tr><td rowspan="6">(1)</td><td rowspan="6">测试点 3</td><td>试验序号</td><td>③测量值(N)</td><td>②标准值(N)</td></tr>
<tr><td>1</td><td></td><td></td></tr>
<tr><td>2</td><td></td><td></td></tr>
<tr><td>3</td><td></td><td></td></tr>
<tr><td rowspan="2">[AVERAGE(③) - 1.④]/1.④ × 100%</td><td>⑤本指标测试结果</td><td></td></tr>
<tr><td>⑥本指标评价结果</td><td></td></tr>
<tr><td rowspan="3">8)</td><td rowspan="3">法向力示值误差</td><td colspan="3">± 1.0%</td></tr>
<tr><td rowspan="2">(1).⑤</td><td>①本项目测试结果</td><td></td></tr>
<tr><td>②本项目评价结果</td><td></td></tr>
<tr><td rowspan="6">(1)</td><td rowspan="6">测试点 4</td><td>试验序号</td><td>③测量值(N)</td><td>④标准值(N)</td></tr>
<tr><td>1</td><td></td><td></td></tr>
<tr><td>2</td><td></td><td></td></tr>
<tr><td>3</td><td></td><td></td></tr>
<tr><td rowspan="2">[AVERAGE(③) - 1.④]/1.④ × 100%</td><td>⑤本指标测试结果</td><td></td></tr>
<tr><td>⑥本指标评价结果</td><td></td></tr>
<tr><td rowspan="3">9)</td><td rowspan="3">法向力示值误差</td><td colspan="3">± 1.0%</td></tr>
<tr><td rowspan="2">(1).⑤</td><td>①本项目测试结果</td><td></td></tr>
<tr><td>②本项目评价结果</td><td></td></tr>
<tr><td rowspan="6">(1)</td><td rowspan="6">测试点 5</td><td>试验序号</td><td>③测量值(N)</td><td>④标准值(N)</td></tr>
<tr><td>1</td><td></td><td></td></tr>
<tr><td>2</td><td></td><td></td></tr>
<tr><td>3</td><td></td><td></td></tr>
<tr><td rowspan="2">[AVERAGE(③) - 1.④]/1.④ × 100%</td><td>⑤本指标测试结果</td><td></td></tr>
<tr><td>⑥本指标评价结果</td><td></td></tr>
<tr><td rowspan="3">10)</td><td rowspan="3">剪切力示值误差</td><td colspan="3">最大负荷的 30% 以内不超过 ± 1.5%；否则不超过 ± 1.0%</td></tr>
<tr><td rowspan="2">(1).⑤</td><td>①本项目测试结果</td><td></td></tr>
<tr><td>②本项目评价结果</td><td></td></tr>
</table>

续上表

测试项目				
(1)	最大量程的 20%	试验序号	③测量值(N)	④标准值(N)
		1		
		2		
		3		
		[AVERAGE(③) - 1.④]/1.④ × 100%	⑤本指标测试结果	
			⑥本指标评价结果	
11)	剪切力示值误差	最大负荷的 30% 以内不超过 ±1.5%;否则不超过 ±1.0%		
		(1).⑤	①本项目测试结果	
			②本项目评价结果	
(1)	最大量程的 40%	试验序号	③测量值(N)	④标准值(N)
		1		
		2		
		3		
		[AVERAGE(③) - 1.④]/1.④ × 100%	⑤本指标测试结果	
			⑥本指标评价结果	
12)	剪切力示值误差	最大负荷的 30% 以内不超过 ±1.5%;否则不超过 ±1.0%		
		(1).⑤	①本项目测试结果	
			②本项目评价结果	
(1)	最大量程的 60%	试验序号	③测量值(N)	④标准值(N)
		1		
		2		
		3		
		[AVERAGE(③) - 1.④]/1.④ × 100%	⑤本指标测试结果	
			⑥本指标评价结果	
13)	剪切力示值误差	最大负荷的 30% 以内不超过 ±1.5%;否则不超过 ±1.0%		
		(1).⑤	①本项目测试结果	
			②本项目评价结果	

续上表

测试项目				
(1)	最大量程的80%	试验序号	③测量值(N)	④标准值(N)
		1		
		2		
		3		
		[AVERAGE(③)-1.④]/1.④×100%	⑤本指标测试结果	
			⑥本指标评价结果	
14)	电动式位移速率示值误差	±10%		
		MAX((1).⑤,……)	①本项目测试结果	
			②本项目评价结果	
(1)	档位1	试验序号	③测量值(mm/min)	④标准值(mm/min)
		1		
		(1.④-1.③)/1.④×100%	⑤本指标测试结果	
			⑥本指标评价结果	
(2)	档位2	试验序号	③测量值(mm/min)	④标准值(mm/min)
		1		
		(1.④-1.③)/1.④×100%	⑤本指标测试结果	
			⑥本指标评价结果	
15)	垂直位移测量装置的示值误差	满量程的±2%		
		(1).⑤/位移传感器量程×100%	①本项目测试结果	
			②本项目评价结果	
(1)	垂直位移测量装置的示值误差	试验序号	③测量值(mm)	④标准值(mm)
		1		
		2		
		3		
		4		
		5		
		MAX(③-④)	⑤本指标测试结果	
			⑥本指标评价结果	

续上表

测量不确定度			
序号	评定项目	评定结果	计算方法说明
1			
2			
3			

测试：　　　　核验：　　　　日期：

5 电通量测定仪计量测试作业指导书（仪器编号：GL01050025）

5.1 范围

本作业指导书适用于混凝土氯离子检测用电通量测定仪的计量测试。

5.2 概述

电通量测定仪是检测混凝土氯离子渗透性能的专用设备。电通量测定仪通过在混凝土试件两端施加正负极电压，测得混凝土单位时间内电通量值（库仑），计算出单位时间内通过混凝土的电通量，从而快速评价混凝土抵抗氯离子渗透的能力。

电通量测定仪主要由主机（电压输出系统、电流采集系统和控制中心）、连接线、试验槽、铜电极、试件垫圈等组成，一般为多通道，如图3-5-1所示。

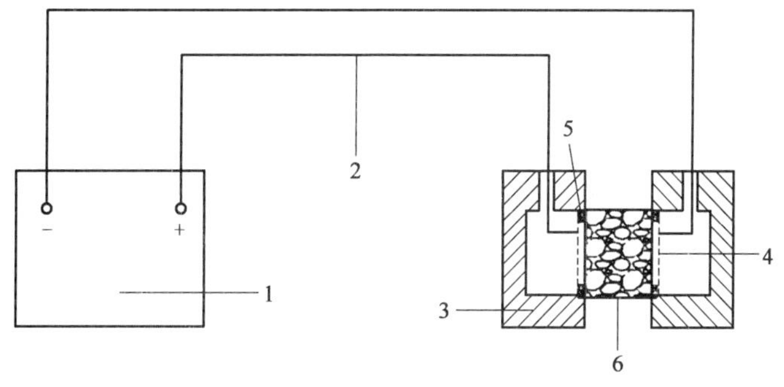

图3-5-1 电通量测定仪示意图

1——主机；2——连接线；3——试验槽；4——铜电极；5——试件垫圈（硫化橡胶垫或硅橡胶垫）；6——试件。

5.3 通用技术要求

(1)电通量测定仪(包括铜电极)外观应整洁,无腐蚀变形。

(2)各控制调整开关和旋钮等应安装牢固,操作灵活。

5.4 计量性能要求

(1)输出电压示值误差。

最大允许误差为 ±0.1V。

(2)采样电流示值误差。

最大示值相对误差为 ±0.5mA。

(3)温度示值误差。

最大允许误差为 ±0.3℃。

5.5 环境条件

(1)温度:(20 ~ 25)℃。

(2)应无影响电通量测定仪正常工作的外电场、外磁场。

5.6 计量器具

(1)直流数字电压表。

测量范围:(0 ~ 300)V,分辨力:0.01V,最大允许误差 ±0.03V。

(2)标准电阻(直流电子负载)。

300Ω,最大允许误差 ±0.01%;

600Ω、1500Ω,最大允许误差 ±0.1%。

(3)直流数字电流表。

测量范围:(0 ~ 300)mA,分辨力:0.01mA,最大允许误差 ±0.1mA。

(4)标准温度计。

测量范围:(5～50)℃,分辨力:0.1℃,最大允许误差±0.1℃。

(5)恒温水槽。

测量范围:(5～95)℃,最大允许误差±0.1℃,波动度0.5℃/10min。

5.7　测试步骤

5.7.1　通用技术要求

目测和手感检查。

5.7.2　输出电压示值误差

试验步骤如下:

(1)将标准电阻串接于电路中,调整电通量测定仪输出电压值为60V(图3-5-2)。

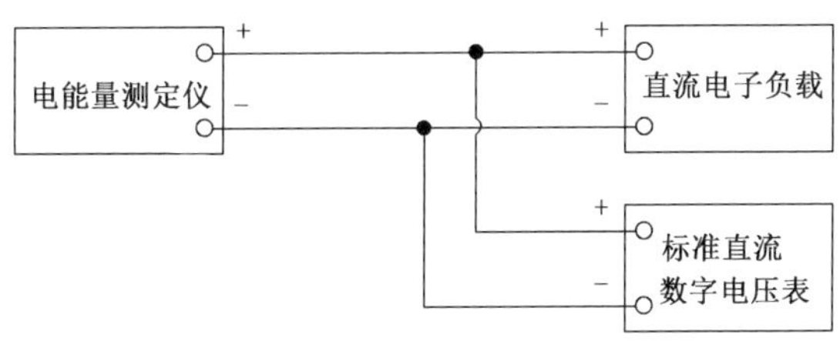

图3-5-2　输出电压测试示意图

(2)调整电通量测定仪输出电压值为60V,记录直流数字电压表在电通量测定仪一个采样周期内的电压最大值和最小值。

(3)按照式(3-5-1)计算输出电压示值误差最大值:

$$\Delta U_i = U_{ix} - U_{i0} \tag{3-5-1}$$

式中:ΔU_i——第i通道电压示值误差(V),$i=1,2,3,\cdots,n$;

U_{ix}——第i通道电通量测定仪显示值(V),$i=1,2,3,\cdots,n$;

U_{i0}——第i通道标准直流数字电压表读数值(V),$i=1,2,3,\cdots,n$。

(4)重复步骤(1)～步骤(3),计算每个通道的输出电压误差。

5.7.3 采样电流示值误差

试验步骤如下：

(1)将标准直流数字电流表、标准电阻和电通量测定仪串接于电路中，如图3-5-3所示。

图3-5-3 采样电流测试示意图

(2)分别调节标准电阻的阻值至300Ω、600Ω、1500Ω，记录标准直流数字电流表在电通量测定仪一个采样周期后的电流值。

(3)按照式(3-5-2)计算采样电流示值相对误差最大值。

$$R_{ij} = \frac{|I_{ijx} - I_{ij0}|}{I_{ij0}} \times 100\% \tag{3-5-2}$$

式中：R_{ij}——第 i 通道串联 j 阻值下电流示值相对误差(%)，$i=1,2,3\cdots n$，$j=300,600,1500$；

I_{ijx}——第 i 通道串联 j 阻值下电通量测定仪显示值(mA)，$i=1,2,3\cdots n$，$j=300,600,1500$；

I_{ij0}——第 i 通道串联 j 阻值下标准直流数字电流表读数值(mA)，$i=1,2,3\cdots n$，$j=300,600,1500$。

(4)重复步骤(1)~步骤(3)，计算每个通道的采样电流示值误差。

5.7.4 温度示值误差

试验步骤如下：

(1)调整标准恒温槽中的水浴调整到(0~10)℃温度范围内。

(2)将电通量测定仪的测温传感器与标准温度计置于恒温槽里，传感器与标准温度计的位置应尽量接近。

(3)待温度示值稳定后依次记录标准温度计及电通量测定仪测温传感器温度值，按照式(3-5-3)计算在该温度范围内的温度示值误差。

$$\Delta t_i = t_{ix} - t_{i0} \tag{3-5-3}$$

式中：Δt_i——各温度点温度示值误差(℃)；

t_{ix}——第 i 温度测试点电通量测定仪温度显示值(℃)；

t_{i0}——第 i 温度测试点标准温度计读数值(℃)。

(4)重复步骤(1)~步骤(3),分别测定在(20~30)℃、(45~55)℃、(90~100)℃温度范围内的温度示值误差,取最大值作为温度示值误差的测试结果。

5.8　测试周期

测试时间间隔一般不超过12个月,使用中可根据实际情况增加测试次数。

5.9　原始数据记录表

原始数据记录表见表3-5-1。

电通量测定仪测试原始数据记录表　　表3-5-1

表格编号:

记录编号:

设备名称		电通量测定仪		样品编号			
型号规格				出厂编号			
制造单位				测试依据			
接收日期				测试地点			
测试前样品状态				测试后样品状态			
环境条件							
测试使用的计量标准器及主要配套设备							
名称(设备编号)	测量范围	不确定度/准确度等级/最大允许误差	证书编号	溯源机构	证书有效期至	使用前情况(是否良好)	使用后情况(是否良好)
直流数字电压表	(0~300)V	±0.03V					
标准电阻	300Ω、600Ω、1500Ω	300Ω:±0.01%,600Ω、1500Ω:±0.1%					

续上表

名称（设备编号）	测量范围	不确定度/准确度等级/最大允许误差	证书编号	溯源机构	证书有效期至	使用前情况（是否良好）	使用后情况（是否良好）
直流数字电流表	(0～300)mA	±0.1mA					
标准温度计	(5～50)℃	±0.1℃					
恒温水槽	(5～95)℃	±0.1℃					

测试项目				
1)	输出电压示值误差	±0.1V		
		(1).⑤	①本项目测试结果	
			②本项目评价结果	
(1)	第1通道电压示值误差	试验序号	③测量值(V)	④标准值(V)
		1		
		1.③ － 1.④	⑤本指标测试结果	
			⑥本指标评价结果	
2)	采样电流示值误差	±0.5mA		
		MAX((1).⑤,(2).⑤,(3).⑤)	①本项目测试结果	
			②本项目评价结果	
(1)	第i通道300Ω示值误差	试验序号	③测量值(mA)	④标准值(mA)
		1		
		|1.③ － 1.④|/1.④×100%	⑤本指标测试结果	
			⑥本指标评价结果	
(2)	第i通道600Ω示值误差	试验序号	③测量值(mA)	④标准值(mA)
		1		
		|1.③ － 1.④|/1.④×100%	⑤本指标测试结果	
			⑥本指标评价结果	
(3)	第i通道1500Ω示值误差	试验序号	③测量值(mA)	④标准值(mA)
		1		
		|1.③ － 1.④|/1.④×100%	⑤本指标测试结果	
			⑥本指标评价结果	

续上表

<table>
<tr><td colspan="5">测试项目</td></tr>
<tr><td rowspan="3">3)</td><td rowspan="3">温度示值误差</td><td colspan="3">±0.3℃</td></tr>
<tr><td rowspan="2">MAX((1).⑤ ~ (4).⑤)</td><td>①本项目测试结果</td><td></td></tr>
<tr><td>②本项目评价结果</td><td></td></tr>
<tr><td rowspan="4">(1)</td><td rowspan="4">(0~10)℃</td><td>试验序号</td><td>③测量值(℃)</td><td>④标准值(℃)</td></tr>
<tr><td>1</td><td></td><td></td></tr>
<tr><td rowspan="2">1.③ - 1.④</td><td>⑤本指标测试结果</td><td></td></tr>
<tr><td>⑥本指标评价结果</td><td></td></tr>
<tr><td rowspan="4">(2)</td><td rowspan="4">(20~30)℃</td><td>试验序号</td><td>③测量值(℃)</td><td>④标准值(℃)</td></tr>
<tr><td>1</td><td></td><td></td></tr>
<tr><td rowspan="2">1.③ - 1.④</td><td>⑤本指标测试结果</td><td></td></tr>
<tr><td>⑥本指标评价结果</td><td></td></tr>
<tr><td rowspan="4">(3)</td><td rowspan="4">(45~55)℃</td><td>试验序号</td><td>③测量值(℃)</td><td>④标准值(℃)</td></tr>
<tr><td>1</td><td></td><td></td></tr>
<tr><td rowspan="2">1.③ - 1.④</td><td>⑤本指标测试结果</td><td></td></tr>
<tr><td>⑥本指标评价结果</td><td></td></tr>
<tr><td rowspan="4">(4)</td><td rowspan="4">(90~100)℃</td><td>试验序号</td><td>③测量值(℃)</td><td>④标准值(℃)</td></tr>
<tr><td>1</td><td></td><td></td></tr>
<tr><td rowspan="2">1.③ - 1.④</td><td>⑤本指标测试结果</td><td></td></tr>
<tr><td>⑥本指标评价结果</td><td></td></tr>
<tr><td colspan="5">测量不确定度</td></tr>
<tr><td>序号</td><td>评定项目</td><td colspan="2">评定结果</td><td>计算方法说明</td></tr>
<tr><td>1</td><td></td><td colspan="2"></td><td></td></tr>
<tr><td>2</td><td></td><td colspan="2"></td><td></td></tr>
<tr><td>3</td><td></td><td colspan="2"></td><td></td></tr>
</table>

测试： 核验： 日期：

6　收敛计计量测试作业指导书
（仪器编号：GL02120002）

6.1　范围

本作业指导书适用于数显收敛计的测试，不适用于其他形式收敛计的计量测试。

6.2　概述

收敛计适用于观测洞室、建筑物、基坑、边坡及周围岩体等测点间相对变形。收敛计是利用机械传递位移方法，将两个基准点间的相对位移变成为数显收敛计两次读数之差。收敛计主要由冲孔钢卷尺、数显显示器、连接挂钩，以及联尺架等部分组成，结构示意见图3-6-1。

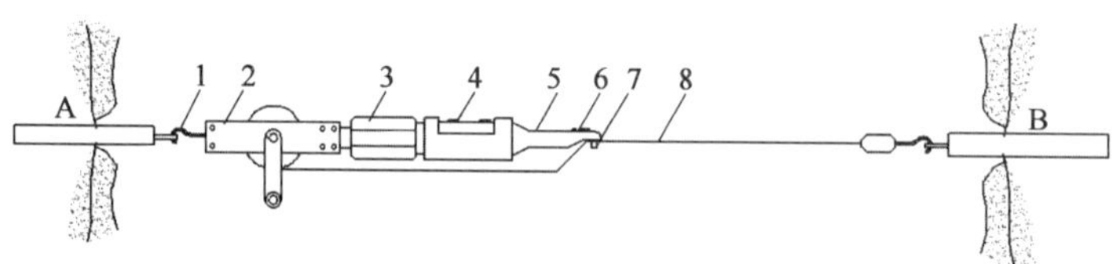

图3-6-1　收敛仪结构示意图

1——连接挂钩；2——尺架；3——调节螺母；4——数显显示器；5——联尺架；6——尺卡；7——尺孔销；8——冲孔钢卷尺。

6.3　通用技术要求

（1）冲孔钢卷尺的尺带活动部件无松动和损伤。

（2）冲孔钢卷尺的尺带刻度应清晰，冲孔应无毛刺、变形、损伤。

6.4　计量性能要求

(1)显示器示值稳定性。

10min 内,示值变化量不大于0.01mm。

(2)收敛量示值误差。

最大允许误差为±0.3mm。

(3)收敛量重复性。

收敛计收敛量标准差不大于0.04mm。

6.5　环境条件

(1)温度:(20±5)℃。

(2)测试过程无影响测量的振动。

6.6　计量器具

(1)钢卷尺测试台(图3-6-2),测量范围:(0~3)m[采用分段测量法可检定(1~30)m收敛计收敛量];分辨率:0.01mm;最大允许误差:±(0.03mm+0.02L)。

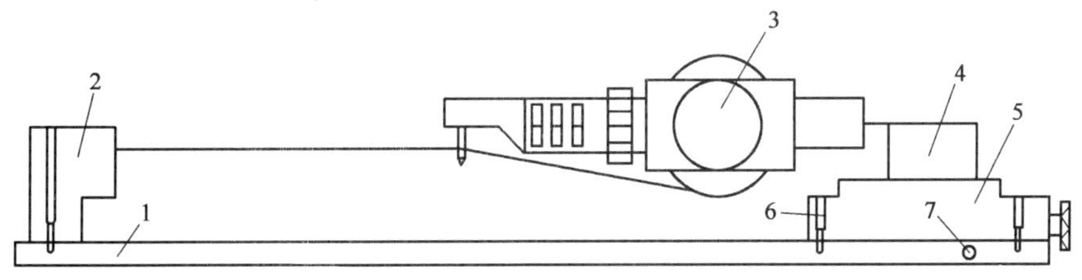

图3-6-2　钢卷尺测试台结构示意图

1——基座;2——左挂钩1;3——收敛计;4——右挂钩;5——高精度可移动平台;6——螺钉;7——手柄。

(2)光栅尺:分辨率1μm。

(3)电子秒表:分辨力0.01s。

6.7 测试步骤

6.7.1 通用技术要求

目测和手感检查。

6.7.2 示值稳定性

将收敛计示值固定在任意数值上，待稳定后，每 2min 读数一次，取 10min 内示值最大值与最小值的差值记为示值稳定性。

6.7.3 收敛量示值误差

试验步骤如下：

(1)将收敛计左挂钩座固定在钢卷尺测试台基座上。

(2)将待测收敛计尺孔销卡在冲孔钢卷尺第一个孔洞，调节螺母至最大读数 25mm 处。

(3)右挂钩固定于钢卷尺测试台上，收敛计的挂钩分别与钢卷尺测试台左右挂钩座相连，调整待测收敛计调节螺母，改变待测收敛计机身的长度产生恒定的张力(数显显示器的最右刻度线)。

(4)在量程范围内等间隔选择 3 个测点。

(5)将光栅尺数显示表数值和显示器示值清零，移动钢卷尺检定平台手柄，光栅尺数显表实时移动相对位移 L_{s1}，调整待测收敛计调节螺母，改变待测收敛计机身的长度产生恒定的张力(张力窗口最右刻度线)，记录收敛计收敛量读数 L_1。按照式(3-6-1)计算单测点的收敛量示值误差，取 3 个测点中最大值作为收敛量示值误差。

$$\Delta L = L_i - L_{si} \tag{3-6-1}$$

式中：ΔL——收敛计受检点的收敛量示值误差(mm)；

L_i——收敛计第 i 次移动的收敛量(mm)；

L_{si}——光栅尺数显表实时移动相对位移(mm)。

6.7.4 收敛量重复性

用收敛计对同一间距为 10m 水平基点，反复测量 10 次，每次取下收敛计重新安装测量，按照式(3-6-2)计算标准差。

$$S=\sqrt{\frac{1}{(n-1)}\sum_{i=1}^{n}(X_i-\bar{X})^2} \tag{3-6-2}$$

式中：S——收敛量重复性，用标准差表示(mm)；

n——测量次数；

X_i——第 i 次测值(mm)；

$\bar{X}$——收敛量的平均值(mm)。

6.8 测试周期

测试时间间隔一般不超过12个月，使用中可根据实际情况增加测试次数。

6.9 原始数据记录表

原始数据记录表见表3-6-1。

收敛计测试原始数据记录表　　表3-6-1

表格编号：

记录编号：

设备名称	收敛计	样品编号	
型号规格		出厂编号	
制造单位		测试依据	
接收日期		测试地点	
测试前样品状态		测试后样品状态	
环境条件			

测试使用的计量标准器及主要配套设备							
名称(设备编号)	测量范围	不确定度/准确度等级/最大允许误差	证书编号	溯源机构	证书有效期至	使用前情况(是否良好)	使用后情况(是否良好)
钢卷尺检定台	(0~3)m	±(0.03m+0.02L)					
光栅尺	—	—					

续上表

<table>
<tr><td colspan="8">测试使用的计量标准器及主要配套设备</td></tr>
<tr><td>名称
(设备编号)</td><td>测量范围</td><td>不确定度/准确度等级/最大允许误差</td><td>证书编号</td><td>溯源机构</td><td>证书
有效期至</td><td>使用前情况
(是否良好)</td><td>使用后情况
(是否良好)</td></tr>
<tr><td>电子秒表</td><td>—</td><td>—</td><td></td><td></td><td></td><td></td><td></td></tr>
</table>

<table>
<tr><td colspan="5">测试项目</td></tr>
<tr><td rowspan="3">1)</td><td rowspan="3">显示器示值稳定性</td><td colspan="3">10min 内,示值变化量≤0.01mm</td></tr>
<tr><td rowspan="2">MAX(③-④)</td><td>①本项目测试结果</td><td></td></tr>
<tr><td>②本项目评价结果</td><td></td></tr>
<tr><td rowspan="6">(1)</td><td rowspan="6">显示器示值稳定性</td><td>试验序号</td><td>③测量值(mm)</td><td>④标准值(mm)</td></tr>
<tr><td>1</td><td></td><td></td></tr>
<tr><td>2</td><td></td><td></td></tr>
<tr><td>3</td><td></td><td></td></tr>
<tr><td rowspan="2">③-④</td><td>⑤本指标测试结果</td><td></td></tr>
<tr><td>⑥本指标评价结果</td><td></td></tr>
<tr><td rowspan="3">2)</td><td rowspan="3">收敛量
重复性</td><td colspan="3">≤0.04mm</td></tr>
<tr><td rowspan="2">(1).⑤</td><td>①本项目测试结果</td><td></td></tr>
<tr><td>②本项目评价结果</td><td></td></tr>
<tr><td rowspan="13">(1)</td><td rowspan="13">收敛量
示值误差</td><td>试验序号</td><td>③测量值(mm)</td><td>④标准值(mm)</td></tr>
<tr><td>1</td><td></td><td></td></tr>
<tr><td>2</td><td></td><td></td></tr>
<tr><td>3</td><td></td><td></td></tr>
<tr><td>4</td><td></td><td></td></tr>
<tr><td>5</td><td></td><td></td></tr>
<tr><td>6</td><td></td><td></td></tr>
<tr><td>7</td><td></td><td></td></tr>
<tr><td>8</td><td></td><td></td></tr>
<tr><td>9</td><td></td><td></td></tr>
<tr><td>10</td><td></td><td></td></tr>
<tr><td rowspan="2">STDEV(③)</td><td>⑤本指标测试结果</td><td></td></tr>
<tr><td>⑥本指标评价结果</td><td></td></tr>
</table>

续上表

测量不确定度			
序号	评定项目	评定结果	计算方法说明
1			
2			
3			

测试： 核验： 日期：

7 自由膨胀率测定仪计量测试作业指导书（仪器编号：GL01010031）

7.1 范围

本作业指导书适用于自由膨胀率测定仪的计量测试。

7.2 概述

自由膨胀率测定仪应用于细粒土和膨胀土的自由膨胀率测定。

自由膨胀率测定仪的工作原理是通过测量松散的烘干土粒在水中膨胀后的体积和空气中自由堆积的体积之差与在空气中自由堆积的体积比，计算出自由膨胀率。

自由膨胀率测定仪由无颈漏斗、支架、量土杯、搅拌器直杆、搅拌器圆盘等部分组成，结构示意图见图 3-7-1。

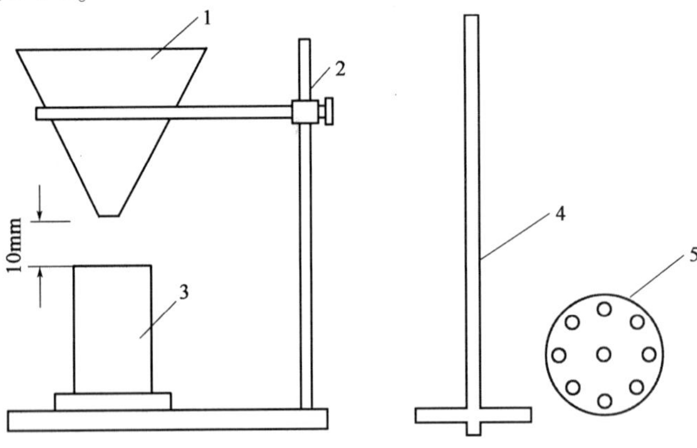

图 3-7-1 自由膨胀率测定仪结构示意图

1——无颈漏斗；2——支架；3——量土杯；4——搅拌器直杆；5——搅拌器圆盘。

7.3 计量性能要求

(1)量土杯的尺寸。

量土杯内径为(20 ±0.1)mm,深度为(32.8 ±0.1)mm,容积为(10 ±0.1)mL。

(2)无颈漏斗的尺寸。

无颈漏斗上口内径为(50 ~60)mm,下口内径为(4 ~5)mm,高度为(50 ~70)mm。

(3)搅拌器的尺寸。

搅拌器圆盘直径为(18 ±0.1)mm,内部圆孔直径为(2 ±0.1)mm。

7.4 环境条件

(1)温度:(23 ±5)℃。

(2)相对湿度:25%~65%。

(3)周围无影响试验的振动和腐蚀气体。

7.5 计量器具

(1)游标卡尺:量程不小于200mm,分度值应不大于0.02mm,最大允许误差不超过±0.05mm。

(2)深度游标卡尺:量程不小于200mm,分度值应不大于0.02mm,最大允许误差不超过±0.05mm。

(3)光滑塞规:测量范围应为(1.9~2.1)mm,最大允许误差不超过±0.02mm。

(4)天平:称量不小于200g,分度值不大于0.1mg,准确度等级不小于Ⅲ级。

7.6 测试步骤

7.6.1 量土杯的尺寸

(1)用游标卡尺测量量土杯的内径,在量土杯口的内圆周上取3个均匀分布的位置进行测量,取 3 次测量值的平均值作为测量结果。

(2)用深度游标卡尺测量量土杯的深度,在量土杯底的内圆周上取 3 个均匀分布的位置进行测量,取 3 次测量值的平均值作为测量结果。

(3)用天平称量量土杯的质量,记为 m_1,在不移动量土杯的情况下,将量土杯加满水,用天平称量装满水后量土杯与水的质量之和 m_2,计算得到量土杯中水的质量,从而计算得到量土杯容积。重复以上操作 3 次,取 3 次测量值的平均值作为测量结果。

7.6.2 无颈漏斗的尺寸

(1)采用游标卡尺测量无颈漏斗的上口内径,在无颈漏斗上口的内圆周上取 3 个均匀分布的位置进行测量,取 3 次测量值的平均值作为测量结果。

(2)采用游标卡尺测量无颈漏斗的下口内径,在无颈漏斗下口的内圆周上取 3 个均匀分布的位置进行测量,取 3 次测量值的平均值作为测量结果。

(3)采用深度游标卡尺测量无颈漏斗高度,在无颈漏斗的外圆周上取 3 个均匀分布的位置进行测量,取 3 次测量值的平均值作为测量结果。

7.6.3 搅拌器的尺寸

(1)用游标卡尺测量搅拌器圆盘直径,在搅拌器圆盘的圆周上取 3 个均匀分布的位置进行测量,取 3 次测量值的平均值作为测量结果。

(2)用测量范围为(1.9 ~ 2.1)mm 的光滑塞规测量搅拌器圆盘内部圆孔的直径,取任意 3 个孔进行测量,直径确保在(1.9 ~ 2.1)mm 之间即可。

7.7 测试周期

测试时间间隔一般不超过 12 个月,使用中可根据实际情况增加测试次数。

7.8 原始数据记录表

原始数据记录表见表 3-7-1。

自由膨胀率测定仪测试原始数据记录表　　　　表 3-7-1

表格编号：

记录编号：

<table>
<tr><td colspan="2">设备名称</td><td colspan="2">自由膨胀率测定仪</td><td colspan="2">样品编号</td><td colspan="2"></td></tr>
<tr><td colspan="2">型号规格</td><td colspan="2"></td><td colspan="2">出厂编号</td><td colspan="2"></td></tr>
<tr><td colspan="2">制造单位</td><td colspan="2"></td><td colspan="2">测试依据</td><td colspan="2"></td></tr>
<tr><td colspan="2">接收日期</td><td colspan="2"></td><td colspan="2">测试地点</td><td colspan="2"></td></tr>
<tr><td colspan="2">测试前样品状态</td><td colspan="2"></td><td colspan="2">测试后样品状态</td><td colspan="2"></td></tr>
<tr><td colspan="2">环境条件</td><td colspan="6"></td></tr>
<tr><td colspan="8">测试使用的计量标准器及主要配套设备</td></tr>
<tr><td>名称
(设备编号)</td><td>测量范围</td><td>不确定度/准确度等级/最大允许误差</td><td>证书编号</td><td>溯源机构</td><td>证书
有效期至</td><td>使用前情况
(是否良好)</td><td>使用后情况
(是否良好)</td></tr>
<tr><td>游标卡尺</td><td>≥200mm</td><td>±0.05mm</td><td></td><td></td><td></td><td></td><td></td></tr>
<tr><td>深度游标卡尺</td><td>≥200mm</td><td>±0.05mm</td><td></td><td></td><td></td><td></td><td></td></tr>
<tr><td>光滑塞规</td><td>—</td><td>±0.02mm</td><td></td><td></td><td></td><td></td><td></td></tr>
<tr><td>天平</td><td>≥200g</td><td>≥Ⅲ级</td><td></td><td></td><td></td><td></td><td></td></tr>
<tr><td colspan="8">测试项目</td></tr>
<tr><td rowspan="3">1)</td><td rowspan="3">量土杯
内径</td><td colspan="6">(20±0.1)mm</td></tr>
<tr><td colspan="2" rowspan="2">(1).⑤</td><td colspan="2">①本项目测试结果</td><td colspan="2"></td></tr>
<tr><td colspan="2">②本项目评价结果</td><td colspan="2"></td></tr>
<tr><td rowspan="6">(1)</td><td rowspan="6">量土杯
内径</td><td colspan="2">试验序号</td><td colspan="2">③测量值(mm)</td><td colspan="2">④标准值(mm)</td></tr>
<tr><td colspan="2">1</td><td colspan="2"></td><td colspan="2"></td></tr>
<tr><td colspan="2">2</td><td colspan="2"></td><td colspan="2"></td></tr>
<tr><td colspan="2">3</td><td colspan="2"></td><td colspan="2"></td></tr>
<tr><td colspan="2" rowspan="2">AVERAGE(③)</td><td colspan="2">③本指标测试结果</td><td colspan="2"></td></tr>
<tr><td colspan="2">④本指标评价结果</td><td colspan="2"></td></tr>
</table>

续上表

<table>
<tr><td colspan="5">测试项目</td></tr>
<tr><td rowspan="3">2)</td><td rowspan="3">量土杯深度</td><td colspan="3">(32.8 ±0.1)mm</td></tr>
<tr><td rowspan="2">(1).⑤</td><td>①本项目测试结果</td><td></td></tr>
<tr><td>②本项目评价结果</td><td></td></tr>
<tr><td rowspan="6">(1)</td><td rowspan="6">量土杯深度</td><td>试验序号</td><td>③测量值(mm)</td><td>④标准值(mm)</td></tr>
<tr><td>1</td><td></td><td></td></tr>
<tr><td>2</td><td></td><td></td></tr>
<tr><td>3</td><td></td><td></td></tr>
<tr><td rowspan="2">AVERAGE(③)</td><td>⑤本指标测试结果</td><td></td></tr>
<tr><td>⑥本指标评价结果</td><td></td></tr>
<tr><td rowspan="3">3)</td><td rowspan="3">量土杯容积</td><td colspan="3">(10 ±0.1)mL</td></tr>
<tr><td rowspan="2">((1).⑤ - (2).⑤)/水的密度</td><td>①本项目测试结果</td><td></td></tr>
<tr><td>②本项目评价结果</td><td></td></tr>
<tr><td rowspan="6">(1)</td><td rowspan="6">量土杯质量</td><td>试验序号</td><td>③测量值(mL)</td><td>④标准值(mL)</td></tr>
<tr><td>1</td><td></td><td></td></tr>
<tr><td>2</td><td></td><td></td></tr>
<tr><td>3</td><td></td><td></td></tr>
<tr><td rowspan="2">AVERAGE(③)</td><td>⑤本指标测试结果</td><td></td></tr>
<tr><td>⑥本指标评价结果</td><td></td></tr>
<tr><td rowspan="6">(2)</td><td rowspan="6">量土杯加水后质量</td><td>试验序号</td><td>③测量值(mL)</td><td>④标准值(mL)</td></tr>
<tr><td>1</td><td></td><td></td></tr>
<tr><td>2</td><td></td><td></td></tr>
<tr><td>3</td><td></td><td></td></tr>
<tr><td rowspan="2">AVERAGE(③)</td><td>⑤本指标测试结果</td><td></td></tr>
<tr><td>⑥本指标评价结果</td><td></td></tr>
<tr><td rowspan="3">4)</td><td rowspan="3">无颈漏斗上口内径</td><td colspan="3">(50 ~ 60)mm</td></tr>
<tr><td rowspan="2">(1).⑤</td><td>①本项目测试结果</td><td></td></tr>
<tr><td>②本项目评价结果</td><td></td></tr>
</table>

续上表

<table>
<tr><td colspan="5">测试项目</td></tr>
<tr><td rowspan="6">(1)</td><td rowspan="6">无颈漏斗上口内径</td><td>试验序号</td><td>③测量值(mm)</td><td>④标准值(mm)</td></tr>
<tr><td>1</td><td></td><td></td></tr>
<tr><td>2</td><td></td><td></td></tr>
<tr><td>3</td><td></td><td></td></tr>
<tr><td rowspan="2">AVERAGE(③)</td><td>⑤本指标测试结果</td><td></td></tr>
<tr><td>⑥本指标评价结果</td><td></td></tr>
<tr><td rowspan="3">5)</td><td rowspan="3">无颈漏斗下口内径</td><td colspan="3">(4～5)mm</td></tr>
<tr><td rowspan="2">(1).⑤</td><td>①本项目测试结果</td><td></td></tr>
<tr><td>②本项目评价结果</td><td></td></tr>
<tr><td rowspan="6">(1)</td><td rowspan="6">无颈漏斗下口内径</td><td>试验序号</td><td>③测量值(mm)</td><td>④标准值(mm)</td></tr>
<tr><td>1</td><td></td><td></td></tr>
<tr><td>2</td><td></td><td></td></tr>
<tr><td>3</td><td></td><td></td></tr>
<tr><td rowspan="2">AVERAGE(③)</td><td>⑤本指标测试结果</td><td></td></tr>
<tr><td>⑥本指标评价结果</td><td></td></tr>
<tr><td rowspan="3">6)</td><td rowspan="3">无颈漏斗高度</td><td colspan="3">(50～70)mm</td></tr>
<tr><td rowspan="2">(1).⑤</td><td>①本项目测试结果</td><td></td></tr>
<tr><td>②本项目评价结果</td><td></td></tr>
<tr><td rowspan="6">(1)</td><td rowspan="6">无颈漏斗高度</td><td>试验序号</td><td>③测量值(mm)</td><td>④标准值(mm)</td></tr>
<tr><td>1</td><td></td><td></td></tr>
<tr><td>2</td><td></td><td></td></tr>
<tr><td>3</td><td></td><td></td></tr>
<tr><td rowspan="2">AVERAGE(③)</td><td>⑤本指标测试结果</td><td></td></tr>
<tr><td>⑥本指标评价结果</td><td></td></tr>
<tr><td rowspan="3">7)</td><td rowspan="3">搅拌器圆盘直径</td><td colspan="3">(18±0.1)mm</td></tr>
<tr><td rowspan="2">(1).⑤</td><td>①本项目测试结果</td><td></td></tr>
<tr><td>②本项目评价结果</td><td></td></tr>
</table>

续上表

<table>
<tr><td colspan="5">测试项目</td></tr>
<tr><td rowspan="6">(1)</td><td rowspan="6">搅拌器圆盘直径</td><td>试验序号</td><td>③测量值(mm)</td><td>④标准值(mm)</td></tr>
<tr><td>1</td><td></td><td></td></tr>
<tr><td>2</td><td></td><td></td></tr>
<tr><td>3</td><td></td><td></td></tr>
<tr><td rowspan="2">AVERAGE(③)</td><td>⑤本指标测试结果</td><td></td></tr>
<tr><td>⑥本指标评价结果</td><td></td></tr>
<tr><td rowspan="3">8)</td><td rowspan="3">搅拌器内部圆孔直径</td><td colspan="3">(2 ±0.1)mm</td></tr>
<tr><td rowspan="2">(1).⑤</td><td>①本项目测试结果</td><td></td></tr>
<tr><td>②本项目评价结果</td><td></td></tr>
<tr><td rowspan="6">(1)</td><td rowspan="6">搅拌器内部圆孔直径</td><td>试验序号</td><td>③测量值(mm)</td><td>④标准值(mm)</td></tr>
<tr><td>1</td><td></td><td></td></tr>
<tr><td>2</td><td></td><td></td></tr>
<tr><td>3</td><td></td><td></td></tr>
<tr><td rowspan="2">AVERAGE(③)</td><td>⑤本指标测试结果</td><td></td></tr>
<tr><td>⑥本指标评价结果</td><td></td></tr>
<tr><td colspan="5">测量不确定度</td></tr>
<tr><td>序号</td><td>评定项目</td><td colspan="2">评定结果</td><td>计算方法说明</td></tr>
<tr><td>1</td><td></td><td colspan="2"></td><td></td></tr>
<tr><td>2</td><td></td><td colspan="2"></td><td></td></tr>
<tr><td>3</td><td></td><td colspan="2"></td><td></td></tr>
</table>

测试：　　　　　　　　　　核验：　　　　　　　　　　日期：

8 标准贯入仪计量测试作业指导书（仪器编号：GL01050005）

8.1 范围

本作业指导书适用于标准贯入仪的计量测试。

8.2 概述

标准贯入仪是用于在较深地层中进行有效贯入试验的土工原位试验仪器。

标准贯入仪由贯入器靴刃口、贯入器靴、贯入器身、贯入器头、排水孔、触探杆、锤垫、穿心锤、落距杆等组成。结构示意图见图 3-8-1。

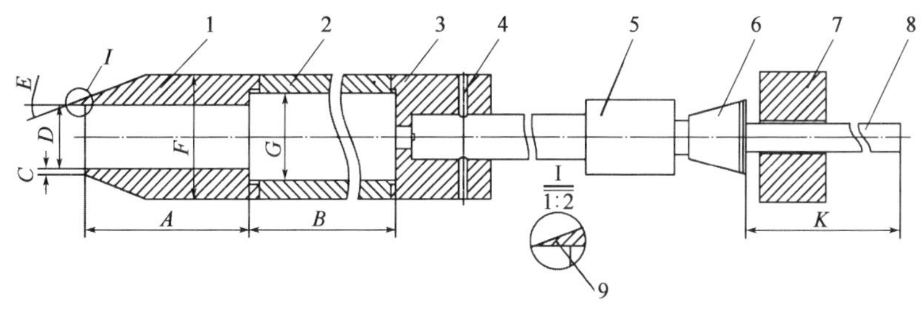

图 3-8-1 标准贯入仪结构示意图

1——贯入器靴；2——贯入器身；3——贯入器头；4——排水孔；5——触探杆；6——锤垫；7——穿心锤；8——落距杆；9——贯入器靴刃口。

标准贯入仪的工作原理是以规定的锤击动能将标准规格的贯入器击入钻孔底部土层中至预定深度，并测量和记录相应的标准贯入击数，根据打入土层中的贯入阻力，评定土层的变化和土的物理力学性质。

8.3 计量性能要求

(1)贯入器身外径及长度。

贯入器身外径(F)为(51 ±0.2)mm。

(2)贯入器靴内径及长度。

贯入器靴内径(D)为(35 ±0.2)mm,贯入器靴长度(A)为(50 ±1)mm。

(3)贯入器靴尖端壁厚。

贯入器靴尖端壁厚(C)为(2.5 ±0.2)mm 或(1.6 ±0.2)mm。

(4)贯入器靴刃口角度。

贯入器靴刃口角度(E)应在 18°~20°之间

(5)穿心锤质量。

穿心锤质量为(63.5 ±0.5)kg。

(6)落距杆有效长度。

落距杆有效长度(K)为(760 ±20)mm。

8.4 环境条件

(1)温度:(23 ±5)℃。

(2)相对湿度:≤85%。

8.5 计量器具

(1)游标卡尺的量程应不小于 150mm,分度值应不大于 0.02mm,最大允许误差不超过 ±0.05mm。

(2)钢卷尺量程应不小于 1m,分度值应不大于 1mm,准确度等级不小于Ⅱ级。

(3)万能角度尺的测量范围为 0°~360°,最大允许误差不超过 ±5′。

(4)电子秤的最大称量应不小于 100kg,准确度级别Ⅲ级。

8.6 测试步骤

8.6.1 贯入器的尺寸

(1)用游标卡尺测量贯入器身外径(F),在贯入器身取等间隔 3 个位置分别测量直径,取 3 次测量结果的算术平均值作为贯入器身外径。

(2)用钢直尺测量贯入器身长度(B),在标准贯入器身取等间隔 3 个位置分别测量其长度,取 3 次测量结果的算术平均值作为贯入器身长度。

8.6.2 贯入器靴的尺寸

(1)用游标卡尺测量贯入器靴内径(D),在标准贯入器靴内表面取等间隔 3 个位置分别测量其内径,取 3 次测量结果的算术平均值作为贯入器靴内径。

(2)用游标卡尺测量贯入器靴长度(A),在贯入器靴上取等间隔 3 个位置分别测量其长度,取 3 次测量结果的算术平均值作为贯入器靴长度。

(3)用游标卡尺测量贯入器靴尖端壁厚(C),在贯入器靴尖端处取等间隔 3 个位置分别测量其厚度,取 3 次测量结果的算术平均值作为贯入器靴尖端壁厚。

(4)用万能角度尺测量贯入器靴刃口角度(E),在贯入器靴刃口取等间隔 3 个位置分别测量其角度,取 3 次测量结果的算术平均值作为贯入器靴刃口角度。

8.6.3 穿心锤的重量

用电子秤测量穿心锤的质量,重复称量 3 次,取 3 次测量的算术平均值作为测量结果。

8.6.4 落距杆有效长度

用钢卷尺测量落距杆底端到锤垫与穿心锤接触面间的距离,取等间隔 3 个位置,分别测量 3 次,取 3 次测量结果的算术平均值作为落距杆有效长度。

8.7 测试周期

测试时间间隔一般不超过 12 个月,使用中可根据实际情况增加测试次数。

8.8 原始数据记录表

原始数据记录表见表 3-8-1。

标准贯入仪测试原始数据记录表　　表 3-8-1

表格编号：

记录编号：

<table>
<tr><td colspan="2">设备名称</td><td colspan="2">标准贯入仪</td><td colspan="2">样品编号</td><td colspan="2"></td></tr>
<tr><td colspan="2">型号规格</td><td colspan="2"></td><td colspan="2">出厂编号</td><td colspan="2"></td></tr>
<tr><td colspan="2">制造单位</td><td colspan="2"></td><td colspan="2">测试依据</td><td colspan="2"></td></tr>
<tr><td colspan="2">接收日期</td><td colspan="2"></td><td colspan="2">测试地点</td><td colspan="2"></td></tr>
<tr><td colspan="2">测试前样品状态</td><td colspan="2"></td><td colspan="2">测试后样品状态</td><td colspan="2"></td></tr>
<tr><td colspan="2">环境条件</td><td colspan="6"></td></tr>
<tr><td colspan="8">测试使用的计量标准器及主要配套设备</td></tr>
<tr><td>名称
(设备编号)</td><td>测量范围</td><td>不确定度/准确度等级/最大允许误差</td><td>证书编号</td><td>溯源机构</td><td>证书
有效期至</td><td>使用前情况
(是否良好)</td><td>使用后情况
(是否良好)</td></tr>
<tr><td>游标卡尺</td><td>≥150mm</td><td>±0.05mm</td><td></td><td></td><td></td><td></td><td></td></tr>
<tr><td>钢卷尺</td><td>≥1m</td><td>≥Ⅱ级</td><td></td><td></td><td></td><td></td><td></td></tr>
<tr><td>万能角度尺</td><td>0°~360°</td><td>±5′</td><td></td><td></td><td></td><td></td><td></td></tr>
<tr><td>电子秤</td><td>≥100kg</td><td>≥Ⅲ级</td><td></td><td></td><td></td><td></td><td></td></tr>
<tr><td colspan="8">测试项目</td></tr>
<tr><td rowspan="3">1)</td><td rowspan="3">贯入器身外径</td><td colspan="6">(51 ±0.2)mm</td></tr>
<tr><td colspan="2" rowspan="2">(1).⑤</td><td colspan="2">①本项目测试结果</td><td colspan="2"></td></tr>
<tr><td colspan="2">②本项目评价结果</td><td colspan="2"></td></tr>
<tr><td rowspan="6">(1)</td><td rowspan="6">贯入器身外径</td><td colspan="2">试验序号</td><td colspan="2">③测量值(mm)</td><td colspan="2">④标准值(mm)</td></tr>
<tr><td colspan="2">1</td><td colspan="2"></td><td colspan="2"></td></tr>
<tr><td colspan="2">2</td><td colspan="2"></td><td colspan="2"></td></tr>
<tr><td colspan="2">3</td><td colspan="2"></td><td colspan="2"></td></tr>
<tr><td colspan="2" rowspan="2">AVERAGE(③)</td><td colspan="2">⑤本指标测试结果</td><td colspan="2"></td></tr>
<tr><td colspan="2">⑥本指标评价结果</td><td colspan="2"></td></tr>
</table>

续上表

<table>
<tr><td colspan="5">测试项目</td></tr>
<tr><td rowspan="3">2)</td><td rowspan="3">贯入器靴内径</td><td colspan="3">(35 ±0.2)mm</td></tr>
<tr><td rowspan="2">(1).⑤</td><td>①本项目测试结果</td><td></td></tr>
<tr><td>②本项目评价结果</td><td></td></tr>
<tr><td rowspan="6">(1)</td><td rowspan="6">贯入器靴内径</td><td>试验序号</td><td>③测量值(mm)</td><td>④标准值(mm)</td></tr>
<tr><td>1</td><td></td><td></td></tr>
<tr><td>2</td><td></td><td></td></tr>
<tr><td>3</td><td></td><td></td></tr>
<tr><td rowspan="2">AVERAGE(③)</td><td>⑤本指标测试结果</td><td></td></tr>
<tr><td>⑥本指标评价结果</td><td></td></tr>
<tr><td rowspan="3">3)</td><td rowspan="3">贯入器靴长度</td><td colspan="3">(50 ±1)mm</td></tr>
<tr><td rowspan="2">(1).⑤</td><td>①本项目测试结果</td><td></td></tr>
<tr><td>②本项目评价结果</td><td></td></tr>
<tr><td rowspan="6">(1)</td><td rowspan="6">贯入器靴长度</td><td>试验序号</td><td>③测量值(mm)</td><td>④标准值(mm)</td></tr>
<tr><td>1</td><td></td><td></td></tr>
<tr><td>2</td><td></td><td></td></tr>
<tr><td>3</td><td></td><td></td></tr>
<tr><td rowspan="2">AVERAGE(③)</td><td>⑤本指标测试结果</td><td></td></tr>
<tr><td>⑥本指标评价结果</td><td></td></tr>
<tr><td rowspan="3">4)</td><td rowspan="3">贯入器靴尖端壁厚</td><td colspan="3">(2.5 ±0.2)mm 或(1.6 ±0.2)mm</td></tr>
<tr><td rowspan="2">(1).⑤</td><td>①本项目测试结果</td><td></td></tr>
<tr><td>②本项目评价结果</td><td></td></tr>
<tr><td rowspan="6">(1)</td><td rowspan="6">贯入器靴尖端壁厚</td><td>试验序号</td><td>③测量值(mm)</td><td>④标准值(mm)</td></tr>
<tr><td>1</td><td></td><td></td></tr>
<tr><td>2</td><td></td><td></td></tr>
<tr><td>3</td><td></td><td></td></tr>
<tr><td rowspan="2">AVERAGE(③)</td><td>⑤本指标测试结果</td><td></td></tr>
<tr><td>⑥本指标评价结果</td><td></td></tr>
<tr><td rowspan="3">5)</td><td rowspan="3">贯入器靴刃口角度</td><td colspan="3">18°～20°</td></tr>
<tr><td rowspan="2">(1).⑤</td><td>①本项目测试结果</td><td></td></tr>
<tr><td>②本项目评价结果</td><td></td></tr>
</table>

续上表

<table>
<tr><td colspan="5">测试项目</td></tr>
<tr><td rowspan="6">(1)</td><td rowspan="6">无颈漏斗高度</td><td>试验序号</td><td>③测量值(°)</td><td>④标准值(°)</td></tr>
<tr><td>1</td><td></td><td></td></tr>
<tr><td>2</td><td></td><td></td></tr>
<tr><td>3</td><td></td><td></td></tr>
<tr><td rowspan="2">AVERAGE(③)</td><td>⑤本指标测试结果</td><td></td></tr>
<tr><td>⑥本指标评价结果</td><td></td></tr>
<tr><td rowspan="3">6)</td><td rowspan="3">穿心锤质量</td><td colspan="3">(63. 5 ±0.5)kg</td></tr>
<tr><td rowspan="2">(1).⑤</td><td>①本项目测试结果</td><td></td></tr>
<tr><td>②本项目评价结果</td><td></td></tr>
<tr><td rowspan="6">(1)</td><td rowspan="6">穿心锤质量</td><td>试验序号</td><td>③测量值(kg)</td><td>④标准值(kg)</td></tr>
<tr><td>1</td><td></td><td></td></tr>
<tr><td>2</td><td></td><td></td></tr>
<tr><td>3</td><td></td><td></td></tr>
<tr><td rowspan="2">AVERAGE(③)</td><td>⑤本指标测试结果</td><td></td></tr>
<tr><td>⑥本指标评价结果</td><td></td></tr>
<tr><td rowspan="3">7)</td><td rowspan="3">落距杆有效长度</td><td colspan="3">(760 ±20)mm</td></tr>
<tr><td rowspan="2">(1).⑤</td><td>①本项目测试结果</td><td></td></tr>
<tr><td>②本项目评价结果</td><td></td></tr>
<tr><td rowspan="6">(1)</td><td rowspan="6">落距杆有效长度</td><td>试验序号</td><td>③测量值(mm)</td><td>④标准值(mm)</td></tr>
<tr><td>1</td><td></td><td></td></tr>
<tr><td>2</td><td></td><td></td></tr>
<tr><td>3</td><td></td><td></td></tr>
<tr><td rowspan="2">AVERAGE(③)</td><td>⑤本指标测试结果</td><td></td></tr>
<tr><td>⑥本指标评价结果</td><td></td></tr>
</table>

续上表

测量不确定度			
序号	评定项目	评定结果	计算方法说明
1			
2			
3			

测试： 核验： 日期：

9 相对密度仪计量测试作业指导书

（仪器编号：GL01010038）

9.1 范围

本作业指导书适用于无黏聚性粗粒土紧密程度测试方法所用相对密度仪的计量测试。

9.2 概述

相对密度仪是测试无黏聚性粗粒土紧密程度，并以相对密度表示的专用检测设备。其工作原理是用振动和锤击方式使试样密实，试样在外力振击作用下测得最大干密度；试样通过长颈漏斗注入量筒，根据试样的质量和体积测得试样的最小干密度。

相对密度仪分为手动式和自动式两种。相对密度仪主要由长颈漏斗、锥形塞、砂面拂平器、金属容器、振动仪、击锤组成，其中振动仪和击锤可采用电动相对密度仪代替，结构示意图见图3-9-1、图3-9-2。

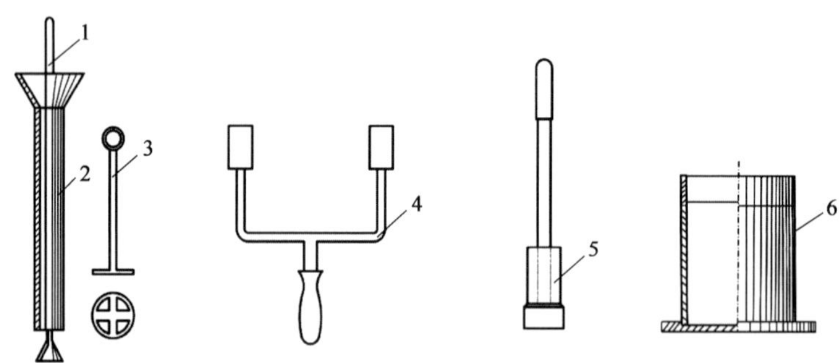

图3-9-1 手动式相对密度仪结构示意图

1——锥形塞；2——长颈漏斗；3——砂面拂平器；4——振动仪；5——击锤；6——金属容器。

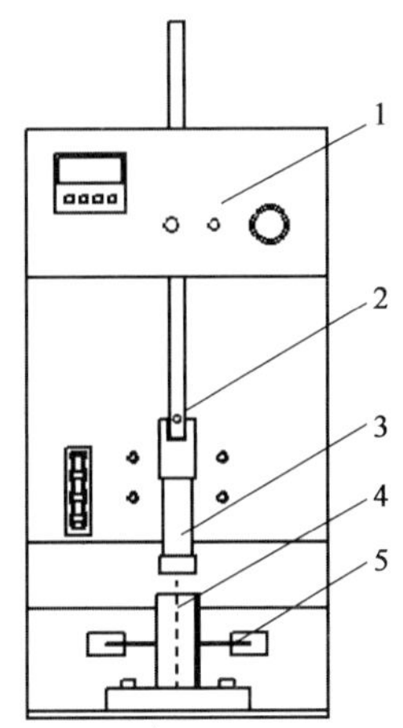

图 3-9-2　自动相对密度仪

1——控制系统;2——传动杆;3——击锤;4——金属容器;5——振动装置。

9.3　通用技术要求

(1)金属容器内壁应光滑、平整、无凹凸。

(2)相对密度仪整体无锈蚀。

9.4　计量性能要求

(1)击锤质量:(1250.00 ±2.50)g。

(2)击锤落高:(150 ±2)mm。

(3)金属容器内径:

①小筒:(50.00 ±0.08)mm;

②大筒:(100.00 ±0.15)mm。

(4)金属容器高度:(127.00 ±0.19)mm(不含套筒)。

(5)金属容器容积:

①小筒(250 ±2.0)cm^3;

②大筒(1000 ±4.0)cm^3。

9.5 环境条件

(1)温度:(5 ~ 35)℃。

(2)相对湿度:<85%。

(3)测试场地应保持清洁,无影响工作的振动和腐蚀性气体存在。

9.6 计量器具

(1)钢直尺:量程范围(0 ~ 300)mm,分度值 1mm,最大允许误差 ±0.10mm。

(2)游标卡尺:量程范围(0 ~ 300)mm,分度值不大于 0.02mm,最大允许误差 ±0.04mm。

(3)天平:称量 2kg, Ⅱ级。

9.7 测试步骤

9.7.1 通用技术要求

通过目测和手感进行检查。

9.7.2 击锤质量

用天平称量击锤质量,重复测量 3 次,取算术平均值作为击锤质量。

9.7.3 击锤落高

用钢直尺测量击锤落高,重复测量 3 次,取算术平均作为击锤落高。

9.7.4 金属容器内径

用游标卡尺在容器平面两个相互垂直的方向上各测量一次,取两次测量结果的算术平均值作为金属容器内径。

9.7.5 金属容器高度

在金属容器径向两侧各测量高度一次,取两次测量的算术平均值作为金属容器高度。

9.7.6 金属容器的容积

试验步骤如下:

(1)用天平称量金属容器的质量 m_1,称量 3 次,取 3 次称量的算术平均值作为测量结果。

(2)在金属容器内装满水,称量金属容器与水的总重量 m_2,称量 3 次,取 3 次称量的算术平均值作为测量结果。

(3)按照式(3-9-1)计算金属容器的容积。

$$V = \frac{m_2 - m_1}{\rho} \tag{3-9-1}$$

式中:V——金属容器的容积(cm^3);

m_2——金属容器与水的总重量(g);

m_1——金属容器的质量(g);

ρ——水的密度(g/cm^3)。

9.8 测试周期

测试时间间隔一般不超过 12 个月,使用中可根据实际情况增加测试次数。

9.9 原始数据记录表

原始数据记录表见表 3-9-1。

相对密度仪测试原始数据记录表　　表 3-9-1

表格编号：

记录编号：

<table>
<tr><td colspan="2">设备名称</td><td colspan="2">相对密度仪</td><td colspan="2">样品编号</td><td colspan="2"></td></tr>
<tr><td colspan="2">型号规格</td><td colspan="2"></td><td colspan="2">出厂编号</td><td colspan="2"></td></tr>
<tr><td colspan="2">制造单位</td><td colspan="2"></td><td colspan="2">测试依据</td><td colspan="2"></td></tr>
<tr><td colspan="2">接收日期</td><td colspan="2"></td><td colspan="2">测试地点</td><td colspan="2"></td></tr>
<tr><td colspan="2">测试前样品状态</td><td colspan="2"></td><td colspan="2">测试后样品状态</td><td colspan="2"></td></tr>
<tr><td colspan="2">环境条件</td><td colspan="6"></td></tr>
<tr><td colspan="8">测试使用的计量标准器及主要配套设备</td></tr>
<tr><td>名称
(设备编号)</td><td>测量范围</td><td>不确定度/准确度等级/最大允许误差</td><td>证书编号</td><td>溯源机构</td><td>证书
有效期至</td><td>使用前情况
(是否良好)</td><td>使用后情况
(是否良好)</td></tr>
<tr><td>钢直尺</td><td>(0~300)mm</td><td>±0.10mm</td><td></td><td></td><td></td><td></td><td></td></tr>
<tr><td>游标卡尺</td><td>(0~300)mm</td><td>±0.04mm</td><td></td><td></td><td></td><td></td><td></td></tr>
<tr><td>天平</td><td>(0~2)kg</td><td>Ⅱ级</td><td></td><td></td><td></td><td></td><td></td></tr>
<tr><td colspan="8">测试项目</td></tr>
<tr><td rowspan="3">1)</td><td rowspan="3">击锤质量</td><td colspan="6">(1250.00±2.50)g</td></tr>
<tr><td colspan="2" rowspan="2">(1).⑤</td><td colspan="2">①本项目测试结果</td><td colspan="2"></td></tr>
<tr><td colspan="2">②本项目评价结果</td><td colspan="2"></td></tr>
<tr><td rowspan="6">(1)</td><td rowspan="6">击锤质量</td><td colspan="2">试验序号</td><td colspan="2">③测量值(g)</td><td colspan="2">④标准值(g)</td></tr>
<tr><td colspan="2">1</td><td colspan="2"></td><td colspan="2"></td></tr>
<tr><td colspan="2">2</td><td colspan="2"></td><td colspan="2"></td></tr>
<tr><td colspan="2">3</td><td colspan="2"></td><td colspan="2"></td></tr>
<tr><td colspan="2" rowspan="2">AVERAGE(③)</td><td colspan="2">⑤本指标测试结果</td><td colspan="2"></td></tr>
<tr><td colspan="2">⑥本指标评价结果</td><td colspan="2"></td></tr>
<tr><td rowspan="3">2)</td><td rowspan="3">击锤落高</td><td colspan="6">(150±2)mm</td></tr>
<tr><td colspan="2" rowspan="2">(1).⑤</td><td colspan="2">①本项目测试结果</td><td colspan="2"></td></tr>
<tr><td colspan="2">②本项目评价结果</td><td colspan="2"></td></tr>
</table>

续上表

<table>
<tr><td colspan="5">测试项目</td></tr>
<tr><td rowspan="6">(1)</td><td rowspan="6">击锤落高</td><td>试验序号</td><td>③测量值(mm)</td><td>④标准值(mm)</td></tr>
<tr><td>1</td><td></td><td></td></tr>
<tr><td>2</td><td></td><td></td></tr>
<tr><td>3</td><td></td><td></td></tr>
<tr><td rowspan="2">AVERAGE
(③)</td><td>⑤本指标测试结果</td><td></td></tr>
<tr><td>⑥本指标评价结果</td><td></td></tr>
<tr><td rowspan="3">3)</td><td rowspan="3">金属容器
内径(小筒)</td><td colspan="3">(50.00 ±0.08)mm</td></tr>
<tr><td rowspan="2">(1).⑤</td><td>①本项目测试结果</td><td></td></tr>
<tr><td>②本项目评价结果</td><td></td></tr>
<tr><td rowspan="5">(1)</td><td rowspan="5">金属容器
内径
(小筒)</td><td>试验序号</td><td>③测量值(mm)</td><td>④标准值(mm)</td></tr>
<tr><td>1</td><td></td><td></td></tr>
<tr><td>2</td><td></td><td></td></tr>
<tr><td rowspan="2">AVERAGE
(③)</td><td>⑤本指标测试结果</td><td></td></tr>
<tr><td>⑥本指标评价结果</td><td></td></tr>
<tr><td rowspan="3">4)</td><td rowspan="3">金属容器
内径
(大筒)</td><td colspan="3">(100.00 ±0.15)mm</td></tr>
<tr><td rowspan="2">(1).⑤</td><td>①本项目测试结果</td><td></td></tr>
<tr><td>②本项目评价结果</td><td></td></tr>
<tr><td rowspan="5">(1)</td><td rowspan="5">金属容器
内径
(大筒)</td><td>试验序号</td><td>③测量值(mm)</td><td>④标准值(mm)</td></tr>
<tr><td>1</td><td></td><td></td></tr>
<tr><td>2</td><td></td><td></td></tr>
<tr><td rowspan="2">AVERAGE
(③)</td><td>⑤本指标测试结果</td><td></td></tr>
<tr><td>⑥本指标评价结果</td><td></td></tr>
<tr><td rowspan="3">5)</td><td rowspan="3">金属容器
高度</td><td colspan="3">(127.00 ±0.19)mm</td></tr>
<tr><td rowspan="2">(1).⑤</td><td>①本项目测试结果</td><td></td></tr>
<tr><td>②本项目评价结果</td><td></td></tr>
</table>

续上表

测试项目				
(1)	金属容器高度	试验序号	③测量值(mm)	④标准值(mm)
		1		
		2		
		AVERAGE(③)	⑤本指标测试结果	
			⑥本指标评价结果	
6)	金属容器的容积(小筒)	$(250\pm2.0)\text{cm}^3$		
		[(2).⑤-(1).⑤]/水的密度	①本项目测试结果	
			②本项目评价结果	
(1)	金属容器的质量(小筒)	试验序号	③测量值(kg)	④标准值(kg)
		1		
		2		
		3		
		AVERAGE(③)	⑤本指标测试结果	
			⑥本指标评价结果	
(2)	金属容器装水后的质量(小筒)	试验序号	③测量值(kg)	④标准值(kg)
		1		
		2		
		3		
		AVERAGE(③)	⑤本指标测试结果	
			⑥本指标评价结果	
7)	金属容器的容积(大筒)	$(1000\pm4.0)\text{cm}^3$		
		[(2).⑤ -(1).⑤]/水的密度	①本项目测试结果	
			②本项目评价结果	
(1)	金属容器的质量(大筒)	试验序号	③测量值(kg)	④标准值(kg)
		1		
		2		
		3		
		AVERAGE(③)	⑤本指标测试结果	
			⑥本指标评价结果	

续上表

<table>
<tr><td colspan="5">测试项目</td></tr>
<tr><td rowspan="6">(2)</td><td rowspan="6">金属容器装水后的质量(大筒)</td><td>试验序号</td><td>③测量值(kg)</td><td>④标准值(kg)</td></tr>
<tr><td>1</td><td></td><td></td></tr>
<tr><td>2</td><td></td><td></td></tr>
<tr><td>3</td><td></td><td></td></tr>
<tr><td rowspan="2">AVERAGE(③)</td><td>⑤本指标测试结果</td><td></td></tr>
<tr><td>⑥本指标评价结果</td><td></td></tr>
<tr><td colspan="5">测量不确定度</td></tr>
<tr><td>序号</td><td>评定项目</td><td colspan="2">评定结果</td><td>计算方法说明</td></tr>
<tr><td>1</td><td></td><td colspan="2"></td><td></td></tr>
<tr><td>2</td><td></td><td colspan="2"></td><td></td></tr>
<tr><td>3</td><td></td><td colspan="2"></td><td></td></tr>
</table>

测试： 核验： 日期：

10　坍落度仪计量测试作业指导书
（仪器编号：GL01050001）

10.1　范围

本作业指导书适用于水泥混凝土拌合物稠度测试方法中所用坍落度仪的计量测试。

10.2　概述

坍落度仪是测定水泥混凝土拌合物稠度的专用设备。坍落度仪利用自身形状，塑造水泥混凝土拌合物形状，通过测量混凝土拌合物因自重产生坍落后的高度与坍落筒高度之差，测量坍落度。坍落度仪由坍落度筒、漏斗、测量标尺、平尺、捣棒、底板组成，坍落度仪结构示意图如图 3-10-1 所示。

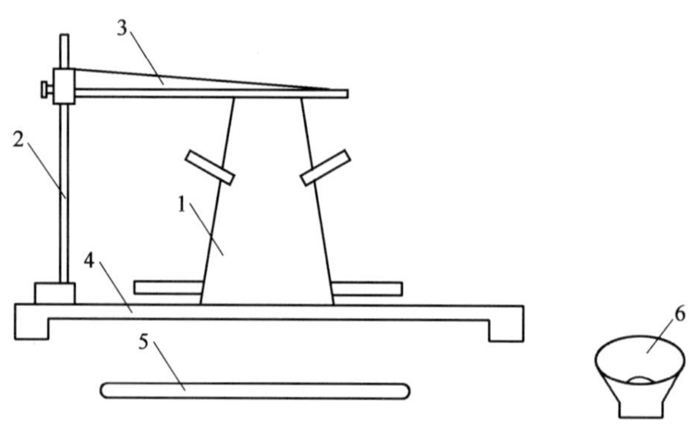

图 3-10-1　坍落度仪结构示意图

1——坍落度筒；2——测量标尺；3——平尺；4——底板；5——捣棒；6——漏斗。

10.3 通用技术要求

坍落度筒内壁应光滑、平整、无凹凸。

10.4 计量性能要求

10.4.1 坍落度筒尺寸

(1)顶面内径:(100 ±1)mm。

(2)底面内径:(200 ±1)mm。

(3)高度:(300 ±1)mm。

10.4.2 捣棒尺寸

(1)直径:(16 ±0.2)mm。

(2)长度:(600 ±5)mm。

10.4.3 平行度

(1)坍落度筒顶面和底面平行度不大于0.25mm。

(2)平尺与底板上表面的平行度不大于0.5mm。

10.4.4 示值误差

测量标尺的示值误差不超过 ±0.6mm。

10.4.5 垂直度

测量标尺对底板上表面的垂直度不大于0.2mm。

10.4.6 同轴度

坍落度筒的顶面、底面与椎体轴线的同轴度不大于0.6mm。

10.5 环境条件

(1)温度:(20 ±5)℃。

(2)相对湿度:≤85%。

(3)测试场地应保持清洁,无影响工作的振动和腐蚀性气体存在。

10.6 计量器具

(1)钢直尺:测量范围(0 ~ 1000)mm,分度值不大于 1mm,最大允许误差 ±0.2mm。

(2)游标卡尺或内径百分尺:量程范围(0 ~ 300)mm,分度值不大于 0.02mm,最大允许误差 ±0.04mm。

(3)深度尺:量程范围(0 ~ 500)mm,分度值不大于 0.02mm,最大允许误差 ±0.04mm。

(4)宽座直角尺:400mm × 250mm,2 级。

(5)标准平板:630mm × 400mm,3 级。

10.7 测试步骤

10.7.1 通用技术要求

目测和手感检查。

10.7.2 坍落度筒尺寸

(1)用游标卡尺或内径百分尺测量顶面和底面圆的内径,测量时应在圆周均匀分布的 3 个位置上进行,如图 3-10-2 所示,取 3 次测量的算术平均值作为坍落度筒顶面和底面的内径。

(2)将坍落度筒底面紧贴标准平板上,不得再移动,用深度尺均匀、对称地测量其高度,共测 6 点,如图 3-10-2 所示,取 6 次测量的算术平均值作为坍落度筒的高度。

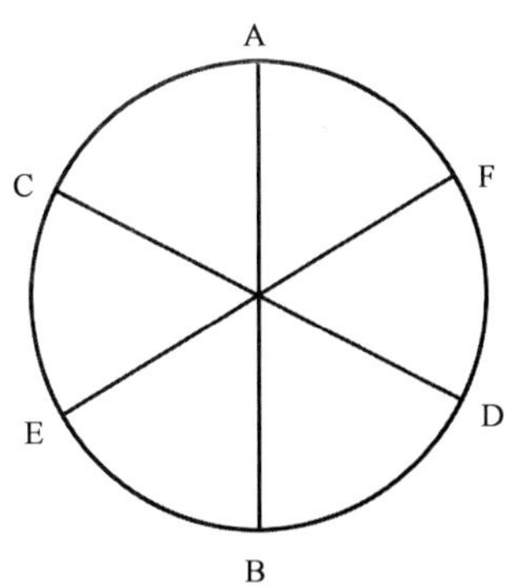

图 3-10-2 坍落度筒尺寸测量位置示意图

10.7.3 捣棒尺寸

(1)捣棒直径。

用游标卡尺沿捣棒长度方向,等间隔测量 3 处,取 3 次测量的算术平均值作为捣棒直径。

(2)捣棒长度。

用钢直尺测量捣棒长度,捣棒平放于底板上,将钢直尺的零刻度线与捣棒的一端对齐,在另一端对应的钢直尺上的尺寸为捣棒的长度,沿直径方向等间隔转动捣棒 2 次,取 3 次测量的算术平均值作为捣棒长度。

10.7.4 平行度误差

(1)采用 10.7.2 中的数值计算坍落度筒顶面与底面的平行度误差,计算最大数值与最小数值之差即为坍落度筒顶面与底面的平行度误差。

(2)将测量标尺置在底板上,平尺固定在测量标尺 100mm 刻度线上,用深度尺测量底板上表面至平尺两端底面的距离,其差值即为平尺与底板的平行度。

10.7.5 测量标尺的示值误差

调整钢直尺,使其侧边与测量标尺平行接触,将钢直尺的端边与测量标尺的零刻度线对齐,在测量标尺的量程范围内,均匀分布选 3 个位置进行测量,计算测量标尺与钢直尺的示值之差,取 3 次测量的算术平均值作为测量标尺的示值误差。

10.7.6 测量标尺对底板上表面的垂直度

将底板水平放置,直角尺紧靠标尺,然后用塞尺测量其间隙,当间隙在上方时,测量零刻度线处的间隙;当间隙在下方时,测量 250mm 刻度线处的间隙,其测量结果即为测量标尺对底板上的垂直度。

10.7.7 同轴度

在标准平板上,放置好 V 形铁和宽座直角尺,将坍落度筒放置在 V 形铁上,调整坍落度筒 A 端与直角尺靠齐(图 3-10-3),在 A 端和 B 端测量高度h_{Ax}、h_{Bx}、D_x、d_x,然后将坍落度筒转 90°,按上述方法测量h_{Ay}、h_{By}、D_y、d_y,则沿 X 和 Y 方向的轴向误差 Δ_x 和 Δ_y 分别按照式(3-10-1)和式(3-10-2)计算。

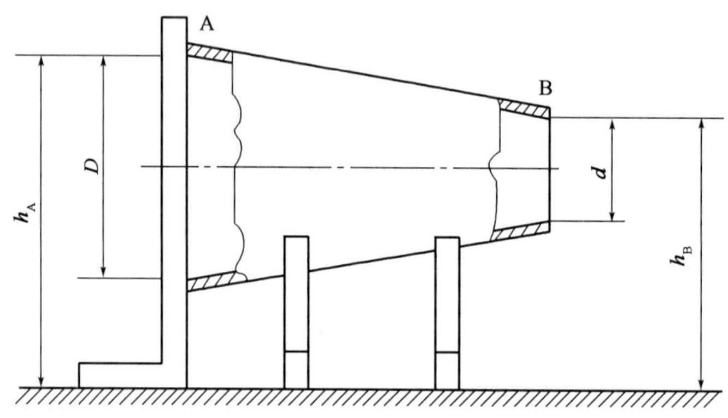

图 3-10-3 同轴度误差测量

$$\Delta_x = \left(h_{Ax} - \frac{D_x}{2}\right) - \left(h_{Bx} - \frac{d_x}{2}\right) \tag{3-10-1}$$

$$\Delta_y = \left(h_{Ay} - \frac{D_y}{2}\right) - \left(h_{By} - \frac{d_y}{2}\right) \tag{3-10-2}$$

同轴度误差按照式(3-10-3)计算:

$$\Delta = 2\sqrt{\Delta_x^2 + \Delta_y^2} \tag{3-10-3}$$

10.8 测试周期

测试时间间隔一般不超过 12 个月,使用中可根据实际情况增加测试次数。

10.9 原始数据记录表

原始数据记录表见表 3-10-1。

坍落度仪测试原始数据记录表 表 3-10-1

表格编号：

记录编号：

<table>
<tr><td colspan="2">设备名称</td><td colspan="2">坍落度仪</td><td colspan="2">样品编号</td><td colspan="2"></td></tr>
<tr><td colspan="2">型号规格</td><td colspan="2"></td><td colspan="2">出厂编号</td><td colspan="2"></td></tr>
<tr><td colspan="2">制造单位</td><td colspan="2"></td><td colspan="2">测试依据</td><td colspan="2"></td></tr>
<tr><td colspan="2">接收日期</td><td colspan="2"></td><td colspan="2">测试地点</td><td colspan="2"></td></tr>
<tr><td colspan="2">测试前样品状态</td><td colspan="2"></td><td colspan="2">测试后样品状态</td><td colspan="2"></td></tr>
<tr><td colspan="2">环境条件</td><td colspan="6"></td></tr>
<tr><td colspan="8">测试使用的计量标准器及主要配套设备</td></tr>
<tr><td>名称
(设备编号)</td><td>测量范围</td><td>不确定度/准确度等级/最大允许误差</td><td>证书编号</td><td>溯源机构</td><td>证书
有效期至</td><td>使用前情况
(是否良好)</td><td>使用后情况
(是否良好)</td></tr>
<tr><td>钢直尺</td><td>(0～1000)mm</td><td>±0.2mm</td><td></td><td></td><td></td><td></td><td></td></tr>
<tr><td>游标卡尺</td><td>(0～300)mm</td><td>±0.04mm</td><td></td><td></td><td></td><td></td><td></td></tr>
<tr><td>高度游标尺</td><td>(0～500)mm</td><td>±0.04mm</td><td></td><td></td><td></td><td></td><td></td></tr>
<tr><td>宽座直角尺</td><td>400mm×
250mm</td><td>2 级</td><td></td><td></td><td></td><td></td><td></td></tr>
<tr><td>标准平板</td><td>630mm×
400mm</td><td>3 级</td><td></td><td></td><td></td><td></td><td></td></tr>
<tr><td colspan="8">测试项目</td></tr>
<tr><td rowspan="3">1)</td><td rowspan="3">坍落度筒
顶面内径</td><td colspan="6">(100±1)mm</td></tr>
<tr><td colspan="2" rowspan="2">(1).⑤</td><td colspan="2">①本项目测试结果</td><td colspan="2"></td></tr>
<tr><td colspan="2">②本项目评价结果</td><td colspan="2"></td></tr>
<tr><td rowspan="6">(1)</td><td rowspan="6">坍落度筒
顶面内径</td><td colspan="2">试验序号</td><td colspan="2">③测量值(mm)</td><td colspan="2">④标准值(mm)</td></tr>
<tr><td colspan="2">1</td><td colspan="2"></td><td colspan="2"></td></tr>
<tr><td colspan="2">2</td><td colspan="2"></td><td colspan="2"></td></tr>
<tr><td colspan="2">3</td><td colspan="2"></td><td colspan="2"></td></tr>
<tr><td colspan="2" rowspan="2">AVERAGE(③)</td><td colspan="2">⑤本指标测试结果</td><td colspan="2"></td></tr>
<tr><td colspan="2">⑥本指标评价结果</td><td colspan="2"></td></tr>
</table>

续上表

<table>
<tr><td colspan="5">测试项目</td></tr>
<tr><td rowspan="3">2)</td><td rowspan="3">坍落度筒底面内径</td><td colspan="3">(200 ± 1)mm</td></tr>
<tr><td rowspan="2">(1).⑤</td><td>①本项目测试结果</td><td></td></tr>
<tr><td>②本项目评价结果</td><td></td></tr>
<tr><td rowspan="6">(1)</td><td rowspan="6">坍落度筒底面内径</td><td>试验序号</td><td>③测量值(mm)</td><td>④标准值(mm)</td></tr>
<tr><td>1</td><td></td><td></td></tr>
<tr><td>2</td><td></td><td></td></tr>
<tr><td>3</td><td></td><td></td></tr>
<tr><td rowspan="2">AVERAGE(③)</td><td>⑤本指标测试结果</td><td></td></tr>
<tr><td>⑥本指标评价结果</td><td></td></tr>
<tr><td rowspan="3">3)</td><td rowspan="3">坍落度筒高度</td><td colspan="3">(300 ± 1)mm</td></tr>
<tr><td rowspan="2">(1).⑤</td><td>①本项目测试结果</td><td></td></tr>
<tr><td>②本项目评价结果</td><td></td></tr>
<tr><td rowspan="9">(1)</td><td rowspan="9">坍落度筒高度</td><td>试验序号</td><td>③测量值(mm)</td><td>④标准值(mm)</td></tr>
<tr><td>1</td><td></td><td></td></tr>
<tr><td>2</td><td></td><td></td></tr>
<tr><td>3</td><td></td><td></td></tr>
<tr><td>4</td><td></td><td></td></tr>
<tr><td>5</td><td></td><td></td></tr>
<tr><td>6</td><td></td><td></td></tr>
<tr><td rowspan="2">AVERAGE(③)</td><td>⑤本指标测试结果</td><td></td></tr>
<tr><td>⑥本指标评价结果</td><td></td></tr>
<tr><td rowspan="3">4)</td><td rowspan="3">捣棒直径</td><td colspan="3">(16 ± 0.2)mm</td></tr>
<tr><td rowspan="2">(1).⑤</td><td>①本项目测试结果</td><td></td></tr>
<tr><td>②本项目评价结果</td><td></td></tr>
<tr><td rowspan="6">(1)</td><td rowspan="6">捣棒直径</td><td>试验序号</td><td>③测量值(mm)</td><td>④标准值(mm)</td></tr>
<tr><td>1</td><td></td><td></td></tr>
<tr><td>2</td><td></td><td></td></tr>
<tr><td>3</td><td></td><td></td></tr>
<tr><td rowspan="2">AVERAGE(③)</td><td>⑤本指标测试结果</td><td></td></tr>
<tr><td>⑥本指标评价结果</td><td></td></tr>
</table>

续上表

测试项目				
5)	捣棒长度	(600 ±5)mm		
		(1).⑤	①本项目测试结果	
			②本项目评价结果	
(1)	捣棒长度	试验序号	③测量值(mm)	④标准值(mm)
		1		
		2		
		3		
		AVERAGE(③)	⑤本指标测试结果	
			⑥本指标评价结果	
6)	坍落度筒顶面与底面平行度误差	≤0.25mm		
		(1).⑤	①本项目测试结果	
			②本项目评价结果	
(1)	坍落度筒顶面与底面平行度	试验序号	③测量值(mm)	④标准值(mm)
		1		
		2		
		3		
		4		
		5		
		6		
		MAX(③) - MIN(③)	⑤本指标测试结果	
			⑥本指标评价结果	
7)	平尺与底板的平行度	≤0.5mm		
		(1).⑤	①本项目测试结果	
			②本项目评价结果	
(1)	平尺与底板的平行度	试验序号	③测量值(mm)	④标准值(mm)
		1		
		1.③-1.④	⑤本指标测试结果	
			⑥本指标评价结果	
8)	测量标尺的示值误差	±0.6mm		
		(1).⑤	①本项目测试结果	
			②本项目评价结果	

续上表

<table>
<tr><td colspan="5">测试项目</td></tr>
<tr><td rowspan="7">(1)</td><td rowspan="7">测量标尺的示值误差</td><td>试验序号</td><td>③测量值(mm)</td><td>④标准值(mm)</td></tr>
<tr><td>1</td><td></td><td></td></tr>
<tr><td>2</td><td></td><td></td></tr>
<tr><td>3</td><td></td><td></td></tr>
<tr><td rowspan="2">AVERAGE(③)</td><td>⑤本指标测试结果</td><td></td></tr>
<tr><td>⑥本指标评价结果</td><td></td></tr>
<tr><td colspan="3"></td></tr>
<tr><td rowspan="3">9)</td><td rowspan="3">测量标尺对底板上表面的垂直度</td><td colspan="3">≤0.2mm</td></tr>
<tr><td rowspan="2">(1).⑤</td><td>①本项目测试结果</td><td></td></tr>
<tr><td>②本项目评价结果</td><td></td></tr>
<tr><td rowspan="4">(1)</td><td rowspan="4">测量标尺对底板上表面的垂直度</td><td>试验序号</td><td>③测量值(mm)</td><td>④标准值(mm)</td></tr>
<tr><td>1</td><td></td><td></td></tr>
<tr><td rowspan="2">1.③</td><td>⑤本指标测试结果</td><td></td></tr>
<tr><td>⑥本指标评价结果</td><td></td></tr>
<tr><td rowspan="3">10)</td><td rowspan="3">同轴度</td><td colspan="3">≤0.6mm</td></tr>
<tr><td rowspan="2">2×SQRT{[((1).⑤-(2).⑤/2)-((3).⑤-(4).⑤/2)]^2+[((5).⑤-(6).⑤/2)-((7).⑤-(8).⑤/2)]^2^2}</td><td>①本项目测试结果</td><td></td></tr>
<tr><td>②本项目评价结果</td><td></td></tr>
<tr><td rowspan="4">(1)</td><td rowspan="4">h_{Ax}</td><td>试验序号</td><td>③测量值(mm)</td><td>④标准值(mm)</td></tr>
<tr><td>1</td><td></td><td></td></tr>
<tr><td rowspan="2">③</td><td>⑤本指标测试结果</td><td></td></tr>
<tr><td>⑥本指标评价结果</td><td></td></tr>
<tr><td rowspan="4">(2)</td><td rowspan="4">D_x</td><td>试验序号</td><td>③测量值(mm)</td><td>④标准值(mm)</td></tr>
<tr><td>1</td><td></td><td></td></tr>
<tr><td rowspan="2">③</td><td>⑤本指标测试结果</td><td></td></tr>
<tr><td>⑥本指标评价结果</td><td></td></tr>
<tr><td rowspan="4">(3)</td><td rowspan="4">h_{Bx}</td><td>试验序号</td><td>③测量值(mm)</td><td>④标准值(mm)</td></tr>
<tr><td>1</td><td></td><td></td></tr>
<tr><td rowspan="2">③</td><td>⑤本指标测试结果</td><td></td></tr>
<tr><td>⑥本指标评价结果</td><td></td></tr>
</table>

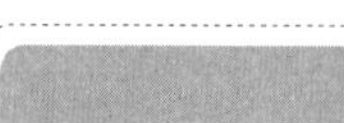

续上表

测试项目				
(4)	d_x	试验序号	③测量值(mm)	④标准值(mm)
		1		
		③	⑤本指标测试结果	
			⑥本指标评价结果	
(5)	h_{Ay}	试验序号	③测量值(mm)	④标准值(mm)
		1		
		③	⑤本指标测试结果	
			⑥本指标评价结果	
(6)	D_y	试验序号	③测量值(mm)	④标准值(mm)
		1		
		③	⑤本指标测试结果	
			⑥本指标评价结果	
(7)	h_{By}	试验序号	③测量值(mm)	④标准值(mm)
		1		
		③	⑤本指标测试结果	
			⑥本指标评价结果	
(8)	d_y	试验序号	③测量值(mm)	④标准值(mm)
		1		
		③	⑤本指标测试结果	
			⑥本指标评价结果	

测量不确定度			
序号	评定项目	评定结果	计算方法说明
1			
2			
3			

测试：　　　　　　　　核验：　　　　　　　　日期：

11 沙尘试验箱计量测试作业指导书

（仪器编号：GL03020006）

11.1 范围

本作业指导书适用于防尘性能检测用沙尘试验箱的计量测试。

11.2 概述

沙尘试验箱用于测试产品外壳防护等级（防尘性能）。用循环吹尘的方法，由循环吹尘泵把沙尘自试验箱体底部经导流风道从顶部的导流口吹出，使沙尘悬浮在密闭的箱体内部。自由沉降的沙尘和附着到箱壁上的沙尘，通过振动器振动，经网筛落入循环泵入口再次吹入箱体内部，从而验证产品的防尘性能，确定外壳防护等级。沙尘试验箱由滤尘器、空气流量计、阀门、真空泵、压力计、振动器、检测口等组成，沙尘试验箱结构示意图如图3-11-1所示。

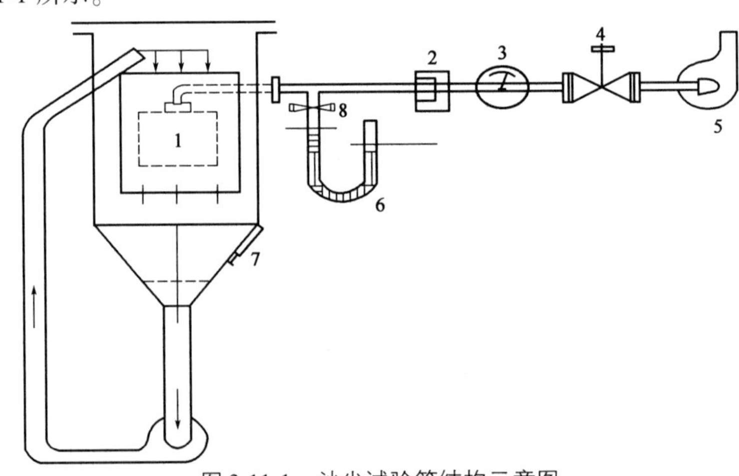

图3-11-1　沙尘试验箱结构示意图

1——试样；2——滤尘器；3——空气流量计；4——阀门；5——真空泵；6——压力计；7——振动器；8——检测口。

11.3　通用技术要求

(1)仪器外观完好。

(2)开机各功能工作正常。

11.4　计量性能要求

(1)温湿度示值误差。

①箱内温度示值误差不超过±5%。

②箱内相对湿度示值误差不超过25%。

(2)压力管道的示值误差不超过±0.1kPa。

(3)尘降量为(100±10)g(0.25m^2/10min)。

11.5　环境条件

(1)温度:(15~35)℃。

(2)相对湿度:25%~75%。

11.6　计量器具

(1)多路温湿度仪。

①温度测量范围:(0~100)℃,最大允许误差:±0.5℃。

②相对湿度测量范围:10%~98%,最大允许误差:±2.0%。

(2)标准压力计测量范围:(-10~10)kPa,分度值0.01kPa,准确等级0.5级。

(3)电子秒表测量范围(0~9h59min59.99s),分辨率0.01s。

(4)采样板:面积0.25m^2、厚度2mm的不锈钢板。

(5)尘降量检测装置。

11.7 测试步骤

11.7.1 通用技术要求

目测和手感检查。

11.7.2 温湿度误差

试验步骤如下：

(1)确定温、湿度传感器布放点。

温、湿度传感器布放点应布置在沙尘箱工作空间的3个不同层面上(图3-11-2),称为上、中、下3层,中层为通过工作空间几何中心的平行于底面的测试工作面,各布放点位置与沙尘箱内壁的距离为各边长的1/10,遇风道时,此距离可加大,但不应超过500mm。如果沙尘箱带有样品架或样品车时,下层布放点可在样品架或样品车上方10mm处。

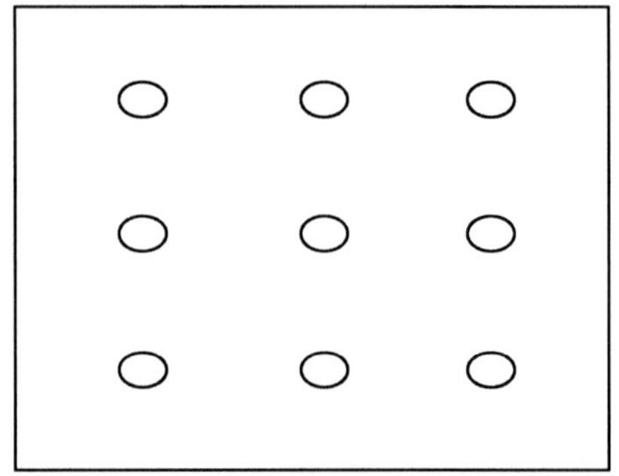

图3-11-2 沙尘箱温湿度传感器布放点位图

(2)按量程范围等间隔选择5个测试点,将沙尘箱依次设定到测试点温度、相对湿度。

(3)启动沙尘箱达到稳定状态后,记录各测试点的温度、相对湿度。取每个测试点9个测试数据的算术平均值为测试结果。

注:温湿度达到设定值至开始记录数据所等待的时间不超过60min。若超过60min仍不稳定,则终止测试。

(4)按照式(3-11-1)计算温度示值误差。

$$\Delta T = (T_1 - T_0)/T_0 \tag{3-11-1}$$

式中：ΔT——各测试点的温度示值误差(℃)；

T_1——沙尘箱在各测试点的温度示值(℃)；

T_0——多路温湿度仪测量值在各测试点的温度算术平均值(℃)。

(5)按照式(3-11-2)计算湿度示值误差。

$$\Delta H = (H_1 - H_0)/H_0 \tag{3-11-2}$$

式中：ΔH——各测试点的相对湿度误差；

H_1——沙尘箱在各测试点的相对湿度示值；

H_0——多路温湿度仪测量值在各测试点的湿度算术平均值。

11.7.3 压力管道的示值误差

试验步骤如下：

(1)将标准压力计与沙尘箱在测试环境中放置2h后开始测试。

(2)调整标准压力计安装位置，使其与沙尘箱的压力计的受压点在同一水平面上。

(3)测试前应做1～2次升压(或疏空)预压测试。

(4)在沙尘箱压力计满量程范围内等间隔选择5个测试点，按升压、降压(或疏空、增压)测试循环为1次。待压力值稳定后读数，并记录。

注：测试中升压(或疏空)和降压(或增压)应尽量保持平稳，避免有冲击和过压现象。

测试过程中发现沙尘箱压力计示值超差，通过压力计的手动或内置测试程序将压力计示值调整到最佳值后，再进行示值测试；如标准压力计示值在合格范围内，也应将标准压力计示值调整到最佳值，再进行示值测试。

(5)按照式(3-11-3)计算压力管道的示值误差。

$$\Delta p = P_1 - P_0 \tag{3-11-3}$$

式中：Δp——压力管道各测试点的压力示值误差(kPa)；

P_1——沙尘箱压力计各测试点的正、反行程示值(kPa)；

P_0——标准压力计各测试点的标准示值(kPa)。

11.7.4 尘降量

试验步骤如下：

(1)采用采样板按照图3-11-3搭建尘降量测试装置，搭建后将其居中放置于沙尘箱的箱体底部，然后转动采样板使采样板面垂直于箱体底部。

(2)用改变振动次数、时间和改变吹尘泵转速的方法调节尘降量。

(3)开启沙尘试验箱,运行10min后,启动采样板转动装置,使采样板平行于箱体底部;收集10min尘量,称取质量,重复3次,计算3次测量算术平均值作为尘降量。

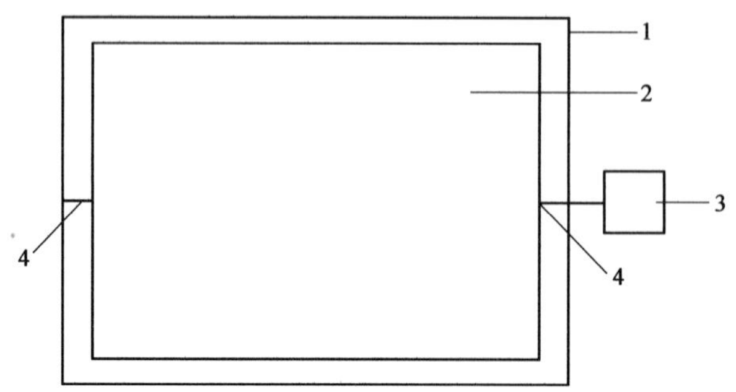

图3-11-3　尘降量测试装置

1——支架(高400mm);2——采样板[(500×500)mm];3——翻板转动机构;4——转动轴。

11.8　测试周期

测试时间间隔一般不超过12个月,使用中可根据实际情况增加测试次数。

11.9　原始数据记录表

原始数据记录表见表3-11-1。

沙尘试验箱测试原始数据记录表　　表3-11-1

表格编号:

记录编号:

设备名称	沙尘试验箱	样品编号	
型号规格		出厂编号	
制造单位		测试依据	
接收日期		测试地点	
测试前样品状态		测试后样品状态	
环境条件			

续上表

测试使用的计量标准器及主要配套设备							
名称（设备编号）	测量范围	不确定度/准确度等级/最大允许误差	证书编号	溯源机构	证书有效期至	使用前情况（是否良好）	使用后情况（是否良好）
多路温湿度仪	温度：(0～100)℃；相对湿度：10%～98%	温度：±0.5℃；相对湿度：±2.0%					
标准压力计	(-10～10)kPa	0.5级					
电子秒表	0～9h59min 59.99s	—					
测试项目							
1)	箱内温度示值误差	±5%					
		(1).⑤	①本项目测试结果				
			②本项目评价结果				
(1)	测试点1	试验序号	③测量值(℃)	④标准值(℃)			
		1					
		2					
		3					
		4					
		5					
		6					
		7					
		8					
		9					
		[1.③-AVERAGE(④)]/AVERAGE(④)	⑤本指标测试结果				
			⑥本指标评价结果				
2)	箱内温度示值误差	±5%					
		(1).⑤	①本项目测试结果				
			②本项目评价结果				

续上表

测试项目				
(1)	测试点2	试验序号	③测量值(℃)	④标准值(℃)
		1		
		2		
		3		
		4		
		5		
		6		
		7		
		8		
		9		
		[1.③ - AVERAGE(④)]/AVERAGE(④)	⑤本指标测试结果	
			⑥本指标评价结果	
3)	箱内温度示值误差	±5%		
		(1).⑤	①本项目测试结果	
			②本项目评价结果	
(1)	测试点3	试验序号	③测量值(℃)	④标准值(℃)
		1		
		2		
		3		
		4		
		5		
		6		
		7		
		8		
		9		
		[1.③ - AVERAGE(④)]/AVERAGE(④)	⑤本指标测试结果	
			⑥本指标评价结果	
4)	箱内温度示值误差	±5%		
		(1).⑤	①本项目测试结果	
			②本项目评价结果	

续上表

测试项目				
(1)	测试点4	试验序号	③测量值(℃)	④标准值(℃)
		1		
		2		
		3		
		4		
		5		
		6		
		7		
		8		
		9		
		[1.③－AVERAGE(④)]/AVERAGE(④)	⑤本指标测试结果	
			⑥本指标评价结果	
5)	箱内温度示值误差	±5%		
		(1).⑤	①本项目测试结果	
			②本项目评价结果	
(1)	测试点5	试验序号	③测量值(℃)	④标准值(℃)
		1		
		2		
		3		
		4		
		5		
		6		
		7		
		8		
		9		
		[1.③－AVERAGE(④)]/AVERAGE(④)	⑤本指标测试结果	
			⑥本指标评价结果	
6)	箱内相对湿度示值误差	≤25%		
		(1).⑤	①本项目测试结果	
			②本项目评价结果	

续上表

测试项目				
(1)	测试点1	试验序号	③测量值	④标准值
		1		
		2		
		3		
		4		
		5		
		6		
		7		
		8		
		9		
		[1.③－AVERAGE(④)]/AVERAGE(④)	⑤本指标测试结果	
			⑥本指标评价结果	
7)	箱内相对湿度示值误差	≤25%		
		(1).⑤	①本项目测试结果	
			②本项目评价结果	
(1)	测试点2	试验序号	③测量值	④标准值
		1		
		2		
		3		
		4		
		5		
		6		
		7		
		8		
		9		
		[1.③－AVERAGE(④)]/AVERAGE(④)	⑤本指标测试结果	
			⑥本指标评价结果	
8)	箱内相对湿度示值误差	≤25%		
		(1).⑤	①本项目测试结果	
			②本项目评价结果	

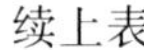

续上表

测试项目				
(1)	测试点3	试验序号	③测量值	④标准值
		1		
		2		
		3		
		4		
		5		
		6		
		7		
		8		
		9		
		[1.③－AVERAGE(④)]/AVERAGE(④)	⑤本指标测试结果	
			⑥本指标评价结果	
9)	箱内相对湿度示值误差	≤25%		
		(1).⑤	①本项目测试结果	
			②本项目评价结果	
(1)	测试点4	试验序号	③测量值	④标准值
		1		
		2		
		3		
		4		
		5		
		6		
		7		
		8		
		9		
		[1.③－AVERAGE(④)]/AVERAGE(④)	⑤本指标测试结果	
			⑥本指标评价结果	
10)	箱内相对湿度示值误差	≤25%		
		(1).⑤	①本项目测试结果	
			②本项目评价结果	

续上表

测试项目				
(1)	测试点 5	试验序号	③测量值	④标准值
		1		
		2		
		3		
		4		
		5		
		6		
		7		
		8		
		9		
		[1.③ - AVERAGE(④)]/AVERAGE(④)	⑤本指标测试结果	
			⑥本指标评价结果	
11)	正行程测试点 1 的压力管道的示值误差	±0.1kPa		
		(1).⑤	①本项目测试结果	
			②本项目评价结果	
(1)	压力示值误差	试验序号	③测量值(kPa)	④标准值(kPa)
		1		
		③ - ④	⑤本指标测试结果	
			⑥本指标评价结果	
12)	正行程测试点 2 的压力管道的示值误差	±0.1kPa		
		(1).⑤	①本项目测试结果	
			②本项目评价结果	
(1)	压力示值误差	试验序号	③测量值(kPa)	④标准值(kPa)
		1		
		③ - ④	⑤本指标测试结果	
			⑥本指标评价结果	
13)	正行程测试点 3 的压力管道的示值误差	±0.1kPa		
		(1).⑤	①本项目测试结果	
			②本项目评价结果	

续上表

<table>
<tr><td colspan="5">测试项目</td></tr>
<tr><td rowspan="4">(1)</td><td rowspan="4">压力示值误差</td><td>试验序号</td><td>③测量值(kPa)</td><td>④标准值(kPa)</td></tr>
<tr><td>1</td><td></td><td></td></tr>
<tr><td rowspan="2">③ - ④</td><td>⑤本指标测试结果</td><td></td></tr>
<tr><td>⑥本指标评价结果</td><td></td></tr>
<tr><td rowspan="3">14)</td><td rowspan="3">正行程测试点4的压力管道的示值误差</td><td colspan="3">±0.1kPa</td></tr>
<tr><td rowspan="2">(1).⑤</td><td>①本项目测试结果</td><td></td></tr>
<tr><td>②本项目评价结果</td><td></td></tr>
<tr><td rowspan="4">(1)</td><td rowspan="4">压力示值误差</td><td>试验序号</td><td>③测量值(kPa)</td><td>④标准值(kPa)</td></tr>
<tr><td>1</td><td></td><td></td></tr>
<tr><td rowspan="2">③ - ④</td><td>⑤本指标测试结果</td><td></td></tr>
<tr><td>⑥本指标评价结果</td><td></td></tr>
<tr><td rowspan="3">15)</td><td rowspan="3">正行程测试点5的压力管道的示值误差</td><td colspan="3">±0.1kPa</td></tr>
<tr><td rowspan="2">(1).⑤</td><td>①本项目测试结果</td><td></td></tr>
<tr><td>②本项目评价结果</td><td></td></tr>
<tr><td rowspan="4">(1)</td><td rowspan="4">压力示值误差</td><td>试验序号</td><td>③测量值(kPa)</td><td>④标准值(kPa)</td></tr>
<tr><td>1</td><td></td><td></td></tr>
<tr><td rowspan="2">③ - ④</td><td>⑤本指标测试结果</td><td></td></tr>
<tr><td>⑥本指标评价结果</td><td></td></tr>
<tr><td rowspan="3">16)</td><td rowspan="3">反行程测试点1的压力管道的示值误差</td><td colspan="3">±0.1kPa</td></tr>
<tr><td rowspan="2">(1).⑤</td><td>①本项目测试结果</td><td></td></tr>
<tr><td>②本项目评价结果</td><td></td></tr>
<tr><td rowspan="4">(1)</td><td rowspan="4">压力示值误差</td><td>试验序号</td><td>③测量值(kPa)</td><td>④标准值(kPa)</td></tr>
<tr><td>1</td><td></td><td></td></tr>
<tr><td rowspan="2">③ - ④</td><td>⑤本指标测试结果</td><td></td></tr>
<tr><td>⑥本指标评价结果</td><td></td></tr>
<tr><td rowspan="3">17)</td><td rowspan="3">反行程测试点2的压力管道的示值误差</td><td colspan="3">±0.1kPa</td></tr>
<tr><td rowspan="2">(1).⑤</td><td>①本项目测试结果</td><td></td></tr>
<tr><td>②本项目评价结果</td><td></td></tr>
<tr><td rowspan="4">(1)</td><td rowspan="4">压力示值误差</td><td>试验序号</td><td>③测量值(kPa)</td><td>④标准值(kPa)</td></tr>
<tr><td>1</td><td></td><td></td></tr>
<tr><td rowspan="2">③ - ④</td><td>⑤本指标测试结果</td><td></td></tr>
<tr><td>⑥本指标评价结果</td><td></td></tr>
</table>

续上表

<table>
<tr><td colspan="5">测试项目</td></tr>
<tr><td rowspan="3">18)</td><td rowspan="3">反行程测试点3的压力管道的示值误差</td><td colspan="3">±0.1kPa</td></tr>
<tr><td rowspan="2">(1).⑤</td><td>①本项目测试结果</td><td></td></tr>
<tr><td>②本项目评价结果</td><td></td></tr>
<tr><td rowspan="4">(1)</td><td rowspan="4">压力示值误差</td><td>试验序号</td><td>③测量值(kPa)</td><td>④标准值(kPa)</td></tr>
<tr><td>1</td><td></td><td></td></tr>
<tr><td rowspan="2">③-④</td><td>⑤本指标测试结果</td><td></td></tr>
<tr><td>⑥本指标评价结果</td><td></td></tr>
<tr><td rowspan="3">19)</td><td rowspan="3">反行程测试点4的压力管道的示值误差</td><td colspan="3">±0.1kPa</td></tr>
<tr><td rowspan="2">(1).⑤</td><td>①本项目测试结果</td><td></td></tr>
<tr><td>②本项目评价结果</td><td></td></tr>
<tr><td rowspan="4">(1)</td><td rowspan="4">压力示值误差</td><td>试验序号</td><td>③测量值(kPa)</td><td>④标准值(kPa)</td></tr>
<tr><td>1</td><td></td><td></td></tr>
<tr><td rowspan="2">③-④</td><td>⑤本指标测试结果</td><td></td></tr>
<tr><td>⑥本指标评价结果</td><td></td></tr>
<tr><td rowspan="3">20)</td><td rowspan="3">反行程测试点5的压力管道的示值误差</td><td colspan="3">±0.1kPa</td></tr>
<tr><td rowspan="2">(1).⑤</td><td>①本项目测试结果</td><td></td></tr>
<tr><td>②本项目评价结果</td><td></td></tr>
<tr><td rowspan="4">(1)</td><td rowspan="4">压力示值误差</td><td>试验序号</td><td>③测量值(kPa)</td><td>④标准值(kPa)</td></tr>
<tr><td>1</td><td></td><td></td></tr>
<tr><td rowspan="2">③-④</td><td>⑤本指标测试结果</td><td></td></tr>
<tr><td>⑥本指标评价结果</td><td></td></tr>
<tr><td rowspan="3">21)</td><td rowspan="3">尘降量</td><td colspan="3">(100±10)g(0.25m^2/10min)</td></tr>
<tr><td rowspan="2">(1).⑤</td><td>①本项目测试结果</td><td></td></tr>
<tr><td>②本项目评价结果</td><td></td></tr>
<tr><td rowspan="6">(1)</td><td rowspan="6">尘降量</td><td>试验序号</td><td>③测量值(g)</td><td>④标准值(g)</td></tr>
<tr><td>1</td><td></td><td></td></tr>
<tr><td>2</td><td></td><td></td></tr>
<tr><td>3</td><td></td><td></td></tr>
<tr><td rowspan="2">AVERAGE(③)</td><td>⑤本指标测试结果</td><td></td></tr>
<tr><td>⑥本指标评价结果</td><td></td></tr>
</table>

续上表

测量不确定度			
序号	评定项目	评定结果	计算方法说明
1			
2			
3			

测试：　　　　　　　　　　核验：　　　　　　　　　　日期：

12 喷淋试验装置计量测试作业指导书
（仪器编号：GL03020007）

12.1 范围

本作业指导书适用于交通机电产品防水性能用喷淋试验装置的计量测试。

12.2 引用文件

本作业指导书引用了下列文件：

GB/T 4208 外壳防护等级（IP 代码）

凡是注日期的引用文件，仅注日期的版本适用于本作业指导书；凡是不注日期的引用文件，其最新版本（包括所有的修改单）适用于本作业指导书。

12.3 概述

喷淋试验装置用于测试产品外壳防护等级（防水性能）。喷淋试验装置利用增压泵加压，采用流量计控制水流量，并由喷水嘴喷出定量水流于产品外壳上，验证产品的防水性能，确定外壳防护等级。

喷淋试验装置由淋水嘴、平衡锤、支撑物、流量计组成，结构示意见图 3-12-1，淋水嘴内径 0.4mm，淋水摆管半径常用的有 200mm、400mm、600mm、800mm、1000mm、1200mm 和 1600mm 七种规格的半圆。

喷水嘴内径有 6.3mm 和 12.5mm 两种规格，其结构示意见图 3-12-2。

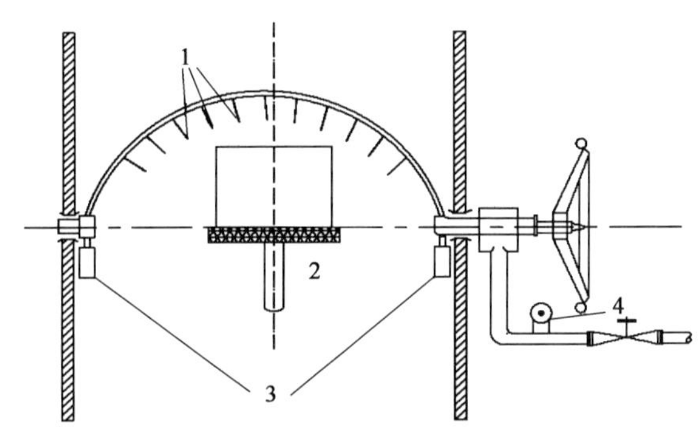

图 3-12-1 喷淋试验装置结构示意图

1——淋水嘴;2——支撑物;3——平衡锤;4——流量计。

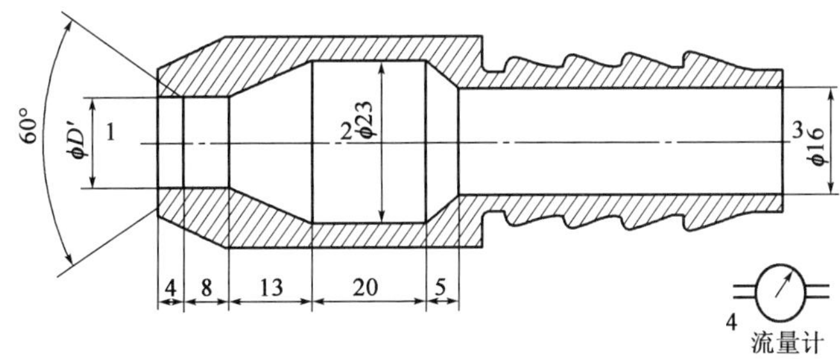

图 3-12-2 喷水嘴示意图（尺寸单位：mm）

1——扇形喷水嘴;2——稳流腔;3——管路连接固定端;4——流量计。

12.4 通用技术要求

(1)仪器外观完好,开机工作正常。

(2)摆管的开孔数应符合 GB/T 4208 的要求。

12.5 计量性能要求

(1)水嘴内径误差。

①淋水嘴示值误差不超过 ±0.05mm。

②喷水嘴示值误差不超过 ±0.1mm。

(2)摆管半径误差不超过 ±10mm。

(3)周期摆动角度的时间示值误差不超过 ±1s。

(4)摆动角度的示值误差不超过 ±5°。

(5)流量误差。

①淋水嘴的流量示值误差不超过 ±0.0035L/min。

②喷水嘴(6.3mm)流量示值误差不超过 ±0.625L/min。

③喷水嘴(12.5mm)流量示值误差不超过 ±5L/min。

12.6 环境条件

(1)温度:(15 ~ 35)℃。

(2)相对湿度:25% ~75%。

12.7 计量器具

(1)测量显微镜:测量范围(0 ~ 50)mm,分辨率 1μm,最大允许误差 ±5μm。

(2)钢卷尺:测量范围(0 ~ 5000)mm,分度值 1mm,精度Ⅱ级。

(3)量筒:标称容量 100mL,最小分度值 1.0 mL,最大允许误差 ±1.0mL。

(4)标准流量计:测量范围(0 ~ 200)L/min,分辨率 0.0001L/min,精度 ±1%。

(5)电子秒表:测量范围(0 ~ 9h59min59.99s),分辨率 0.01s,最大允许误差 ±0.01s。

(6)万能角度尺:测量范围(0 ~ 360)°,分辨率 5′,最大允许误差 ±5′。

(7)游标卡尺:测量范围(0 ~ 150)mm,分辨率 0.02mm,最大允许误差 ±0.03mm。

12.8 测试步骤

12.8.1 通用技术要求

(1)检查喷淋试验装置外观是否完好,开机喷淋水工作是否正常。

(2)核查并记录喷水嘴数量,检查各部件是否完整。

12.8.2　水嘴内径误差

试验步骤如下：

(1)将淋水嘴和喷水嘴取下，与测量显微镜同时在测试环境中放置2h。

(2)用测量显微镜测量水嘴内径尺寸，在相互垂直的两个方向各测量一次，计算两次测量的算术平均值。

(3)按照式(3-12-1)分别计算淋水嘴和喷水嘴的示值误差。

$$\Delta D = D - D_0 \tag{3-12-1}$$

式中：ΔD——淋水嘴和喷水嘴的示值误差(mm)；

D——淋水嘴和喷水嘴的内径测量值(mm)；

D_0——测量显微镜测得的淋水嘴和喷水嘴的内径标称值(mm)。

12.8.3　摆管弯曲半径的示值误差

试验步骤如下：

(1)用钢卷尺零刻度对准测量起始点(始端喷水嘴与摆管结合处)。

(2)读取测量终止点(末端喷水嘴与摆管结合处)所对应的长。

(3)重复步骤(1)、(2)3次，取3次测量的算术平均值作为摆管半径的示值误差，按照式(3-12-2)计算摆管弯曲半径的示值误差。

$$\Delta r = r - r_0 \tag{3-12-2}$$

式中：Δr——摆管半径的示值误差(mm)；

r——摆管半径的测量值(mm)；

r_0——钢卷尺测得摆管半径的标称值(mm)。

12.8.4　周期摆动角度的时间误差

设定平衡锤摆动角度为60°，用秒表测量摆管沿垂线两边各摆动60°，摆动120°。测量每次摆动(2×120°)的时间，重复测量3次，计算3次测量算术平均值作为周期摆动角度的时间，按照式(3-12-3)计算周期摆动角度的时间误差。

$$\Delta t = t - t_0 \tag{3-12-3}$$

式中：Δt——周期摆动角度的时间误差(s)；

t——周期摆动角度的测量值(s)；

t_0——秒表测得周期摆动角度的标称值(s)。

12.8.5 摆动角度误差

设定平衡锤的摆动角度，用万能角度尺分别测量每次摆角沿垂线两边摆动的角度。重复测量 3 次，计算 3 次测量的算术平均值作为摆动角度的测量值，按照式(3-12-4)计算摆动角度的示值误差。

$$\Delta\theta = \theta - \theta_0 \tag{3-12-4}$$

式中：$\Delta\theta$——平衡锤摆动角度的示值误差(°)；

θ——平衡锤摆动角度的测量值(°)；

θ_0——平衡锤摆动角度的标称值(°)。

12.8.6 流量误差

1)淋水嘴的流量示值误差

试验步骤如下：

(1)在摆管两端各选 1 处淋水嘴，再均匀分布另选取 3 处淋水嘴，共计 5 个淋水嘴。

(2)启动喷淋试验装置，调节水压，待喷淋试验装置的流量计达到规定出水量时，用量筒分别测量所选取的 5 个淋水嘴 1min 流出的水量并记录。

(3)每个淋水嘴测量 3 次，取 3 次测量的算术平均值作为单个淋水嘴的水流量。按照式(3-12-5)计算 5 个淋水嘴水流量的算术平均值作为淋水嘴水流量的测量值。

$$Q = (Q_1 + Q_2 + Q_3 + Q_4 + Q_5)/5 \tag{3-12-5}$$

式中：Q——1min 的淋水嘴水流量的测量值(L/min)；

$Q_1, Q_2, \cdots, Q_5$——单个淋水嘴 1min 流量的测量值(L/min)。

(4)按照式(3-12-6)计算淋水嘴的流量示值误差。

$$\Delta Q = Q - Q_0 \tag{3-12-6}$$

式中：ΔQ——淋水嘴的流量示值误差(L/min)；

Q_0——规范要求的淋水嘴流量标称值(L/min)。

2)喷水嘴的流量示值误差

启动喷淋试验装置，调节水压，待喷淋试验装置的流量计达到规定出水量，分别用标准流量计测量内径 6.3mm 喷水嘴和内径 12.5mm 喷水嘴的流量，各喷水嘴测量 3 次，取 3 次测量的算术平均值作为喷水嘴流量的测量值，按照式(3-12-7)计算流量示值误差。

$$\Delta P = P - P_0 \tag{3-12-7}$$

式中：ΔP——喷水嘴流量的示值误差(L/min)；

P——喷水嘴流量的测试结果(L/min);

P_0——规范要求的喷水嘴流量标称值(L/min)。

12.9 测试周期

测试时间间隔一般不超过12个月,使用中可根据实际情况增加测试次数。

12.10 原始数据记录表

原始数据记录表见表3-12-1。

喷淋试验装置测试原始数据记录表 表3-12-1

表格编号:

记录编号:

设备名称		喷淋试验装置		样品编号			
型号规格				出厂编号			
制造单位				测试依据			
接收日期				测试地点			
测试前样品状态				测试后样品状态			
环境条件							
测试使用的计量标准器及主要配套设备							
名称(设备编号)	测量范围	不确定度/准确度等级/最大允许误差	证书编号	溯源机构	证书有效期至	使用前情况(是否良好)	使用后情况(是否良好)
测量显微镜	(0~50)mm	±5μm					
钢卷尺	(0~5000)mm	Ⅱ级					
量筒	(0~100)mL	±1.0mL					
标准流量计	(0~200)L/min	±0.5mL					
电子秒表	—	±0.01s					
万能角度尺	(0~360)°	±5′					

续上表

<table>
<tr><td colspan="5">测试项目</td></tr>
<tr><td rowspan="3">1)</td><td rowspan="3">淋水嘴示值误差</td><td colspan="3">±0.05mm</td></tr>
<tr><td rowspan="2">(1).⑤</td><td>①本项目测试结果</td><td></td></tr>
<tr><td>②本项目评价结果</td><td></td></tr>
<tr><td rowspan="5">(1)</td><td rowspan="5">淋水嘴示值误差</td><td>试验序号</td><td>③测量值(mm)</td><td>④标准值(mm)</td></tr>
<tr><td>1</td><td></td><td></td></tr>
<tr><td>2</td><td></td><td></td></tr>
<tr><td rowspan="2">AVERAGE(③) - AVERAGE(④)</td><td>⑤本指标测试结果</td><td></td></tr>
<tr><td>⑥本指标评价结果</td><td></td></tr>
<tr><td rowspan="3">2)</td><td rowspan="3">喷水嘴示值误差</td><td colspan="3">±0.1mm</td></tr>
<tr><td rowspan="2">(1).⑤</td><td>①本项目测试结果</td><td></td></tr>
<tr><td>②本项目评价结果</td><td></td></tr>
<tr><td rowspan="5">(1)</td><td rowspan="5">喷水嘴示值误差</td><td>试验序号</td><td>③测量值(mm)</td><td>④标准值(mm)</td></tr>
<tr><td>1</td><td></td><td></td></tr>
<tr><td>2</td><td></td><td></td></tr>
<tr><td rowspan="2">AVERAGE(③) - AVERAGE(④)</td><td>⑤本指标测试结果</td><td></td></tr>
<tr><td>⑥本指标评价结果</td><td></td></tr>
<tr><td rowspan="3">3)</td><td rowspan="3">摆管弯曲半径的示值误差</td><td colspan="3">±10mm</td></tr>
<tr><td rowspan="2">(1).⑤</td><td>①本项目测试结果</td><td></td></tr>
<tr><td>②本项目评价结果</td><td></td></tr>
<tr><td rowspan="6">(1)</td><td rowspan="6">摆管半径的示值误差</td><td>试验序号</td><td>③测量值(mm)</td><td>④标准值(mm)</td></tr>
<tr><td>1</td><td></td><td></td></tr>
<tr><td>2</td><td></td><td></td></tr>
<tr><td>3</td><td></td><td></td></tr>
<tr><td rowspan="2">③.1 - AVERAGE(④)</td><td>⑤本指标测试结果</td><td></td></tr>
<tr><td>⑥本指标评价结果</td><td></td></tr>
<tr><td rowspan="3">4)</td><td rowspan="3">周期摆动角度的时间误差</td><td colspan="3">±1s</td></tr>
<tr><td rowspan="2">(1).⑤</td><td>①本项目测试结果</td><td></td></tr>
<tr><td>②本项目评价结果</td><td></td></tr>
</table>

续上表

<table>
<tr><td colspan="5">测试项目</td></tr>
<tr><td rowspan="6">(1)</td><td rowspan="6">周期摆动角度的时间误差</td><td>试验序号</td><td>③测量值(s)</td><td>④标准值(s)</td></tr>
<tr><td>1</td><td></td><td></td></tr>
<tr><td>2</td><td></td><td></td></tr>
<tr><td>3</td><td></td><td></td></tr>
<tr><td rowspan="2">③.1 – AVERAGE(④)</td><td>⑤本指标测试结果</td><td></td></tr>
<tr><td>⑥本指标评价结果</td><td></td></tr>
<tr><td rowspan="3">5)</td><td rowspan="3">摆动角度的示值误差</td><td colspan="3">±5°</td></tr>
<tr><td rowspan="2">(1).⑤</td><td>①本项目测试结果</td><td></td></tr>
<tr><td>②本项目评价结果</td><td></td></tr>
<tr><td rowspan="6">(1)</td><td rowspan="6">摆动角度的示值误差</td><td>试验序号</td><td>③测量值(mm)</td><td>④标准值(mm)</td></tr>
<tr><td>1</td><td></td><td></td></tr>
<tr><td>2</td><td></td><td></td></tr>
<tr><td>3</td><td></td><td></td></tr>
<tr><td rowspan="2">③.1 – AVERAGE(④)</td><td>⑤本指标测试结果</td><td></td></tr>
<tr><td>⑥本指标评价结果</td><td></td></tr>
<tr><td rowspan="3">6)</td><td rowspan="3">淋水嘴的流量示值误差</td><td colspan="3">±0.0035L/min</td></tr>
<tr><td rowspan="2">标称值 – AVERAGE[(1).⑤+(2).⑤+(3).⑤+(4).⑤+(5).⑤]</td><td>①本项目测试结果</td><td></td></tr>
<tr><td>②本项目评价结果</td><td></td></tr>
<tr><td rowspan="6">(1)</td><td rowspan="6">淋水嘴1</td><td>试验序号</td><td>③测量值(L/min)</td><td>④标准值(L/min)</td></tr>
<tr><td>1</td><td></td><td></td></tr>
<tr><td>2</td><td></td><td></td></tr>
<tr><td>3</td><td></td><td></td></tr>
<tr><td rowspan="2">AVERAGE(③)</td><td>⑤本指标测试结果</td><td></td></tr>
<tr><td>⑥本指标评价结果</td><td></td></tr>
<tr><td rowspan="6">(2)</td><td rowspan="6">淋水嘴2</td><td>试验序号</td><td>③测量值(L/min)</td><td>④标准值(L/min)</td></tr>
<tr><td>1</td><td></td><td></td></tr>
<tr><td>2</td><td></td><td></td></tr>
<tr><td>3</td><td></td><td></td></tr>
<tr><td rowspan="2">AVERAGE(③)</td><td>⑤本指标测试结果</td><td></td></tr>
<tr><td>⑥本指标评价结果</td><td></td></tr>
</table>

续上表

测试项目				
(3)	淋水嘴 3	试验序号	③测量值(L/min)	④标准值(L/min)
		1		
		2		
		3		
		AVERAGE(③)	⑤本指标测试结果	
			⑥本指标评价结果	
(4)	淋水嘴 4	试验序号	③测量值(L/min)	④标准值(L/min)
		1		
		2		
		3		
		AVERAGE(③)	⑤本指标测试结果	
			⑥本指标评价结果	
(5)	淋水嘴 5	试验序号	③测量值(L/min)	④标准值(L/min)
		1		
		2		
		3		
		AVERAGE(③)	⑤本指标测试结果	
			⑥本指标评价结果	
7)	6.3mm喷水嘴的流量示值误差	±0.625L/min		
		(1).⑤	①本项目测试结果	
			②本项目评价结果	
(1)	6.3mm喷水嘴流量示值误差	试验序号	③测量值(L/min)	④标准值(L/min)
		1		
		2		
		3		
		③.1 - AVERAGE(④)	⑤本指标测试结果	
			⑥本指标评价结果	
8)	12.5mm喷水嘴流量示值误差	±5L/min		
		(1).⑤	①本项目测试结果	
			②本项目评价结果	

续上表

测试项目				
（1）	12.5mm 喷水嘴流量示值误差	试验序号	③测量值（L/min）	④标准值（L/min）
		1		
		2		
		3		
		③.1 – AVERAGE（④）	⑤本指标测试结果	
			⑥本指标评价结果	
测量不确定度				
序号	评定项目	评定结果	计算方法说明	
1				
2				
3				

测试：　　　　　　　　　　　　核验：　　　　　　　　　　　　日期：

13 软弱颗粒测试装置计量测试作业指导书（仪器编号：GL01020026）

13.1 范围

本作业指导书适用于软弱颗粒测试装置的计量测试。

13.2 概述

软弱颗粒测试装置用于测定碎石、砾石及破碎砾石中的软弱颗粒含量。

软弱颗粒测试装置通过加力杆对集料施加竖向压力使集料破裂，由力值测量系统输出所测力值结果。软弱颗粒测试装置主要由数显主机、力杆、承载板、力传感器组成，结构示意见图 3-13-1。

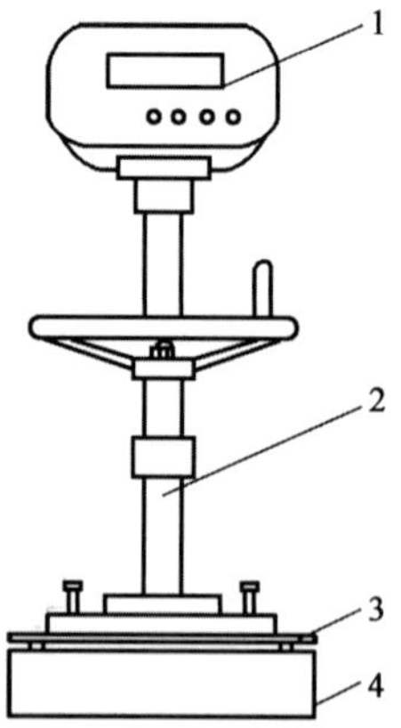

图 3-13-1 软弱颗粒测试装置结构示意图

1——数显主机；2——力杆；3——力传感器；4——承载板。

13.3 通用技术要求

(1)数显主机显示清晰,易于读数。

(2)力杆无明显弯曲。

13.4 计量性能要求

(1)软弱颗粒试验装置的示值相对误差不超过 ±1%。

(2)软弱颗粒试验装置的示值重复性不大于 1%。

13.5 环境条件

(1)温度:(20 ±5)℃。

(2)相对湿度:≤85%。

(3)周围无影响试验的振动以及电磁干扰。

13.6 计量器具

标准测力仪:不低于 0.3 级。

13.7 测试步骤

13.7.1 通用技术要求

采用目测和手感的方式检查。

13.7.2 力的示值允许误差

13.7.2.1 试验步骤

试验步骤如下:

(1)将标准测力仪放置在平台上,让其受力轴线与软弱颗粒测试装置的加力轴线相重合。

(2)将标准测力仪及软弱颗粒测试装置的读数分别置零,转动加力装置,使承载板与标准测力仪相接触,施加 3 次最大试验力作为预压。

(3)测试点的选择为 0.15kN、0.25kN、0.34kN,待测试点示值稳定后,同时读取软弱颗粒测试装置和标准测力仪的示值,以软弱颗粒测试装置的示值为准。

(4)当加荷达到软弱颗粒测试装置的量程最大值时,卸载至零点,零点读数应在力完全卸除约 30s 后读取。

(5)重复步骤(2)~(4)2 次,每组测试前应调整至零点,并将标准测力仪旋转 120°。

13.7.2.2　结果计算

(1)示值相对误差。

按照式(3-13-1)计算每个测试点单次试验的示值相对误差,取三次测量结果的平均值作为示值相对误差。

$$\delta_i = \frac{F_i - f_i}{f_i} \times 100\% \tag{3-13-1}$$

式中:δ_i——试验力第 i 次试验的示值相对误差,$i=1,2,3$;

f_i——软弱颗粒测试装置第 i 次试验的力值(N);

F_i——标准测力仪第 i 次试验的力值(N)。

(2)示值重复性。

按照式(3-13-2)计算每个测试点的示值重复性。

$$b = \delta_{max} - \delta_{min} \tag{3-13-2}$$

式中:b——试验力第 i 次试验的示值重复性,$i=1,2,3$;

δ_{max}——软弱颗粒测试装置的最大示值误差;

δ_{min}——软弱颗粒测试装置的最小示值误差。

13.8　测试周期

测试时间间隔一般不超过 12 个月,使用中可根据实际情况增加测试次数。

13.9　原始数据记录表

原始数据记录表见表 3-13-1。

软弱颗粒测试装置测试原始数据记录表 表 3-13-1

表格编号:
记录编号:

<table>
<tr><td colspan="2">设备名称</td><td colspan="2">软弱颗粒测试装置</td><td colspan="2">样品编号</td><td colspan="2"></td></tr>
<tr><td colspan="2">型号规格</td><td colspan="2"></td><td colspan="2">出厂编号</td><td colspan="2"></td></tr>
<tr><td colspan="2">制造单位</td><td colspan="2"></td><td colspan="2">测试依据</td><td colspan="2"></td></tr>
<tr><td colspan="2">接收日期</td><td colspan="2"></td><td colspan="2">测试地点</td><td colspan="2"></td></tr>
<tr><td colspan="2">测试前样品状态</td><td colspan="2"></td><td colspan="2">测试后样品状态</td><td colspan="2"></td></tr>
<tr><td colspan="2">环境条件</td><td colspan="6"></td></tr>
<tr><td colspan="8">测试使用的计量标准器及主要配套设备</td></tr>
<tr><td>名称
(设备编号)</td><td>测量范围</td><td>不确定度/准确度等级/最大允许误差</td><td>证书编号</td><td>溯源机构</td><td>证书
有效期至</td><td>使用前情况
(是否良好)</td><td>使用后情况
(是否良好)</td></tr>
<tr><td>标准测力仪</td><td>—</td><td>≥0.3 级</td><td></td><td></td><td></td><td></td><td></td></tr>
<tr><td colspan="8">测试项目</td></tr>
<tr><td rowspan="3">1)</td><td rowspan="3">0.15kN 的示值误差</td><td colspan="6">±1%</td></tr>
<tr><td colspan="2" rowspan="2">(1).⑤</td><td colspan="2">①本项目测试结果</td><td colspan="2"></td></tr>
<tr><td colspan="2">②本项目评价结果</td><td colspan="2"></td></tr>
<tr><td rowspan="6">(1)</td><td rowspan="6">0.15kN 的示值误差</td><td colspan="2">试验序号</td><td colspan="2">③测量值(N)</td><td colspan="2">④标准值(N)</td></tr>
<tr><td colspan="2">1</td><td colspan="2"></td><td colspan="2"></td></tr>
<tr><td colspan="2">2</td><td colspan="2"></td><td colspan="2"></td></tr>
<tr><td colspan="2">3</td><td colspan="2"></td><td colspan="2"></td></tr>
<tr><td colspan="2" rowspan="2">AVERAGE[(④-③)/③×100%]</td><td colspan="2">⑤本指标测试结果</td><td colspan="2"></td></tr>
<tr><td colspan="2">⑥本指标评价结果</td><td colspan="2"></td></tr>
<tr><td rowspan="3">2)</td><td rowspan="3">0.25kN 的示值误差</td><td colspan="6">±1%</td></tr>
<tr><td colspan="2" rowspan="2">(1).⑤</td><td colspan="2">①本项目测试结果</td><td colspan="2"></td></tr>
<tr><td colspan="2">②本项目评价结果</td><td colspan="2"></td></tr>
<tr><td rowspan="6">(1)</td><td rowspan="6">0.25kN 的示值误差</td><td colspan="2">试验序号</td><td colspan="2">③测量值(N)</td><td colspan="2">④标准值(N)</td></tr>
<tr><td colspan="2">1</td><td colspan="2"></td><td colspan="2"></td></tr>
<tr><td colspan="2">2</td><td colspan="2"></td><td colspan="2"></td></tr>
<tr><td colspan="2">3</td><td colspan="2"></td><td colspan="2"></td></tr>
<tr><td colspan="2" rowspan="2">AVERAGE[(④-③)/③×100%]</td><td colspan="2">⑤本指标测试结果</td><td colspan="2"></td></tr>
<tr><td colspan="2">⑥本指标评价结果</td><td colspan="2"></td></tr>
</table>

续上表

<table>
<tr><td colspan="5">测试项目</td></tr>
<tr><td rowspan="3">3)</td><td rowspan="3">0.34kN 的示值误差</td><td colspan="3">±1%</td></tr>
<tr><td rowspan="2">(1).⑤</td><td>①本项目测试结果</td><td></td></tr>
<tr><td>②本项目评价结果</td><td></td></tr>
<tr><td rowspan="6">(1)</td><td rowspan="6">0.34kN 的示值误差</td><td>试验序号</td><td>③测量值(N)</td><td>④标准值(N)</td></tr>
<tr><td>1</td><td></td><td></td></tr>
<tr><td>2</td><td></td><td></td></tr>
<tr><td>3</td><td></td><td></td></tr>
<tr><td rowspan="2">AVERAGE[(④-③)/③×100%]</td><td>⑤本指标测试结果</td><td></td></tr>
<tr><td>⑥本指标评价结果</td><td></td></tr>
<tr><td rowspan="3">4)</td><td rowspan="3">0.15kN 的示值重复性</td><td colspan="3">≤1%</td></tr>
<tr><td rowspan="2">(1).⑤</td><td>①本项目测试结果</td><td></td></tr>
<tr><td>②本项目评价结果</td><td></td></tr>
<tr><td rowspan="6">(1)</td><td rowspan="6">0.15kN 的示值重复性</td><td>试验序号</td><td>③测量值(N)</td><td>④标准值(N)</td></tr>
<tr><td>1</td><td></td><td></td></tr>
<tr><td>2</td><td></td><td></td></tr>
<tr><td>3</td><td></td><td></td></tr>
<tr><td rowspan="2">MAX[(④-③)/③]-MIN[(④-③)/③]</td><td>⑤本指标测试结果</td><td></td></tr>
<tr><td>⑥本指标评价结果</td><td></td></tr>
<tr><td rowspan="3">5)</td><td rowspan="3">0.25kN 的示值重复性</td><td colspan="3">≤1%</td></tr>
<tr><td rowspan="2">(1).⑤</td><td>①本项目测试结果</td><td></td></tr>
<tr><td>②本项目评价结果</td><td></td></tr>
<tr><td rowspan="6">(1)</td><td rowspan="6">0.25kN 的示值重复性</td><td>试验序号</td><td>③测量值(N)</td><td>④标准值(N)</td></tr>
<tr><td>1</td><td></td><td></td></tr>
<tr><td>2</td><td></td><td></td></tr>
<tr><td>3</td><td></td><td></td></tr>
<tr><td rowspan="2">MAX[(④-③)/③]-MIN[(④-③)/③]</td><td>⑤本指标测试结果</td><td></td></tr>
<tr><td>⑥本指标评价结果</td><td></td></tr>
<tr><td rowspan="3">6)</td><td rowspan="3">0.34kN 的示值重复性</td><td colspan="3">≤1%</td></tr>
<tr><td rowspan="2">(1).⑤</td><td>①本项目测试结果</td><td></td></tr>
<tr><td>②本项目评价结果</td><td></td></tr>
</table>

续上表

<table>
<tr><td colspan="5">测试项目</td></tr>
<tr><td rowspan="6">(1)</td><td rowspan="6">0.34kN 的示值重复性</td><td>试验序号</td><td>③测量值(N)</td><td>④标准值(N)</td></tr>
<tr><td>1</td><td></td><td></td></tr>
<tr><td>2</td><td></td><td></td></tr>
<tr><td>3</td><td></td><td></td></tr>
<tr><td rowspan="2">MAX[(④-③)/③]-MIN[(④-③)/③]</td><td>⑤本指标测试结果</td><td></td></tr>
<tr><td>⑥本指标评价结果</td><td></td></tr>
<tr><td colspan="5">测量不确定度</td></tr>
<tr><td>序号</td><td>评定项目</td><td>评定结果</td><td colspan="2">计算方法说明</td></tr>
<tr><td>1</td><td></td><td></td><td colspan="2"></td></tr>
<tr><td>2</td><td></td><td></td><td colspan="2"></td></tr>
<tr><td>3</td><td></td><td></td><td colspan="2"></td></tr>
</table>

测试：　　　　　　　　　　核验：　　　　　　　　　　日期：

14 轮廓标耐密封测量装置计量测试作业指导书（仪器编号：GL03010052）

14.1 范围

本作业指导书适用于轮廓标耐密封测量装置的计量测试。

14.2 概述

轮廓标耐密封测量装置（以下简称“装置”）用于测试公路和城市道路设置的轮廓标的耐密封性。装置通过加热器和制冷盘管分别加热或制冷水浴槽，通过控温装置保证水浴槽在设定温度范围内，从而实现对轮廓标密封性能的测试。装置内部采用循环水泵进行水循环，保证水浴槽内温度均匀和装置恒温。装置主要由水浴槽、温控显示仪表组成，结构示意见图 3-14-1。

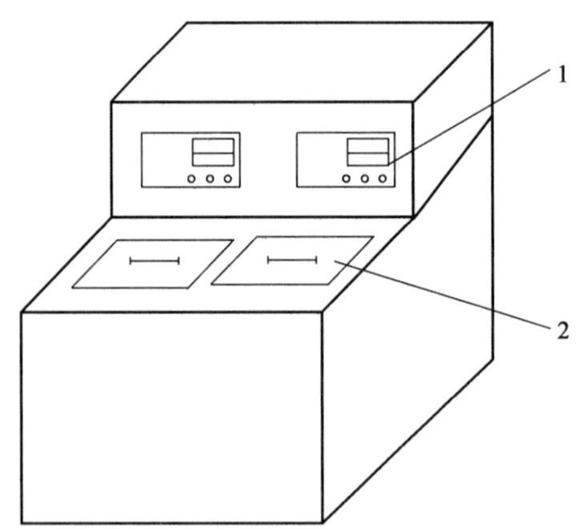

图 3-14-1 轮廓标耐密封测量装置结构示意图

1——温控显示仪表；2——水浴槽。

14.3 通用技术要求

(1)装置的外观结构应完好。

(2)温控器能正常调节,控温系统工作正常。

(3)循环水泵工作正常,装置保证可靠接地。

14.4 计量性能要求

(1)温度示值误差。装置的高、低温水浴的温度示值误差不超过±1.0℃。

(2)温度波动度。装置的高、低温水浴的温度波动度不超过±0.5℃。

(3)温度均匀度。装置的高、低温水浴的温度均匀度不超过0.1℃。

14.5 环境条件

(1)温度:(15~35)℃。

(2)相对湿度:≤85%。

(3)气压:(80~106)kPa。

(4)周围应无强烈振动,并避免其他冷、热源影响。

14.6 计量器具

温度计量标准器一般应选用多通道温度巡检仪或其他多路温度测量装置。标准器由温度传感器和温度显示仪表构成,传感器宜选用防水的四线制铂电阻温度计,传感器通道数量不少于9个。标准器应满足以下要求:

(1)测量范围:(0~100)℃。

(2)分辨力:不低于0.01℃。

(3)最大允许误差:±(0.15℃+0.002|t|)。

注:|t|为测试温度的绝对值,单位为℃。

14.7 测试步骤

14.7.1 通用技术要求

采用目测和手感检查。

14.7.2 温度偏差的测试

试验步骤如下：

(1)调整装置处于空载状态。

(2)传感器布放位置为设备测试时的测试点,应布置在装置工作空间上、中、下三个水平层面,中层为通过工作空间几何中心的平行于底面的工作面,各布点位置与装置内壁的距离为各边长的1/10,测试点共计9个,传感器布放位置如图3-14-2所示。

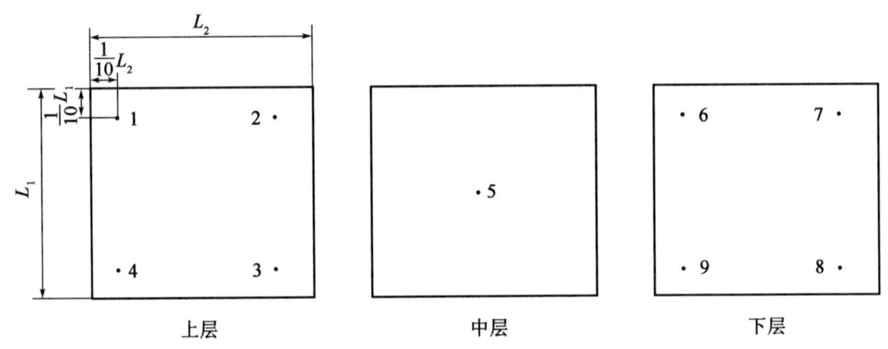

图3-14-2 测试点布放位置示意图

(3)按照规定位置布放好温度传感器后,将装置的低温水浴温度和高温水浴温度分别设定到测试温度5℃和50℃,开启运行。装置温度达到设定值且稳定30min后,开始记录各测试点的温度,从第一次记录各测试点温度开始计时,时间间隔为2min,共记录30min,共记录16组数据。

(4)温度偏差是装置处于稳定状态下,工作空间各测试点在规定时间内实测最高温度和最低温度与设定温度的上下偏差。按照式(3-14-1)、式(3-14-2)计算。

$$\Delta t_{max} = t_{max} - t_s \tag{3-14-1}$$

$$\Delta t_{min} = t_{min} - t_s \tag{3-14-2}$$

式中：Δt_{max}——温度上偏差(℃)；

Δt_{min}——温度下偏差(℃);

t_{max}——各测试点规定时间内测量的最高温度(℃);

t_{min}——各测试点规定时间内测量的最低温度(℃);

t_s——装置设定温度(℃)。

14.7.3 温度波动度的测试

采用14.7.2温度偏差测量过程中记录的全部数据,以工作空间各测试点30min内实测最高温度与最低温度之差的一半,冠以"±"号,取全部测试点中变化量的最大值作为温度波动度测试结果。按照式(3-14-3)计算:

$$\Delta t_f = \pm \max[(t_{j\max} - t_{j\min})/2] \tag{3-14-3}$$

式中:Δt_f——温度波动度(℃);

$t_{j\max}$——测试点j在n次测量中的最高温度(℃);

$t_{j\min}$——测试点j在n次测量中的最低温度(℃)。

14.7.4 温度均匀度的测试

采用14.7.2温度偏差测量过程中记录的全部数据,以工作空间各测试点30min内每次测量中实测最高温度与最低温度之差的算术平均值作为测试结果。按照式(3-14-4)计算,取全部测试点中的最大值作为温度均匀度测试结果。

$$\Delta t_u = \sum_{i=1}^{n} (t_{i\max} - t_{i\min})/n \tag{3-14-4}$$

式中:Δt_u——温度均匀度(℃);

$t_{i\max}$——各测试点在第i次测得的最高温度(℃);

$t_{i\min}$——各测试点在第i次测得的最低温度(℃);

n——测量次数。

14.8 测试周期

测试时间间隔一般不超过12个月,使用中可根据实际情况增加测试次数。

14.9 原始数据记录表

原始数据记录表见表3-14-1。

轮廓标耐密封测量装置测试原始数据记录表　　表 3-14-1

表格编号：

记录编号：

<table>
<tr><td colspan="2">设备名称</td><td colspan="2">轮廓标耐密封测量装置</td><td colspan="2">样品编号</td><td colspan="2"></td></tr>
<tr><td colspan="2">型号规格</td><td colspan="2"></td><td colspan="2">出厂编号</td><td colspan="2"></td></tr>
<tr><td colspan="2">制造单位</td><td colspan="2"></td><td colspan="2">测试依据</td><td colspan="2"></td></tr>
<tr><td colspan="2">接收日期</td><td colspan="2"></td><td colspan="2">测试地点</td><td colspan="2"></td></tr>
<tr><td colspan="2">测试前样品状态</td><td colspan="2"></td><td colspan="2">测试后样品状态</td><td colspan="2"></td></tr>
<tr><td colspan="2">环境条件</td><td colspan="6"></td></tr>
<tr><td colspan="8">测试使用的计量标准器及主要配套设备</td></tr>
<tr><td>名称
(设备编号)</td><td>测量范围</td><td>不确定度/准确度等级/最大允许误差</td><td>证书编号</td><td>溯源机构</td><td>证书
有效期至</td><td>使用前情况
(是否良好)</td><td>使用后情况
(是否良好)</td></tr>
<tr><td>多通道温度巡检仪</td><td>(0～100)℃</td><td>±(0.15℃ + 0.002|t|)</td><td></td><td></td><td></td><td></td><td></td></tr>
<tr><td colspan="8">测试项目</td></tr>
<tr><td rowspan="3">1)</td><td rowspan="3">测试点 1
温度偏差</td><td colspan="6">±1.0℃</td></tr>
<tr><td colspan="2" rowspan="2">MAX(④) －装置设定温度；
MIN(④) －装置设定温度</td><td colspan="2">①本项目测试结果</td><td colspan="2"></td></tr>
<tr><td colspan="2">②本项目评价结果</td><td colspan="2"></td></tr>
<tr><td rowspan="11">(1)</td><td rowspan="11">测试点 1
温度偏差</td><td colspan="2">试验序号</td><td colspan="2">③测量值(℃)</td><td colspan="2">④标准值(℃)</td></tr>
<tr><td colspan="2">1</td><td colspan="2"></td><td colspan="2"></td></tr>
<tr><td colspan="2">2</td><td colspan="2"></td><td colspan="2"></td></tr>
<tr><td colspan="2">3</td><td colspan="2"></td><td colspan="2"></td></tr>
<tr><td colspan="2">4</td><td colspan="2"></td><td colspan="2"></td></tr>
<tr><td colspan="2">5</td><td colspan="2"></td><td colspan="2"></td></tr>
<tr><td colspan="2">6</td><td colspan="2"></td><td colspan="2"></td></tr>
<tr><td colspan="2">7</td><td colspan="2"></td><td colspan="2"></td></tr>
<tr><td colspan="2">8</td><td colspan="2"></td><td colspan="2"></td></tr>
<tr><td colspan="2">9</td><td colspan="2"></td><td colspan="2"></td></tr>
<tr><td colspan="2">10</td><td colspan="2"></td><td colspan="2"></td></tr>
</table>

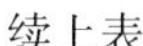

续上表

<table>
<tr><td colspan="5">测试项目</td></tr>
<tr><td rowspan="9">(1)</td><td rowspan="9">测试点1
温度偏差</td><td>试验序号9</td><td>③测量值(℃)</td><td>④标准值(℃)</td></tr>
<tr><td>11</td><td></td><td></td></tr>
<tr><td>12</td><td></td><td></td></tr>
<tr><td>13</td><td></td><td></td></tr>
<tr><td>14</td><td></td><td></td></tr>
<tr><td>15</td><td></td><td></td></tr>
<tr><td>16</td><td></td><td></td></tr>
<tr><td rowspan="2">MAX(④);MIN(④)</td><td>⑤本指标测试结果</td><td></td></tr>
<tr><td>⑥本指标评价结果</td><td></td></tr>
<tr><td rowspan="3">2)</td><td rowspan="3">测试点……
温度偏差</td><td colspan="3">±1.0℃</td></tr>
<tr><td rowspan="2">MAX(④)－装置设定温度;
MIN(④)－装置设定温度</td><td>①本项目测试结果</td><td></td></tr>
<tr><td>②本项目评价结果</td><td></td></tr>
<tr><td rowspan="19">(1)</td><td rowspan="19">测试点2
温度偏差</td><td>试验序号</td><td>③测量值(℃)</td><td>④标准值(℃)</td></tr>
<tr><td>1</td><td></td><td></td></tr>
<tr><td>2</td><td></td><td></td></tr>
<tr><td>3</td><td></td><td></td></tr>
<tr><td>4</td><td></td><td></td></tr>
<tr><td>5</td><td></td><td></td></tr>
<tr><td>6</td><td></td><td></td></tr>
<tr><td>7</td><td></td><td></td></tr>
<tr><td>8</td><td></td><td></td></tr>
<tr><td>9</td><td></td><td></td></tr>
<tr><td>10</td><td></td><td></td></tr>
<tr><td>11</td><td></td><td></td></tr>
<tr><td>12</td><td></td><td></td></tr>
<tr><td>13</td><td></td><td></td></tr>
<tr><td>14</td><td></td><td></td></tr>
<tr><td>15</td><td></td><td></td></tr>
<tr><td>16</td><td></td><td></td></tr>
<tr><td rowspan="2">MAX(④);MIN(④)</td><td>⑤本指标测试结果</td><td></td></tr>
<tr><td>⑥本指标评价结果</td><td></td></tr>
</table>

续上表

测试项目				
3)	测试点9温度偏差	±1.0℃		
		MAX(④) - 装置设定温度; MIN(④) - 装置设定温度	①本项目测试结果	
			②本项目评价结果	
(1)	测试点9温度偏差	试验序号	③测量值(℃)	④标准值(℃)
		1		
		2		
		3		
		4		
		5		
		6		
		7		
		8		
		9		
		10		
		11		
		12		
		13		
		14		
		15		
		16		
		MAX(④);MIN(④)	⑤本指标测试结果	
			⑥本指标评价结果	
4)	温度波动度	±0.5℃		
		MAX[(1).⑤…(9).⑤]	①本项目测试结果	
			②本项目评价结果	

续上表

<table>
<tr><td colspan="5">测试项目</td></tr>
<tr><td rowspan="3">(1)</td><td rowspan="3">测试点1
温度波动度</td><td>试验序号</td><td>③测量值(℃)</td><td>④标准值(℃)</td></tr>
<tr><td>1</td><td>—</td><td>—</td></tr>
<tr><td>MAX[1).(1).③ – MIN [1).(1).③]}/2</td><td>⑤本指标测试结果</td><td></td></tr>
<tr><td rowspan="3">…)</td><td rowspan="3">测试点…
温度波动度</td><td>试验序号</td><td>③测量值(℃)</td><td>④标准值(℃)</td></tr>
<tr><td>1</td><td>—</td><td>—</td></tr>
<tr><td>{MAX[…).(1).③ – MIN […).(1).③]}/2</td><td>⑤本指标测试结果</td><td></td></tr>
<tr><td rowspan="3">(9)</td><td rowspan="3">测试点9
温度波动度</td><td>试验序号</td><td>③测量值(℃)</td><td>④标准值(℃)</td></tr>
<tr><td>1</td><td>—</td><td>—</td></tr>
<tr><td>{MAX[9).(1).③] – MIN [9).(1).③]}/2</td><td>⑤本指标测试结果</td><td></td></tr>
<tr><td rowspan="3">5)</td><td rowspan="3">测试点1
温度均匀度</td><td colspan="3">0.1℃</td></tr>
<tr><td rowspan="2">MAX[(1).⑤…(9).⑤]</td><td>①本项目测试结果</td><td></td></tr>
<tr><td>②本项目评价结果</td><td></td></tr>
<tr><td rowspan="3">(1)</td><td rowspan="3">测试点1
温度波动度</td><td>试验序号</td><td>③测量值(℃)</td><td>④标准值(℃)</td></tr>
<tr><td>1</td><td>—</td><td>—</td></tr>
<tr><td>{MAX[1).(1).③] – MIN[1).(1).③]}/n</td><td>⑤本指标测试结果</td><td></td></tr>
<tr><td rowspan="3">…)</td><td rowspan="3">测试点…)
温度波动度</td><td colspan="3">0.1℃</td></tr>
<tr><td rowspan="2">{MAX[…).(1).③] – MIN[…).(1).③]}/n</td><td>①本项目测试结果</td><td></td></tr>
<tr><td>②本项目评价结果</td><td></td></tr>
<tr><td rowspan="3">(9)</td><td rowspan="3">测试点9
温度波动度</td><td>试验序号</td><td>③测量值(℃)</td><td>④标准值(℃)</td></tr>
<tr><td>1</td><td>—</td><td>—</td></tr>
<tr><td>{MAX[9).(1).③] – MIN[9).(1).③]}/n</td><td>⑤本指标测试结果</td><td></td></tr>
</table>

续上表

测试项目			
测量不确定度			
序号	评定项目	评定结果	计算方法说明
1			
2			
3			

测试：　　核验：　　日期：

15　水泥净浆搅拌机计量测试作业指导书（仪器编号：GL01040005）

15.1　范围

本作业指导书适用于水泥净浆搅拌机的计量测试。

15.2　概述

水泥净浆搅拌机主要由搅拌锅、搅拌叶片、传动机构和控制系统组成（图 3-15-1）。水泥净浆搅拌机通过搅拌叶片在搅拌锅内做旋转方向相反的公转和自转，使组成水泥净浆的各种材料混合均匀。水泥净浆搅拌机是用于制作水泥标准稠度用水量的水泥净浆、测定凝结时间及安定性的试件。

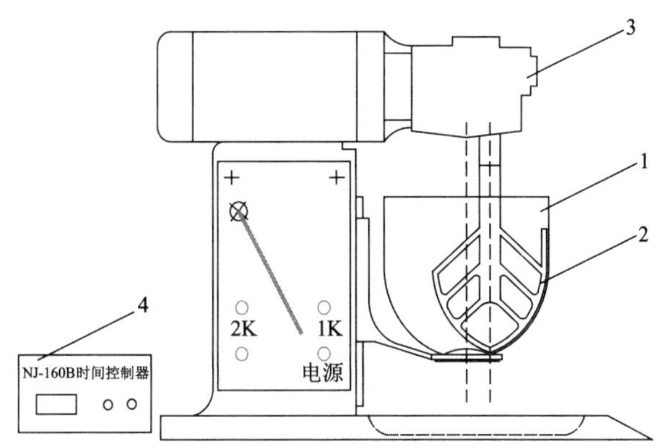

图 3-15-1　水泥净浆搅拌机结构示意图

1——搅拌锅；2——搅拌叶片；3——传动机构；4——控制系统。

15.3 通用技术要求

(1)水泥净浆搅拌机应标有搅拌叶片公转方向的标志。搅拌叶片自转方向为顺时针,公转方向为逆时针。

(2)搅拌机运转时声音正常,搅拌锅和搅拌叶片没有明显的晃动现象。

(3)搅拌锅和搅拌叶片表面不得有粗糙不平。

15.4 计量性能要求

(1)搅拌叶片转速。

搅拌叶片快速与慢速时的自转和公转速度应符合表3-15-1的要求。

搅拌叶片快速与慢速时的自转和公转速度 表3-15-1

搅拌速度	自转(r/min)	公转(r/min)
慢速	140±5	62±5
快速	285±10	125±10

(2)搅拌机自动控制时间:慢速(120±3)s,停拌(15±1)s,快速(120±3)s。

(3)搅拌锅和搅拌叶片尺寸。

搅拌锅尺寸示意如图3-15-2所示,搅拌叶片尺寸示意如图3-15-3所示。

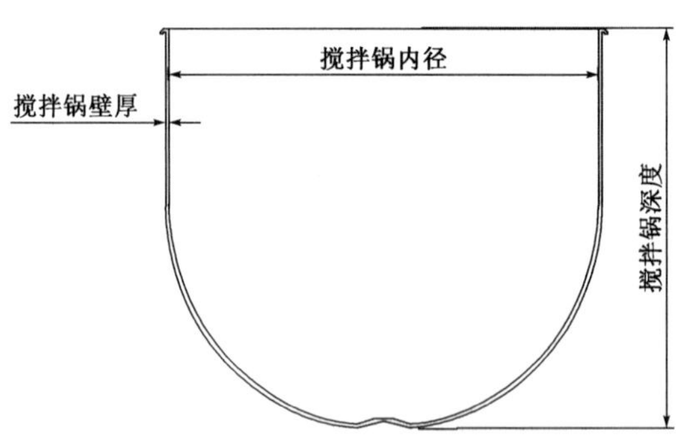

图3-15-2 搅拌锅尺寸示意图

(4)搅拌锅尺寸。

①搅拌锅深度:(139±2)mm。

②搅拌锅内径:(160±1)mm。

③搅拌锅壁厚:不小于0.8mm。

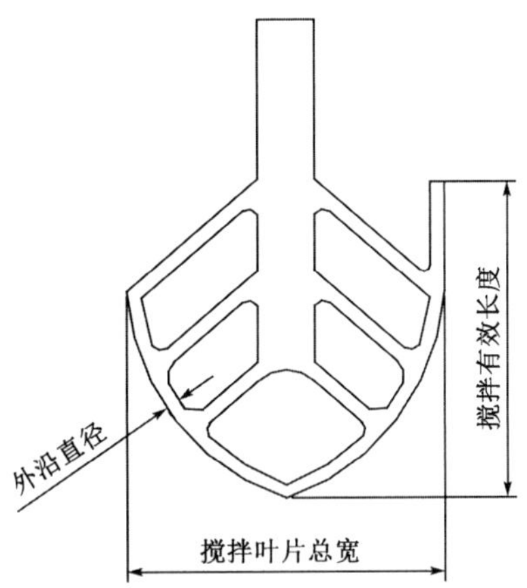

图 3-15-3　搅拌叶片尺寸示意图

(5)搅拌叶片尺寸。

①搅拌叶有效长度:(110 ±2)mm。

②搅拌叶片总宽:(111.0 ±1.5)mm。

③搅拌叶片翅外沿直径:ϕ(5.0 ±1.5)mm。

(6)搅拌叶片与锅底、锅壁的工作间隙:(2 ±1)mm。

15.5　环境条件

(1)温度:(20 ±5)℃。

(2)相对湿度:≤85%。

15.6　计量器具

(1)转速测量仪:测量范围(2.5 ~999.99)r/min,分辨力 0.1r/min, 0.1 级。

(2)秒表:测量范围(0 ~1800)s,分辨力 0.01s。

(3)深度尺:测量范围(0 ~200)mm,分度值 0.02mm,最大允许误差 ±0.03mm。

(4)游标卡尺:测量范围(0 ~200)mm,分度值 0.02mm,最大允许误差 ±0.03mm。

(5)内径千分尺:测量范围(50 ~ 250)mm,分度值 0.01mm,最大允许误差 ±0.01mm。

(6)测厚卡规:测量范围(0 ~ 20)mm ×200mm,分度值 0.01mm,最大允许误差

±0.03mm。

(7)钢丝间隙棒:ϕ1.0mm 和 ϕ3.0mm 钢丝,直径最大允许偏差 ±0.1mm。

15.7 测试步骤

15.7.1 通用技术要求

目测和手感检查。

15.7.2 搅拌叶片的转速

试验步骤如下:

(1)搅拌叶片转速的测量可在空载或标准稠度净浆的负载情况下进行,有争议时以负载测量为准。

(2)将转速测量仪附带的反光片贴在搅拌叶片公转轴上,如搅拌叶片公转轴与反光片颜色相近或底色是银色发亮的,可在搅拌叶片公转轴上粘一圈黑胶带之后再贴反光片。调整转速测量仪角度至发出的光对着反光片,并确认转速测量仪可以正确接收信号;如外界光线太强,可找背光的合适角度,或用有遮光效果的布、伞等遮挡,避免强光照射。用转速测量仪直接测量搅拌叶片公转的快转速 n_1、慢转速 n_1'。分别重复测试三次,取三次测量结果的算术平均值。

(3)依据行星机构的转速比,按照式(3-15-1)~式(3-15-3)计算搅拌叶片自转的快转速 n_2、慢转速 n_2'。取三次计算结果的平均值。行星机构齿圈齿数 z_1 和齿轮齿数 z_2 采用设备厂家提供的相关参数。

$$n_2 = i \times n_1 \tag{3-15-1}$$

$$n_2' = i \times n_1' \tag{3-15-2}$$

$$i = \frac{z_1 - z_2}{z_2} \tag{3-15-3}$$

式中:n_1,n_1'——搅拌叶公转的快、慢转速(r/min);

n_2,n_2'——搅拌叶自转的快、慢转速(r/min);

i——搅拌机行星机构的转速比;

z_1——行星机构齿圈齿数(个);

z_2——行星机构齿轮齿数(个)。

15.7.3 自动控制时间

试验步骤如下：

(1)将搅拌机控制程序调整为自动控制状态。

(2)启动自动控制程序的同时按秒表计时，用秒表分别直接测量搅拌机“慢—停—快”三个阶段的时间，重复测量三次，取三次测量结果的算术平均值。

15.7.4 搅拌锅尺寸

(1)搅拌锅深度。

用深度尺测量搅拌锅底圆弧最低点至锅口平面的垂直距离，选取锅底最低处圆弧的三等分位置测量三次，取三次测量结果的平均值。

(2)搅拌锅内径。

用内径千分尺测量搅拌锅内径，在搅拌锅圆柱段每旋转约60°测量一次，共测量三次，取三次测量结果的平均值。

(3)搅拌锅壁厚。

用测厚卡规在搅拌锅上部和下部分别测量同一深度均匀分布的三点，取上部和下部测量结果的平均值。

15.7.5 搅拌叶片尺寸

(1)搅拌叶片总宽。

用游标卡尺测量搅拌叶片总宽，重复测量三次，取三次测量结果的平均值。

(2)搅拌叶片有效长度。

用游标卡尺测量搅拌叶片的搅拌有效长度，重复测量三次，取三次测量结果的平均值。

(3)搅拌叶片外沿直径。

用游标卡尺测量搅拌叶片外沿直径，在搅拌叶片下半部圆弧段位置每旋转约60°测量一次，取三次测量结果的平均值。

15.7.6 搅拌叶片与锅底、锅壁的工作间隙

试验步骤如下：

(1)关闭电源开关，拔下插座，将搅拌锅提升至正常搅拌位置，打开电机后端盖。

(2)用手转动电机风叶调整搅拌叶，使叶片平面处于与锅壁垂直的状态，在相互对称的6个位置用直径ϕ1.0mm和ϕ3.0mm的间隙钢丝检查搅拌叶片与锅底、锅壁的工作间隙。

15.8 测试周期

测试时间间隔一般不超过 12 个月，使用中可根据实际情况增加测试次数。

15.9 原始数据记录表

原始数据记表见表 3-15-2。

水泥净浆搅拌机测试原始数据记录表　　表 3-15-2

表格编号：

记录编号：

设备名称		水泥净浆搅拌机		样品编号			
型号规格				出厂编号			
制造单位				测试依据			
接收日期				测试地点			
测试前样品状态				测试后样品状态			
环境条件							
测试使用的计量器具及主要配套设备							
名称（设备编号）	测量范围	不确定度/准确度等级/最大允许误差	证书编号	溯源机构	证书有效期至	使用前情况（是否良好）	使用后情况（是否良好）
转速测量仪	(2.5～999.99) r/min	0.1 级					
秒表	(0～1800) s	—					
深度尺	(0～200) mm	±0.03mm					
游标卡尺	(0～200) mm	±0.03mm					
内径千分尺	(50～250) mm	±0.01mm					
测厚卡规	(0～20) mm	±0.03mm					
钢丝间隙棒	—	±0.1mm					

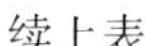

续上表

<table>
<tr><td colspan="5">测试项目</td></tr>
<tr><td rowspan="3">1)</td><td rowspan="3">搅拌叶片慢速公转速度</td><td colspan="3">(62 ± 5) r/min</td></tr>
<tr><td rowspan="2">(1).⑤</td><td>①本项目测试结果</td><td></td></tr>
<tr><td>②本项目评价结果</td><td></td></tr>
<tr><td rowspan="6">(1)</td><td rowspan="6">搅拌叶片慢速公转速度</td><td>试验序号</td><td>③测量值(r/min)</td><td>④标准值(r/min)</td></tr>
<tr><td>1</td><td></td><td></td></tr>
<tr><td>2</td><td></td><td></td></tr>
<tr><td>3</td><td></td><td></td></tr>
<tr><td rowspan="2">AVERAGE(③)</td><td>⑤本指标测试结果</td><td></td></tr>
<tr><td>⑥本指标评价结果</td><td></td></tr>
<tr><td rowspan="3">2)</td><td rowspan="3">搅拌叶片快速公转速度</td><td colspan="3">(125 ± 10) r/min</td></tr>
<tr><td rowspan="2">(1).⑤</td><td>①本项目测试结果</td><td></td></tr>
<tr><td>②本项目评价结果</td><td></td></tr>
<tr><td rowspan="6">(1)</td><td rowspan="6">搅拌叶片快速公转速度</td><td>试验序号</td><td>③测量值(r/min)</td><td>④标准值(r/min)</td></tr>
<tr><td>1</td><td></td><td></td></tr>
<tr><td>2</td><td></td><td></td></tr>
<tr><td>3</td><td></td><td></td></tr>
<tr><td rowspan="2">AVERAGE(③)</td><td>⑤本指标测试结果</td><td></td></tr>
<tr><td>⑥本指标评价结果</td><td></td></tr>
<tr><td rowspan="3">3)</td><td rowspan="3">搅拌叶片慢速自转速度</td><td colspan="3">(140 ± 5) r/min</td></tr>
<tr><td rowspan="2">(1).⑤</td><td>①本项目测试结果</td><td></td></tr>
<tr><td>②本项目评价结果</td><td></td></tr>
<tr><td rowspan="6">(1)</td><td rowspan="6">搅拌叶片慢速自转速度</td><td>试验序号</td><td>③测量值(r/min)</td><td>④标准值(r/min)</td></tr>
<tr><td>1</td><td></td><td></td></tr>
<tr><td>2</td><td></td><td></td></tr>
<tr><td>3</td><td></td><td></td></tr>
<tr><td rowspan="2">1.(1).⑤×(行星机构齿圈齿数－行星机构齿轮齿数)/行星机构齿轮齿数</td><td>⑤本指标测试结果</td><td></td></tr>
<tr><td>⑥本指标评价结果</td><td></td></tr>
<tr><td rowspan="3">4)</td><td rowspan="3">搅拌叶片快速自转速度</td><td colspan="3">(285 ± 10) r/min</td></tr>
<tr><td rowspan="2">(1).⑤</td><td>①本项目测试结果</td><td></td></tr>
<tr><td>②本项目评价结果</td><td></td></tr>
</table>

续上表

<table>
<tr><td colspan="5">测试项目</td></tr>
<tr><td rowspan="7">(1)</td><td rowspan="7">搅拌叶片快速自转速度</td><td>试验序号</td><td>③测量值(r/min)</td><td>④标准值(r/min)</td></tr>
<tr><td>1</td><td></td><td></td></tr>
<tr><td>2</td><td></td><td></td></tr>
<tr><td>3</td><td></td><td></td></tr>
<tr><td rowspan="2">2.(1).⑤×(行星机构齿圈齿数－行星机构齿轮齿数)/行星机构齿轮齿数</td><td>⑤本指标测试结果</td><td></td></tr>
<tr><td>⑥本指标评价结果</td><td></td></tr>
<tr></tr>
<tr><td rowspan="3">5)</td><td rowspan="3">搅拌机慢速自动控制时间</td><td colspan="3">(120±3)s</td></tr>
<tr><td rowspan="2">(1).⑤</td><td>①本项目测试结果</td><td></td></tr>
<tr><td>②本项目评价结果</td><td></td></tr>
<tr><td rowspan="6">(1)</td><td rowspan="6">搅拌机慢速自动控制时间</td><td>试验序号</td><td>③测量值(s)</td><td>④标准值(s)</td></tr>
<tr><td>1</td><td></td><td></td></tr>
<tr><td>2</td><td></td><td></td></tr>
<tr><td>3</td><td></td><td></td></tr>
<tr><td rowspan="2">AVERAGE(③)</td><td>⑤本指标测试结果</td><td></td></tr>
<tr><td>⑥本指标评价结果</td><td></td></tr>
<tr><td rowspan="3">6)</td><td rowspan="3">搅拌机停拌自动控制时间</td><td colspan="3">(15±1)s</td></tr>
<tr><td rowspan="2">(1).⑤</td><td>①本项目测试结果</td><td></td></tr>
<tr><td>②本项目评价结果</td><td></td></tr>
<tr><td rowspan="6">(1)</td><td rowspan="6">搅拌机停拌自动控制时间</td><td>试验序号</td><td>③测量值(s)</td><td>④标准值(s)</td></tr>
<tr><td>1</td><td></td><td></td></tr>
<tr><td>2</td><td></td><td></td></tr>
<tr><td>3</td><td></td><td></td></tr>
<tr><td rowspan="2">AVERAGE(⑤)</td><td>⑤本指标测试结果</td><td></td></tr>
<tr><td>⑥本指标评价结果</td><td></td></tr>
<tr><td rowspan="3">7)</td><td rowspan="3">搅拌机快速自动控制时间</td><td colspan="3">(120±3)s</td></tr>
<tr><td rowspan="2">(1).⑤</td><td>①本项目测试结果</td><td></td></tr>
<tr><td>②本项目评价结果</td><td></td></tr>
</table>

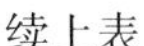

续上表

<table>
<tr><td colspan="5">测试项目</td></tr>
<tr><td rowspan="6">(1)</td><td rowspan="6">搅拌机快速自动控制时间</td><td>试验序号</td><td>③测量值(s)</td><td>④标准值(s)</td></tr>
<tr><td>1</td><td></td><td></td></tr>
<tr><td>2</td><td></td><td></td></tr>
<tr><td>3</td><td></td><td></td></tr>
<tr><td rowspan="2">AVERAGE(③)</td><td>⑤本指标测试结果</td><td></td></tr>
<tr><td>⑥本指标评价结果</td><td></td></tr>
<tr><td rowspan="3">8)</td><td rowspan="3">搅拌锅深度</td><td colspan="3">(139 ±2)mm</td></tr>
<tr><td rowspan="2">(1).⑤</td><td>①本项目测试结果</td><td></td></tr>
<tr><td>②本项目评价结果</td><td></td></tr>
<tr><td rowspan="6">(1)</td><td rowspan="6">搅拌锅深度</td><td>试验序号</td><td>③测量值(mm)</td><td>④标准值(mm)</td></tr>
<tr><td>1</td><td></td><td></td></tr>
<tr><td>2</td><td></td><td></td></tr>
<tr><td>3</td><td></td><td></td></tr>
<tr><td rowspan="2">AVERAGE(③)</td><td>⑤本指标测试结果</td><td></td></tr>
<tr><td>⑥本指标评价结果</td><td></td></tr>
<tr><td rowspan="3">9)</td><td rowspan="3">搅拌锅内径</td><td colspan="3">(160 ±1)mm</td></tr>
<tr><td rowspan="2">(1).⑤</td><td>①本项目测试结果</td><td></td></tr>
<tr><td>②本项目评价结果</td><td></td></tr>
<tr><td rowspan="6">(1)</td><td rowspan="6">搅拌锅内径</td><td>试验序号</td><td>③测量值(mm)</td><td>④标准值(mm)</td></tr>
<tr><td>1</td><td></td><td></td></tr>
<tr><td>2</td><td></td><td></td></tr>
<tr><td>3</td><td></td><td></td></tr>
<tr><td rowspan="2">AVERAGE(③)</td><td>⑤本指标测试结果</td><td></td></tr>
<tr><td>⑥本指标评价结果</td><td></td></tr>
<tr><td rowspan="3">10)</td><td rowspan="3">搅拌锅壁厚</td><td colspan="3">≥0.8mm</td></tr>
<tr><td rowspan="2">[(1).⑤+(2).⑤]/2</td><td>①本项目测试结果</td><td></td></tr>
<tr><td>②本项目评价结果</td><td></td></tr>
</table>

续上表

测试项目				
(1)	上部	试验序号	③测量值(mm)	④标准值(mm)
		1		
		2		
		3		
		AVERAGE(③)	⑤本指标测试结果	
			⑥本指标评价结果	
(2)	下部	试验序号	③测量值(mm)	④标准值(mm)
		1		
		2		
		3		
		AVERAGE(③)	⑤本指标测试结果	
			⑥本指标评价结果	
11)	搅拌叶有效长度	(110 ±2)mm		
		(1).⑤	①本项目测试结果	
			②本项目评价结果	
(1)	搅拌叶有效长度	试验序号	③测量值(mm)	④标准值(mm)
		1		
		2		
		3		
		AVERAGE(③)	⑤本指标测试结果	
			⑥本指标评价结果	
12)	搅拌叶片总宽	(111.0 ±1.5)mm		
		(1).⑤	①本项目测试结果	
			②本项目评价结果	
(1)	搅拌叶片总宽	试验序号	③测量值(mm)	④标准值(mm)
		1		
		2		
		3		
		AVERAGE(③)	⑤本指标测试结果	
			⑥本指标评价结果	

续上表

<table>
<tr><td colspan="5">测试项目</td></tr>
<tr><td rowspan="3">13)</td><td rowspan="3">搅拌叶片翅外沿直径</td><td colspan="3">(5 ± 1.5) mm</td></tr>
<tr><td rowspan="2">(1).⑤</td><td>①本项目测试结果</td><td></td></tr>
<tr><td>②本项目评价结果</td><td></td></tr>
<tr><td rowspan="6">(1)</td><td rowspan="6">搅拌叶片翅外沿直径</td><td>试验序号</td><td>③测量值(mm)</td><td>④标准值(mm)</td></tr>
<tr><td>1</td><td></td><td></td></tr>
<tr><td>2</td><td></td><td></td></tr>
<tr><td>3</td><td></td><td></td></tr>
<tr><td rowspan="2">AVERAGE(③)</td><td>⑤本指标测试结果</td><td></td></tr>
<tr><td>⑥本指标评价结果</td><td></td></tr>
<tr><td rowspan="3">14)</td><td rowspan="3">搅拌叶片与锅底、锅壁的工作间隙</td><td colspan="3">(2 ± 1) mm</td></tr>
<tr><td rowspan="2">(1).⑤</td><td>①本项目测试结果</td><td></td></tr>
<tr><td>②本项目评价结果</td><td></td></tr>
<tr><td rowspan="9">(1)</td><td rowspan="9">搅拌叶片与锅底、锅壁的工作间隙</td><td>试验序号</td><td>③测量值(mm)</td><td>④标准值(mm)</td></tr>
<tr><td>1</td><td></td><td></td></tr>
<tr><td>2</td><td></td><td></td></tr>
<tr><td>3</td><td></td><td></td></tr>
<tr><td>4</td><td></td><td></td></tr>
<tr><td>5</td><td></td><td></td></tr>
<tr><td>6</td><td></td><td></td></tr>
<tr><td rowspan="2">AVERAGE(③)</td><td>⑤本指标测试结果</td><td></td></tr>
<tr><td>⑥本指标评价结果</td><td></td></tr>
<tr><td colspan="5">测量不确定度</td></tr>
<tr><td>序号</td><td>评定项目</td><td>评定结果</td><td colspan="2">计算方法说明</td></tr>
<tr><td>1</td><td></td><td></td><td colspan="2"></td></tr>
<tr><td>2</td><td></td><td></td><td colspan="2"></td></tr>
<tr><td>3</td><td></td><td></td><td colspan="2"></td></tr>
</table>

测试：　　　　　　　　　　　　核验：　　　　　　　　　　　　日期：

16　水泥胶砂搅拌机计量测试作业指导书
（仪器编号：GL01040009）

16.1　范围

本作业指导书适用于行星式水泥胶砂搅拌机的计量测试。

16.2　概述

水泥胶砂搅拌机由搅拌锅、搅拌叶片、传动机构和控制系统组成，结构如图3-16-1所示。搅拌叶片呈扇形，搅拌时顺时针自转，同时沿锅周边逆时针公转，并具有高低两种速度。水泥胶砂搅拌机用于制备水泥胶砂强度试件的材料的搅拌。

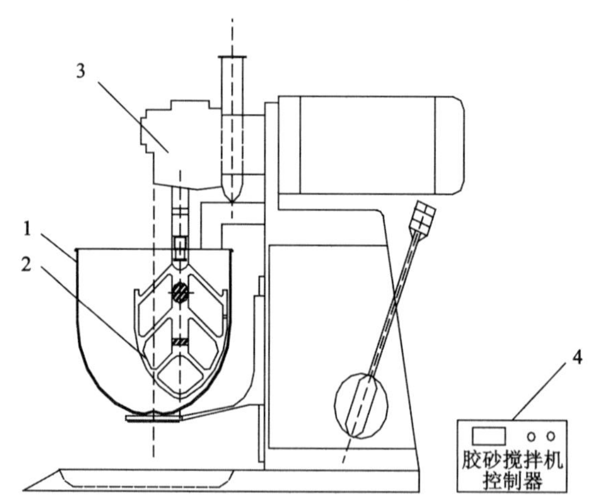

图3-16-1　水泥胶砂搅拌机结构示意图

1——搅拌锅；2——搅拌叶片；3——传动机构；4——控制系统。

16.3 通用技术要求

(1)水泥胶砂搅拌机应标有搅拌叶片公转方向的标志。搅拌叶片自转方向为顺时针,公转方向为逆时针。

(2)搅拌机运转时声音正常,搅拌锅和搅拌叶片没有明显的晃动现象。

(3)搅拌锅和搅拌叶片表面不得有粗糙不平。

16.4 计量性能要求

(1)搅拌叶片转速。

搅拌叶片高速与低速时的自转和公转速度应符合表 3-16-1 的要求。

搅拌叶片高速与低速时的自转和公转速度 表 3-16-1

搅 拌 速 度	自转(r/min)	公转(r/min)
低速	140 ± 5	62 ± 5
高速	285 ± 10	125 ± 10

(2)搅拌机自动控制时间。

搅拌机自动控制程序搅拌时间如表 3-16-2 所示。

搅拌机自动控制程序搅拌时间 表 3-16-2

控制程序	低速	低速加砂	高速	停	高速
搅拌时间(s)	30 ± 1	30 ± 1	30 ± 1	90 ± 1	60 ± 1

(3)搅拌锅和搅拌叶片尺寸。

搅拌锅基本尺寸示意见图 3-16-2,搅拌叶片基本尺寸示意见图 3-16-3。

①搅拌锅尺寸。

a. 搅拌锅深度:(180 ± 2)mm。

b. 搅拌锅内径:(202 ± 1)mm。

c. 搅拌锅壁厚:(1.5 ± 0.1)mm。

②搅拌叶片尺寸。

a. 搅拌叶片有效长度:(130 ± 2)mm。

b. 搅拌叶片总宽:135.0mm ~ 135.5mm。

c. 搅拌叶片翅宽：(8 ±1) mm；搅拌叶片翅厚：(5 ±1) mm。

(4) 搅拌叶片与锅底、锅壁的工作间隙：(3 ±1) mm。

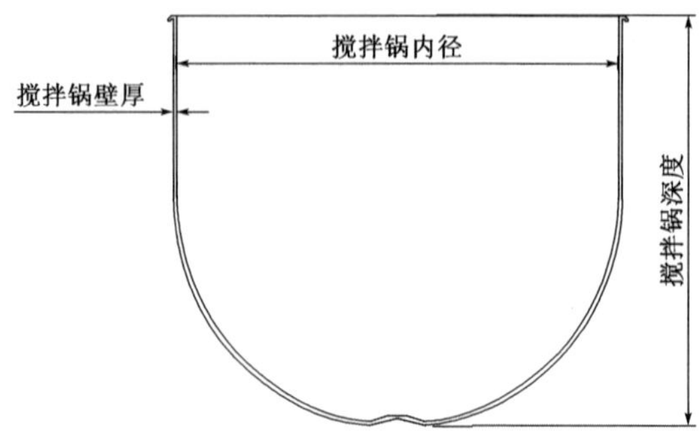

图 3-16-2　搅拌锅尺寸示意图

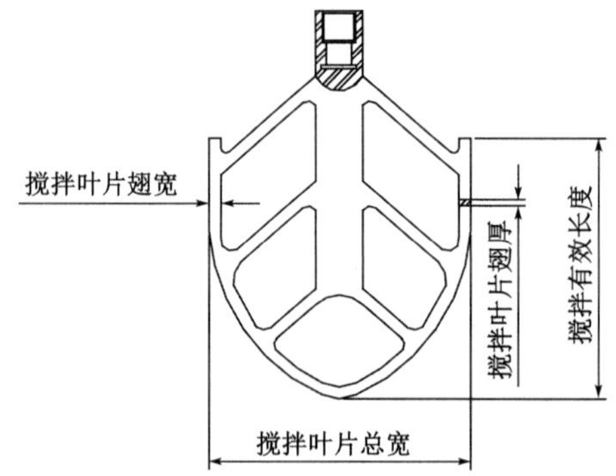

图 3-16-3　搅拌叶片尺寸示意图

16.5　环境条件

(1) 温度：(20 ±5) ℃。

(2) 相对湿度：≤85%。

16.6　计量器具

(1) 转速测量仪：测量范围 (2.5 ~ 999.99) r/min，分辨力 0.1r/min，最大允许误差 0.1级。

(2)秒表：测量范围(0～1800)s，分辨力0.01s。

(3)深度尺：测量范围(0～200)mm，分度值0.02mm，最大允许误差±0.03mm。

(4)游标卡尺：测量范围(0～200)mm，分度值0.02mm，最大允许误差±0.03mm。

(5)内径千分尺：测量范围(50～250)mm，分度值0.01mm，最大允许误差±0.01mm。

(6)测厚卡规：测量范围(0～20)mm×200mm，分度值0.01mm，最大允许误差±0.03mm。

(7)钢丝间隙棒：ϕ2.0mm和ϕ4.0mm钢丝，直径最大允许偏差±0.1mm。

16.7　测试步骤

16.7.1　通用技术要求

通过目测和手感进行外观和工作状态检查。

16.7.2　搅拌叶片的转速

试验步骤如下：

(1)搅拌叶片转速的测量可在空载或标准水泥胶砂的负载情况下进行，有争议时以负载为准。

(2)将转速测量仪附带的反光片贴在搅拌叶片公转轴上，如搅拌叶片公转轴与反光片颜色相近或底色是银色发亮的，可在搅拌叶片公转轴上粘一圈黑胶带之后再贴反光片；调整转速测量仪角度至发出的光对着反光片，并确认转速测量仪可以正确接收信号；如外界光线太强，可找背光的合适角度，或用有遮光效果的布、伞等遮挡，避免强光照射；用转速测量仪直接测量搅拌叶片公转的快转速n_1'、慢转速n_1'。分别重复测试三次，取三次测量结果的算术平均值。

(3)依据行星机构的减速比，按照式(3-16-1)～式(3-16-3)计算搅拌叶的自转高速n_2、低速n_2'。取三次计算结果的平均值。行星机构齿圈齿数z_1和齿轮齿数z_2采用设备厂家提供的相关参数。

$$n_2 = i \times n_1 \tag{3-16-1}$$

$$n_2' = i \times n_1' \tag{3-16-2}$$

$$i = \frac{z_1 - z_2}{z_2} \tag{3-16-3}$$

式中：n_1、n_1'——搅拌叶片公转的高、低转速（r/min）；

n_2、n_2'——搅拌叶片自转的高、低转速（r/min）；

i——搅拌机行星机构的转速比；

z_1——行星机构齿圈齿数（个）；

z_2——行星机构齿轮齿数（个）。

16.7.3 自动控制时间

试验步骤如下：

（1）将搅拌机控制程序调整为自动控制状态。

（2）启动自动控制程序的同时按秒表计时，用秒表分别直接测量控制程序各阶段所用时间，每个阶段重复测量三次，取三次测量结果的平均值。

16.7.4 搅拌锅尺寸

（1）搅拌锅深度。

用深度尺测量搅拌锅底圆弧最低点至锅口平面的垂直距离，选取锅底最低处圆弧的三等分位置测量三次，取三次测量结果的平均值。

（2）搅拌锅内径。

用内径千分尺测量搅拌锅内径，在搅拌锅圆柱段每旋转约60°测量一次，共测量三次，取三次测量结果的平均值。

（3）搅拌锅壁厚。

用测厚卡规在搅拌锅上部和下部分别测量同一深度均匀分布的三点，取上部和下部测量结果的平均值。

16.7.5 搅拌叶片尺寸

（1）搅拌叶片总宽。

用游标卡尺测量搅拌叶片总宽，重复测量三次，取三次测量结果的平均值。

（2）搅动有效长度。

用游标卡尺测量搅拌叶片的搅拌有效长度，重复测量三次，取三次测量结果的平均值。

(3)搅拌叶片翅宽和翅厚。

用游标卡尺在搅拌叶片下半部圆弧段位置测量搅拌叶片翅宽和搅拌叶片翅厚,分别测量三次,取三次测量结果的平均值。

16.7.6 搅拌叶片与锅底、锅壁的工作间隙

试验步骤如下:

(1)关闭电源开关,拔下电源插头,将搅拌锅提升至正常搅拌位置,打开电机后端盖。

(2)用手转动电机风叶调整搅拌叶片,使叶片平面处于与锅壁垂直的状态,在相互对称的6个位置用直径 $\phi2.0$mm 和 $\phi4.0$mm 的间隙钢丝检查搅拌叶片与锅底、锅壁的工作间隙。

16.8 测试周期

测试时间间隔一般不超过12个月,使用中可根据实际情况增加测试次数。

16.9 原始数据记录表

原始数据记录表见表3-16-3。

水泥胶砂搅拌机测试原始数据记录表　　表3-16-3

表格编号:

记录编号:

设备名称	水泥胶砂搅拌机	样品编号	
型号规格		出厂编号	
制造单位		测试依据	
接收日期		测试地点	
测试前样品状态		测试后样品状态	
环境条件			

续上表

测试使用的计量标准器及主要配套设备							
名称（设备编号）	测量范围	不确定度/准确度等级/最大允许误差	证书编号	溯源机构	证书有效期至	使用前情况（是否良好）	使用后情况（是否良好）
转速测量仪	(2.5～999.99) r/min	0.1 级					
秒表	(0～1800)s	—					
深度尺	(0～200)mm	±0.03mm					
游标卡尺	(0～200)mm	±0.03mm					
内径千分尺	(50～250) mm	±0.01mm					
测厚卡规	—	±0.03mm					
钢丝间隙棒	—	±0.1mm					

测试项目				
1)	搅拌叶片慢速公转	(62±5)r/min		
		(1).⑤	①本项目测试结果	
			②本项目评价结果	
(1)	搅拌叶片慢速公转	试验序号	③测量值(r/min)	④标准值(r/min)
		1		
		2		
		3		
		AVERAGE(③)	⑤本指标测试结果	
			⑥本指标评价结果	
2)	搅拌叶片快速公转	(125±10)r/min		
		(1).⑤	①本项目测试结果	
			②本项目评价结果	
(1)	搅拌叶片快速公转	试验序号	③测量值(r/min)	④标准值(r/min)
		1		
		2		
		3		
		AVERAGE(③)	⑤本指标测试结果	
			⑥本指标评价结果	

续上表

<table>
<tr><td colspan="5">测试项目</td></tr>
<tr><td rowspan="3">3)</td><td rowspan="3">搅拌叶片慢速自转</td><td colspan="3">(140 ± 5)r/min</td></tr>
<tr><td rowspan="2">(1).⑤</td><td>①本项目测试结果</td><td></td></tr>
<tr><td>②本项目评价结果</td><td></td></tr>
<tr><td rowspan="6">(1)</td><td rowspan="6">搅拌叶片慢速自转</td><td>试验序号</td><td>③测量值(r/min)</td><td>④标准值(r/min)</td></tr>
<tr><td>1</td><td></td><td></td></tr>
<tr><td>2</td><td></td><td></td></tr>
<tr><td>3</td><td></td><td></td></tr>
<tr><td rowspan="2">1.(1).⑤×(行星机构齿圈齿数 - 行星机构齿轮齿数)/行星机构 齿轮齿数</td><td>⑤本指标测试结果</td><td></td></tr>
<tr><td>⑥本指标评价结果</td><td></td></tr>
<tr><td rowspan="3">4)</td><td rowspan="3">搅拌叶片快速自转</td><td colspan="3">(285 ± 10)r/min</td></tr>
<tr><td rowspan="2">(1).⑤</td><td>①本项目测试结果</td><td></td></tr>
<tr><td>②本项目评价结果</td><td></td></tr>
<tr><td rowspan="6">(1)</td><td rowspan="6">搅拌叶片快速自转</td><td>试验序号</td><td>③测量值(r/min)</td><td>④标准值(r/min)</td></tr>
<tr><td>1</td><td></td><td></td></tr>
<tr><td>2</td><td></td><td></td></tr>
<tr><td>3</td><td></td><td></td></tr>
<tr><td rowspan="2">2.(1).⑤×(行星机构齿圈齿数 - 行星机构齿轮齿数)/行星机构 齿轮齿数</td><td>⑤本指标测试结果</td><td></td></tr>
<tr><td>⑥本指标评价结果</td><td></td></tr>
<tr><td rowspan="3">5)</td><td rowspan="3">搅拌机慢速自动控制时间</td><td colspan="3">(30 ± 1)s</td></tr>
<tr><td rowspan="2">(1).⑤</td><td>①本项目测试结果</td><td></td></tr>
<tr><td>②本项目评价结果</td><td></td></tr>
<tr><td rowspan="6">(1)</td><td rowspan="6">搅拌机慢速自动控制时间</td><td>试验序号</td><td>③测量值(s)</td><td>④标准值(s)</td></tr>
<tr><td>1</td><td></td><td></td></tr>
<tr><td>2</td><td></td><td></td></tr>
<tr><td>3</td><td></td><td></td></tr>
<tr><td rowspan="2">AVERAGE(③)</td><td>⑤本指标测试结果</td><td></td></tr>
<tr><td>⑥本指标评价结果</td><td></td></tr>
<tr><td rowspan="3">6)</td><td rowspan="3">搅拌机慢速加砂自动控制时间</td><td colspan="3">(30 ± 1)s</td></tr>
<tr><td rowspan="2">(1).⑤</td><td>①本项目测试结果</td><td></td></tr>
<tr><td>②本项目评价结果</td><td></td></tr>
</table>

续上表

测试项目				
(1)	搅拌机慢速加砂自动控制时间	试验序号	③测量值(s)	④标准值(s)
		1		
		2		
		3		
		AVERAGE(③)	⑤本指标测试结果	
			⑥本指标评价结果	
7)	搅拌机高速自动控制时间	(30 ±1)s		
		(1).⑤	①本项目测试结果	
			②本项目评价结果	
(1)	搅拌机高速自动控制时间	试验序号	③测量值(s)	④标准值(s)
		1		
		2		
		3		
		AVERAGE(③)	⑤本指标测试结果	
			⑥本指标评价结果	
8)	搅拌机停拌自动控制时间	(90 ±1)s		
		(1).⑤	①本项目测试结果	
			②本项目评价结果	
(1)	搅拌机停拌自动控制时间	试验序号	③测量值(s)	④标准值(s)
		1		
		2		
		3		
		AVERAGE(③)	⑤本指标测试结果	
			⑥本指标评价结果	
9)	搅拌机高速自动控制时间	(60 ±1)s		
		(1).⑤	①本项目测试结果	
			②本项目评价结果	

续上表

<table>
<tr><td colspan="5">测试项目</td></tr>
<tr><td rowspan="6">(1)</td><td rowspan="6">搅拌机高速自动控制时间</td><td>试验序号</td><td>③测量值(s)</td><td>④标准值(s)</td></tr>
<tr><td>1</td><td></td><td></td></tr>
<tr><td>2</td><td></td><td></td></tr>
<tr><td>3</td><td></td><td></td></tr>
<tr><td rowspan="2">AVERAGE(③)</td><td>⑤本指标测试结果</td><td></td></tr>
<tr><td>⑥本指标评价结果</td><td></td></tr>
<tr><td rowspan="3">10)</td><td rowspan="3">搅拌锅深度</td><td colspan="3">(180 ±2)mm</td></tr>
<tr><td rowspan="2">(1).⑤</td><td>①本项目测试结果</td><td></td></tr>
<tr><td>②本项目评价结果</td><td></td></tr>
<tr><td rowspan="6">(1)</td><td rowspan="6">搅拌锅深度</td><td>试验序号</td><td>③测量值(mm)</td><td>④标准值(mm)</td></tr>
<tr><td>1</td><td></td><td></td></tr>
<tr><td>2</td><td></td><td></td></tr>
<tr><td>3</td><td></td><td></td></tr>
<tr><td rowspan="2">AVERAGE(③)</td><td>⑤本指标测试结果</td><td></td></tr>
<tr><td>⑥本指标评价结果</td><td></td></tr>
<tr><td rowspan="3">11)</td><td rowspan="3">搅拌锅内径</td><td colspan="3">(202 ±1)mm</td></tr>
<tr><td rowspan="2">(1).⑤</td><td>①本项目测试结果</td><td></td></tr>
<tr><td>②本项目评价结果</td><td></td></tr>
<tr><td rowspan="6">(1)</td><td rowspan="6">搅拌锅内径</td><td>试验序号</td><td>③测量值(mm)</td><td>④标准值(mm)</td></tr>
<tr><td>1</td><td></td><td></td></tr>
<tr><td>2</td><td></td><td></td></tr>
<tr><td>3</td><td></td><td></td></tr>
<tr><td rowspan="2">AVERAGE(③)</td><td>⑤本指标测试结果</td><td></td></tr>
<tr><td>⑥本指标评价结果</td><td></td></tr>
<tr><td rowspan="3">12)</td><td rowspan="3">搅拌锅壁厚</td><td colspan="3">(1.5 ±0.1)mm</td></tr>
<tr><td rowspan="2">[(1).⑤+(2).⑤]/2</td><td>①本项目测试结果</td><td></td></tr>
<tr><td>②本项目评价结果</td><td></td></tr>
</table>

续上表

测试项目				
(1)	上部	试验序号	③测量值(mm)	④标准值(mm)
		1		
		2		
		3		
		AVERAGE(③)	⑤本指标测试结果	
			⑥本指标评价结果	
(2)	下部	试验序号	③测量值(mm)	④标准值(mm)
		1		
		2		
		3		
		AVERAGE(③)	⑤本指标测试结果	
			⑥本指标评价结果	
13)	搅拌叶片有效长度	(130 ±2)mm		
		(1).⑤	①本项目测试结果	
			②本项目评价结果	
(1)	搅拌叶片有效长度	试验序号	③测量值(mm)	④标准值(mm)
		1		
		2		
		3		
		AVERAGE(③)	⑤本指标测试结果	
			⑥本指标评价结果	
14)	搅拌叶片总宽	(135.0 ~ 135.5)mm		
		(1).⑤	①本项目测试结果	
			②本项目评价结果	
(1)	搅拌叶片总宽	试验序号	③测量值(mm)	④标准值(mm)
		1		
		2		
		3		
		AVERAGE(③)	⑤本指标测试结果	
			⑥本指标评价结果	

续上表

测试项目				
15)	搅拌叶片翅宽	(8±1)mm		
		(1).⑤	①本项目测试结果	
			②本项目评价结果	
(1)	搅拌叶片翅宽	试验序号	③测量值(mm)	④标准值(mm)
		1		
		2		
		3		
		AVERAGE(③)	⑤本指标测试结果	
			⑥本指标评价结果	
16)	搅拌叶片翅厚	(5±1)mm		
		(1).⑤	①本项目测试结果	
			②本项目评价结果	
(1)	搅拌叶片翅厚	试验序号	③测量值(mm)	④标准值(mm)
		1		
		2		
		3		
		AVERAGE(③)	⑤本指标测试结果	
			⑥本指标评价结果	
17)	搅拌叶片与锅底、锅壁的工作间隙	(3±1)mm		
		(1).⑤	①本项目测试结果	
			②本项目评价结果	
(1)	搅拌叶片与锅底、锅壁的工作间隙	试验序号	③测量值(mm)	④标准值(mm)
		1		
		2		
		3		
		4		
		5		
		6		
		AVERAGE(③)	⑤本指标测试结果	
			⑥本指标评价结果	

续上表

测量不确定度			
序号	评定项目	评定结果	计算方法说明
1			
2			
3			

测试： 核验： 日期：

17　砂浆凝结时间测定仪计量测试作业指导书（仪器编号：GL01050028）

17.1　范围

本作业指导书适用于贯入式砂浆凝结时间测定仪的计量测试，不适用于压力式砂浆凝结时间测定仪的计量测试。

17.2　概述

砂浆凝结时间测定仪用于测试砂浆拌合物变形量和贯入阻力的关系。砂浆凝结时间测定仪通过手柄施加压力让试针轴向下滑动，使试针插入试模内砂浆里，砂浆凝结硬度随着时间长短而变化，使试针得到不同的贯入阻力。砂浆凝结时间测定仪由手柄、试针、立柱、底座、力显示器、试模、接触片、钻夹头、支架、主轴、限位螺母等组成，其结构示意见图3-17-1。

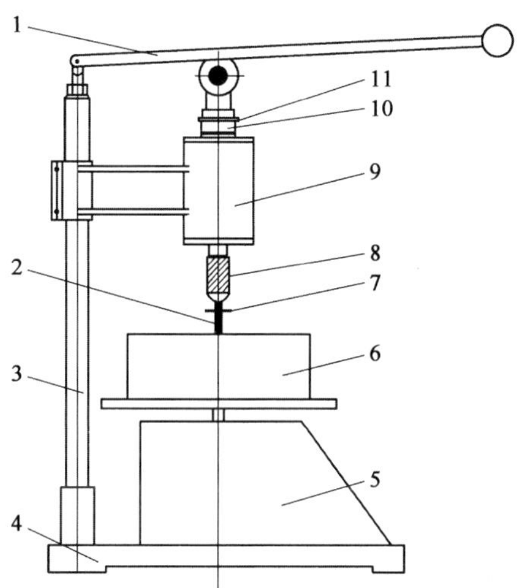

图3-17-1　砂浆凝结时间测定仪示意图

1——手柄；2——试针；3——立柱；4——底座；5——力显示器；6——试模；7——接触片；8——钻夹头；9——支架；10——主轴；11——限位螺母。

17.3 通用技术要求

(1)砂浆凝结时间测定仪外表应光滑、平整,无明显缺陷。

(2)力显示器应能实时准确地指示出施加在试样上的试验力值。

17.4 计量性能要求

(1)测针直径为(6.18 ±0.02)mm。

(2)试料筒尺寸。

①内径(140.0 ~140.6)mm。

②高度(75.0 ±0.3)mm。

(3)力值的相关允许误差。

①示值误差:±1%。

②示值重复性应不大于1%。

③指针式测力系统回零误差的绝对值应不大于1N,数字式测力系统回零误差的绝对值应不大于0.2N。

17.5 环境条件

(1)温度:(20 ±5)℃。

(2)相对湿度:≤80%。

(3)周围应无影响试验的振动及腐蚀性气体。

17.6 计量器具

(1)外径千分尺:测量范围(0 ~25)mm,分度值0.01mm,最大允许误差 ±4μm。

(2)游标卡尺:测量范围(0 ~200)mm,分度值0.02mm,最大允许误差 ±0.03mm。

(3)深度卡尺:测量范围(0 ~500)mm,分度值0.02mm,最大允许误差 ±0.05mm。

(4)砝码:10N 1个,20N 2个,50N 2个,均为M_2级。

17.7　测试步骤

17.7.1　通用技术要求

目测和手感检查。

17.7.2　测针直径

沿测针长度方向选取1/4、1/2、3/4处3个测试位置,用外径千分尺分别测量测针直径,取3次测量的算术平均值作为测针直径的测量结果。

17.7.3　试料筒尺寸

(1)试料筒内径。

沿试料筒圆周等间隔选取3个位置,用游标卡尺分别测量试料筒的直径,取3次测量的算术平均值作为试料筒内径的测量结果。

(2)试料筒高度。

沿试料筒圆周等间隔选取3个位置,用游标卡尺分别测量试料筒的高度,取3次测量的算术平均值作为试料筒高度的测量结果。

17.7.4　力值的相关允许误差

试验步骤如下:

(1)选择测试点为20N、40N、60N、80N和100N。

(2)将砝码放在试模中间位置,待示值稳定后,读取该测试点的示值。

(3)每个测试点重复测量三次,取平均值作为$\overline{F_i}$,按照式(3-17-1)计算力值的示值误差。

$$\delta = \frac{\overline{F}_i - F}{F} \times 100\% \tag{3-17-1}$$

式中:δ——力值示值相对误差;

$\overline{F}_i$——各测试点砂浆凝结时间测定仪的读数平均值(N);

F——标准力值(N)。

(4)按照式(3-17-2)计算示值重复性。

$$b = \frac{F_{max} - F_{min}}{\overline{F}_i} \times 100\% \tag{3-17-2}$$

式中：b——示值重复性；

F_{max}——F_i 中的最大值(N)；

F_{min}——F_i 中的最小值(N)。

(5)每次加荷 100N，卸载后，待示值稳定后，读取示值，取 3 次测量结果的算术平均值作为回零误差。

17.8 测试周期

测试时间间隔一般不超过 12 个月，使用中可根据实际情况增加测试次数。

17.9 原始数据记录表

原始数据记录表见表 3-17-1。

砂浆凝结时间测定仪测试原始数据记录表　　表 3-17-1

表格编号：

记录编号：

设备名称		砂浆凝结时间测定仪		样品编号			
型号规格				出厂编号			
制造单位				测试依据			
接收日期				测试地点			
测试前样品状态				测试后样品状态			
环境条件							
测试使用的计量标准器及主要配套设备							
名称(设备编号)	测量范围	不确定度/准确度等级/最大允许误差	证书编号	溯源机构	证书有效期至	使用前情况(是否良好)	使用后情况(是否良好)
外径千分尺	(0～25)mm	±4μm					
数显卡尺	(0～200)mm	±0.03mm					
深度卡尺	(0～500)mm	±0.05mm					
砝码	—	M_2					

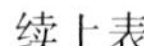

续上表

<table>
<tr><td colspan="5">测试项目</td></tr>
<tr><td rowspan="3">1)</td><td rowspan="3">测针直径</td><td colspan="3">(6.18 ±0.02)mm</td></tr>
<tr><td rowspan="2">(1).⑤</td><td>①本项目测试结果</td><td></td></tr>
<tr><td>②本项目评价结果</td><td></td></tr>
<tr><td rowspan="6">(1)</td><td rowspan="6">测针直径</td><td>试验序号</td><td>③测量值(mm)</td><td>④标准值(mm)</td></tr>
<tr><td>1</td><td></td><td></td></tr>
<tr><td>2</td><td></td><td></td></tr>
<tr><td>3</td><td></td><td></td></tr>
<tr><td rowspan="2">AVERAGE(③)</td><td>⑤本指标测试结果</td><td></td></tr>
<tr><td>⑥本指标评价结果</td><td></td></tr>
<tr><td rowspan="3">2)</td><td rowspan="3">试料筒内径</td><td colspan="3">(140.0 ~ 140.6)mm</td></tr>
<tr><td rowspan="2">(1).⑤</td><td>①本项目测试结果</td><td></td></tr>
<tr><td>②本项目评价结果</td><td></td></tr>
<tr><td rowspan="6">(1)</td><td rowspan="6">试料筒内径</td><td>试验序号</td><td>③测量值(mm)</td><td>④标准值(mm)</td></tr>
<tr><td>1</td><td></td><td></td></tr>
<tr><td>2</td><td></td><td></td></tr>
<tr><td>3</td><td></td><td></td></tr>
<tr><td rowspan="2">AVERAGE(③)</td><td>⑤本指标测试结果</td><td></td></tr>
<tr><td>⑥本指标评价结果</td><td></td></tr>
<tr><td rowspan="3">3)</td><td rowspan="3">试料筒高度</td><td colspan="3">(75.0 ±0.3)mm</td></tr>
<tr><td rowspan="2">(1).⑤</td><td>①本项目测试结果</td><td></td></tr>
<tr><td>②本项目评价结果</td><td></td></tr>
<tr><td rowspan="6">(1)</td><td rowspan="6">试料筒高度</td><td>试验序号</td><td>③测量值(mm)</td><td>④标准值(mm)</td></tr>
<tr><td>1</td><td></td><td></td></tr>
<tr><td>2</td><td></td><td></td></tr>
<tr><td>3</td><td></td><td></td></tr>
<tr><td rowspan="2">AVERAGE(③)</td><td>⑤本指标测试结果</td><td></td></tr>
<tr><td>⑥本指标评价结果</td><td></td></tr>
<tr><td rowspan="3">4)</td><td rowspan="3">20N 力值示值误差</td><td colspan="3">±1%</td></tr>
<tr><td rowspan="2">(1).⑤</td><td>①本项目测试结果</td><td></td></tr>
<tr><td>②本项目评价结果</td><td></td></tr>
</table>

续上表

<table>
<tr><td colspan="5">测试项目</td></tr>
<tr><td rowspan="6">(1)</td><td rowspan="6">20N 力值示值误差</td><td>试验序号</td><td>③测量值(N)</td><td>④标准值(N)</td></tr>
<tr><td>1</td><td></td><td></td></tr>
<tr><td>2</td><td></td><td></td></tr>
<tr><td>3</td><td></td><td></td></tr>
<tr><td rowspan="2">[AVERAGE(③) - 1.④]/1.④×100%</td><td>⑤本指标测试结果</td><td></td></tr>
<tr><td>⑥本指标评价结果</td><td></td></tr>
<tr><td rowspan="3">5)</td><td rowspan="3">40N 力值示值误差</td><td colspan="3">±1%</td></tr>
<tr><td rowspan="2">(1).⑤</td><td>①本项目测试结果</td><td></td></tr>
<tr><td>②本项目评价结果</td><td></td></tr>
<tr><td rowspan="6">(1)</td><td rowspan="6">40N 力值示值误差</td><td>试验序号</td><td>③测量值(N)</td><td>④标准值(N)</td></tr>
<tr><td>1</td><td></td><td></td></tr>
<tr><td>2</td><td></td><td></td></tr>
<tr><td>3</td><td></td><td></td></tr>
<tr><td rowspan="2">[AVERAGE(③) - 1.④]/1.④×100%</td><td>⑤本指标测试结果</td><td></td></tr>
<tr><td>⑥本指标评价结果</td><td></td></tr>
<tr><td rowspan="3">6)</td><td rowspan="3">60N 力值示值误差</td><td colspan="3">±1%</td></tr>
<tr><td rowspan="2">(1).⑤</td><td>①本项目测试结果</td><td></td></tr>
<tr><td>②本项目评价结果</td><td></td></tr>
<tr><td rowspan="6">(1)</td><td rowspan="6">60N 力值示值误差</td><td>试验序号</td><td>③测量值(N)</td><td>④标准值(N)</td></tr>
<tr><td>1</td><td></td><td></td></tr>
<tr><td>2</td><td></td><td></td></tr>
<tr><td>3</td><td></td><td></td></tr>
<tr><td rowspan="2">[AVERAGE(③) - 1.④]/1.④×100%</td><td>⑤本指标测试结果</td><td></td></tr>
<tr><td>⑥本指标评价结果</td><td></td></tr>
<tr><td rowspan="3">7)</td><td rowspan="3">80N 力值示值误差</td><td colspan="3">±1%</td></tr>
<tr><td rowspan="2">(1).⑤</td><td>①本项目测试结果</td><td></td></tr>
<tr><td>②本项目评价结果</td><td></td></tr>
<tr><td rowspan="6">(1)</td><td rowspan="6">80N 力值示值误差</td><td>试验序号</td><td>③测量值(N)</td><td>④标准值(N)</td></tr>
<tr><td>1</td><td></td><td></td></tr>
<tr><td>2</td><td></td><td></td></tr>
<tr><td>3</td><td></td><td></td></tr>
<tr><td rowspan="2">[AVERAGE(③) - 1.④]/1.④×100%</td><td>⑤本指标测试结果</td><td></td></tr>
<tr><td>⑥本指标评价结果</td><td></td></tr>
</table>

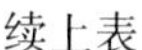

续上表

测试项目				
8)	100N 力值示值误差	±1%		
		(1).⑤	①本项目测试结果	
			②本项目评价结果	
(1)	100N 力值示值误差	试验序号	③测量值(N)	④标准值(N)
		1		
		2		
		3		
		[AVERAGE(③) - 1.④]/1.④ ×100%	⑤本指标测试结果	
			⑥本指标评价结果	
9)	20N 力值示值重复性	≤1%		
		(1).⑤	①本项目测试结果	
			②本项目评价结果	
(1)	20N 力值示值重复性	试验序号	③测量值(N)	④标准值(N)
		1		
		2		
		3		
		[MAX(③) - MIN(③)]/AVERAGE(③) ×100%	⑤本指标测试结果	
			⑥本指标评价结果	
10)	40N 力值示值重复性	≤1%		
		(1).⑤	①本项目测试结果	
			②本项目评价结果	
(1)	40N 力值示值重复性	试验序号	③测量值(N)	④标准值(N)
		1		
		2		
		3		
		[MAX(③) - MIN(③)]/AVERAGE(③) ×100%	⑤本指标测试结果	
			⑥本指标评价结果	
11)	60N 力值示值重复性	≤1%		
		(1).⑤	①本项目测试结果	
			②本项目评价结果	

续上表

测试项目				
(1)	60N 力值示值重复性	试验序号	③测量值(N)	④标准值(N)
		1		
		2		
		3		
		[MAX(③) - MIN(③)]/AVERAGE(③) ×100%	⑤本指标测试结果	
			⑥本指标评价结果	
12)	80N 力值示值重复性	≤1%		
		(1).⑤	①本项目测试结果	
			②本项目评价结果	
(1)	80N 力值示值重复性	试验序号	③测量值(N)	④标准值(N)
		1		
		2		
		3		
		[MAX(③) - MIN(③)]/AVERAGE(③) ×100%	⑤本指标测试结果	
			⑥本指标评价结果	
13)	100N 力值示值重复性	≤1%		
		(1).⑤	①本项目测试结果	
			②本项目评价结果	
(1)	100N 力值示值重复性	试验序号	③测量值(N)	④标准值(N)
		1		
		2		
		3		
		[MAX(③) - MIN(③)]/AVERAGE(③) ×100%	⑤本指标测试结果	
			⑥本指标评价结果	
14)	回零误差	指针式:≤1N;数字式:≤0.2N		
		(1).⑤	①本项目测试结果	
			②本项目评价结果	

续上表

<table>
<tr><td colspan="5">测试项目</td></tr>
<tr><td rowspan="6">(1)</td><td rowspan="6">回零误差</td><td>试验序号</td><td>③测量值(N)</td><td>④标准值(N)</td></tr>
<tr><td>1</td><td></td><td></td></tr>
<tr><td>2</td><td></td><td></td></tr>
<tr><td>3</td><td></td><td></td></tr>
<tr><td rowspan="2">AVERAGE(③)</td><td>⑤本指标测试结果</td><td></td></tr>
<tr><td>⑥本指标评价结果</td><td></td></tr>
<tr><td colspan="5">测量不确定度</td></tr>
<tr><td>序号</td><td>评定项目</td><td>评定结果</td><td colspan="2">计算方法说明</td></tr>
<tr><td>1</td><td></td><td></td><td colspan="2"></td></tr>
<tr><td>2</td><td></td><td></td><td colspan="2"></td></tr>
<tr><td>3</td><td></td><td></td><td colspan="2"></td></tr>
</table>

测试：　　　　　　　　　　核验：　　　　　　　　　　日期：

18 砂浆分层度仪计量测试作业指导书（仪器编号：GL01050029）

18.1 范围

本方法适用于砂浆稠度稳定性测试用砂浆分层度仪的计量测试。

18.2 概述

砂浆分层度仪用于评价砂浆拌合物在运输及停放时的稳定性。砂浆分层度仪通过测量刚配制好的砂浆拌合物和放置一定时间后砂浆拌合物的稠度之差作为砂浆的分层度。砂浆分层度仪由上分层度筒、下分层度筒和连接螺栓组成，其结构示意见图 3-18-1。

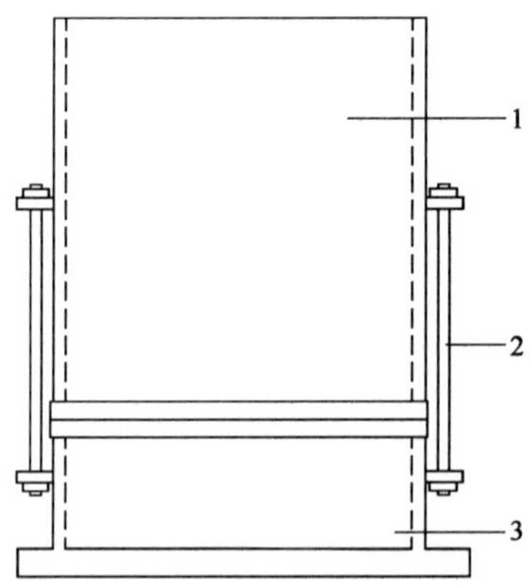

图 3-18-1 砂浆分层度仪结构示意图

1——上分层度筒；2——连接螺栓；3——下分层度筒。

18.3 通用技术要求

砂浆分层度仪的分层度筒应内壁光滑、平整。

18.4 计量性能要求

1)上下分层度筒的内径

上、下分层度筒的内径:(150 ±1)mm。

2)上、下分层度筒的高度

(1)上分层度筒的高度:(200 ±1)mm。

(2)下分层度筒的高度:(100 ±1)mm。

18.5 环境条件

(1)温度:(20 ±5)℃。

(2)相对湿度:≤85%。

18.6 计量器具

(1)游标卡尺,测量范围(0 ~200)mm,分度值0.01mm,最大允许误差 ±0.03mm。

(2)深度卡尺,测量范围(0 ~500)mm,分度值0.02mm,最大允许误差 ±0.05mm。

18.7 测试步骤

18.7.1 通用技术要求

目测和手感检查。

18.7.2 上、下分层度筒的内径

试验步骤如下：

(1)松开连接螺栓,使上、下分层度筒分离。

(2)沿上分层度筒圆周方向等间隔选取3个位置,用游标卡尺分别测量上分层度筒的内径,取3次测量的算术平均值作为上分层度筒内径的测量结果。

(3)按照步骤(2)测量下分度筒的内径。

18.7.3 上、下分层度筒的高度

试验步骤如下：

(1)沿上分层度筒圆周方向等间隔选取3个位置,用深度卡尺分别测量上分层度筒的高度,取3次测量的算术平均值作为上分层度筒高度的测量结果。

(2)按照步骤(1)测量下分度筒的高度。

18.8 测试周期

测试时间间隔一般不超过24个月,使用中可根据实际情况增加测试次数。

18.9 原始数据记录表

原始数据记录表见表3-18-1。

砂浆分层度仪测试原始数据记录表 表3-18-1

表格编号：

记录编号：

设备名称	砂浆分层度仪	样品编号	
型号规格		出厂编号	
制造单位		测试依据	
接收日期		测试地点	
测试前样品状态		测试后样品状态	
环境条件			

续上表

测试使用的计量标准器及主要配套设备							
名称(设备编号)	测量范围	不确定度/准确度等级/最大允许误差	证书编号	溯源机构	证书有效期至	使用前情况(是否良好)	使用后情况(是否良好)
数显卡尺	(0~200)mm	±0.03mm					
深度卡尺	(0~500)mm	±0.05mm					
测试项目							
1)	上分层度筒的内径	(150±1)mm					
		(1).⑤		①本项目测试结果			
				②本项目评价结果			
(1)	上分层度筒的内径	试验序号		③测量值(mm)		④标准值(mm)	
		1					
		2					
		3					
		AVERAGE(③)		⑤本指标测试结果			
				⑥本指标评价结果			
2)	下分层度筒的内径	(150±1)mm					
		(1).⑤		①本项目测试结果			
				②本项目评价结果			
(1)	下分层度筒的内径	试验序号		③测量值(mm)		④标准值(mm)	
		1					
		2					
		3					
		AVERAGE(③)		⑤本指标测试结果			
				⑥本指标评价结果			
3)	上分层度筒的高度	(200±1)mm					
		(1).⑤		①本项目测试结果			
				②本项目评价结果			

续上表

<table>
<tr><td colspan="5">测试项目</td></tr>
<tr><td rowspan="6">(1)</td><td rowspan="6">上分层度筒的高度</td><td>试验序号</td><td>③测量值(mm)</td><td>④标准值(mm)</td></tr>
<tr><td>1</td><td></td><td></td></tr>
<tr><td>2</td><td></td><td></td></tr>
<tr><td>3</td><td></td><td></td></tr>
<tr><td rowspan="2">AVERAGE(③)</td><td>⑤本指标测试结果</td><td></td></tr>
<tr><td>⑥本指标评价结果</td><td></td></tr>
<tr><td rowspan="3">4)</td><td rowspan="3">下分层度筒的高度</td><td colspan="3">(100 ± 1) mm</td></tr>
<tr><td rowspan="2">(1).⑤</td><td>①本项目测试结果</td><td></td></tr>
<tr><td>②本项目评价结果</td><td></td></tr>
<tr><td rowspan="6">(1)</td><td rowspan="6">下分层度筒的高度</td><td>试验序号</td><td>③测量值(mm)</td><td>④标准值(mm)</td></tr>
<tr><td>1</td><td></td><td></td></tr>
<tr><td>2</td><td></td><td></td></tr>
<tr><td>3</td><td></td><td></td></tr>
<tr><td rowspan="2">AVERAGE(③)</td><td>⑤本指标测试结果</td><td></td></tr>
<tr><td>⑥本指标评价结果</td><td></td></tr>
<tr><td colspan="5">测量不确定度</td></tr>
<tr><td>序号</td><td>评定项目</td><td>评定结果</td><td colspan="2">计算方法说明</td></tr>
<tr><td>1</td><td></td><td></td><td colspan="2"></td></tr>
<tr><td>2</td><td></td><td></td><td colspan="2"></td></tr>
<tr><td>3</td><td></td><td></td><td colspan="2"></td></tr>
</table>

测试： 核验： 日期：

19　维勃稠度仪计量测试作业指导书
（仪器编号：GL01050002）

19.1　范围

本作业指导书适用于普通或碾压混凝土拌合物稠度性能试验维勃稠度仪的计量测试。

19.2　概述

维勃稠度仪用于普通或碾压混凝土拌合物稠度性能试验，评定拌合物的性能是否符合混凝土的施工要求。维勃稠度仪通过对圆台体的混凝土拌合物施加振动和压力，并测定至混凝土拌合物上表面翻浆时所需的时间，采用振动时间表征维勃稠度。

维勃稠度仪由测杆、圆盘、容器、旋转架、振动台和控制系统等组成，其中滑动部分由测杆和圆盘、砝码等组成，其结构示意见图3-19-1。维勃稠度仪按计时方式分为自动计时型和人工计时型，按测定参数分为A型和B型。A型用于测定普通混凝土的维勃稠度，B型用于测定碾压混凝土的维勃稠度。A型和B型结构相同，B型增加了配重砝码。

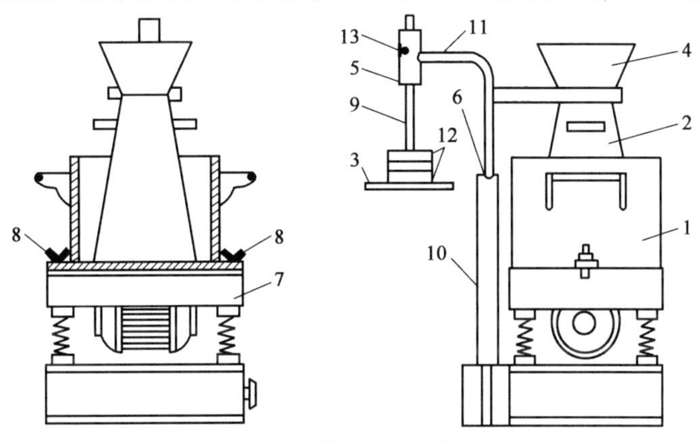

图3-19-1　维勃稠度仪结构示意图

1——容器；2——坍落度筒；3——圆盘；4——漏斗；5——套筒；6——定位器；7——振动台；8——固定螺丝；9——测杆；10——支柱；11——旋转架；12——砝码；13——滑杆螺丝。

19.3 通用技术要求

(1)维勃稠度仪的外表面应光洁,无明显伤痕等缺陷。

(2)测杆表面应光滑、平整,在套筒内滑动灵活。

19.4 计量性能要求

(1)坍落度筒的尺寸。

①内径:顶面内径(100 ±2)mm,底面内径(200 ±2)mm。

②壁厚:≥1.5mm。

③高度:(300 ±2)mm。

(2)坍落度筒顶面与底面平面度误差应不大于0.25mm。

(3)坍落度筒顶面与底面平行度误差应不大于0.25mm。

(4)坍落度筒顶面与底面同轴度误差应不大于0.6mm。

(5)圆盘的尺寸。

①直径:(230 ±2)mm。

②厚度:(10 ±2)mm。

(6)圆盘的平面度误差:≤0.30mm。

(7)漏斗轴线与容器轴线的同轴度误差。

当旋转架转动到漏斗就位后,漏斗的轴线应重合,其同轴度误差应不大于2.0mm。

(8)测杆轴线与容器轴线的同轴度误差。

当转动到圆盘就位后,测杆的轴线与容器的轴线应重合,其同轴度误差应不大于1.0mm。

(9)测杆与圆盘工作面的垂直度误差。

垂直度误差应不大于1.0mm。

(10)滑动部分的质量。

①测杆、圆盘及砝码的总质量应为(2750 ±50)g。

②配重砝码的质量为4块,其中2块的质量为(7500 ±50)g,其他2块的质量为(8700 ±50)g。

(11)振动台的垂直振动频率为(50 ±3)Hz。

(12)振动台的振幅:振动台装有空容器时,台面各点的垂直振幅为(0.5 ±0.1)mm,水平振幅应不大于0.10mm。

(13)计时器的示值误差:0.01s。

19.5 计量条件

(1)温度:(20 ±5)℃。

(2)相对湿度:≤85%。

(3)周围无影响工作的振动和腐蚀性气体存在。

19.6 计量器具

(1)游标卡尺:测量范围(0 ~300)mm,分度值0.02mm,最大允许误差为 ±0.04mm。

(2)测厚卡规:测量范围(0 ~20)mm ×200mm,分度值 0.01mm,最大允许误差为 ±0.03mm。

(3)高度卡尺:测量范围(0 ~500)mm,分度值0.02mm,最大允许误差为 ±0.05mm。

(4)平板:准确度等级3级。

(5)宽座直角尺:测量面长度不小于300mm,准确度等级1级。

(6)塞尺:测量范围(0.02 ~1.00)mm。

(7)电子天平:测量范围不小于(0 ~10000)g,Ⓘⓥ级。

(8)钢直尺:测量范围(0 ~1000)mm,最大允许误差为 ±0.20mm。

(9)测振仪:位移测量范围(0.001 ~1.999)mm,幅值线性度最大允许误差为 ±5%。

(10)频率计:准确度0.1%。

(11)刀口形直尺:直线度2μm。

(12)秒表:最大允许误差为 ±0.10s/h。

(13)辅助设备:V形铁2块,卡钳。

19.7 测试步骤

19.7.1 通用技术要求

采用目测和手感检查。

19.7.2 坍落度筒的尺寸

1)内径

试验步骤如下：

(1)沿坍落度筒顶面圆周方向等间隔选取3个位置，用游标卡尺分别测量坍落度筒顶面的内径，取3次测量的算术平均值作为坍落度筒顶面内径的测量结果。

(2)重复步骤(1)，测量坍落度筒底面的内径。

2)壁厚

沿坍落度筒顶面和底面的圆周方向等间隔分别选取3个位置，用测厚卡规测量坍落度筒的壁厚，取6次测量的算术平均值作为坍落度筒壁厚的测量结果。

3)高度

将坍落度筒置于平板上，沿坍落度筒顶面圆周方向等间隔选取6个位置(图3-19-2)，用高度卡尺分别测量坍落度筒的高度，取6次测量的算术平均值作为坍落度筒高度的测量结果。

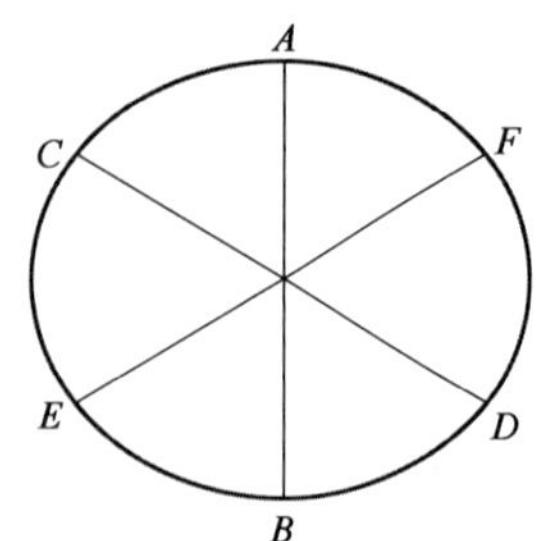

图3-19-2 尺寸测量示意图

19.7.3 顶面和底面平面度误差

将坍落度筒的顶面和底面分别与平板面接触，顶面和底面各选取3个测点，用塞尺检查，取最大值作为测量结果。

19.7.4 顶面与底面平行度误差

采用19.7.2中高度的测量结果，取最大值与最小值的差值作为平行度误差。

19.7.5 顶面与底面同轴度误差

试验步骤如下：

(1)将坍落度筒、V形铁和直角尺放置在平板上(图3-19-3)。

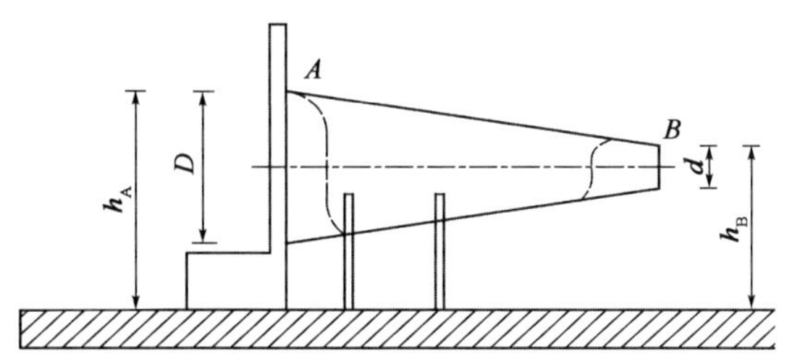

图 3-19-3 同轴度测量位置图

(2)调整 V 形铁使坍落度筒底面(A 端)与直角尺靠齐。

(3)用高度卡尺测量底面(A 端)和顶面(B 端)处尺寸 h_{Ax}、h_{Br}、D_x、d_x,将坍落度筒转 90°测量出 h_{Ay}、h_{By}、D_x、d_x,按照式(3-19-1)~式(3-19-3)计算同轴度误差。

$$\Delta = \sqrt{\Delta_x^2 + \Delta_y^2} \tag{3-19-1}$$

$$\Delta_x = \left(h_{Ax} - \frac{D_x}{2}\right) - \left(h_{Bx} - \frac{d_x}{2}\right) \tag{3-19-2}$$

$$\Delta_y = \left(h_{Ay} - \frac{D_y}{2}\right) - \left(h_{By} - \frac{d_y}{2}\right) \tag{3-19-3}$$

式中:h_{Ax}、h_{Ay}——坍落度筒底面 A 端到平板的距离和其旋转 90°后的距离(mm);

h_{Bx}、h_{By}——坍落度筒顶面 B 端到平板的距离和其旋转 90°后的距离(mm);

D_x、D_y——坍落度筒底面的直径和其旋转 90°后的直径(mm);

d_x、d_y——坍落度筒顶面的直径和其旋转 90°后的直径(mm)。

19.7.6 圆盘的尺寸

1)直径

沿圆盘圆周方向等间隔选取 3 个位置,用游标卡尺分别测量圆盘的直径,取 3 次测量的算术平均值作为圆盘直径的测量结果。

2)厚度

沿圆盘圆周方向等间隔选取 3 个位置,用游标卡尺分别测量圆盘的厚度,取 3 次测量的算术平均值作为圆盘厚度的测量结果。

19.7.7 圆盘的平面度误差

将刀口形直尺放到圆盘圆周均匀分布的 4 个直径方向上,用塞尺测量其间隙。若间隙小于塞尺的最小厚度或测量结果不稳定时,则在刀口形直尺两端垫等厚塞尺。当每个直径方向上测量间隙均出现在中间或两端部位时，取最大间隙作为测量结果；当测量间隙有的出现在中间，有的在两端时，取中间和两端的最大间隙之和作为测量结果。

19.7.8 漏斗轴线与容器轴线的同轴度误差

试验步骤如下：

(1)将容器置于振动台台面中心，拧紧固定螺母。

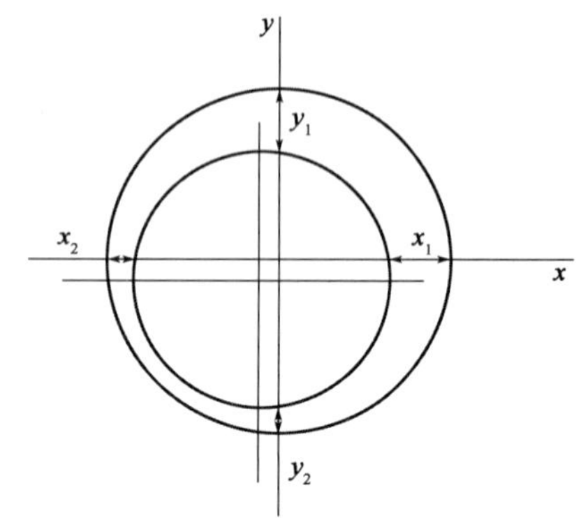

图 3-19-4 漏斗轴线与容器轴线的同轴度测量图

(2)以容器底面圆心为原点画一直角坐标。

(3)将坍落度筒放入容器中，将漏斗旋转到坍落度筒上方并扣紧。

(4)画出坍落度筒底部在直角坐标上的 4 个交点(图 3-19-4)。

(5)取出坍落度筒，用钢直尺配合卡钳测量直角坐标上 4 点与容器内壁在 x 轴和 y 轴上的间距，按照式(3-19-4)计算漏斗轴线与容器轴线的同轴度误差。

$$\Delta = \sqrt{\left(\frac{x_1 - x_2}{2}\right)^2 + \left(\frac{y_1 - y_2}{2}\right)^2} \tag{3-19-4}$$

19.7.9 测杆轴线与容器轴线的同轴度误差

试验步骤如下：

(1)以滑杆圆心为原点在圆盘上画直角坐标。

(2)将圆盘旋到容器上方，放松滑杆螺丝使圆盘下降至容器内地面上。

(3)用钢直尺和卡钳测量滑杆与容器内壁在 x 轴和 y 轴上的间距，按照式(3-19-4)计算同轴度误差。

19.7.10 测杆与圆盘工作面的垂直度误差

将测杆连圆盘和宽座直角尺按图 3-19-5 放置在平板上，用钢直尺测量 M_1、M_2、d_1、d_2、L_1、L_2，然后将其转 90°测量出同样的值，按照式(3-19-5)计算，取其中最大值为垂直度误差。

$$\Delta = \left|(M_1 - M_2) - \frac{(d_1 - d_2)}{2}\right| \times \left(\frac{L_1}{L_2}\right) \tag{3-19-5}$$

式中：M_1、M_2——测杆上两个测试点到直角尺的距离(mm)；

d_1、d_2——测杆上两个测试点的直径(mm)；

L_1、L_2——测杆顶端到平板的距离和两个测试点的间距(mm)，其中 $L_2 \geqslant 200$mm。

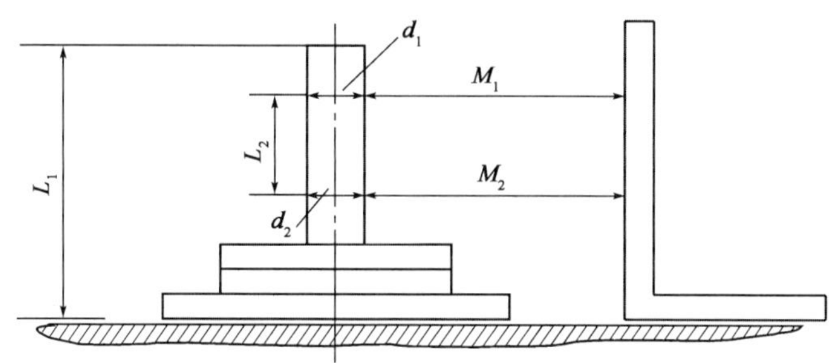

图 3-19-5　测杆与圆盘工作面的垂直度误差测试图

19.7.11　滑动部分的质量

(1)用电子天平称量测杆、圆盘及砝码的总质量，取 3 次测量的算术平均值作为测量结果。

(2)用电子天平分别称量配重砝码的质量，取 3 次测量的算术平均值作为测量结果。

19.7.12　振动台的垂直振动频率

用频率计测量振动频率，在台面中心点测量振动频率，取 3 次测量的算术平均值作为测量结果。

19.7.13　振动台的振幅

采用测振仪测量振动台的振幅。垂直振幅测点，在振动台台面四角各选一点，每侧边中间位置各选一点，台面中心一点，共 9 个测点(图 3-19-6)；水平振幅测点，在振动台 4 个侧边中间位置各选一点，测量最大值作为水平振幅。

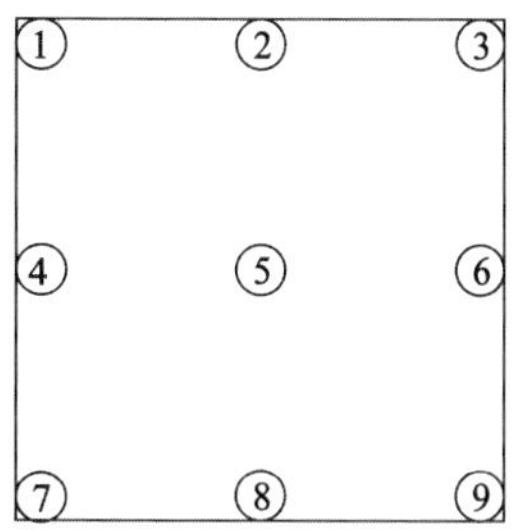

图 3-19-6　台面振幅测量位置

19.7.14　时间示值误差

(1)空载运转时，设定维勃稠度仪运行时间的上限值，用秒表进行测量，取 3 次测量的算术平均值作为标准值。标准值减去维勃稠度仪运行时间作为时间示值误差。

(2)当采用人工计时时，所用计时器应按照相应的检定规程进行校准或检定。

19.8 测试周期

测试时间间隔一般不超过 12 个月,使用中可根据实际情况增加测试次数。

19.9 原始数据记录表

原始数据记录表见表 3-19-1。

维勃稠度仪测试原始数据记录表　　表 3-19-1

表格编号:

记录编号:

设备名称		维勃稠度仪		样品编号		
型号规格				出厂编号		
制造单位				测试依据		
接收日期				测试地点		
测试前样品状态				测试后样品状态		
环境条件						
测试使用的计量标准器及主要配套设备						

名称(设备编号)	测量范围	不确定度/准确度等级/最大允许误差	证书编号	溯源机构	证书有效期至	使用前情况(是否良好)	使用后情况(是否良好)
游标卡尺	(0~300)mm	±0.04mm					
高度卡尺	(0~500)mm	±0.05mm					
平板	—	3 级					
直角尺	≥300mm	1 级					
塞尺	(0.02~1)mm	—					
电子天平	(0~10000)g	Ⅳ级					
钢直尺	(0~1000)mm	±0.20mm					
测振仪	(0.001~1.999)mm	±5%					
频率计	—	0.10%					
刀口形直尺	—	直线度 2μm					
秒表	—	±0.10s/h					

续上表

<table>
<tr><td colspan="5">测试项目</td></tr>
<tr><td rowspan="3">1)</td><td rowspan="3">坍落度筒顶面内径</td><td colspan="3">(100 ±2)mm</td></tr>
<tr><td rowspan="2">(1).⑤</td><td>①本项目测试结果</td><td></td></tr>
<tr><td>②本项目评价结果</td><td></td></tr>
<tr><td rowspan="6">(1)</td><td rowspan="6">坍落度筒顶面内径</td><td>试验序号</td><td>③测量值(mm)</td><td>④标准值(mm)</td></tr>
<tr><td>1</td><td></td><td></td></tr>
<tr><td>2</td><td></td><td></td></tr>
<tr><td>3</td><td></td><td></td></tr>
<tr><td rowspan="2">AVERAGE(③)</td><td>⑤本指标测试结果</td><td></td></tr>
<tr><td>⑥本指标评价结果</td><td></td></tr>
<tr><td rowspan="3">2)</td><td rowspan="3">坍落度筒底面内径</td><td colspan="3">(200 ±2)mm</td></tr>
<tr><td rowspan="2">(1).⑤</td><td>①本项目测试结果</td><td></td></tr>
<tr><td>②本项目评价结果</td><td></td></tr>
<tr><td rowspan="6">(1)</td><td rowspan="6">坍落度筒底面内径</td><td>试验序号</td><td>③测量值(mm)</td><td>④标准值(mm)</td></tr>
<tr><td>1</td><td></td><td></td></tr>
<tr><td>2</td><td></td><td></td></tr>
<tr><td>3</td><td></td><td></td></tr>
<tr><td rowspan="2">AVERAGE(③)</td><td>⑤本指标测试结果</td><td></td></tr>
<tr><td>⑥本指标评价结果</td><td></td></tr>
<tr><td rowspan="3">3)</td><td rowspan="3">坍落度筒壁厚</td><td colspan="3">≥1.5mm</td></tr>
<tr><td rowspan="2">(1).⑤</td><td>①本项目测试结果</td><td></td></tr>
<tr><td>②本项目评价结果</td><td></td></tr>
<tr><td rowspan="9">(1)</td><td rowspan="9">坍落度筒壁厚</td><td>试验序号</td><td>③测量值(mm)</td><td>④标准值(mm)</td></tr>
<tr><td>1</td><td></td><td></td></tr>
<tr><td>2</td><td></td><td></td></tr>
<tr><td>3</td><td></td><td></td></tr>
<tr><td>4</td><td></td><td></td></tr>
<tr><td>5</td><td></td><td></td></tr>
<tr><td>6</td><td></td><td></td></tr>
<tr><td rowspan="2">AVERAGE(③)</td><td>⑤本指标测试结果</td><td></td></tr>
<tr><td>⑥本指标评价结果</td><td></td></tr>
</table>

续上表

测试项目				
4)	坍落度筒高度	(300 ± 2)mm		
		(1).⑤	①本项目测试结果	
			②本项目评价结果	
(1)	坍落度筒高度	试验序号	③测量值(mm)	④标准值(mm)
		1		
		2		
		3		
		AVERAGE(③)	⑤本指标测试结果	
			⑥本指标评价结果	
5)	顶面和底面平面度误差	≤0.25mm		
		(1).⑤	①本项目测试结果	
			②本项目评价结果	
(1)	顶面和底面平面度误差	试验序号	③测量值(mm)	④标准值(mm)
		1		
		2		
		3		
		4		
		5		
		6		
		MAX(③)	⑤本指标测试结果	
			⑥本指标评价结果	
6)	顶面和底面平行度误差	≤0.25mm		
		(1).⑤	①本项目测试结果	
			②本项目评价结果	
(1)	顶面和底面平行度误差	试验序号	③测量值(mm)	④标准值(mm)
		1		
		MAX(5).③ - MIN(5).③	⑤本指标测试结果	
			⑥本指标评价结果	
7)	同轴度	≤0.6mm		
		SQRT((1).⑤^2 + (6).⑤^2)	①本项目测试结果	
			②本项目评价结果	

续上表

<table>
<tr><td colspan="5">测试项目</td></tr>
<tr><td rowspan="4">(1)</td><td rowspan="4">h_{Ax}</td><td>试验序号</td><td>③测量值(mm)</td><td>④标准值(mm)</td></tr>
<tr><td>1</td><td></td><td></td></tr>
<tr><td rowspan="2">③</td><td>⑤本指标测试结果</td><td></td></tr>
<tr><td>⑥本指标评价结果</td><td></td></tr>
<tr><td rowspan="4">(2)</td><td rowspan="4">D_x</td><td>试验序号</td><td>③测量值(mm)</td><td>④标准值(mm)</td></tr>
<tr><td>1</td><td></td><td></td></tr>
<tr><td rowspan="2">③</td><td>⑤本指标测试结果</td><td></td></tr>
<tr><td>⑥本指标评价结果</td><td></td></tr>
<tr><td rowspan="4">(3)</td><td rowspan="4">h_{Bx}</td><td>试验序号</td><td>③测量值(mm)</td><td>④标准值(mm)</td></tr>
<tr><td>1</td><td></td><td></td></tr>
<tr><td rowspan="2">③</td><td>⑤本指标测试结果</td><td></td></tr>
<tr><td>⑥本指标评价结果</td><td></td></tr>
<tr><td rowspan="4">(4)</td><td rowspan="4">d_x</td><td>试验序号</td><td>③测量值(mm)</td><td>④标准值(mm)</td></tr>
<tr><td>1</td><td></td><td></td></tr>
<tr><td rowspan="2">③</td><td>⑤本指标测试结果</td><td></td></tr>
<tr><td>⑥本指标评价结果</td><td></td></tr>
<tr><td rowspan="4">(5)</td><td rowspan="4">h_{Ay}</td><td>试验序号</td><td>③测量值(mm)</td><td>④标准值(mm)</td></tr>
<tr><td>1</td><td></td><td></td></tr>
<tr><td rowspan="2">③</td><td>⑤本指标测试结果</td><td></td></tr>
<tr><td>⑥本指标评价结果</td><td></td></tr>
<tr><td rowspan="4">(6)</td><td rowspan="4">D_y</td><td>试验序号</td><td>③测量值(mm)</td><td>④标准值(mm)</td></tr>
<tr><td>1</td><td></td><td></td></tr>
<tr><td rowspan="2">③</td><td>⑤本指标测试结果</td><td></td></tr>
<tr><td>⑥本指标评价结果</td><td></td></tr>
<tr><td rowspan="4">(7)</td><td rowspan="4">h_{By}</td><td>试验序号</td><td>③测量值(mm)</td><td>④标准值(mm)</td></tr>
<tr><td>1</td><td></td><td></td></tr>
<tr><td rowspan="2">③</td><td>⑤本指标测试结果</td><td></td></tr>
<tr><td>⑥本指标评价结果</td><td></td></tr>
<tr><td rowspan="4">(8)</td><td rowspan="4">d_y</td><td>试验序号</td><td>③测量值(mm)</td><td>④标准值(mm)</td></tr>
<tr><td>1</td><td></td><td></td></tr>
<tr><td rowspan="2">③</td><td>⑤本指标测试结果</td><td></td></tr>
<tr><td>⑥本指标评价结果</td><td></td></tr>
</table>

续上表

<table>
<tr><td colspan="5">测试项目</td></tr>
<tr><td rowspan="3">8)</td><td rowspan="3">圆盘直径</td><td colspan="3">(230 ±2)mm</td></tr>
<tr><td rowspan="2">(1).⑤</td><td>①本项目测试结果</td><td></td></tr>
<tr><td>②本项目评价结果</td><td></td></tr>
<tr><td rowspan="6">(1)</td><td rowspan="6">圆盘直径</td><td>试验序号</td><td>③测量值(mm)</td><td>④标准值(mm)</td></tr>
<tr><td>1</td><td></td><td></td></tr>
<tr><td>2</td><td></td><td></td></tr>
<tr><td>3</td><td></td><td></td></tr>
<tr><td rowspan="2">AVERAGE(③)</td><td>⑤本指标测试结果</td><td></td></tr>
<tr><td>⑥本指标评价结果</td><td></td></tr>
<tr><td rowspan="3">9)</td><td rowspan="3">圆盘厚度</td><td colspan="3">(10 ±2)mm</td></tr>
<tr><td rowspan="2">(1).⑤</td><td>①本项目测试结果</td><td></td></tr>
<tr><td>②本项目评价结果</td><td></td></tr>
<tr><td rowspan="6">(1)</td><td rowspan="6">圆盘厚度</td><td>试验序号</td><td>③测量值(mm)</td><td>④标准值(mm)</td></tr>
<tr><td>1</td><td></td><td></td></tr>
<tr><td>2</td><td></td><td></td></tr>
<tr><td>3</td><td></td><td></td></tr>
<tr><td rowspan="2">AVERAGE(③)</td><td>⑤本指标测试结果</td><td></td></tr>
<tr><td>⑥本指标评价结果</td><td></td></tr>
<tr><td rowspan="3">10)</td><td rowspan="3">圆盘平面度误差</td><td colspan="3">≤0.30mm</td></tr>
<tr><td rowspan="2">(1).⑤</td><td>①本项目测试结果</td><td></td></tr>
<tr><td>②本项目评价结果</td><td></td></tr>
<tr><td rowspan="7">(1)</td><td rowspan="7">圆盘平面度误差</td><td>试验序号</td><td>③测量值(mm)</td><td>④标准值(mm)</td></tr>
<tr><td>1</td><td></td><td></td></tr>
<tr><td>2</td><td></td><td></td></tr>
<tr><td>3</td><td></td><td></td></tr>
<tr><td>4</td><td></td><td></td></tr>
<tr><td rowspan="2">当每个直径方向上测量间隙均出现在中间或两端部位时，取最大间隙作为测量结果；当测量间隙出现有的在中间，有的在两端时，取中间和两端的最大间隙之和作为测量结果</td><td>⑤本指标测试结果</td><td></td></tr>
<tr><td>⑥本指标评价结果</td><td></td></tr>
</table>

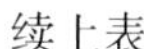

续上表

测试项目				
11)	漏斗轴线与容器轴线的同轴度误差	≤2mm		
		SQRT{[(1).③-(2).③]/2×[(1).③-(2).③]/2+[(3).③-(4).③]/2×[(3).③-(4).③]/2}	①本项目测试结果	
			②本项目评价结果	
(1)	x_1	试验序号	③测量值(mm)	④标准值(mm)
		1		
		③	⑤本指标测试结果	
			⑥本指标评价结果	
(2)	x_2	试验序号	③测量值(mm)	④标准值(mm)
		1		
		③	⑤本指标测试结果	
			⑥本指标评价结果	
(3)	y_1	试验序号	③测量值(mm)	④标准值(mm)
		1		
		③	⑤本指标测试结果	
			⑥本指标评价结果	
(4)	y_2	试验序号	③测量值(mm)	④标准值(mm)
		1		
		③	⑤本指标测试结果	
			⑥本指标评价结果	
12)	测杆轴线与容器轴线的同轴度误差	≤1.0mm		
		SQRT{[(1).③-(2).③]/2×[(1).③-(2).③]/2+[(3).③-(4).③]/2×[(3).③-(4).③]/2}	①本项目测试结果	
			②本项目评价结果	
(1)	x_1	试验序号	③测量值(mm)	④标准值(mm)
		1		
		③	⑤本指标测试结果	
			⑥本指标评价结果	

续上表

测试项目				
(2)	x_2	试验序号	③测量值(mm)	④标准值(mm)
		1		
		③	⑤本指标测试结果	
			⑥本指标评价结果	
(3)	y_1	试验序号	③测量值(mm)	④标准值(mm)
		1		
		③	⑤本指标测试结果	
			⑥本指标评价结果	
(4)	y_2	试验序号	③测量值(mm)	④标准值(mm)
		1		
		③	⑤本指标测试结果	
			⑥本指标评价结果	
13)	测杆与圆盘工作面的垂直度误差	≤1.0mm		
		|[(1).③-(2).③]-[(3).③-(4).③]/2|×[(5).③/(6).③]	①本项目测试结果	
			②本项目评价结果	
(1)	M_1	试验序号	③测量值(mm)	④标准值(mm)
		1		
		③	⑤本指标测试结果	
			⑥本指标评价结果	
(2)	M_2	试验序号	③测量值(mm)	④标准值(mm)
		1		
		③	⑤本指标测试结果	
			⑥本指标评价结果	
(3)	d_1	试验序号	③测量值(mm)	④标准值(mm)
		1		
		③	⑤本指标测试结果	
			⑥本指标评价结果	
(4)	d_2	试验序号	③测量值(mm)	④标准值(mm)
		1		
		③	⑤本指标测试结果	
			⑥本指标评价结果	

续上表

<table>
<tr><td colspan="5">测试项目</td></tr>
<tr><td rowspan="4">(5)</td><td rowspan="4">L_1</td><td>试验序号</td><td>③测量值(mm)</td><td>④标准值(mm)</td></tr>
<tr><td>1</td><td></td><td></td></tr>
<tr><td rowspan="2">③</td><td>⑤本指标测试结果</td><td></td></tr>
<tr><td>⑥本指标评价结果</td><td></td></tr>
<tr><td rowspan="4">(6)</td><td rowspan="4">L_2</td><td>试验序号</td><td>③测量值(mm)</td><td>④标准值(mm)</td></tr>
<tr><td>1</td><td></td><td></td></tr>
<tr><td rowspan="2">③</td><td>⑤本指标测试结果</td><td></td></tr>
<tr><td>⑥本指标评价结果</td><td></td></tr>
<tr><td rowspan="3">14)</td><td rowspan="3">测杆、圆盘及砝码的总质量</td><td colspan="3">(2750 ± 50)g</td></tr>
<tr><td rowspan="2">(1).⑤</td><td>①本项目测试结果</td><td></td></tr>
<tr><td>②本项目评价结果</td><td></td></tr>
<tr><td rowspan="6">(1)</td><td rowspan="6">测杆、圆盘及砝码的总质量</td><td>试验序号</td><td>③测量值(g)</td><td>④标准值(g)</td></tr>
<tr><td>1</td><td></td><td></td></tr>
<tr><td>2</td><td></td><td></td></tr>
<tr><td>3</td><td></td><td></td></tr>
<tr><td rowspan="2">AVERAGE(③)</td><td>⑤本指标测试结果</td><td></td></tr>
<tr><td>⑥本指标评价结果</td><td></td></tr>
<tr><td rowspan="3">15)</td><td rowspan="3">配重砝码质量</td><td colspan="3">(7500 ± 50)g</td></tr>
<tr><td rowspan="2">(1).⑤</td><td>①本项目测试结果</td><td></td></tr>
<tr><td>②本项目评价结果</td><td></td></tr>
<tr><td rowspan="6">(1)</td><td rowspan="6">配重砝码质量</td><td>试验序号</td><td>③测量值(g)</td><td>④标准值(g)</td></tr>
<tr><td>1</td><td></td><td></td></tr>
<tr><td>2</td><td></td><td></td></tr>
<tr><td>3</td><td></td><td></td></tr>
<tr><td rowspan="2">AVERAGE(③)</td><td>⑤本指标测试结果</td><td></td></tr>
<tr><td>⑥本指标评价结果</td><td></td></tr>
<tr><td rowspan="3">16)</td><td rowspan="3">配重砝码质量</td><td colspan="3">(8700 ± 50)g</td></tr>
<tr><td rowspan="2">(1).⑤</td><td>①本项目测试结果</td><td></td></tr>
<tr><td>②本项目评价结果</td><td></td></tr>
</table>

续上表

测试项目				
(1)	配重砝码质量	试验序号	③测量值(g)	④标准值(g)
		1		
		2		
		3		
		AVERAGE(③)	⑤本指标测试结果	
			⑥本指标评价结果	
17)	振动台垂直振动频率	(50 ±3)Hz		
		(1).⑤	①本项目测试结果	
			②本项目评价结果	
(1)	振动台垂直振动频率	试验序号	③测量值(Hz)	④标准值(Hz)
		1		
		2		
		3		
		AVERAGE(③)	⑤本指标测试结果	
			⑥本指标评价结果	
18)	振动台垂直振幅	(0.5 ±0.1)mm		
		(1).⑤	①本项目测试结果	
			②本项目评价结果	
(1)	振动台垂直振幅	试验序号	③测量值(mm)	④标准值(mm)
		1		
		2		
		3		
		4		
		5		
		6		
		7		
		8		
		9		
		MAX(③)	⑤本指标测试结果	
			⑥本指标评价结果	

续上表

测试项目				
19)	振动台水平振幅	≤0.10mm		
		(1).⑤	①本项目测试结果	
			②本项目评价结果	
(1)	振动台水平振幅	试验序号	③测量值(mm)	④标准值(mm)
		1		
		2		
		3		
		4		
		MAX(③)	⑤本指标测试结果	
			⑥本指标评价结果	
20)	计时器的示值误差	±0.01s		
		(1).⑤	①本项目测试结果	
			②本项目评价结果	
(1)	计时器的示值误差	试验序号	③测量值(s)	④标准值(s)
		1		
		2		
		3		
		AVERAGE(③)	⑤本指标测试结果	
			⑥本指标评价结果	
测量不确定度				
序号	评定项目	评定结果	计算方法说明	
1				
2				
3				

测试： 核验： 日期：

20 砂浆稠度仪计量测试作业指导书（仪器编号：GL01050012）

20.1 范围

本作业指导书适用于砂浆稠度仪的计量测试。

20.2 概述

砂浆稠度仪用于测定砂浆的流动性，可确定配合比或施工过程中控制砂浆的稠度，以达到控制用水量的目的。砂浆稠度仪利用固定几何形状和重量的标准圆锥体，以其自身的重量自由地沉入砂浆混合物中的深度表征砂浆的稠度。

砂浆稠度测定仪分为指针式砂浆稠度测定仪和数显式砂浆稠度测定仪，由标准圆锥、立柱、圆锥筒、横臂、深度指示装置等主要部件组成。结构如图 3-20-1、图 3-20-2 所示。

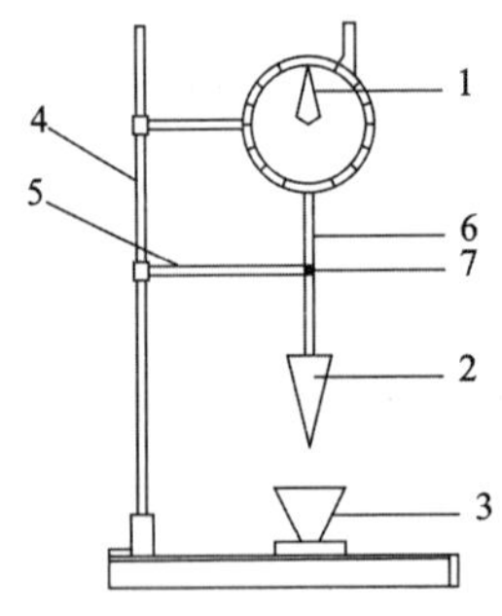

图 3-20-1 指针式砂浆稠度测定仪示意图

1——深度指示装置；2——标准圆锥；3——圆锥筒；4——立柱；5——横臂；6——测杆；7——锥连杆制动按钮。

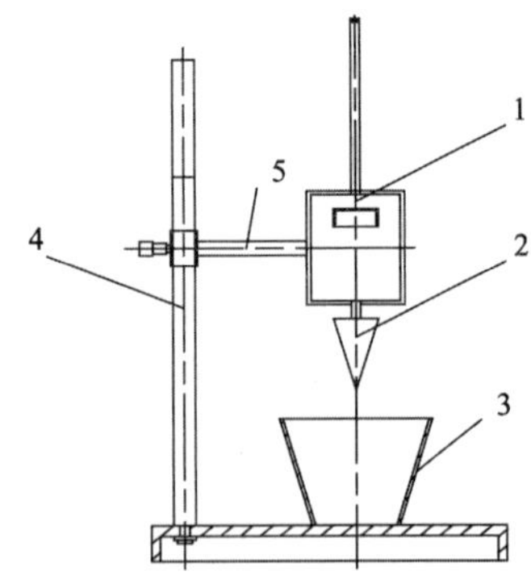

图 3-20-2 数显式砂浆稠度测定仪示意图

1——深度指示装置；2——标准圆锥；3——圆锥筒；4——立柱；5——横臂。

20.3 通用技术要求

(1)外表不应有明显的损伤、缺陷和锈蚀。

(2)开关、按钮应能正常工作,各运动部分顺滑、无卡滞现象。

(3)示值度盘或标尺式刻线刻字应清晰、准确;数字式示值显示的内容应齐全,不得有缺损、遗漏,且显示清晰。

20.4 计量性能要求

1)锥连杆(标准圆锥和测杆)质量

锥连杆(标准圆锥和测杆)质量为(300 ±2)g。

2)标准圆锥的尺寸

(1)圆锥锥底直径为(75 ±0.5)mm。

(2)锥体高度为(145 ±0.5)mm。

3)盛装砂浆圆锥筒的尺寸

(1)上口直径为(150 ±0.5)mm。

(2)深度(180 ±0.2)mm。

4)深度指示装置的示值允许误差

(1)示值误差不超过 ±0.5mm。

(2)示值重复性不大于0.3mm。

20.5 环境条件

(1)温度:(20 ±5)℃。

(2)相对湿度:≤85%。

(3)周围应无影响测试工作的振动、腐蚀气体及强磁场干扰等。

20.6 计量器具

(1)电子天平:测量范围(0~500)g,分度值0.01g,准确度等级为Ⅱ级。

(2)游标卡尺(具有测深功能):测量范围(0~200)mm,分度值0.02mm,最大允许误差±0.03mm。

(3)标准量块:测量范围(0~150)mm,准确度等级为5等。

(4)电子秒表:分辨力为0.01s。

20.7 测试步骤

20.7.1 通用技术要求

目测和手感检查。

20.7.2 锥连杆质量

卸下锥连杆,用天平称锥连杆质量,重复称量3次,取平均值作为测量结果。

20.7.3 标准圆锥的尺寸

(1)在标准圆锥圆周的相互垂直方向,用游标卡尺测量标准圆锥锥底直径,以2次测量的算术平均值作为测量结果。

(2)在标准圆锥圆周方向等间隔选3个测试点,用游标卡尺测量标准圆锥的高度,以3次测量的算术平均值作为测量结果。

20.7.4 盛装砂浆圆锥筒的尺寸

(1)在盛装砂浆圆锥筒的上口,用游标卡尺测量盛装砂浆圆锥筒的上口直径,以2次测量的算术平均值作为测量结果。

(2)在盛装砂浆圆锥筒圆周方向等间隔选3个测试点,用游标卡尺测量盛装砂浆圆锥筒的深度,以3次测量的算术平均值作为测量结果。

20.7.5　深度指示装置的示值允许误差

1)示值误差

试验步骤如下:

(1)将底座平台调整至水平状态。

(2)在底座平台上放置合适的量块作为测量基准,固定锥体高度。

(3)移走量块,扶住锥体,按下锥连杆释放按钮,使锥连杆轻轻落下,记录砂浆稠度仪的显示示值,重复进行3次,计算3次测量的算术平均值,按照式(3-20-1)计算示值误差。

$$\Delta = L_m - L_o \tag{3-20-1}$$

式中:Δ——该测试点的示值误差(mm);

L_m——砂浆稠度仪3次测量的平均值(mm);

L_o——测量位置量块的实际值(mm)。

(4)选择不同的量块高度作为测量基准,重复步骤(1)~(3),一般选择5个高度,取示值误差的最大值作为深度指示装置的示值误差。

2)示值重复性

选择1)中测量基准最小的测试点,重复1)的步骤(1)~(3)10次,按照式(3-20-2)计算10次测量结果的标准偏差作为示值重复性。

$$s = \sqrt{\frac{\sum_{i=1}^{n}(x_i - \bar{x})^2}{n-1}} \tag{3-20-2}$$

式中:s——砂浆稠度仪的标准偏差(mm);

x_i——砂浆稠度仪第i次的示值(mm),$i=1,2,3,\cdots,n$;

$\bar{x}$——砂浆稠度仪n次测量的平均值(mm),$n=10$。

20.8　测试周期

测试时间间隔一般不超过12个月,使用中可根据实际情况增加测试次数。

20.9　原始数据记录表

原始数据记录表见表3-20-1。

砂浆稠度仪测试原始数据记录表 表 3-20-1

表格编号：

记录编号：

<table>
<tr><td colspan="2">设备名称</td><td colspan="2">砂浆稠度仪</td><td colspan="2">样品编号</td><td colspan="2"></td></tr>
<tr><td colspan="2">型号规格</td><td colspan="2"></td><td colspan="2">出厂编号</td><td colspan="2"></td></tr>
<tr><td colspan="2">制造单位</td><td colspan="2"></td><td colspan="2">测试依据</td><td colspan="2"></td></tr>
<tr><td colspan="2">接收日期</td><td colspan="2"></td><td colspan="2">测试地点</td><td colspan="2"></td></tr>
<tr><td colspan="2">测试前样品状态</td><td colspan="2"></td><td colspan="2">测试后样品状态</td><td colspan="2"></td></tr>
<tr><td colspan="2">环境条件</td><td colspan="6"></td></tr>
<tr><td colspan="8">测试使用的计量标准器及主要配套设备</td></tr>
<tr><td>名称
(设备编号)</td><td>测量范围</td><td>不确定度/
准确度等级/
最大允许
误差</td><td>证书编号</td><td>溯源机构</td><td>证书
有效期至</td><td>使用前情况
(是否良好)</td><td>使用后情况
(是否良好)</td></tr>
<tr><td>电子天平</td><td>(0～500)g</td><td>Ⅱ级</td><td></td><td></td><td></td><td></td><td></td></tr>
<tr><td>游标卡尺</td><td>(0～200)mm</td><td>±0.03mm</td><td></td><td></td><td></td><td></td><td></td></tr>
<tr><td>标准量块</td><td>(0～150)mm</td><td>5 等</td><td></td><td></td><td></td><td></td><td></td></tr>
<tr><td>电子秒表</td><td>—</td><td>—</td><td></td><td></td><td></td><td></td><td></td></tr>
<tr><td colspan="8">测试项目</td></tr>
<tr><td rowspan="3">1)</td><td rowspan="3">锥连杆质量</td><td colspan="6">(300±2)g</td></tr>
<tr><td colspan="2" rowspan="2">(1).⑤</td><td colspan="2">①本项目测试结果</td><td colspan="2"></td></tr>
<tr><td colspan="2">②本项目评价结果</td><td colspan="2"></td></tr>
<tr><td rowspan="6">(1)</td><td rowspan="6">锥连杆质量</td><td colspan="2">试验序号</td><td colspan="2">③测量值(g)</td><td colspan="2">④标准值(g)</td></tr>
<tr><td colspan="2">1</td><td colspan="2"></td><td colspan="2" rowspan="3">(300±2)g</td></tr>
<tr><td colspan="2">2</td><td colspan="2"></td></tr>
<tr><td colspan="2">3</td><td colspan="2"></td></tr>
<tr><td colspan="2" rowspan="2">AVERAGE(③)</td><td colspan="2">⑤本指标测试结果</td><td colspan="2"></td></tr>
<tr><td colspan="2">⑥本指标评价结果</td><td colspan="2"></td></tr>
<tr><td rowspan="3">2)</td><td rowspan="3">圆锥锥底
直径</td><td colspan="6">(75±0.5)mm</td></tr>
<tr><td colspan="2" rowspan="2">(1).⑤</td><td colspan="2">①本项目测试结果</td><td colspan="2"></td></tr>
<tr><td colspan="2">②本项目评价结果</td><td colspan="2"></td></tr>
</table>

续上表

测试项目				
(1)	圆锥锥底直径	试验序号	③测量值(mm)	④标准值(mm)
		1		(75 ±0.5)mm
		2		
		AVERAGE(③)	⑤本指标测试结果	
			⑥本指标评价结果	
3)	锥体高度	(145 ±0.5)mm		
		(1).⑤	①本项目测试结果	
			②本项目评价结果	
(1)	锥体高度	试验序号	③测量值(mm)	④标准值(mm)
		1		
		2		
		3		
		AVERAGE(③)	⑤本指标测试结果	
			⑥本指标评价结果	
4)	盛装砂浆圆锥筒的上口直径	(150 ±0.5)mm		
		(1).⑤	①本项目测试结果	
			②本项目评价结果	
(1)	盛装砂浆圆锥筒的上口直径	试验序号	③测量值(mm)	④标准值(mm)
		1		
		2		
		AVERAGE(③)	⑤本指标测试结果	
			⑥本指标评价结果	
5)	盛装砂浆圆锥筒的深度	(180 ±0.2)mm		
		(1).⑤	①本项目测试结果	
			②本项目评价结果	
(1)	盛装砂浆圆锥筒的深度	试验序号	③测量值(mm)	④标准值(mm)
		1		
		2		
		3		
		AVERAGE(③)	⑤本指标测试结果	
			⑥本指标评价结果	

续上表

测试项目				
6)	深度指示装置的示值误差	±0.5mm		
		MAX((1).⑤,(2).⑤,(3).⑤,(4).⑤,(5).⑤)	①本项目测试结果	
			②本项目评价结果	
(1)	高度1	试验序号	③测量值(mm)	④标准值(mm)
		1		
		2		
		3		
		AVERAGE(③) -1.④	⑤本指标测试结果	
			⑥本指标评价结果	
(2)	高度2	试验序号	③测量值(mm)	④标准值(mm)
		1		
		2		
		3		
		AVERAGE(③) -1.④	⑤本指标测试结果	
			⑥本指标评价结果	
(3)	高度3	试验序号	③测量值(mm)	④标准值(mm)
		1		
		2		
		3		
		AVERAGE(③) -1.④	⑤本指标测试结果	
			⑥本指标评价结果	
(4)	高度4	试验序号	③测量值(mm)	④标准值(mm)
		1		
		2		
		3		
		AVERAGE(③) -1.④	⑤本指标测试结果	
			⑥本指标评价结果	
(5)	高度5	试验序号	③测量值(mm)	④标准值(mm)
		1		
		2		
		3		
		AVERAGE(③) -1.④	⑤本指标测试结果	
			⑥本指标评价结果	

续上表

<table>
<tr><td colspan="5">测试项目</td></tr>
<tr><td rowspan="3">7)</td><td rowspan="3">深度指示装置的示值重复性</td><td colspan="3">≤0.3mm</td></tr>
<tr><td rowspan="2">(1).⑤</td><td>①本项目测试结果</td><td></td></tr>
<tr><td>②本项目评价结果</td><td></td></tr>
<tr><td rowspan="13">(1)</td><td rowspan="13">深度指示装置的示值重复性</td><td>试验序号</td><td>③测量值(mm)</td><td>④标准值(mm)</td></tr>
<tr><td>1</td><td></td><td></td></tr>
<tr><td>2</td><td></td><td></td></tr>
<tr><td>3</td><td></td><td></td></tr>
<tr><td>4</td><td></td><td></td></tr>
<tr><td>5</td><td></td><td></td></tr>
<tr><td>6</td><td></td><td></td></tr>
<tr><td>7</td><td></td><td></td></tr>
<tr><td>8</td><td></td><td></td></tr>
<tr><td>9</td><td></td><td></td></tr>
<tr><td>10</td><td></td><td></td></tr>
<tr><td rowspan="2">STDEV(③)</td><td>⑤本指标测试结果</td><td></td></tr>
<tr><td>⑥本指标评价结果</td><td></td></tr>
<tr><td colspan="5">测量不确定度</td></tr>
<tr><td>序号</td><td>评定项目</td><td>评定结果</td><td colspan="2">计算方法说明</td></tr>
<tr><td>1</td><td></td><td></td><td colspan="2"></td></tr>
<tr><td>2</td><td></td><td></td><td colspan="2"></td></tr>
<tr><td>3</td><td></td><td></td><td colspan="2"></td></tr>
</table>

测试：　　　　　　　　核验：　　　　　　　　日期：

21 能见度检测仪计量测试作业指导书（仪器编号：GL02130004、GL03020018）

21.1 范围

本作业指导书适用于透射式能见度检测仪的计量测试。

21.2 概述

能见度检测仪是测量大气能见距离的仪器。能见度检测仪通过测量光束在穿过已知长度的路径后透过或衰减的光透过率程度，测定环境能见度。能见度检测仪主要由光接收探测器、光源组件和显示器组成，结构示意见图3-21-1。

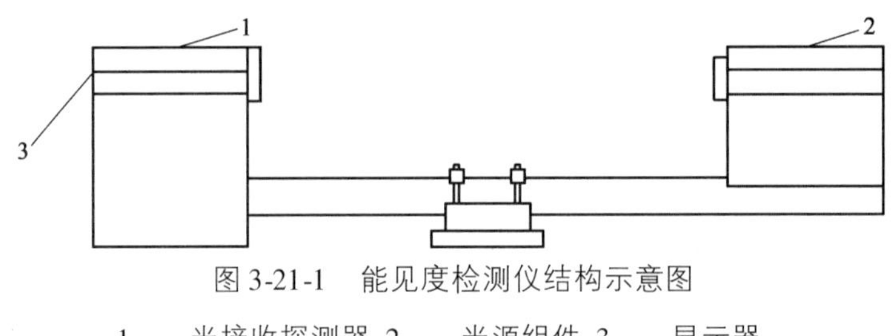

图3-21-1 能见度检测仪结构示意图

1——光接收探测器；2——光源组件；3——显示器。

21.3 通用技术要求

能见度检测仪的光源镜头应无破损、污染。

21.4 计量性能要求

(1)零点漂移：≤1.0%。

(2)透射比示值误差:±2.0%。

(3)透射比重复性:≤1.0%。

21.5　环境条件

(1)温度:(18~25)℃。

(2)相对湿度:≤85%。

21.6　计量器具

可见光透射比标准片:4片,透射比分别为50%±2%、70%±2%、80%±2%、90%±2%,透射比最大允许误差不应大于±0.5%。

21.7　测试步骤

21.7.1　通用技术要求

目测和手感检查。

21.7.2　零点漂移

打开能见度检测仪的电源开关,预热0.5h后调零。连续观察3min,读取透射比示值的最大值,读取能见度检测仪零点漂移。

21.7.3　透射比示值误差

试验步骤如下:

(1)将透射比标准片放置于光源组件与接收传感器之间。

(2)重复测量3次,取平均值为该透射比标准片测量值。

(3)按照式(3-21-1)计算该测试点的示值误差。

$$\Delta_i = \bar{\tau} - \tau_{0i} \tag{3-21-1}$$

式中：Δ_i——透射比示值误差（i＝50、70、80、90）；

$\bar{\tau}_i$——透射比标准片3次测量的平均值；

τ_{0i}——标准片透射比标准值（i＝50、70、80、90）。

21.7.4 透射比重复性

采用透射比为70%±2%的标准片，置于光源组件与接收传感器之间，读取示值，重复测量6次，按照式（3-21-2）计算透射比重复性。

$$\gamma = \sqrt{\frac{\sum_{i=1}^{6}(\tau_i - \bar{\tau})^2}{5}} \tag{3-21-2}$$

式中：γ——重复性；

$\bar{\tau}$——重复测量6次示值的平均值；

τ_i——第i次测量示值（i＝1，2，3，4，5，6）。

21.8 测试周期

测试时间间隔一般不超过12个月，使用中可根据实际情况增加测试次数。

21.9 原始数据记录表

原始数据记录表见表3-21-1。

透射式能见度检测仪测试原始数据记录表　　表3-21-1

表格编号：

记录编号：

设备名称	透射式能见度检测仪	样品编号	
型号规格		出厂编号	
制造单位		测试依据	
接收日期		测试地点	
测试前样品状态		测试后样品状态	
环境条件			

续上表

<table>
<tr><td colspan="8">测试使用的计量标准器及主要配套设备</td></tr>
<tr><td>名称
(设备编号)</td><td>测量范围</td><td>不确定度/
准确度等级/
最大允许
误差</td><td>证书编号</td><td>溯源机构</td><td>证书
有效期至</td><td>使用前情况
(是否良好)</td><td>使用后情况
(是否良好)</td></tr>
<tr><td>可见光透
射比标准片</td><td>—</td><td>±0.5%</td><td></td><td></td><td></td><td></td><td></td></tr>
<tr><td colspan="8">测试项目</td></tr>
<tr><td rowspan="3">1)</td><td rowspan="3">零点漂移</td><td colspan="6">≤1.0%</td></tr>
<tr><td colspan="2" rowspan="2">(1).⑤</td><td colspan="2">①本项目测试结果</td><td colspan="2"></td></tr>
<tr><td colspan="2">②本项目评价结果</td><td colspan="2"></td></tr>
<tr><td rowspan="4">(1)</td><td rowspan="4">零点漂移</td><td colspan="2">试验序号</td><td colspan="2">③测量值</td><td colspan="2">④标准值</td></tr>
<tr><td colspan="2">1</td><td colspan="2"></td><td colspan="2"></td></tr>
<tr><td colspan="2" rowspan="2">③</td><td colspan="2">⑤本指标测试结果</td><td colspan="2"></td></tr>
<tr><td colspan="2">⑥本指标评价结果</td><td colspan="2"></td></tr>
<tr><td rowspan="3">2)</td><td rowspan="3">透射比
示值误差1</td><td colspan="6">±2.0%</td></tr>
<tr><td colspan="2" rowspan="2">(1).⑤</td><td colspan="2">①本项目测试结果</td><td colspan="2"></td></tr>
<tr><td colspan="2">②本项目评价结果</td><td colspan="2"></td></tr>
<tr><td rowspan="6">(1)</td><td rowspan="6">透射比
示值误差1</td><td colspan="2">试验序号</td><td colspan="2">③测量值</td><td colspan="2">④标准值</td></tr>
<tr><td colspan="2">1</td><td colspan="2"></td><td colspan="2"></td></tr>
<tr><td colspan="2">2</td><td colspan="2"></td><td colspan="2"></td></tr>
<tr><td colspan="2">3</td><td colspan="2"></td><td colspan="2"></td></tr>
<tr><td colspan="2" rowspan="2">AVERAGE(③) -1.④</td><td colspan="2">⑤本指标测试结果</td><td colspan="2"></td></tr>
<tr><td colspan="2">⑥本指标评价结果</td><td colspan="2"></td></tr>
<tr><td rowspan="3">3)</td><td rowspan="3">透射比
示值误差2</td><td colspan="6">±2.0%</td></tr>
<tr><td colspan="2" rowspan="2">(1).⑤</td><td colspan="2">①本项目测试结果</td><td colspan="2"></td></tr>
<tr><td colspan="2">②本项目评价结果</td><td colspan="2"></td></tr>
<tr><td rowspan="4">(1)</td><td rowspan="4">透射比
示值误差2</td><td colspan="2">试验序号</td><td colspan="2">③测量值</td><td colspan="2">④标准值</td></tr>
<tr><td colspan="2">1</td><td colspan="2"></td><td colspan="2"></td></tr>
<tr><td colspan="2">2</td><td colspan="2"></td><td colspan="2"></td></tr>
<tr><td colspan="2">3</td><td colspan="2"></td><td colspan="2"></td></tr>
</table>

续上表

测试项目				
(1)	透射比示值误差 2	AVERAGE(③) -1.④	⑤本指标测试结果	
			⑥本指标评价结果	
4)	透射比示值误差 3	±2.0%		
		(1).⑤	①本项目测试结果	
			②本项目评价结果	
(1)	透射比示值误差 3	试验序号	③测量值	④标准值
		1		
		2		
		3		
		AVERAGE(③) -1.④	⑤本指标测试结果	
			⑥本指标评价结果	
5)	透射比示值误差 4	±2.0%		
		(1).⑤	①本项目测试结果	
			②本项目评价结果	
(1)	透射比示值误差 4	试验序号	③测量值	④标准值
		1		
		2		
		3		
		AVERAGE(③) -1.④	⑤本指标测试结果	
			⑥本指标评价结果	
6)	透射比重复性	≤1.0%		
		(1).⑤	①本项目测试结果	
			②本项目评价结果	
(1)	透射比重复性	试验序号	③测量值	④标准值
		1		
		2		
		3		
		4		
		5		
		6		

续上表

<table>
<tr><td colspan="5">测试项目</td></tr>
<tr><td rowspan="2">(1)</td><td rowspan="2">透射比
重复性</td><td rowspan="2">STDEV(③)</td><td>⑤本指标测试结果</td><td></td></tr>
<tr><td>⑥本指标评价结果</td><td></td></tr>
<tr><td colspan="5">测量不确定度</td></tr>
<tr><td>序号</td><td>评定项目</td><td>评定结果</td><td colspan="2">计算方法说明</td></tr>
<tr><td>1</td><td></td><td></td><td colspan="2"></td></tr>
<tr><td>2</td><td></td><td></td><td colspan="2"></td></tr>
<tr><td>3</td><td></td><td></td><td colspan="2"></td></tr>
</table>

测试： 核验： 日期：

22 振动信号采集与分析设备计量测试作业指导书（仪器编号：GL02100008）

22.1 范围

本作业指导书适用于桥梁结构振动监测使用频率范围(0～200)Hz 振动信号采集与分析设备的计量测试。

22.2 引用文件

本作业指导书引用了下列文件：

JJG 676—2019 测振仪

凡是注日期的引用文件，仅注日期的版本适用于本作业指导书；凡是不注日期的引用文件，其最新版本（包括所有的修改单）适用于本作业指导书。

22.3 概述

振动信号采集与分析设备在工程上主要用于工程结构振动监测，主要由振动传感器、信号采集器、计算机与相应软件构成的信号采集分析系统组成，其结构示意见图3-22-1。振动信号采集与分析设备通过振动传感器把检测到的振动信号，经无线或有线方式传输至信号采集器进行信号处理，处理后的信号传输至计算机与相应软件构成的信号采集分析系统进行信号分析、显示与存储。

图3-22-1 振动信号采集与分析设备结构示意图

22.4 通用技术要求

(1)振动传感器应无明显的磕碰和损坏。

(2)信号采集器表面平整,外观无裂纹、无锈斑。

(3)信号采集与分析系统配套齐全、能正常显示传感器现场采集的幅值谱、频谱等波形。

22.5 计量性能要求

(1)频率示值误差不超过±0.5%。

(2)幅值频率响应示值误差:±5%(配接振动加速度传感器),±10%(配接振动速度、振动位移传感器)。

(3)幅值线性度最大允许误差:±5%(配接振动加速度传感器),±10%(配接振动速度、振动位移传感器)。

22.6 环境条件

(1)温度:(18~25)℃。

(2)相对湿度:≤75%。

(3)周围无影响干扰测试工作的振源和强电磁。

22.7 计量器具

22.7.1 标准振动激励源

能够提供以下输出:

(1)位移型宜为峰峰值100μm。

(2)速度型宜为峰峰值1cm/s。

(3)加速度型宜为峰峰值10m/s^2。

22.7.2 标准加速度计

参考灵敏度幅值扩展不确定度不大于3%，$k=2$。

22.7.3 动态信号分析仪

交流电压幅值测量误差不超过±0.2%，频率示值误差不超过±0.01%，动态范围应不小于70dB。

22.8 测试步骤

22.8.1 通用技术要求

目测和手感检查。

22.8.2 频率示值误差

试验步骤如下：

(1)将被测振动传感器安装在振动标准装置上，振动标准装置的搭建如图3-22-2所示，被测振动传感器安装位置可选择与标准加速度计并排刚性地安装在振动台台面中心位置，或将其与振动台内安装传感器同轴安装；安装方式可选择在振动台台面上附加固定装置或者将被测振动传感器与振动台台面进行黏合，并且保证被测振动传感器紧固于振动台，紧密接触，无相对运动。

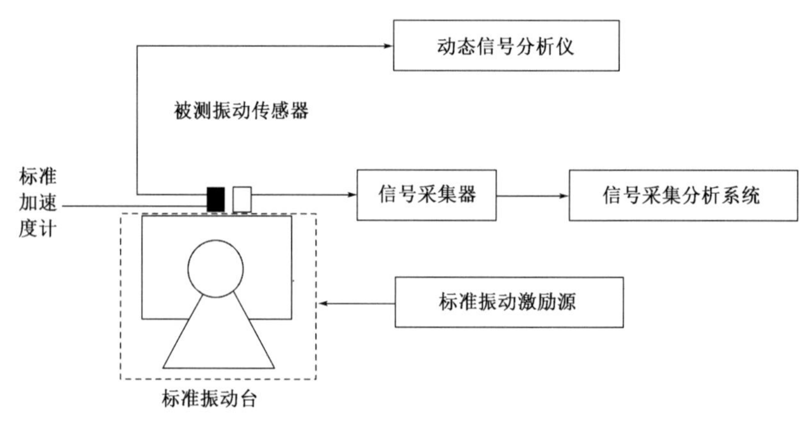

图3-22-2 振动标准装置搭建框架图

(2)参考灵敏度的计算：安装好振动传感器，选取某个参考频率点，由标准振动装置给出一个标准振动值，记录下被测振动传感器的输出电压值，则被测振动传感器灵敏度幅值按照公式(3-22-1)计算。

$$S = \frac{E}{X} \tag{3-22-1}$$

式中:S——振动传感器参考灵敏度[mV/μm,mV/(cm·s^{-1}),mV/(m·s^{-2})];

X——标准振动值(μm,cm/s,m/s^2);

E——振动传感器输出电压(mV)。

(3)设置振动传感器的参考灵敏度数值,根据振动信号采集与分析设备的实际使用频率范围,按照 JJG 676—2019 中的 6.3.7 测试频率示值误差。

22.8.3 幅值频率响应误差

根据振动信号采集与分析设备的实际使用频率范围,按照 JJG 676—2019 中的 6.3.4 测试幅值频率响应误差。

22.8.4 幅值线性度

按照 JJG 676—2019 中的 6.3.5 测试幅值线性度。

22.9 测试周期

测试时间间隔一般不超过 12 个月,使用中可根据实际情况增加测试次数。

22.10 原始数据记录表

原始数据记录表见表 3-22-1。

振动信号采集与分析设备测试原始数据记录表 表 3-22-1

表格编号:

记录编号:

设备名称	振动信号采集与分析设备	样品编号	
型号规格		出厂编号	
制造单位		测试依据	
接收日期		测试地点	
测试前样品状态		测试后样品状态	
环境条件			

续上表

<table>
<tr><td colspan="8">测试使用的计量标准器及主要配套设备</td></tr>
<tr><td>名称
（设备编号）</td><td>测量范围</td><td>不确定度/准确度等级/最大允许误差</td><td>证书编号</td><td>溯源机构</td><td>证书
有效期至</td><td>使用前情况
（是否良好）</td><td>使用后情况
（是否良好）</td></tr>
<tr><td>标准振动激励源</td><td>—</td><td>—</td><td></td><td></td><td></td><td></td><td></td></tr>
<tr><td>标准
加速度计</td><td>—</td><td>3%</td><td></td><td></td><td></td><td></td><td></td></tr>
<tr><td>动态信号分析仪</td><td>—</td><td>—</td><td></td><td></td><td></td><td></td><td></td></tr>
<tr><td colspan="8">测试项目</td></tr>
<tr><td rowspan="3">1）</td><td rowspan="3">频率示值误差</td><td colspan="6">±0.5%</td></tr>
<tr><td colspan="2" rowspan="2">（1）.⑤</td><td colspan="2">①本项目测试结果</td><td colspan="2"></td></tr>
<tr><td colspan="2">②本项目评价结果</td><td colspan="2"></td></tr>
<tr><td rowspan="10">（1）</td><td rowspan="10">频率示值误差</td><td colspan="2">试验序号</td><td colspan="2">③测量值（Hz）</td><td colspan="2">④标准值（Hz）</td></tr>
<tr><td colspan="2">1</td><td colspan="2"></td><td colspan="2"></td></tr>
<tr><td colspan="2">2</td><td colspan="2"></td><td colspan="2"></td></tr>
<tr><td colspan="2">3</td><td colspan="2"></td><td colspan="2"></td></tr>
<tr><td colspan="2">4</td><td colspan="2"></td><td colspan="2"></td></tr>
<tr><td colspan="2">5</td><td colspan="2"></td><td colspan="2"></td></tr>
<tr><td colspan="2">6</td><td colspan="2"></td><td colspan="2"></td></tr>
<tr><td colspan="2">7</td><td colspan="2"></td><td colspan="2"></td></tr>
<tr><td colspan="2" rowspan="2">（③－④）/④</td><td colspan="2">⑤本指标测试结果</td><td colspan="2"></td></tr>
<tr><td colspan="2">⑥本指标评价结果</td><td colspan="2"></td></tr>
<tr><td rowspan="3">2）</td><td rowspan="3">幅值频率响应误差</td><td colspan="6">±5%（配接振动加速度传感器），±10%（配接振动速度、振动位移传感器）</td></tr>
<tr><td colspan="2" rowspan="2">（1）.⑤</td><td colspan="2">①本项目测试结果</td><td colspan="2"></td></tr>
<tr><td colspan="2">②本项目评价结果</td><td colspan="2"></td></tr>
<tr><td rowspan="4">（1）</td><td rowspan="4">幅值频率响应误差</td><td colspan="2">试验序号</td><td colspan="2">③测量值（Hz）</td><td colspan="2">④标准值（Hz）</td></tr>
<tr><td colspan="2">1</td><td colspan="2"></td><td colspan="2"></td></tr>
<tr><td colspan="2">2</td><td colspan="2"></td><td colspan="2"></td></tr>
<tr><td colspan="2">3</td><td colspan="2"></td><td colspan="2"></td></tr>
</table>

续上表

<table>
<tr><td colspan="5">测试项目</td></tr>
<tr><td rowspan="6">(1)</td><td rowspan="6">幅值频率响应误差</td><td>4</td><td></td><td></td></tr>
<tr><td>5</td><td></td><td></td></tr>
<tr><td>6</td><td></td><td></td></tr>
<tr><td>7</td><td></td><td></td></tr>
<tr><td rowspan="2">(③－④)/④</td><td>⑤本指标测试结果</td><td></td></tr>
<tr><td>⑥本指标评价结果</td><td></td></tr>
<tr><td rowspan="3">3)</td><td rowspan="3">幅值线性度</td><td colspan="3">±5%(配接振动加速度传感器),±10%(配接振动速度、振动位移传感器)</td></tr>
<tr><td rowspan="2">(1).⑤</td><td>①本项目测试结果</td><td></td></tr>
<tr><td>②本项目评价结果</td><td></td></tr>
<tr><td rowspan="10">(1)</td><td rowspan="10">幅值线性度</td><td>试验序号</td><td>③测量值(Hz)</td><td>④标准值(Hz)</td></tr>
<tr><td>1</td><td></td><td></td></tr>
<tr><td>2</td><td></td><td></td></tr>
<tr><td>3</td><td></td><td></td></tr>
<tr><td>4</td><td></td><td></td></tr>
<tr><td>5</td><td></td><td></td></tr>
<tr><td>6</td><td></td><td></td></tr>
<tr><td>7</td><td></td><td></td></tr>
<tr><td rowspan="2">MAX[(③－④)/④]</td><td>⑤本指标测试结果</td><td></td></tr>
<tr><td>⑥本指标评价结果</td><td></td></tr>
<tr><td colspan="5">测量不确定度</td></tr>
<tr><td>序号</td><td>评定项目</td><td>评定结果</td><td colspan="2">计算方法说明</td></tr>
<tr><td>1</td><td></td><td></td><td colspan="2"></td></tr>
<tr><td>2</td><td></td><td></td><td colspan="2"></td></tr>
<tr><td>3</td><td></td><td></td><td colspan="2"></td></tr>
</table>

测试： 核验： 日期：

23　土工合成材料直剪拉拔试验仪计量测试作业指导书（仪器编号：GL01120008）

23.1　范围

本作业指导书适用于土工合成材料直剪拉拔试验仪的计量测试。

23.2　概述

土工合成材料直剪拉拔试验仪（以下简称“直剪拉拔仪”）主要用于测试土工合成材料与土体摩擦阻力，以测定土工合成材料的直剪摩擦和拉拔摩擦阻力特性。

直剪摩擦试验采用标准砂与土工合成材料来模拟现场土与土工合成材料发生单面滑动位移时土工合成材料的摩擦特性；拉拔摩擦试验采用现场土样与土工合成材料来模拟现场土与土工合成材料发生双面滑动位移时的摩擦剪切强度。

直剪拉拔仪主要由试验台、水平力和位移监测装置、法向力加载装置、控制系统、显示装置、剪切盒（拉拔试验箱）和约束装置等组成，其结构示意见图3-23-1。

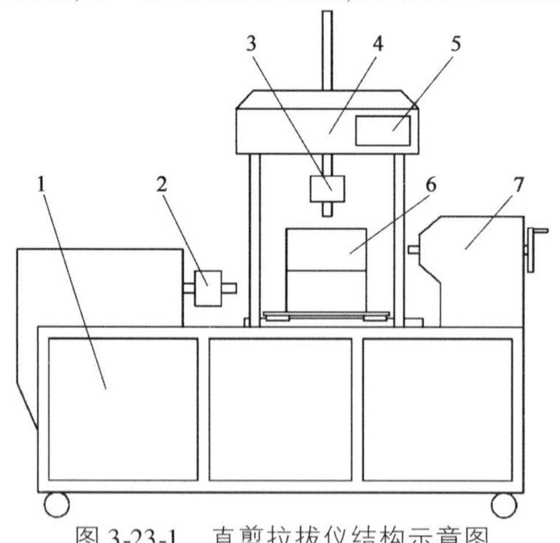

图3-23-1　直剪拉拔仪结构示意图

1——试验台；2——水平力和位移监测装置；3——法向力加载装置；4——控制系统；5——显示装置；6——剪切盒（拉拔试验箱）；7——约束装置。

23.3　通用技术要求

(1)直剪拉拔仪的外观应平整,表面无明显损伤。

(2)相对位移测量装置的分辨力应不大于0.01mm。

23.4　计量性能要求

1)剪切盒和拉拔试验箱内部尺寸

(1)剪切盒尺寸:长度≥300mm、宽度≥300mm、高度≥150mm。

(2)拉拔试验箱尺寸:长度≥250mm、宽度≥200mm、高度≥200mm。

2)水平加载速率示值误差

示值误差不超过±0.2mm/min。

3)法向力的允许误差

(1)法向力的示值相对误差不超过±2%。

(2)法向力示值重复性:±2%。

4)水平力的允许误差

(1)水平力示值相对误差:±0.5%。

(2)水平力示值重复性:±1%。

23.5　环境条件

(1)温度:(23±5)℃。

(2)相对湿度:≤85%。

(3)测试应在周围无振动和电磁干扰的环境下进行。

23.6　计量器具

(1)钢直尺:测量范围(0~600)mm,最大允许误差±0.15mm。

(2)标准测力仪:测量范围(0~50)kN,准确度等级为0.1级。

(3)秒表:分辨力不大于0.1s。

(4)百分表或长度测量装置:测量范围(0~10)mm,最大允许误差:±0.02mm。

(5)反力架:不小于50kN。

(6)千斤顶:不小于100kN。

23.7 测试步骤

23.7.1 通用技术要求

目测和手感检查。

23.7.2 剪切盒和拉拔试验箱内部尺寸

(1)用钢直尺分别在剪切盒3个不同的表面测量剪切盒的长度、宽度、高度,每个表面选择等间距3个测点,取3次测量的算术平均值作为剪切盒的长度、宽度、高度。

(2)采用(1)的方法测量拉拔试验箱的长度、宽度、高度。

23.7.3 水平加载速率示值误差

(1)将百分表和百分表固定装置安装在试验台上,百分表与试验台水平位移一侧工作面接触,将百分表调零。

(2)控制系统上设置水平位移速率v_{set}为1mm/min,启动设备,同时使用秒表计时,每2min读取百分表读数,连续读取3次。

(3)对3次测量值分别计算加载速率v_i,取3次计算结果的算术平均值作为加载速率$\bar{v}$。

(4)按照式(3-23-1)计算水平加载速率示值误差Δv。

$$\Delta v = v_{set} - \bar{v} \tag{3-23-1}$$

式中:Δv——水平加载速率示值误差(mm/min);

v_{set}——控制系统设置的水平位移速率(mm/min);

$\bar{v}$——水平加载速率的标准值(mm/min)。

23.7.4 法向力示值相对误差

试验步骤如下:

(1)将标准测力仪放置在法向力加载装置正下方,调平。

(2)将法向加载装置处于正常工作状态,将标准测力仪和法向力加载装置的示值调零。

(3)以法向力加载装置满量程的 80% 预压 1 次,然后返回零点,将标准测力仪和法向力加载装置示值调零。

(4)选择满量程 20%,40%,60%,80% 和 100% 五个测试点,分别记录法向力加载装置和标准测力仪的示值。

(5)按照测试点逐级施加法向力,每个测试点读数对应的标准测力仪和法向力的示值,直至 100% 测试点,5 个点测试之后,返回零点。

(6)重复步骤(1)~(5)2 次,每次测量标准测力仪较上一次的位置旋转 120°,以标准测力仪的测量值作为标准值,按照式(3-23-2)计算法向力示值相对误差:

$$\delta = (\bar{f_i} - F_i) / F_i \times 100\% \tag{3-23-2}$$

式中:δ——测试点法向力示值相对误差(%);

F_i——第 i 个测试点标准测力仪的标准值(kN);

$\bar{f_i}$——第 i 个测试点法向力的 3 次测量值的平均值(kN)。

23.7.5　法向力的示值重复性

取同一测试点 3 次法向力的单次示值相对误差的最大值为δ_{max},最小值为δ_{min},按照式(3-23-3)计算示值重复性。

$$b = \delta_{max} - \delta_{min} \tag{3-23-3}$$

式中:b——法向力示值重复性(kN);

δ_{max}——同一测试点 3 次法向力单次示值相对误差的最大值(kN);

δ_{min}——同一测试点 3 次法向力单次示值相对误差的最小值(kN)。

23.7.6　水平力示值相对误差

试验步骤如下:

(1)将水平力和位移监测装置中的水平力传感器拆下,与标准测力仪同轴安装到反力架上。

(2)重复 23.7.4 的步骤(1)~(6),计算水平力示值相对误差。

23.7.7　水平力的示值重复性

重复 23.7.5 的步骤,计算水平力的示值重复性。

23.8 测试周期

测试时间间隔一般不超过 12 个月,使用中可根据实际情况增加测试次数。

23.9 原始数据记录表

原始数据记录表见表 3-23-1。

土工合成材料直剪拉拔试验仪测试原始数据记录表　　表 3-23-1

表格编号:

记录编号:

设备名称		土工合成材料直剪拉拔试验仪		样品编号			
型号规格				出厂编号			
制造单位				测试依据			
接收日期				测试地点			
测试前样品状态				测试后样品状态			
环境条件							
测试使用的计量标准器及主要配套设备							
名称(设备编号)	测量范围	不确定度/准确度等级/最大允许误差	证书编号	溯源机构	证书有效期至	使用前情况(是否良好)	使用后情况(是否良好)
钢直尺	(0~600)mm	±0.15mm					
标准测力仪	(0~50)kN	0.1 级					
秒表	—	—					
百分表或长度测量装置	(0~10)mm	±0.02mm					
反力架	≥50kN	—					
千斤顶	≥100kN	—					

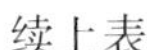

续上表

测试项目				
1)	剪切盒的长度	≥300mm		
		(1).⑤	①本项目测试结果	
			②本项目评价结果	
(1)	剪切盒的长度	试验序号	③测量值(mm)	④标准值(mm)
		1		
		2		
		3		
		AVERAGE(③)	⑤本指标测试结果	
			⑥本指标评价结果	
2)	剪切盒的宽度	≥300mm		
		(1).⑤	①本项目测试结果	
			②本项目评价结果	
(1)	剪切盒的宽度	试验序号	③测量值(mm)	④标准值(mm)
		1		
		2		
		3		
		AVERAGE(③)	⑤本指标测试结果	
			⑥本指标评价结果	
3)	剪切盒的高度	≥150mm		
		(1).⑤	①本项目测试结果	
			②本项目评价结果	
(1)	剪切盒的高度	试验序号	③测量值(mm)	④标准值(mm)
		1		
		2		
		3		
		AVERAGE(③)	⑤本指标测试结果	
			⑥本指标评价结果	
4)	拉拔试验箱的长度	≥250mm		
		(1).⑤	①本项目测试结果	
			②本项目评价结果	

续上表

<table>
<tr><td colspan="5">测试项目</td></tr>
<tr><td rowspan="6">(1)</td><td rowspan="6">拉拔试验箱的长度</td><td>试验序号</td><td>③测量值(mm)</td><td>④标准值(mm)</td></tr>
<tr><td>1</td><td></td><td></td></tr>
<tr><td>2</td><td></td><td></td></tr>
<tr><td>3</td><td></td><td></td></tr>
<tr><td rowspan="2">AVERAGE(③)</td><td>⑤本指标测试结果</td><td></td></tr>
<tr><td>⑥本指标评价结果</td><td></td></tr>
<tr><td rowspan="3">5)</td><td rowspan="3">拉拔试验箱的宽度</td><td colspan="3">≥200mm</td></tr>
<tr><td rowspan="2">(1).⑤</td><td>①本项目测试结果</td><td></td></tr>
<tr><td>②本项目评价结果</td><td></td></tr>
<tr><td rowspan="6">(1)</td><td rowspan="6">拉拔试验箱的宽度</td><td>试验序号</td><td>③测量值(mm)</td><td>④标准值(mm)</td></tr>
<tr><td>1</td><td></td><td></td></tr>
<tr><td>2</td><td></td><td></td></tr>
<tr><td>3</td><td></td><td></td></tr>
<tr><td rowspan="2">AVERAGE(③)</td><td>⑤本指标测试结果</td><td></td></tr>
<tr><td>⑥本指标评价结果</td><td></td></tr>
<tr><td rowspan="3">6)</td><td rowspan="3">拉拔试验箱的高度</td><td colspan="3">≥200mm</td></tr>
<tr><td rowspan="2">(1).⑤</td><td>①本项目测试结果</td><td></td></tr>
<tr><td>②本项目评价结果</td><td></td></tr>
<tr><td rowspan="6">(1)</td><td rowspan="6">拉拔试验箱的高度</td><td>试验序号</td><td>③测量值(mm)</td><td>④标准值(mm)</td></tr>
<tr><td>1</td><td></td><td></td></tr>
<tr><td>2</td><td></td><td></td></tr>
<tr><td>3</td><td></td><td></td></tr>
<tr><td rowspan="2">AVERAGE(③)</td><td>⑤本指标测试结果</td><td></td></tr>
<tr><td>⑥本指标评价结果</td><td></td></tr>
<tr><td rowspan="3">7)</td><td rowspan="3">水平加载速率示值误差</td><td colspan="3">±0.2mm/min</td></tr>
<tr><td rowspan="2">(1).⑤</td><td>①本项目测试结果</td><td></td></tr>
<tr><td>②本项目评价结果</td><td></td></tr>
<tr><td rowspan="3">(1)</td><td rowspan="3">水平加载速率示值误差</td><td>试验序号</td><td>③测量值(mm/min)</td><td>④标准值(mm/min)</td></tr>
<tr><td>1</td><td></td><td></td></tr>
<tr><td>2</td><td></td><td></td></tr>
</table>

续上表

测试项目				
(1)	水平加载速率示值误差	3		
		AVERAGE(③－④)	⑤本指标测试结果	
			⑥本指标评价结果	
8)	20%法向力的示值相对误差	±2%		
		(1).⑤	①本项目测试结果	
			②本项目评价结果	
(1)	20%法向力的示值相对误差	试验序号	③测量值(kN)	④标准值(kN)
		1		
		2		
		3		
		(AVERAGE(③)－1.④)/1.④	⑤本指标测试结果	
			⑥本指标评价结果	
9)	40%法向力的示值相对误差	±2%		
		(1).⑤	①本项目测试结果	
			②本项目评价结果	
(1)	40%法向力的示值相对误差	试验序号	③测量值(kN)	④标准值(kN)
		1		
		2		
		3		
		(AVERAGE(③)－1.④)/1.④	⑤本指标测试结果	
			⑥本指标评价结果	
10)	60%法向力的示值相对误差	±2%		
		(1).⑤	①本项目测试结果	
			②本项目评价结果	
(1)	60%法向力的示值相对误差	试验序号	③测量值(kN)	④标准值(kN)
		1		
		2		
		3		
		(AVERAGE(③)－1.④)/1.④	⑤本指标测试结果	
			⑥本指标评价结果	

续上表

测试项目				
11)	80%法向力的示值误差	±2%		
		(1).⑤	①本项目测试结果	
			②本项目评价结果	
(1)	80%法向力的示值相对误差	试验序号	③测量值(kN)	④标准值(kN)
		1		
		2		
		3		
		(AVERAGE(③) - 1.④)/1.④	⑤本指标测试结果	
			⑥本指标评价结果	
12)	100%法向力的示值相对误差	±2%		
		(1).⑤	①本项目测试结果	
			②本项目评价结果	
(1)	100%法向力的示值相对误差	试验序号	③测量值(kN)	④标准值(kN)
		1		
		2		
		3		
		(AVERAGE(③) - 1.④)/1.④	⑤本指标测试结果	
			⑥本指标评价结果	
13)	20%法向力的示值重复性	±2%		
		(1).⑤	①本项目测试结果	
			②本项目评价结果	
(1)	20%法向力的示值重复性	试验序号	③测量值(kN)	④标准值(kN)
		1		
		2		
		3		
		MAX[(③-④)/④] - MIN[(③-④)/④]	⑤本指标测试结果	
			⑥本指标评价结果	
14)	40%法向力的示值重复性	±2%		
		(1).⑤	①本项目测试结果	
			②本项目评价结果	

续上表

<table>
<tr><td colspan="5">测试项目</td></tr>
<tr><td rowspan="6">(1)</td><td rowspan="6">40%
法向力的
示值重复性</td><td>试验序号</td><td>③测量值(kN)</td><td>④标准值(kN)</td></tr>
<tr><td>1</td><td></td><td></td></tr>
<tr><td>2</td><td></td><td></td></tr>
<tr><td>3</td><td></td><td></td></tr>
<tr><td rowspan="2">MAX[(③-④)/④]-MIN[(③-④)/④]</td><td>⑤本指标测试结果</td><td></td></tr>
<tr><td>⑥本指标评价结果</td><td></td></tr>
<tr><td rowspan="3">15)</td><td rowspan="3">60%
法向力的
示值重复性</td><td colspan="3">±2%</td></tr>
<tr><td rowspan="2">(1).⑤</td><td>①本项目测试结果</td><td></td></tr>
<tr><td>②本项目评价结果</td><td></td></tr>
<tr><td rowspan="6">(1)</td><td rowspan="6">60%
法向力的
示值重复性</td><td>试验序号</td><td>③测量值(kN)</td><td>④标准值(kN)</td></tr>
<tr><td>1</td><td></td><td></td></tr>
<tr><td>2</td><td></td><td></td></tr>
<tr><td>3</td><td></td><td></td></tr>
<tr><td rowspan="2">MAX[(③-④)/④]-MIN[(③-④)/④]</td><td>⑤本指标测试结果</td><td></td></tr>
<tr><td>⑥本指标评价结果</td><td></td></tr>
<tr><td rowspan="3">16)</td><td rowspan="3">80%
法向力的
示值重复性</td><td colspan="3">±2%</td></tr>
<tr><td rowspan="2">(1).⑤</td><td>①本项目测试结果</td><td></td></tr>
<tr><td>②本项目评价结果</td><td></td></tr>
<tr><td rowspan="6">(1)</td><td rowspan="6">80%
法向力的
示值重复性</td><td>试验序号</td><td>③测量值(kN)</td><td>④标准值(kN)</td></tr>
<tr><td>1</td><td></td><td></td></tr>
<tr><td>2</td><td></td><td></td></tr>
<tr><td>3</td><td></td><td></td></tr>
<tr><td rowspan="2">MAX[(③-④)/④]-MIN[(③-④)/④]</td><td>⑤本指标测试结果</td><td></td></tr>
<tr><td>⑥本指标评价结果</td><td></td></tr>
<tr><td rowspan="3">17)</td><td rowspan="3">100%
法向力的
示值重复性</td><td colspan="3">±2%</td></tr>
<tr><td rowspan="2">(1).⑤</td><td>①本项目测试结果</td><td></td></tr>
<tr><td>②本项目评价结果</td><td></td></tr>
<tr><td rowspan="3">(1)</td><td rowspan="3">100%
法向力的
示值重复性</td><td>试验序号</td><td>③测量值(kN)</td><td>④标准值(kN)</td></tr>
<tr><td>1</td><td></td><td></td></tr>
<tr><td>2</td><td></td><td></td></tr>
</table>

续上表

测试项目				
(1)	100%法向力的示值重复性	3		
		MAX[(③-④)/④]-MIN[(③-④)/④]	⑤本指标测试结果	
			⑥本指标评价结果	
18)	20%水平力的示值相对误差	±0.5%		
		(1).⑤	①本项目测试结果	
			②本项目评价结果	
(1)	20%水平力的示值相对误差	试验序号	③测量值(kN)	④标准值(kN)
		1		
		2		
		3		
		(AVERAGE(③)-1.④)/1.④	⑤本指标测试结果	
			⑥本指标评价结果	
19)	40%水平力的示值相对误差	±0.5%		
		(1).⑤	①本项目测试结果	
			②本项目评价结果	
(1)	40%水平力的示值相对误差	试验序号	③测量值(kN)	④标准值(kN)
		1		
		2		
		3		
		(AVERAGE(③)-1.④)/1.④	⑤本指标测试结果	
			⑥本指标评价结果	
20)	60%水平力的示值相对误差	±0.5%		
		(1).⑤	①本项目测试结果	
			②本项目评价结果	
(1)	60%水平力的示值相对误差	试验序号	③测量值(kN)	④标准值(kN)
		1		
		2		
		3		
		(AVERAGE(③)-1.④)/1.④	⑤本指标测试结果	
			⑥本指标评价结果	

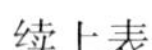

续上表

测试项目				
21)	80%水平力的示值误差	±0.5%		
		(1).⑤	①本项目测试结果	
			②本项目评价结果	
(1)	80%水平力的示值相对误差	试验序号	③测量值(kN)	④标准值(kN)
		1		
		2		
		3		
		(AVERAGE(③) - 1.④)/1.④	⑤本指标测试结果	
			⑥本指标评价结果	
22)	100%水平力的示值相对误差	±0.5%		
		(1).⑤	①本项目测试结果	
			②本项目评价结果	
(1)	100%水平力的示值相对误差	试验序号	③测量值(kN)	④标准值(kN)
		1		
		2		
		3		
		(AVERAGE(③) - 1.④)/1.④	⑤本指标测试结果	
			⑥本指标评价结果	
23)	20%水平力的示值重复性	±0.5%		
		(1).⑤	①本项目测试结果	
			②本项目评价结果	
(1)	20%水平力的示值重复性	试验序号	③测量值(kN)	④标准值(kN)
		1		
		2		
		3		
		MAX[(③-④)/④] - MIN[(③-④)/④]	⑤本指标测试结果	
			⑥本指标评价结果	
24)	40%水平力的示值重复性	±0.5%		
		(1).⑤	①本项目测试结果	
			②本项目评价结果	

续上表

测试项目				
(1)	40% 水平力的 示值重复性	试验序号	③测量值(kN)	④标准值(kN)
		1		
		2		
		3		
		MAX[(③-④)/④]-MIN[(③-④)/④]	⑤本指标测试结果	
			⑥本指标评价结果	
25)	60% 水平力的 示值重复性	±0.5%		
		(1).⑤	①本项目测试结果	
			②本项目评价结果	
(1)	60% 水平力的 示值重复性	试验序号	③测量值(kN)	④标准值(kN)
		1		
		2		
		3		
		MAX[(③-④)/④]-MIN[(③-④)/④]	⑤本指标测试结果	
			⑥本指标评价结果	
26)	80% 水平力的 示值重复性	±1%		
		(1).⑤	①本项目测试结果	
			②本项目评价结果	
(1)	80% 水平力的 示值重复性	试验序号	③测量值(kN)	④标准值(kN)
		1		
		2		
		3		
		MAX[(③-④)/④]-MIN[(③-④)/④]	⑤本指标测试结果	
			⑥本指标评价结果	
27)	100% 水平力的 示值重复性	±1%		
		(1).⑤	①本项目测试结果	
			②本项目评价结果	
(1)	100% 水平力的 示值重复性	试验序号	③测量值(kN)	④标准值(kN)
		1		
		2		

续上表

<table>
<tr><td colspan="5">测试项目</td></tr>
<tr><td rowspan="3">(1)</td><td rowspan="3">100%
水平力的
示值重复性</td><td>3</td><td></td><td></td></tr>
<tr><td rowspan="2">MAX[(③－④)/④]－MIN[(③－④)/④]</td><td>⑤本指标测试结果</td><td></td></tr>
<tr><td>⑥本指标评价结果</td><td></td></tr>
<tr><td colspan="5">测量不确定度</td></tr>
<tr><td>序号</td><td>评定项目</td><td>评定结果</td><td colspan="2">计算方法说明</td></tr>
<tr><td>1</td><td></td><td></td><td colspan="2"></td></tr>
<tr><td>2</td><td></td><td></td><td colspan="2"></td></tr>
<tr><td>3</td><td></td><td></td><td colspan="2"></td></tr>
</table>

测试：　　　　　　　　核验：　　　　　　　　日期：

24 涂料流动度测定仪计量测试作业指导书（仪器编号：GL030010028）

24.1 范围

本规程适用于热熔型路面标线涂料流动度测定仪的计量测试。

24.2 概述

涂料流动度测定仪用于检测热熔型路面标线涂料性能。涂料流动度测定仪由流动度测试杯、安装支架组成，其结构示意见图 3-24-1。

涂料流动度测定仪的工作原理是利用热熔型路面标线涂料加热后液体自身重力作用下产生的流动特性，通过流动时间来确定涂料的流动性。

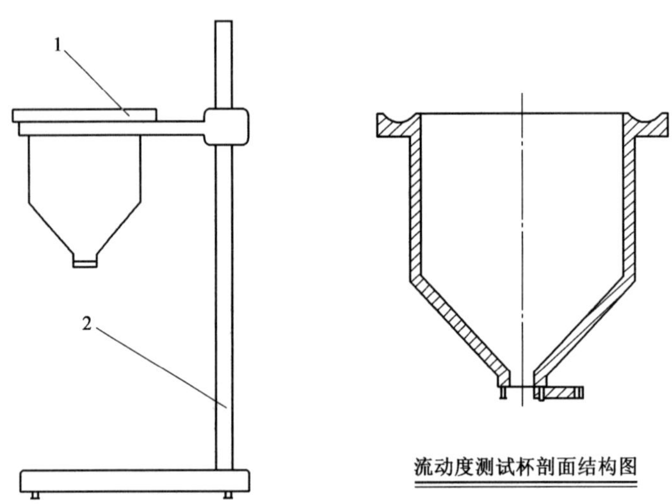

图 3-24-1 涂料流动度测定仪结构示意图

1——流动度测试杯；2——安装支架。

24.3 通用技术要求

(1)流动度测试杯内壁及流出口表面应光滑平整、无柳纹、划痕及残留物。

(2)安装支架应平稳牢固、锁紧装置调节灵活。

24.4 计量性能要求

(1)杯口内径偏差

杯口内径49.5mm,极限偏差 (0~0.2)mm。

(2)流出口内径偏差

流出口内径6mm,极限偏差 ±0.2mm。

(3)容量偏差

流动度测试杯容量103mL,极限偏差 ±3mL。

24.5 环境条件

(1)温度:(20 ±2)℃。

(2)相对湿度:≤85%。

24.6 计量器具

(1)游标卡尺:测量范围(0~200)mm;分度值0.02mm;最大允许误差 ±0.03mm。

(2)量入式容量筒:测量范围(0 ~250)mL;分度值2mL;最大允许误差 ±2.0mL。

24.7 测试步骤

24.7.1 通用技术要求

将涂料流动度测试杯用汽油、酒精或石油醚等清洁剂洗净擦干,通过目测与手感来检查。

24.7.2 杯口内径偏差

用游标卡尺测量流动度测试杯的杯口内径，测量时沿杯口中轴线方向旋转，分别在间隔约 60°的 3 个位置进行杯口内径测量，计算 3 个位置测量值的算术平均值作为杯口内径测量结果，杯口内径测量结果与杯口内径标称值（49.5mm）之差作为杯口内径偏差测试结果。

24.7.3 流出口内径偏差

按 24.7.2 的方法进行流出口内径的测量，流出口内径测量结果与流出口内径标称值（6mm）之差作为流出口内径偏差测试结果。

24.7.4 容量偏差

试验步骤如下：

（1）将流动度杯安装在专用支架上，调节至水平位置，关闭流动度测试杯流出口阀门；将容量筒放置在流动度测试杯流出口下方，容量筒口对准流动度测试杯流出口。

（2）将在室内恒温 2h 后的纯净水缓慢倒入流动度测试杯中至溢出状态，用刮片刮平杯口后，打开流动度测试杯流出口阀门，用量筒接住流出的纯净水，读取量筒内水的容量实测值，重复测量 3 次，计算平均值作为容量测量结果。

（3）容量测量结果与流动度杯的标称值（103mL）之差作为流动度杯的容量偏差。

24.8 测试周期

测试时间间隔一般不超过 12 个月，使用中可根据实际情况增加测试次数。

24.9 原始数据记录表

原始数据记录表见表 3-24-1。

涂料流动度测定仪测试原始数据记录表　　表 3-24-1

表格编号：

记录编号：

<table>
<tr><td colspan="2">设备名称</td><td colspan="2">涂料流动度测定仪</td><td colspan="2">样品编号</td><td colspan="2"></td></tr>
<tr><td colspan="2">型号规格</td><td colspan="2"></td><td colspan="2">出厂编号</td><td colspan="2"></td></tr>
<tr><td colspan="2">制造单位</td><td colspan="2"></td><td colspan="2">测试依据</td><td colspan="2"></td></tr>
<tr><td colspan="2">接收日期</td><td colspan="2"></td><td colspan="2">测试地点</td><td colspan="2"></td></tr>
<tr><td colspan="2">测试前样品状态</td><td colspan="2"></td><td colspan="2">测试后样品状态</td><td colspan="2"></td></tr>
<tr><td colspan="2">环境条件</td><td colspan="6"></td></tr>
<tr><td colspan="8">测试使用的计量标准器及主要配套设备</td></tr>
<tr><td>名称（设备编号）</td><td>测量范围</td><td>不确定度/准确度等级/最大允许误差</td><td>证书编号</td><td>溯源机构</td><td>证书有效期至</td><td>使用前情况（是否良好）</td><td>使用后情况（是否良好）</td></tr>
<tr><td>游标卡尺</td><td>(0～200)mm</td><td>±0.03mm</td><td></td><td></td><td></td><td></td><td></td></tr>
<tr><td>量入式容量筒</td><td>(0～250)mL</td><td>±2.0mL</td><td></td><td></td><td></td><td></td><td></td></tr>
<tr><td colspan="8">测试项目</td></tr>
<tr><td rowspan="3">1)</td><td rowspan="3">杯口内径偏差</td><td colspan="6">(0～0.2)mm</td></tr>
<tr><td colspan="2" rowspan="2">(1).⑤</td><td colspan="2">①本项目测试结果</td><td colspan="2"></td></tr>
<tr><td colspan="2">②本项目评价结果</td><td colspan="2"></td></tr>
<tr><td rowspan="6">(1)</td><td rowspan="6">杯口内径偏差</td><td colspan="2">试验序号</td><td colspan="2">③测量值(mm)</td><td colspan="2">④标准值(mm)</td></tr>
<tr><td colspan="2">1</td><td colspan="2"></td><td colspan="2"></td></tr>
<tr><td colspan="2">2</td><td colspan="2"></td><td colspan="2"></td></tr>
<tr><td colspan="2">3</td><td colspan="2"></td><td colspan="2"></td></tr>
<tr><td colspan="2" rowspan="2">1. ③ − AVERAGE(④)</td><td colspan="2">⑤本指标测试结果</td><td colspan="2"></td></tr>
<tr><td colspan="2">⑥本指标评价结果</td><td colspan="2"></td></tr>
<tr><td rowspan="3">2)</td><td rowspan="3">流出口内径偏差</td><td colspan="6">±0.2mm</td></tr>
<tr><td colspan="2" rowspan="2">(1).⑤</td><td colspan="2">①本项目测试结果</td><td colspan="2"></td></tr>
<tr><td colspan="2">②本项目评价结果</td><td colspan="2"></td></tr>
<tr><td rowspan="3">(1)</td><td rowspan="3">流出口内径偏差</td><td colspan="2">试验序号</td><td colspan="2">③测量值(mm)</td><td colspan="2">④标准值(mm)</td></tr>
<tr><td colspan="2">1</td><td colspan="2"></td><td colspan="2"></td></tr>
<tr><td colspan="2">2</td><td colspan="2"></td><td colspan="2"></td></tr>
</table>

续上表

测试项目				
(1)	流出口内径偏差	3		
		1. ③ - AVERAGE(④)	⑤本指标测试结果	
			⑥本指标评价结果	
3)	容量偏差	±3mL		
		(1).⑤	①本项目测试结果	
			②本项目评价结果	
(1)	容量偏差	试验序号	③测量值(mL)	④标准值(mL)
		1		
		2		
		3		
		1. ③ - AVERAGE(④)	⑤本指标测试结果	
			⑥本指标评价结果	
测量不确定度				
序号	评定项目	评定结果	计算方法说明	
1				
2				
3				

测试: 核验: 日期:

25　振筛机计量测试作业指导书
（仪器编号：GL030010031）

25.1　范围

本作业指导书适用于土工、集料、干筛法测定土工布有效孔径试验所用标准筛振筛机的计量测试，不适用于振筛机或拍击式振筛机等仪器设备的计量测试。

25.2　概述

振筛机，又称标准筛振筛机，主要用于土工试验、集料试验以及土工布及有关产品有效孔径的干筛法测定试验。振筛机的主要结构由控制器、机座及内部传动机构、试验筛安装架立柱、试验筛夹紧下托盘、配套用套筛，以及试验筛夹紧上压盘组成，其结构示意如图 3-25-1 所示。

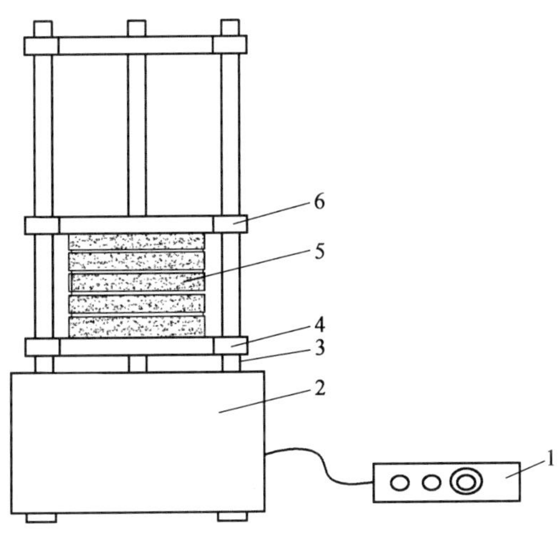

图 3-25-1　振筛机结构示意图

1——控制器；2——机座及内部传动机构；3——试验筛安装架立柱；4——试验筛夹紧下托盘；5——配套用套筛；6——试验筛夹紧上压盘。

振筛机通过控制电机带动机械传动系统对试验筛托盘进行横向摇动和垂直振动运行。

25.3 通用技术要求

(1)外观完整,配件齐全,无影响正常工作的缺陷。

(2)对地安装牢固、无松动现象。

(3)通电启动正常,运行中无异响。

25.4 计量性能要求

(1)垂直振动频率:150 次/min,最大允许误差不超过 ±10 次/min。

(2)横向摇动频率:220 次/min,最大允许误差不超过 ±10 次/min。

(3)垂直振动幅度:10mm,最大允许误差不超过 ±2mm。

(4)横向摇动幅度(回转半径):12mm,最大允许误差不超过 ±1mm。

25.5 环境条件

(1)温度:(20 ±5)℃。

(2)相对湿度:≤75%。

(3)周围无明显振动干扰,无腐蚀性气体。

25.6 计量器具

(1)转速表:测量范围(10 ~9999)r/min,准确度等级优于 0.5 级。

(2)游标卡尺:测量范围(0 ~200)mm,分度值 0.02mm,最大允许误差不超过 ±0.03mm。

(3)振幅测量装置:直线运动范围不小于(-15 ~ +15)mm,最大允许误差不超过±0.3mm,其结构示意见图3-25-2。

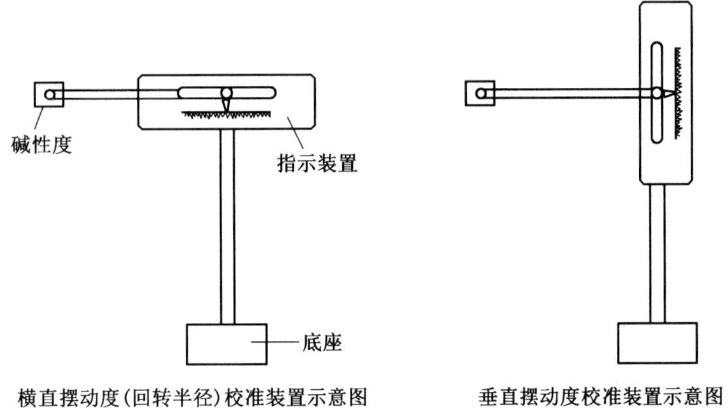

图3-25-2 振幅测量装置结构示意图

25.7 测试步骤

25.7.1 通用技术要求

采用目测和手感检查。

25.7.2 垂直振动频率

试验步骤如下:

(1)将转速表的反光纸张贴在振筛机的外表面易于观察上、下垂直振动运动的位置。

(2)启动振筛机,待振筛机运行1min后,用转速表对准反光纸进行频率测量,转速表读数稳定后进行读数并记录,每间隔1min读取一次,连续测量3次,取平均值的1/2作为测量结果。

25.7.3 横向摇动频率

将转速表的反光纸张贴在振筛机的外表面易于观察左右水平摇动运动的位置,按25.7.2(2)的方法,得到横向摇动频率的测量结果。

25.7.4 垂直振动幅度

试验步骤如下：

(1)将振幅测量装置的指示机构连杆平行安装在振筛机的立柱上,调整振幅测量指针机构至垂直方向。

(2)启动振筛机,工作 2min 后停止下来,用游标卡尺测量振幅测量装置的上、下两指针间距离。

(3)重复步骤(1)~(2)3 次,取 3 次测量的算术平均值作为垂直运动幅度测量结果。

25.7.5 横向摇动幅度

将振幅测量装置的指示机构连杆水平安装在振筛机的底盘托架上,调整振幅测量指针机构至横向摇动运行水平方向,按 25.7.4 的方法得到横向摇动幅度的测量结果。

25.8 测试周期

测试时间间隔一般不超过 12 个月,使用中可根据实际情况增加测试次数。

25.9 原始数据记录表

原始数据记录表见表 3-25-1。

振筛机测试原始数据记录表 表 3-25-1

表格编号：

记录编号：

设备名称	振筛机	样品编号	
型号规格		出厂编号	
制造单位		测试依据	
接收日期		测试地点	
测试前样品状态		测试后样品状态	
环境条件			

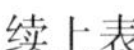

续上表

测试使用的计量标准器及主要配套设备							
名称（设备编号）	测量范围	不确定度/准确度等级/最大允许误差	证书编号	溯源机构	证书有效期至	使用前情况（是否良好）	使用后情况（是否良好）
转速表	（10～9999）r/min	0.5级					
游标卡尺	（0～200）mm	±0.03mm					
振幅测量装置	（－15～＋15）mm	±0.3mm					

测试项目				
1）	垂直振动频率	（150±10）次/min		
		（1）.⑤	①本项目测试结果	
			②本项目评价结果	
（1）	垂直振动频率	试验序号	③测量值（次/min）	④标准值（次/min）
		1		
		2		
		3		
		AVERAGE（③）/2	⑤本指标测试结果	
			⑥本指标评价结果	
2）	横向摇动频率	（220±10）次/min		
		（1）.⑤	①本项目测试结果	
			②本项目评价结果	
（1）	横向摇动频率	试验序号	③测量值（次/min）	④标准值（次/min）
		1		
		2		
		3		
		AVERAGE（③）/2	⑤本指标测试结果	
			⑥本指标评价结果	
3）	垂直振动幅度	（10±2）mm		
		（1）.⑤	①本项目测试结果	
			②本项目评价结果	

续上表

<table>
<tr><td colspan="5">测试项目</td></tr>
<tr><td rowspan="6">(1)</td><td rowspan="6">垂直振动幅度</td><td>试验序号</td><td>③测量值(mm)</td><td>④标准值(mm)</td></tr>
<tr><td>1</td><td></td><td></td></tr>
<tr><td>2</td><td></td><td></td></tr>
<tr><td>3</td><td></td><td></td></tr>
<tr><td rowspan="2">AVERAGE(③)</td><td>⑤本指标测试结果</td><td></td></tr>
<tr><td>⑥本指标评价结果</td><td></td></tr>
<tr><td rowspan="3">4)</td><td rowspan="3">横向摇动幅度</td><td colspan="3">(12 ± 1)mm</td></tr>
<tr><td rowspan="2">(1).⑤</td><td>①本项目测试结果</td><td></td></tr>
<tr><td>②本项目评价结果</td><td></td></tr>
<tr><td rowspan="6">(1)</td><td rowspan="6">横向摇动幅度</td><td>试验序号</td><td>③测量值(mm)</td><td>④标准值(mm)</td></tr>
<tr><td>1</td><td></td><td></td></tr>
<tr><td>2</td><td></td><td></td></tr>
<tr><td>3</td><td></td><td></td></tr>
<tr><td rowspan="2">AVERAGE(③)</td><td>⑤本指标测试结果</td><td></td></tr>
<tr><td>⑥本指标评价结果</td><td></td></tr>
<tr><td colspan="5">测量不确定度</td></tr>
<tr><td>序号</td><td>评定项目</td><td>评定结果</td><td colspan="2">计算方法说明</td></tr>
<tr><td>1</td><td></td><td></td><td colspan="2"></td></tr>
<tr><td>2</td><td></td><td></td><td colspan="2"></td></tr>
<tr><td>3</td><td></td><td></td><td colspan="2"></td></tr>
</table>

测试： 核验： 日期：

26　弯曲梁流变仪计量测试作业指导书
（仪器编号：GL00100021）

26.1　范围

本作业指导书适用于弯曲梁流变仪的计量测试。

26.2　概述

弯曲梁流变仪（以下简称“流变仪”）是对沥青胶结料进行低温弯曲蠕变劲度和 m 值测试的专用仪器。流变仪通过测定沥青长时间温度效应作用下的沥青性能数据，计算沥青的弯曲蠕变劲度和 m 值，评估沥青胶结料的低温断裂特性。

流变仪主要由温度传感器、水槽、控制与数据采集系统、位移传感器、加载轴、荷载传感器及试件支架等组成，其结构示意如图 3-26-1 所示。

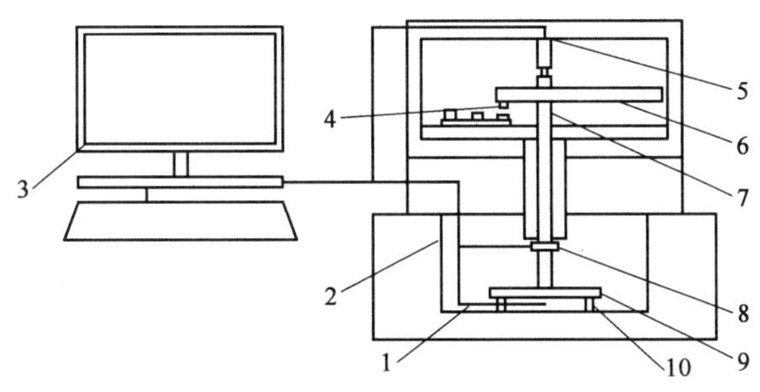

图 3-26-1　弯曲梁流变仪结构示意图

1——温度传感器；2——水槽；3——控制与数据采集系统；4——位移标定侧头；5——位移传感器；6——荷载标定梁；7——加载轴；8——荷载传感器；9——试件（不锈钢梁）；10——试件支架。

26.3 计量性能要求

26.3.1 荷载示值误差

(1)荷载≤40mN 时,示值误差不超过 ±5mN。

(2)荷载 >40mN 时,示值误差不超过 ±10mN。

26.3.2 位移示值误差

不超过 ±0.01mm。

26.3.3 温度示值误差

不超过 ±0.1℃,波动度不大于 0.1℃。

26.3.4 不锈钢梁尺寸

(1)厚梁:长(127 ±2.0)mm,宽(12.7 ±0.1)mm,厚(6.4 ±0.1)mm;

(2)薄梁:长(127 ±0.5)mm,宽(12.7 ±0.1)mm,厚(1.0 ~1.6)mm。

26.3.5 加载轴球形接触点半径

加载轴球形接触点半径:(6.3 ±1.3)mm。

26.4 环境条件

(1)温度:(23 ±5)℃。

(2)相对湿度:不大于 85%。

(3)测试周围应无明显振动、无腐蚀性气体。

26.5 计量器具

(1)力值砝码:标称值为(35 ±1.5)mN、(500 ±2)mN 和(980 ±2)mN 各一个。

(2)温度测量装置:量程为(-30~0)℃,分度值0.01℃,最大允许误差±0.03℃。

(3)量块:测量范围(1~10)mm,准确度等级为5级。

(4)游标卡尺:量程不小于150mm,分度值0.02mm,最大允许误差±0.03mm。

(5)辅助液体:可以是乙醇、甲醇、稳定的异丙醇或丙三醇-甲醇-水的混合液。

26.6 测试步骤

26.6.1 荷载示值误差

试验步骤如下:

(1)提起加载轴,将不锈钢厚梁置于试件支架上。

(2)轻轻释放加载轴,使其球形端头与不锈钢厚梁上表面接触。

(3)在空载状态下,对流变仪的荷载示值清零。

(4)以35mN、500mN和980mN作为标准荷载,将相应标准荷载的力值砝码分别置于荷载标定梁上,对流变仪的荷载传感器进行加载,待示值稳定后,读取流变仪的荷载示值。

(5)重复步骤(1)~(4)3次,按照公式(3-26-1)计算每个标准荷载的示值误差。

$$\Delta_F = \overline{F_i} - F_0 \tag{3-26-1}$$

式中:Δ_F——荷载示值误差(mN);

$\overline{F_i}$——同一标准荷载下,被检流变仪3次荷载示值的平均值(mN);

F_0——力值砝码的标称值(mN)。

26.6.2 位移示值误差

试验步骤如下:

(1)选取位移满量程的20%、60%和100%作为测试点或在此测试点的基础上,根据实际需求增加测试点。

(2)将加载轴的球形端头处于悬空状态,并使位移标定侧头与下方的平面接触。

(3)对流变仪的位移示值进行清零。

(4)测试时,提起加载轴,将相应测试点值的量块置于位移标定侧头下方的平面上,轻轻放下加载轴,使位移标定侧头与量块上表面接触,待示值稳定后,读取流变仪的位移示值。

(5)重复步骤(2)~(4)3次,按照公式(3-26-2)计算位移示值误差。

$$\Delta_S = \overline{S_i} - S_0 \tag{3-26-2}$$

式中:Δ_S——位移示值误差(mm);

$\overline{S_i}$——流变仪位移示值的平均值(mm);

S_0——量块的标称值(mm)。

26.6.3 温度示值误差和波动度

试验步骤如下:

(1)选取-6℃、-12℃和-18℃作为测试点或在此测试点的基础上,根据实际需求增加温度测试点。

(2)将恒温浴液体加入恒温浴中至浸没流变仪温度传感器,将温度测量装置置于流变仪的温度传感器旁,使其感温部处于恒温浴液体中的同一水平位置。

(3)在流变仪的温度控制界面设定测试温度点,并将恒温浴密封,启动温度控制和恒温浴循环系统。

(4)在恒温浴液体温度达到测试温度点后,恒温10min,同时读取流变仪和温度测量装置的温度示值,每隔2min测量一次,每个测试点读取6次示值,按照公式(3-26-3)和公式(3-26-4)分别计算温度示值误差和波动度。

$$\Delta T = T_i - T_{0i} \tag{3-26-3}$$

式中:ΔT——温度示值误差(℃);

T_i——流变仪的温度测量值(℃),$i=1、2、\cdots,6$;

T_{0i}——温度测量装置的测量值(℃),$i=1、2、\cdots,6$。

$$\Delta t = (T_{0\max} - T_{0\min})/2 \tag{3-26-4}$$

式中:Δt——温度波动度(℃);

$T_{0\max}$——温度测量装置的最高温度测量值(℃);

$T_{0\min}$——温度测量装置的最低温度测量值(℃)。

26.6.4 不锈钢梁尺寸

用游标卡尺分别测量不锈钢厚梁和薄梁的尺寸,分别在长、宽、厚方向上等间隔选取3个位置,取3次测量的算术平均值作为不锈钢梁长、宽、厚的测量结果。

26.6.5 加载轴球形接触点半径

提起架在水槽上的整体部件(包含加载轴、荷载标定梁、荷载传感器、位移传感器及外框等部件），用游标卡尺测量加载轴球形接触点的半径，取3次测量的平均值作为加载轴球形接触点半径。

26.7 测试周期

测试时间间隔一般不超过12个月，使用中可根据实际情况增加测试次数。

26.8 原始数据记录表

原始数据记录表见表3-26-1。

弯曲梁流变仪测试原始数据记录表 表3-26-1

表格编号：

记录编号：

<table>
<tr><td colspan="2">设备名称</td><td colspan="2">弯曲梁流变仪</td><td colspan="2">样品编号</td><td colspan="2"></td></tr>
<tr><td colspan="2">型号规格</td><td colspan="2"></td><td colspan="2">出厂编号</td><td colspan="2"></td></tr>
<tr><td colspan="2">制造单位</td><td colspan="2"></td><td colspan="2">测试依据</td><td colspan="2"></td></tr>
<tr><td colspan="2">接收日期</td><td colspan="2"></td><td colspan="2">测试地点</td><td colspan="2"></td></tr>
<tr><td colspan="2">测试前样品状态</td><td colspan="2"></td><td colspan="2">测试后样品状态</td><td colspan="2"></td></tr>
<tr><td colspan="2">环境条件</td><td colspan="6"></td></tr>
<tr><td colspan="8">测试使用的计量标准器及主要配套设备</td></tr>
<tr><td>名称（设备编号）</td><td>测量范围</td><td>不确定度/准确度等级/最大允许误差</td><td>证书编号</td><td>溯源机构</td><td>证书有效期至</td><td>使用前情况（是否良好）</td><td>使用后情况（是否良好）</td></tr>
<tr><td>力值砝码</td><td>—</td><td>—</td><td></td><td></td><td></td><td></td><td></td></tr>
<tr><td>温度计</td><td>（−30～0）℃</td><td>±0.03℃</td><td></td><td></td><td></td><td></td><td></td></tr>
<tr><td>量块</td><td>（1～10）mm</td><td>5级</td><td></td><td></td><td></td><td></td><td></td></tr>
<tr><td>游标卡尺</td><td>≥150mm</td><td>±0.03mm</td><td></td><td></td><td></td><td></td><td></td></tr>
<tr><td>辅助液体</td><td>—</td><td>—</td><td></td><td></td><td></td><td></td><td></td></tr>
</table>

续上表

测试项目				
1)	35mN 荷载示值误差	±5mN		
		(1).⑤	①本项目测试结果	
			②本项目评价结果	
(1)	35mN 荷载示值误差	试验序号	③测量值(mN)	④标准值(mN)
		1		
		2		
		3		
		AVERAGE(③) -1.④	⑤本指标测试结果	
			⑥本指标评价结果	
2)	500mN 荷载示值误差	±10mN		
		(1).⑤	①本项目测试结果	
			②本项目评价结果	
(1)	500mN 荷载示值误差	试验序号	③测量值(mN)	④标准值(mN)
		1		
		2		
		3		
		AVERAGE(③) -1.④	⑤本指标测试结果	
			⑥本指标评价结果	
3)	980mN 荷载示值误差	±10mN		
		(1).⑤	①本项目测试结果	
			②本项目评价结果	
(1)	980mN 荷载示值误差	试验序号	③测量值(mN)	④标准值(mN)
		1		
		2		
		3		
		AVERAGE(③) -1.④	⑤本指标测试结果	
			⑥本指标评价结果	
4)	20%位移示值误差	±0.01mm		
		(1).⑤	①本项目测试结果	
			②本项目评价结果	

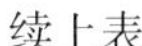

续上表

测试项目				
(1)	20%位移示值误差	试验序号	③测量值(mm)	④标准值(mm)
		1		
		2		
		3		
		AVERAGE(③)-1.④	⑤本指标测试结果	
			⑥本指标评价结果	
5)	60%位移示值误差	±0.01mm		
		(1).⑤	①本项目测试结果	
			②本项目评价结果	
(1)	60%位移示值误差	试验序号	③测量值(mm)	④标准值(mm)
		1		
		2		
		3		
		AVERAGE(③)-1.④	⑤本指标测试结果	
			⑥本指标评价结果	
6)	100%位移示值误差	±0.01mm		
		(1).⑤	①本项目测试结果	
			②本项目评价结果	
(1)	100%位移示值误差	试验序号	③测量值(mm)	④标准值(mm)
		1		
		2		
		3		
		AVERAGE(③)-1.④	⑤本指标测试结果	
			⑥本指标评价结果	
7)	-6℃温度示值误差	±0.1℃		
		(1).⑤	①本项目测试结果	
			②本项目评价结果	
(1)	-6℃温度示值误差	试验序号	③测量值(℃)	④标准值(℃)
		1		
		2		

续上表

测试项目				
(1)	-6℃温度示值误差	3		
		4		
		5		
		6		
		AVERAGE(③) - AVERAGE(④)	⑤本指标测试结果	
			⑥本指标评价结果	
8)	-12℃温度示值误差	±0.1℃		
		(1).⑤	①本项目测试结果	
			②本项目评价结果	
(1)	-12℃温度示值误差	试验序号	③测量值(℃)	④标准值(℃)
		1		
		2		
		3		
		4		
		5		
		6		
		AVERAGE(③) - AVERAGE(④)	⑤本指标测试结果	
			⑥本指标评价结果	
9)	-18℃温度示值误差	±0.1℃		
		(1).⑤	①本项目测试结果	
			②本项目评价结果	
(1)	-18℃温度示值误差	试验序号	③测量值(℃)	④标准值(℃)
		1		
		2		
		3		
		4		
		5		
		6		
		AVERAGE(③) - AVERAGE(④)	⑤本指标测试结果	
			⑥本指标评价结果	

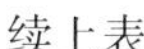

续上表

测试项目				
10)	-6℃ 波动度	≤0.1℃		
		(1).⑤	①本项目测试结果	
			②本项目评价结果	
(1)	-6℃ 波动度	试验序号	③测量值(℃)	④标准值(℃)
		1		
		2		
		3		
		4		
		5		
		6		
		[MAX(④) - MIN(④)]/2	⑤本指标测试结果	
			⑥本指标评价结果	
11)	-12℃ 波动度	≤0.1℃		
		(1).⑤	①本项目测试结果	
			②本项目评价结果	
(1)	-12℃ 波动度	试验序号	③测量值(℃)	④标准值(℃)
		1		
		2		
		3		
		4		
		5		
		6		
		[MAX(④) - MIN(④)]/2	⑤本指标测试结果	
			⑥本指标评价结果	
12)	-18℃ 波动度	≤0.1℃		
		(1).⑤	①本项目测试结果	
			②本项目评价结果	
(1)	-18℃ 波动度	试验序号	③测量值(℃)	④标准值(℃)
		1		
		2		

续上表

测试项目				
(1)	-18℃ 波动度	3		
		4		
		5		
		6		
		[MAX(④) - MIN(④)]/2	⑤本指标测试结果	
			⑥本指标评价结果	
13)	不锈钢厚梁尺寸(长)	(127 ±2.0)mm		
		(1).⑤	①本项目测试结果	
			②本项目评价结果	
(1)	不锈钢厚梁尺寸(长)	试验序号	③测量值(mm)	④标准值(mm)
		1		
		2		
		3		
		AVERAGE(③)	⑤本指标测试结果	
			⑥本指标评价结果	
14)	不锈钢厚梁尺寸(宽)	(12.7 ±0.1)mm		
		(1).⑤	①本项目测试结果	
			②本项目评价结果	
(1)	不锈钢厚梁尺寸(宽)	试验序号	③测量值(mm)	④标准值(mm)
		1		
		2		
		3		
		AVERAGE(③)	⑤本指标测试结果	
			⑥本指标评价结果	
15)	不锈钢厚梁尺寸(厚)	(6.4 ±0.1)mm		
		(1).⑤	①本项目测试结果	
			②本项目评价结果	
(1)	不锈钢厚梁尺寸(厚)	试验序号	③测量值(mm)	④标准值(mm)
		1		
		2		

续上表

测试项目				
(1)	不锈钢厚梁尺寸(厚)	3		
		AVERAGE(③)	⑤本指标测试结果	
			⑥本指标评价结果	
16)	不锈钢薄梁尺寸(长)	(127 ±0.5)mm		
		(1).⑤	①本项目测试结果	
			②本项目评价结果	
(1)	不锈钢薄梁尺寸(长)	试验序号	③测量值(mm)	④标准值(mm)
		1		
		2		
		3		
		AVERAGE(③)	⑤本指标测试结果	
			⑥本指标评价结果	
17)	不锈钢薄梁尺寸(宽)	(12.7 ±0.1)mm		
		(1).⑤	①本项目测试结果	
			②本项目评价结果	
(1)	不锈钢薄梁尺寸(宽)	试验序号	③测量值(mm)	④标准值(mm)
		1		
		2		
		3		
		AVERAGE(③)	⑤本指标测试结果	
			⑥本指标评价结果	
18)	不锈钢薄梁尺寸(厚)	(1.0 ~ 1.6)mm		
		(1).⑤	①本项目测试结果	
			②本项目评价结果	
(1)	不锈钢薄梁尺寸(厚)	试验序号	③测量值(mm)	④标准值(mm)
		1		
		2		
		3		
		AVERAGE(③)	⑤本指标测试结果	
			⑥本指标评价结果	

续上表

测试项目				
19)	加载轴球形接触点半径	(6.3 ±1.3)mm		
		(1).⑤	①本项目测试结果	
			②本项目评价结果	
(1)	加载轴球形接触点半径	试验序号	③测量值(mm)	④标准值(mm)
		1		
		2		
		3		
		AVERAGE(③)	⑤本指标测试结果	
			⑥本指标评价结果	
测量不确定度				
序号	评定项目	评定结果	计算方法说明	
1				
2				
3				

测试: 核验: 日期:

27　路表温度计计量测试作业指导书
（仪器编号：GL01200012）

27.1　范围

本作业指导书适用于通过感温原件接地测温的路表温度计的计量测试。

27.2　概述

路表温度计用于测量路表温度，由温度传感器、数字式温度指示仪表以及控制面板组成，其结构示意见图3-27-1。路表温度计将表面温度计温度传感器的感温原件紧密压在被测路面，由指示仪表显示被测路面的表面温度。

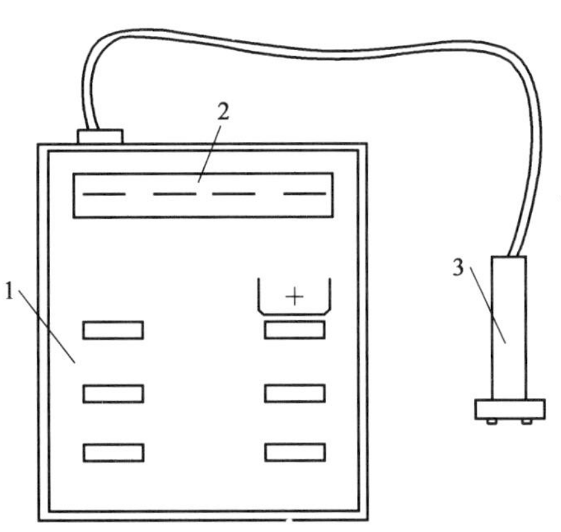

图3-27-1　路表温度计示意图

1——控制面板；2——数字式温度指示仪表；3——温度传感器。

27.3　计量性能要求

温度示值误差不超过±0.5℃。

27.4 环境条件

(1)温度:(23 ±5)℃。

(2)相对湿度:≤85%。

(3)测试周围应无除发热源外其他影响测试的热源。

27.5 计量器具

(1)标准温度计:测量范围(-30~100)℃,分度值为0.1℃,最大允许误差:±0.1℃。

(2)便携式恒温槽:测量范围(-30~100)℃,有效工作区域任意两点温差小于0.2℃。

(3)表面温度导热装置,其结构示意见图3-27-2,主要技术参数如下:

①由导热性良好的材料制成的圆桶,桶底应光滑平整、无污物。

②桶底配有三根支撑架,内部中心有独立圆桶并注有防冻液。

③配有标准温度计,对桶底温度进行检测。

④桶壁对称的位置装有配重块,防止测试过程中受浮力影响漂浮或倾斜。

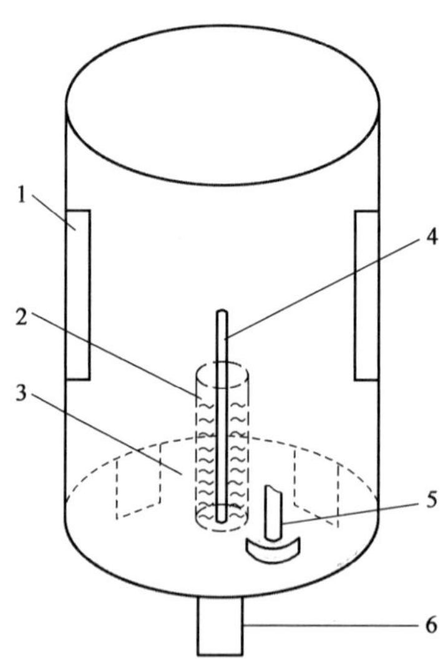

图3-27-2 表面温度导热装置结构示意图

1——配重块;2——防冻液;3——标准温度检测筒;4——标准温度计;5——路表温度计;6——支撑架。

27.6　测试步骤

温度示值误差试验步骤：

(1)对测温传感器进行清洁处理。

(2)将路表温度计及棒式数显温度计在测试环境中放置不少于10min。

(3)将路表温度计的测量范围划分为3个等间隔温度范围，每个等间隔温度范围内选择1个测试点，测试点一般为等间隔温度范围的中间值。

(4)将表面温度导热装置放入便携式恒温槽内，应缓慢放置，防止便携式恒温槽内的导热介质迸溅到桶内。

(5)将标准温度计插入盛有防冻液的标准温度检测筒中，调节便携式恒温槽，设置所需测试的温度点。

(6)待标准温度计示值上升且稳定到便携式恒温槽设置的温度，将被测试路表温度计的测头充分、紧密地压在表面温度导热源上面，距标准温度检测筒水平位置不大于5mm。

(7)待路表温度计示值稳定后，记录标准温度计及路表温度计的读数，每隔5min～10min记录一次，共记录三次，按照式(3-27-1)计算路表温度计的示值误差。

$$\Delta t = \overline{t_s} - \overline{t_b} \tag{3-27-1}$$

式中：Δt——路表温度计的示值误差(℃)；

$\overline{t_s}$——路表温度计测量三次的示值平均值(℃)；

$\overline{t_b}$——标准温度计测量三次的示值平均值(℃)。

(8)调节便携式恒温槽的温度，重复步骤(5)～(8)，对所选测试点进行测试。

27.7　测试周期

测试时间间隔一般不超过12个月，使用中可根据实际情况增加测试次数。

27.8　原始数据记录表

原始数据记录表见表3-27-1。

路表温度计测试原始数据记录表 表 3-27-1

表格编号：

记录编号：

<table>
<tr><td colspan="2">设备名称</td><td colspan="2">路表温度计</td><td colspan="2">样品编号</td><td colspan="2"></td></tr>
<tr><td colspan="2">型号规格</td><td colspan="2"></td><td colspan="2">出厂编号</td><td colspan="2"></td></tr>
<tr><td colspan="2">制造单位</td><td colspan="2"></td><td colspan="2">测试依据</td><td colspan="2"></td></tr>
<tr><td colspan="2">接收日期</td><td colspan="2"></td><td colspan="2">测试地点</td><td colspan="2"></td></tr>
<tr><td colspan="2">测试前样品状态</td><td colspan="2"></td><td colspan="2">测试后样品状态</td><td colspan="2"></td></tr>
<tr><td colspan="2">环境条件</td><td colspan="6"></td></tr>
<tr><td colspan="8">测试使用的计量标准器及主要配套设备</td></tr>
<tr><td>名称
(设备编号)</td><td>测量范围</td><td>不确定度/
准确度等级/
最大允许
误差</td><td>证书编号</td><td>溯源机构</td><td>证书
有效期至</td><td>使用前情况
(是否良好)</td><td>使用后情况
(是否良好)</td></tr>
<tr><td>标准温度计</td><td>(－30～100)℃</td><td>±0.1℃</td><td></td><td></td><td></td><td></td><td></td></tr>
<tr><td>便携式
恒温槽</td><td>(－30～100)℃</td><td>—</td><td></td><td></td><td></td><td></td><td></td></tr>
<tr><td>表面温度
导热装置</td><td>—</td><td>—</td><td></td><td></td><td></td><td></td><td></td></tr>
<tr><td colspan="8">测试项目</td></tr>
<tr><td rowspan="3">1)</td><td rowspan="3">测试点1
温度示值
误差</td><td colspan="6">±0.5℃</td></tr>
<tr><td colspan="2" rowspan="2">(1).⑤</td><td colspan="2">①本项目测试结果</td><td colspan="2"></td></tr>
<tr><td colspan="2">②本项目评价结果</td><td colspan="2"></td></tr>
<tr><td rowspan="6">(1)</td><td rowspan="6">测试点1
温度示值
误差</td><td colspan="2">试验序号</td><td colspan="2">③测量值(℃)</td><td colspan="2">④标准值(℃)</td></tr>
<tr><td colspan="2">1</td><td colspan="2"></td><td colspan="2"></td></tr>
<tr><td colspan="2">2</td><td colspan="2"></td><td colspan="2"></td></tr>
<tr><td colspan="2">3</td><td colspan="2"></td><td colspan="2"></td></tr>
<tr><td colspan="2" rowspan="2">AVERAGE(③)－AVERAGE(④)</td><td colspan="2">⑤本指标测试结果</td><td colspan="2"></td></tr>
<tr><td colspan="2">⑥本指标评价结果</td><td colspan="2"></td></tr>
<tr><td rowspan="3">2)</td><td rowspan="3">测试点2
温度示值
误差</td><td colspan="6">±0.5℃</td></tr>
<tr><td colspan="2" rowspan="2">(1).⑤</td><td colspan="2">①本项目测试结果</td><td colspan="2"></td></tr>
<tr><td colspan="2">②本项目评价结果</td><td colspan="2"></td></tr>
</table>

续上表

<table>
<tr><td colspan="5">测试项目</td></tr>
<tr><td rowspan="6">(1)</td><td rowspan="6">测试点2
温度示值
误差</td><td>试验序号</td><td>③测量值(℃)</td><td>④标准值(℃)</td></tr>
<tr><td>1</td><td></td><td></td></tr>
<tr><td>2</td><td></td><td></td></tr>
<tr><td>3</td><td></td><td></td></tr>
<tr><td rowspan="2">AVERAGE(③) - AVERAGE(④)</td><td>⑤本指标测试结果</td><td></td></tr>
<tr><td>⑥本指标评价结果</td><td></td></tr>
<tr><td rowspan="3">3)</td><td rowspan="3">测试点3
温度示值
误差</td><td colspan="3">±0.5℃</td></tr>
<tr><td rowspan="2">(1).⑤</td><td>①本项目测试结果</td><td></td></tr>
<tr><td>②本项目评价结果</td><td></td></tr>
<tr><td rowspan="6">(1)</td><td rowspan="6">测试点3
温度示值
误差</td><td>试验序号</td><td>③测量值(℃)</td><td>④标准值(℃)</td></tr>
<tr><td>1</td><td></td><td></td></tr>
<tr><td>2</td><td></td><td></td></tr>
<tr><td>3</td><td></td><td></td></tr>
<tr><td rowspan="2">AVERAGE(③) - AVERAGE(④)</td><td>⑤本指标测试结果</td><td></td></tr>
<tr><td>⑥本指标评价结果</td><td></td></tr>
<tr><td colspan="5">测量不确定度</td></tr>
<tr><td>序号</td><td>评定项目</td><td>评定结果</td><td colspan="2">计算方法说明</td></tr>
<tr><td>1</td><td></td><td></td><td colspan="2"></td></tr>
<tr><td>2</td><td></td><td></td><td colspan="2"></td></tr>
<tr><td>3</td><td></td><td></td><td colspan="2"></td></tr>
</table>

测试： 核验： 日期：

28 混凝土快速冻融试验机计量测试作业指导书（仪器编号：GL01050016）

28.1 范围

本作业指导书适用于混凝土抗冻性能检测用混凝土快速冻融试验机的计量测试。

28.2 概述

混凝土快速冻融试验机用于测定混凝土试件在水冻水融条件下的混凝土抗冻性能。混凝土快速冻融试验机通过可编程控制器设定冻结和融化循环自动进行，并可任意设定冻结和融化的温度及循环次数，以混凝土试件经受的快速冻融循环次数或抗冻耐久性系数表征混凝土抗冻性。混凝土快速冻融试验机主要由控制系统、制冷系统、加热系统、冻融试验箱、载冷剂循环系统组成，其结构示意见图3-28-1。

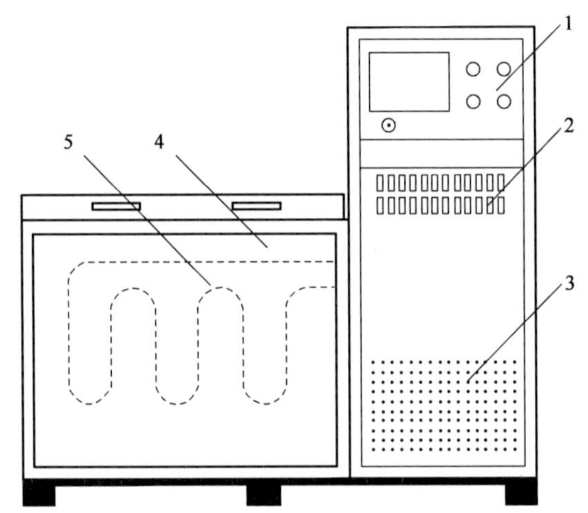

图3-28-1 混凝土快速冻融试验机结构示意图

1——控制系统；2——制冷系统；3——加热系统；4——冻融试验箱；5——载冷剂循环系统。

28.3　计量性能要求

(1)温度偏差不超过±2℃。

(2)温度均匀度不大于2℃。

(3)温度波动度不大于0.5℃。

28.4　环境条件

(1)温度:(20±5)℃。

(2)相对湿度:≤85%。

(3)气压:(80~106)kPa。

(4)周围无强烈振动及腐蚀性气体存在,并应避免其他冷、热源影响。

28.5　计量器具

多通道温度测量仪:测量范围应覆盖(-30~20)℃,最大允许误差±2.0℃,分辨力不低于0.01℃。

28.6　测试步骤

28.6.1　测试点的位置布设

多通道温度测量仪传感器的布放位置为设备测试时的测试点,应布设在冻融试验箱内的3个不同层面上,称为上、中、下3层,中层为通过工作空间几何中心的平行于底面的测试工作面,各布点位置与冻融试验箱内壁的距离为各边长的1/10。上层布设4个点,中层布设1个点,下层布设4个点,测试点的位置布设见图3-28-1。

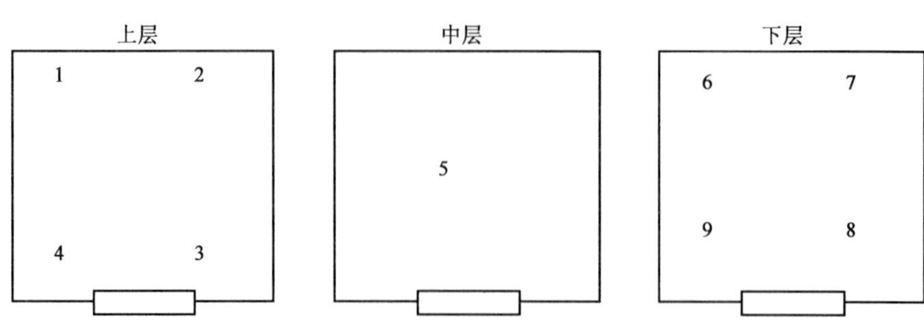

图 3-28-1　测试点的位置布设图

28.6.2　温度的测试

试验步骤如下：

(1)将冻融试验机设定到测试温度，开启运行。

(2)确定测试温度点为 -18℃、5℃。

(3)当冻融试验机达到稳定状态后开始记录各测试点温度，记录时间间隔为 2min，30min 内共记录 16 组数据。

1)温度偏差

$$\Delta t_{max} = t_{max} - t_s \quad (3\text{-}28\text{-}1)$$

$$\Delta t_{min} = t_{min} - t_s \quad (3\text{-}28\text{-}2)$$

式中：Δt_{max}——温度上偏差(℃)；

Δt_{min}——温度下偏差(℃)；

t_{max}——各测试点规定时间内测量的最高温度(℃)；

t_{min}——各测试点规定时间内测量的最低温度(℃)；

t_s——冻融试验机设定温度(℃)。

2)温度均匀度

冻融试验机在稳定状态下，各测试点 30min 内(每 2min 测试一次)每次测试中实测最高温度与最低温度之差的算术平均值。

$$\Delta t_u = \sum_{i=1}^{n} (t_{imax} - t_{imin})/n \quad (3\text{-}28\text{-}3)$$

式中：Δt_u——温度均匀度(℃)；

t_{imax}——各测试点在第 i 次测得的最高温度(℃)；

t_{imin}——各测试点在第 i 次测得的最低温度(℃)；

n——测量次数。

3)温度波动度

冻融试验机在稳定状态下，各测试点 30min 内(每 2min 测试一次)实测最高温度与最低温度之差的一半,冠以“ ± ”号,取全部测试点中变化量的最大值作为温度波动度的测试结果。

$$\Delta t_f = \pm \max(t_{j\max} - t_{j\min})/2 \quad (3\text{-}28\text{-}4)$$

式中:Δt_f——温度波动度(℃);

$t_{j\max}$——测试点在第 n 次测试中的最高温度(℃);

$t_{j\min}$——测试点在第 n 次测试中的最低温度(℃)。

28.7　测试周期

测试时间间隔一般不超过 12 个月,使用中可根据实际情况增加测试次数。

28.8　原始数据记录表

原始数据记录表见表 3-28-1。

混凝土快速冻融试验机测试原始数据记录表　　表 3-28-1

表格编号:

记录编号:

设备名称		混凝土快速冻融试验机		样品编号			
型号规格				出厂编号			
制造单位				测试依据			
接收日期				测试地点			
测试前样品状态				测试后样品状态			
环境条件							
测试使用的计量标准器及主要配套设备							
名称(设备编号)	测量范围	不确定度/准确度等级/最大允许误差	证书编号	溯源机构	证书有效期至	使用前情况(是否良好)	使用后情况(是否良好)
多通道温度测量仪	(－30～20)℃	±2.0℃					

续上表

<table>
<tr><td colspan="5">测试项目</td></tr>
<tr><td rowspan="3">1)</td><td rowspan="3">-18℃
温度上偏差</td><td colspan="3">±2℃</td></tr>
<tr><td rowspan="2">(1).⑤</td><td>①本项目测试结果</td><td></td></tr>
<tr><td>②本项目评价结果</td><td></td></tr>
<tr><td rowspan="19">(1)</td><td rowspan="19">-18℃
温度上偏差</td><td>试验序号</td><td>③测量值(℃)</td><td>④标准值(℃)</td></tr>
<tr><td>1</td><td></td><td></td></tr>
<tr><td>2</td><td></td><td></td></tr>
<tr><td>3</td><td></td><td></td></tr>
<tr><td>4</td><td></td><td></td></tr>
<tr><td>5</td><td></td><td></td></tr>
<tr><td>6</td><td></td><td></td></tr>
<tr><td>7</td><td></td><td></td></tr>
<tr><td>8</td><td></td><td></td></tr>
<tr><td>9</td><td></td><td></td></tr>
<tr><td>10</td><td></td><td></td></tr>
<tr><td>11</td><td></td><td></td></tr>
<tr><td>12</td><td></td><td></td></tr>
<tr><td>13</td><td></td><td></td></tr>
<tr><td>14</td><td></td><td></td></tr>
<tr><td>15</td><td></td><td></td></tr>
<tr><td>16</td><td></td><td></td></tr>
<tr><td rowspan="2">MAX(③)-1.④</td><td>⑤本指标测试结果</td><td></td></tr>
<tr><td>⑥本指标评价结果</td><td></td></tr>
<tr><td rowspan="3">2)</td><td rowspan="3">5℃
温度上偏差</td><td colspan="3">±2℃</td></tr>
<tr><td rowspan="2">(1).⑤</td><td>①本项目测试结果</td><td></td></tr>
<tr><td>②本项目评价结果</td><td></td></tr>
<tr><td rowspan="5">(1)</td><td rowspan="5">5℃
温度上偏差</td><td>试验序号</td><td>③测量值(℃)</td><td>④标准值(℃)</td></tr>
<tr><td>1</td><td></td><td></td></tr>
<tr><td>2</td><td></td><td></td></tr>
<tr><td>3</td><td></td><td></td></tr>
<tr><td>4</td><td></td><td></td></tr>
</table>

续上表

测试项目				
(1)	5℃ 温度上偏差	5		
		6		
		7		
		8		
		9		
		10		
		11		
		12		
		13		
		14		
		15		
		16		
		MAX(③) -1.④	⑤本指标测试结果	
			⑥本指标评价结果	
3)	-18℃ 温度下偏差	±2℃		
		(1).⑤	①本项目测试结果	
			②本项目评价结果	
(1)	-18℃ 温度下偏差	试验序号	③测量值(℃)	④标准值(℃)
		1		
		2		
		3		
		4		
		5		
		6		
		7		
		8		
		9		
		10		
		11		
		12		

续上表

<table>
<tr><td colspan="5">测试项目</td></tr>
<tr><td rowspan="6">(1)</td><td rowspan="6">-18℃
温度下偏差</td><td>13</td><td></td><td></td></tr>
<tr><td>14</td><td></td><td></td></tr>
<tr><td>15</td><td></td><td></td></tr>
<tr><td>16</td><td></td><td></td></tr>
<tr><td rowspan="2">MIN(③) -1.④</td><td>⑤本指标测试结果</td><td></td></tr>
<tr><td>⑥本指标评价结果</td><td></td></tr>
<tr><td rowspan="3">4)</td><td rowspan="3">5℃
温度下偏差</td><td colspan="3">±2℃</td></tr>
<tr><td rowspan="2">(1).⑤</td><td>①本项目测试结果</td><td></td></tr>
<tr><td>②本项目评价结果</td><td></td></tr>
<tr><td rowspan="19">(1)</td><td rowspan="19">5℃
温度下偏差</td><td>试验序号</td><td>③测量值(℃)</td><td>④标准值(℃)</td></tr>
<tr><td>1</td><td></td><td></td></tr>
<tr><td>2</td><td></td><td></td></tr>
<tr><td>3</td><td></td><td></td></tr>
<tr><td>4</td><td></td><td></td></tr>
<tr><td>5</td><td></td><td></td></tr>
<tr><td>6</td><td></td><td></td></tr>
<tr><td>7</td><td></td><td></td></tr>
<tr><td>8</td><td></td><td></td></tr>
<tr><td>9</td><td></td><td></td></tr>
<tr><td>10</td><td></td><td></td></tr>
<tr><td>11</td><td></td><td></td></tr>
<tr><td>12</td><td></td><td></td></tr>
<tr><td>13</td><td></td><td></td></tr>
<tr><td>14</td><td></td><td></td></tr>
<tr><td>15</td><td></td><td></td></tr>
<tr><td>16</td><td></td><td></td></tr>
<tr><td rowspan="2">MIN(③) -1.④</td><td>⑤本指标测试结果</td><td></td></tr>
<tr><td>⑥本指标评价结果</td><td></td></tr>
<tr><td rowspan="3">5)</td><td rowspan="3">-18℃
温度均匀度</td><td colspan="3">≤2℃</td></tr>
<tr><td rowspan="2">(1).⑤</td><td>①本项目测试结果</td><td></td></tr>
<tr><td>②本项目评价结果</td><td></td></tr>
</table>

续上表

测试项目				
(1)	-18℃ 温度均匀度	试验序号	③测量值(℃)	④标准值(℃)
		1		
		2		
		3		
		4		
		5		
		6		
		7		
		8		
		9		
		10		
		11		
		12		
		13		
		14		
		15		
		16		
		$\sum_{i=1}^{16}$[MAX(③) - MIN(③)]/16	⑤本指标测试结果	
			⑥本指标评价结果	
6)	5℃ 温度均匀度	≤2℃		
		(1).⑤	①本项目测试结果	
			②本项目评价结果	
(1)	5℃ 温度均匀度	试验序号	③测量值(℃)	④标准值(℃)
		1		
		2		
		3		
		4		
		5		
		6		
		7		

续上表

测试项目				
(1)	5℃ 温度均匀度	8		
		9		
		10		
		11		
		12		
		13		
		14		
		15		
		16		
		$\sum_{i=1}^{16}$[MAX(③) - MIN(③)]/16	⑤本指标测试结果	
			⑥本指标评价结果	
7)	-18℃ 温度波动度	≤0.5℃		
		(1).⑤	①本项目测试结果	
			②本项目评价结果	
(1)	-18℃ 温度波动度	试验序号	③测量值(℃)	④标准值(℃)
		1		
		2		
		3		
		4		
		5		
		6		
		7		
		8		
		9		
		10		
		11		
		12		
		13		
		14		
		15		

续上表

<table>
<tr><td colspan="5">测试项目</td></tr>
<tr><td rowspan="3">(1)</td><td rowspan="3">-18℃
温度波动度</td><td>16</td><td></td><td></td></tr>
<tr><td rowspan="2">±MAX[MAX(③)-MIN(③)]/2</td><td>⑤本指标测试结果</td><td></td></tr>
<tr><td>⑥本指标评价结果</td><td></td></tr>
<tr><td rowspan="3">8)</td><td rowspan="3">5℃
温度波动度</td><td colspan="3">≤0.5℃</td></tr>
<tr><td rowspan="2">(1).⑤</td><td>①本项目测试结果</td><td></td></tr>
<tr><td>②本项目评价结果</td><td></td></tr>
<tr><td rowspan="19">(1)</td><td rowspan="19">5℃
温度波动度</td><td>试验序号</td><td>③测量值(℃)</td><td>④标准值(℃)</td></tr>
<tr><td>1</td><td></td><td></td></tr>
<tr><td>2</td><td></td><td></td></tr>
<tr><td>3</td><td></td><td></td></tr>
<tr><td>4</td><td></td><td></td></tr>
<tr><td>5</td><td></td><td></td></tr>
<tr><td>6</td><td></td><td></td></tr>
<tr><td>7</td><td></td><td></td></tr>
<tr><td>8</td><td></td><td></td></tr>
<tr><td>9</td><td></td><td></td></tr>
<tr><td>10</td><td></td><td></td></tr>
<tr><td>11</td><td></td><td></td></tr>
<tr><td>12</td><td></td><td></td></tr>
<tr><td>13</td><td></td><td></td></tr>
<tr><td>14</td><td></td><td></td></tr>
<tr><td>15</td><td></td><td></td></tr>
<tr><td>16</td><td></td><td></td></tr>
<tr><td rowspan="2">±MAX[MAX(③)-MIN(③)]/2</td><td>⑤本指标测试结果</td><td></td></tr>
<tr><td>⑥本指标评价结果</td><td></td></tr>
<tr><td colspan="5">测量不确定度</td></tr>
<tr><td>序号</td><td>评定项目</td><td>评定结果</td><td colspan="2">计算方法说明</td></tr>
<tr><td>1</td><td></td><td></td><td colspan="2"></td></tr>
<tr><td>2</td><td></td><td></td><td colspan="2"></td></tr>
<tr><td>3</td><td></td><td></td><td colspan="2"></td></tr>
</table>

测试： 核验： 日期：

29 路面横断面尺计量测试作业指导书
（仪器编号：GL01200032）

29.1 范围

本作业指导书适用于沥青路面车辙检测用路面横断面尺的计量测试。

29.2 概述

路面横断面尺（以下简称"横断面尺"）用于测定沥青路面车辙，测量时以横断面尺底面为测量基准，横跨被测试沥青路面车道，沿垂直方向用量尺测得横断面尺底面与被测试车道路面高度。横断面尺主要包括把手、支脚以及标尺，其结构示意见图 3-29-1。

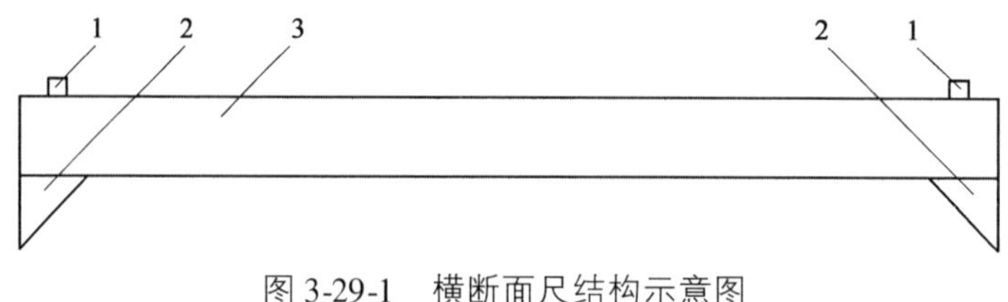

图 3-29-1 横断面尺结构示意图

1——把手；2——支脚；3——标尺。

29.3 通用技术要求

横断面尺无明显机械晃动或变形。

29.4 计量性能要求

（1）标尺底面最大弯曲≤1mm。

(2)两端支脚高度差≤0.1mm。

(3)标尺标称长度的示值误差不超过±2mm。

29.5 环境条件

(1)温度:(20±5)℃。

(2)相对湿度:≤85%。

(3)测试在无明显振动、无腐蚀气体和电磁干扰的情况下进行。

29.6 计量器具

(1)深度卡尺:量程(0~300)mm,分度值0.01mm,最大允许误差±0.04mm。

(2)钢卷尺:量程(0~5)m,分度值0.1mm,Ⅰ级。

(3)测试平台:平面度2级。

29.7 测试步骤

29.7.1 标尺底面最大弯曲

将横断面尺放在测试平台上,用钢卷尺分别测量标尺底面两侧、中间与测试平台的距离,距离最大值减去最小值作为最大弯曲值。

29.7.2 支脚高度差

用深度卡尺测量两端支脚的高度,计算两个高度的差值作为支脚高度差。

29.7.3 标尺标称长度的示值误差

试验步骤如下:

(1)将钢卷尺和标尺平行地平铺在测试平台;

(2)让钢卷尺和标尺的零值线纹中心对齐;

(3)分别读取钢卷尺在0.5m、1m、2m、3m和3.8m处标尺的示值;

(4)按照式(3-29-1)计算标尺标称长度的示值误差。

$$\Delta = L_i - s_i \quad (3\text{-}29\text{-}1)$$

式中:Δ——标尺标称长度的示值误差(mm);

L_i——各测试点标尺的示值(mm);

s_i——各测试点钢卷尺的示值(mm)。

29.8 测试周期

测试时间间隔一般不超过12个月,使用中可根据实际情况增加测试次数。

29.9 原始数据记录表

原始数据记录表见表3-29-1。

路面横断面尺测试原始数据记录表 表3-29-1

表格编号:

记录编号:

设备名称		路面横断面尺		样品编号			
型号规格				出厂编号			
制造单位				测试依据			
接收日期				测试地点			
测试前样品状态				测试后样品状态			
环境条件							
测试使用的计量标准器及主要配套设备							
名称(设备编号)	测量范围	不确定度/准确度等级/最大允许误差	证书编号	溯源机构	证书有效期至	使用前情况(是否良好)	使用后情况(是否良好)
深度卡尺	(0~300)mm	±0.04mm					
钢卷尺	(0~5)m	Ⅰ级					
测试平台	—	2级					

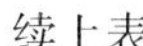

续上表

测试项目				
1)	标尺底面最大弯曲	≤1mm		
		(1).⑤	①本项目测试结果	
			②本项目评价结果	
(1)	标尺底面最大弯曲	试验序号	③测量值(mm)	④标准值(mm)
		1		
		2		
		3		
		MAX(③) - MIN(③)	⑤本指标测试结果	
			⑥本指标评价结果	
2)	两端支脚高度差	≤0.1mm		
		(1).⑤	①本项目测试结果	
			②本项目评价结果	
(1)	两端支脚高度差	试验序号	③测量值(mm)	④标准值(mm)
		1		
		2		
		ABS(1.③ - 2.③)	⑤本指标测试结果	
			⑥本指标评价结果	
3)	0.5m标尺标称长度的示值误差	±2mm		
		(1).⑤	①本项目测试结果	
			②本项目评价结果	
(1)	0.5m标尺标称长度的示值误差	试验序号	③测量值(mm)	④标准值(mm)
		1		
		MAX(③ - ④)	⑤本指标测试结果	
			⑥本指标评价结果	
4)	1m标尺标称长度的示值误差	±2mm		
		(1).⑤	①本项目测试结果	
			②本项目评价结果	
(1)	1m标尺标称长度的示值误差	试验序号	③测量值(mm)	④标准值(mm)
		1		
		MAX(③ - ④)	⑤本指标测试结果	
			⑥本指标评价结果	

续上表

测试项目				
5)	2m 标尺标称长度的示值误差	±2mm		
		(1).⑤	①本项目测试结果	
			②本项目评价结果	
(1)	2m 标尺标称长度的示值误差	试验序号	③测量值(mm)	④标准值(mm)
		1		
		MAX(③-④)	⑤本指标测试结果	
			⑥本指标评价结果	
6)	3m 标尺标称长度的示值误差	±2mm		
		(1).⑤	①本项目测试结果	
			②本项目评价结果	
(1)	3m 标尺标称长度的示值误差	试验序号	③测量值(mm)	④标准值(mm)
		1		
		MAX(③-④)	⑤本指标测试结果	
			⑥本指标评价结果	
7)	3.8m 标尺标称长度的示值误差	±2mm		
		(1).⑤	①本项目测试结果	
			②本项目评价结果	
(1)	3.8m 标尺标称长度的示值误差	试验序号	③测量值(mm)	④标准值(mm)
		1		
		MAX(③-④)	⑤本指标测试结果	
			⑥本指标评价结果	
测量不确定度				
序号	评定项目	评定结果	计算方法说明	
1				
2				
3				

测试：　　　　　　　　核验：　　　　　　　　日期：

30 直接拉伸试验仪计量测试作业指导书（仪器编号：GL01100023）

30.1 范围

本作业指导书适用于沥青断面性能检测用直接拉伸试验仪的计量测试。

30.2 概述

直接拉伸试验仪主要用于测量原样沥青、沥青旋转薄膜烘箱试验后（RTFOT）和沥青压力老化容器老化（PAV）后的沥青断裂性能。直接拉伸试验仪通过闭路耦合反馈控制，测量冷浴槽中试件在1mm/min的拉伸速率下拉伸至断裂或应变超过10%的应力和应变。

直接拉伸试验仪主要由低温液体冷浴槽、温度传感器、试件夹持系统、拉伸组件、示值装置及控温控速系统等组成，其结构示意见图3-30-1。

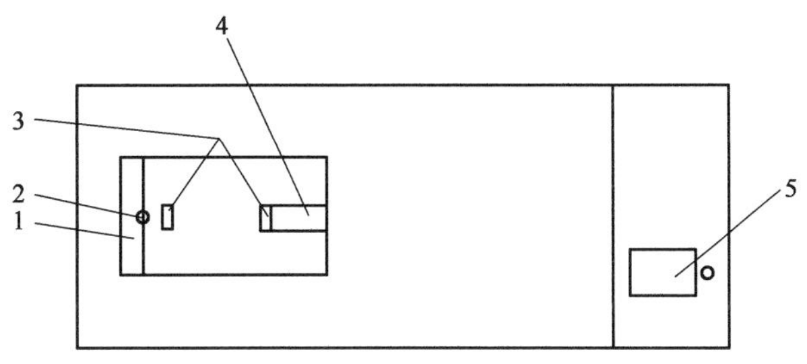

图3-30-1 直接拉伸试验仪主机结构示意图

1——低温液体冷浴槽；2——温度传感器；3——试件夹持系统；4——拉伸组件；5——示值装置及控温控速系统。

30.3 计量性能要求

(1)荷载测量系统示值误差不超过 ±1.0%。

(2)冷浴槽温度示值误差不超过 ±0.1℃。

(3)伸长测量系统示值误差不超过 ±1.0%。

(4)拉伸速率应为(1 ±0.05)mm/min。

(5)试件端板尺寸如图 3-30-2 所示,试模尺寸如图 3-30-3 所示,其中,试模尺寸应符合表 3-30-1 的要求。

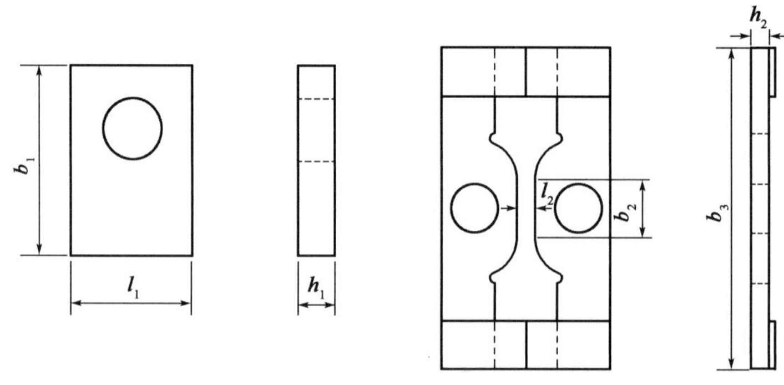

图 3-30-2　试件端板尺寸　　　　图 3-30-3　试模尺寸

试模尺寸(单位:mm)　　　　表 3-30-1

项　　目	试 模 尺 寸	项　　目	试 模 尺 寸
试件端板长度 b_1	30.0 ±0.2	试模内腔长度 b_2	6.0 ±0.1
试件端板宽度 l_1	20.0 ±0.2	试模厚度 h_2	6.0 ±0.1
试件端板厚度 h_1	6.0 ±0.1	试模长度 b_3	100.0 ±0.5
试模内腔宽度 l_2	18.0 ±0.2	—	—

30.4 环境条件

(1)温度:(23 ±5)℃。

(2)相对湿度:≤85%。

(3)测试周围应清洁、无影响正常工作的振动、无腐蚀性气体。

30.5　计量器具

(1)多通道温度传感器:测量范围(-50~20)℃,分度值为0.01℃,最大允许误差为±0.03℃。

(2)标准测力仪,0.3级,测量范围(0~2000)N。

(3)千分表(或长度测量装置);测量范围(0~30)mm,分度值0.001mm,最大允许误差±0.005mm。

(4)秒表:测量范围(0~30)min,分度值0.1s,最大允许误差±0.07s/10min。

(5)游标卡尺:测量范围(0~150)mm,分度值0.02mm,最大允许误差为±0.03mm。

30.6　测试步骤

30.6.1　荷载测量系统示值误差

(1)将标准测力仪固定于直接拉伸试验仪挂模架的挂模销子上。

(2)以测量下限为测试起始点,其测试点间隔取测量上限的20%。在测量范围内用测力仪测试五个点,测点应大致均匀分布。

(3)把直接拉伸试验仪调整成工作状态,示值指示装置调至零点,启动试验,同时读取标准测力仪和指示装置的示值,以标准测力仪的示值为准,按照式(3-30-1)计算荷载测量系统的示值误差。

$$\delta_i = \frac{f_i - F_i}{F_i} \times 100\% \tag{3-30-1}$$

式中:δ_i——试验力第 i 次试验的示值相对误差,$i=1,2,3$;

f_i——直接拉伸试验仪第 i 次试验的力值(N);

F_i——标准测力仪第 i 次试验的力值(N)。

(4)重复步骤(1)~(3)3次,每次测试前均应将直接拉伸试验仪的荷载测量系统示值指示装置调至零点,取3次测量的平均值作为每个测试点的荷载测量系统示值误差。

30.6.2 冷浴槽温度示值误差

试验步骤如下：

(1)将多通道测温传感器布置在冷浴槽两端和中间。

(2)依次设定直接拉伸试验仪的试验温度为 -36℃、-30℃、-20℃、-10℃、0℃。

(3)待冷浴槽内设定温度稳定 5min 后，每间隔 1min，观察和记录多通道温度传感器的示值，共观察和记录 3 次，取 3 次测量的算术平均值作为温度示值的标准值。

(4)温度示值的标准值减去直接拉伸试验仪试验温度的差值，作为冷浴槽每个温度测试点的温度示值误差。

30.6.3 伸长测量系统示值误差

试验步骤如下：

(1)调节千分表，使千分表与拉伸组件接触良好，并处于行程范围内，将千分表通过夹具固定在挂模架上。

(2)确定 5 个测试点，均匀分布于测量范围的全长。

(3)调整直接拉伸试验仪至工作状态，伸长测量系统示值指示装置调至零点，启动直接拉伸试验仪。

(4)每个测试点同时读取千分表和指示装置的示值。

(5)根据式(3-30-2)计算伸长测量系统的示值误差。

$$\Delta l = \frac{l - l_0}{l_0} \times 100\% \tag{3-30-2}$$

式中：Δl——伸长测量系统示值误差；

l——直接拉伸试验仪指示装置示值(mm)；

l_0——千分表示值(mm)。

(6)重复步骤(1)~(3)3 次，每次测试前均应将直接拉伸试验仪的伸长测量系统示值指示装置调至零点。

30.6.4 拉伸速率示值误差

试验步骤如下：

(1)调整直接拉伸试验仪至工作状态。

(2)启动试验使拉伸组件向前移动。

(3)用秒表记录不少于测量范围全长 1/3 的时间，同时用千分表记录拉伸组件移动距离。

(4)按照式(3-30-3)计算拉伸速率示值误差。

$$\Delta v = \frac{\frac{l}{t} - v_0}{v_0} \times 100\% \tag{3-30-3}$$

式中：Δv——拉伸速率示值误差(%)；

l——拉伸组件移动距离(mm)；

t——记录的时间(min)；

v_0——设定的拉伸速率(mm/min)。

(5)重复步骤(1)～步骤(4)3次，取3次测量的算术平均值作为拉伸速率示值误差的测试结果。

30.6.5 试件端板和试模尺寸

记录试模的编号，用游标卡尺测量各试模尺寸。每个尺寸选择3个等间隔测试点，计算每个尺寸3次测量的算术平均值。

30.7 测试周期

测试时间间隔一般不超过12个月，使用中可根据实际情况增加测试次数。

30.8 原始数据记录表

原始数据记录表见表3-30-2。

直接拉伸试验仪测试原始数据记录表 表3-30-2

表格编号：

记录编号：

设备名称	直接拉伸试验仪	样品编号	
型号规格		出厂编号	
制造单位		测试依据	
接收日期		测试地点	
测试前样品状态		测试后样品状态	
环境条件			

续上表

测试使用的计量标准器及主要配套设备							
名称（设备编号）	测量范围	不确定度/准确度等级/最大允许误差	证书编号	溯源机构	证书有效期至	使用前情况（是否良好）	使用后情况（是否良好）
多通道温度传感器	（-50～20）℃	±0.03℃					
标准测力仪	（0～2000）N	0.3级					
千分表	（0～30）mm	±0.005mm					
秒表	（0～30）min	±0.07s/10min					
游标卡尺	（0～150）mm	±0.03mm					
测试项目							
1）	测试点1荷载测量系统示值误差	±1.0%					
		（1）.⑤	①本项目测试结果				
			②本项目评价结果				
（1）	测试点1荷载测量系统示值误差	试验序号	③测量值（N）	④标准值（N）			
		1					
		2					
		3					
		AVERAGE[（③-④）/④]	⑤本指标测试结果				
			⑥本指标评价结果				
2）	测试点2荷载测量系统示值误差	±1.0%					
		（1）.⑤	①本项目测试结果				
			②本项目评价结果				
（1）	测试点2荷载测量系统示值误差	试验序号	③测量值（N）	④标准值（N）			
		1					
		2					
		3					
		AVERAGE[（③-④）/④]	⑤本指标测试结果				
			⑥本指标评价结果				

续上表

测试项目				
3)	测试点3荷载测量系统示值误差	±1.0%		
		(1).⑤	①本项目测试结果	
			②本项目评价结果	
(1)	测试点3荷载测量系统示值误差	试验序号	③测量值(N)	④标准值(N)
		1		
		2		
		3		
		AVERAGE[(③-④)/④]	⑤本指标测试结果	
			⑥本指标评价结果	
4)	测试点4荷载测量系统示值误差	±1.0%		
		(1).⑤	①本项目测试结果	
			②本项目评价结果	
(1)	测试点4荷载测量系统示值误差	试验序号	③测量值(N)	④标准值(N)
		1		
		2		
		3		
		AVERAGE[(③-④)/④]	⑤本指标测试结果	
			⑥本指标评价结果	
5)	测试点5荷载测量系统示值误差	±1.0%		
		(1).⑤	①本项目测试结果	
			②本项目评价结果	
(1)	测试点5荷载测量系统示值误差	试验序号	③测量值(N)	④标准值(N)
		1		
		2		
		3		
		AVERAGE[(③-④)/④]	⑤本指标测试结果	
			⑥本指标评价结果	
6)	-36℃冷浴槽温度示值误差	±0.1℃		
		(1).⑤	①本项目测试结果	
			②本项目评价结果	

续上表

测试项目				
(1)	-36℃冷浴槽温度示值误差	试验序号	③测量值(℃)	④标准值(℃)
		1		
		2		
		3		
		AVERAGE(③) -1. ④	⑤本指标测试结果	
			⑥本指标评价结果	
7)	-30℃冷浴槽温度示值误差	±0.1℃		
		(1).⑤	①本项目测试结果	
			②本项目评价结果	
(1)	-30℃冷浴槽温度示值误差	试验序号	③测量值(℃)	④标准值(℃)
		1		
		2		
		3		
		AVERAGE(③) -1. ④	⑤本指标测试结果	
			⑥本指标评价结果	
8)	-20℃冷浴槽温度示值误差	±0.1℃		
		(1).⑤	①本项目测试结果	
			②本项目评价结果	
(1)	-20℃冷浴槽温度示值误差	试验序号	③测量值(℃)	④标准值(℃)
		1		
		2		
		3		
		AVERAGE(③) -1. ④	⑤本指标测试结果	
			⑥本指标评价结果	
9)	-10℃冷浴槽温度示值误差	±0.1℃		
		(1).⑤	①本项目测试结果	
			②本项目评价结果	
(1)	-10℃冷浴槽温度示值误差	试验序号	③测量值(℃)	④标准值(℃)
		1		
		2		

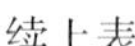

续上表

测试项目				
(1)	-10℃冷浴槽温度示值误差	3		
		AVERAGE(③)-1.④	⑤本指标测试结果	
			⑥本指标评价结果	
10)	0℃冷浴槽温度示值误差	±0.1℃		
		(1).⑤	①本项目测试结果	
			②本项目评价结果	
(1)	0℃冷浴槽温度示值误差	试验序号	③测量值(℃)	④标准值(℃)
		1		
		2		
		3		
		AVERAGE(③)-1.④	⑤本指标测试结果	
			⑥本指标评价结果	
11)	测试点1伸长测量系统示值误差	±1.0%		
		(1).⑤	①本项目测试结果	
			②本项目评价结果	
(1)	测试点1伸长测量系统示值误差	试验序号	③测量值(mm)	④标准值(mm)
		1		
		(③-④)/④	⑤本指标测试结果	
			⑥本指标评价结果	
12)	测试点2伸长测量系统示值误差	±1.0%		
		(1).⑤	①本项目测试结果	
			②本项目评价结果	
(1)	测试点2伸长测量系统示值误差	试验序号	③测量值(mm)	④标准值(mm)
		1		
		(③-④)/④	⑤本指标测试结果	
			⑥本指标评价结果	
13)	测试点3伸长测量系统示值误差	±1.0%		
		(1).⑤	①本项目测试结果	
			②本项目评价结果	

续上表

测试项目				
(1)	测试点3伸长测量系统示值误差	试验序号	③测量值(mm)	④标准值(mm)
		1		
		(③-④)/④	⑤本指标测试结果	
			⑥本指标评价结果	
14)	测试点4伸长测量系统示值误差	±1.0%		
		(1).⑤	①本项目测试结果	
			②本项目评价结果	
(1)	测试点4伸长测量系统示值误差	试验序号	③测量值(mm)	④标准值(mm)
		1		
		(③-④)/④	⑤本指标测试结果	
			⑥本指标评价结果	
15)	测试点5伸长测量系统示值误差	±1.0%		
		(1).⑤	①本项目测试结果	
			②本项目评价结果	
(1)	测试点5伸长测量系统示值误差	试验序号	③测量值(mm)	④标准值(mm)
		1		
		(③-④)/④	⑤本指标测试结果	
			⑥本指标评价结果	
16)	拉伸速率示值误差	(1±0.05)mm/min		
		AVERAGE{[(2).③/(1).③-设定速率]、[(4).③/(3).③-设定速率]、[(6).③/(5).③-设定速率]}	①本项目测试结果	
			②本项目评价结果	
(1)	记录的时间(第1次)	试验序号	③测量值(mm/min)	④标准值(min)
		1		
		③	⑤本指标测试结果	
			⑥本指标评价结果	

续上表

<table>
<tr><td colspan="5">测试项目</td></tr>
<tr><td rowspan="4">(2)</td><td rowspan="4">拉伸组件移动距离(第1次)</td><td>试验序号</td><td>③测量值(mm/min)</td><td>④标准值(mm)</td></tr>
<tr><td>1</td><td></td><td></td></tr>
<tr><td rowspan="2">③</td><td>⑤本指标测试结果</td><td></td></tr>
<tr><td>⑥本指标评价结果</td><td></td></tr>
<tr><td rowspan="4">(3)</td><td rowspan="4">记录的时间(第2次)</td><td>试验序号</td><td>③测量值(mm/min)</td><td>④标准值(min)</td></tr>
<tr><td>1</td><td></td><td></td></tr>
<tr><td rowspan="2">③</td><td>⑤本指标测试结果</td><td></td></tr>
<tr><td>⑥本指标评价结果</td><td></td></tr>
<tr><td rowspan="4">(4)</td><td rowspan="4">拉伸组件移动距离(第2次)</td><td>试验序号</td><td>③测量值(mm/min)</td><td>④标准值(mm)</td></tr>
<tr><td>1</td><td></td><td></td></tr>
<tr><td rowspan="2">③</td><td>⑤本指标测试结果</td><td></td></tr>
<tr><td>⑥本指标评价结果</td><td></td></tr>
<tr><td rowspan="4">(5)</td><td rowspan="4">记录的时间(第3次)</td><td>试验序号</td><td>③测量值(mm/min)</td><td>④标准值(min)</td></tr>
<tr><td>1</td><td></td><td></td></tr>
<tr><td rowspan="2">③</td><td>⑤本指标测试结果</td><td></td></tr>
<tr><td>⑥本指标评价结果</td><td></td></tr>
<tr><td rowspan="4">(6)</td><td rowspan="4">拉伸组件移动距离(第3次)</td><td>试验序号</td><td>③测量值(mm/min)</td><td>④标准值(mm)</td></tr>
<tr><td>1</td><td></td><td></td></tr>
<tr><td rowspan="2">③</td><td>⑤本指标测试结果</td><td></td></tr>
<tr><td>⑥本指标评价结果</td><td></td></tr>
<tr><td rowspan="3">17)</td><td rowspan="3">试件端板和试模尺寸</td><td colspan="3">±0.03mm</td></tr>
<tr><td rowspan="2">(1).⑤</td><td>①本项目测试结果</td><td></td></tr>
<tr><td>②本项目评价结果</td><td></td></tr>
<tr><td rowspan="7">(1)</td><td rowspan="7">试件端板和试模尺寸</td><td>试验序号</td><td>③测量值(mm)</td><td>④标准值(mm)</td></tr>
<tr><td>1</td><td></td><td></td></tr>
<tr><td>2</td><td></td><td></td></tr>
<tr><td>3</td><td></td><td></td></tr>
<tr><td rowspan="2">AVERAGE(③)</td><td>⑤本指标测试结果</td><td></td></tr>
<tr><td>⑥本指标评价结果</td><td></td></tr>
</table>

续上表

测量不确定度			
序号	评定项目	评定结果	计算方法说明
1			
2			
3			

测试：　　　　核验：　　　　日期：

31　隧道防水板焊缝气密性检测仪计量测试作业指导书(仪器编号:GL02110007)

31.1　范围

本作业指导书适用于隧道防水板焊缝气密性检测仪的计量测试。

31.2　概述

隧道防水板焊缝气密性检测仪(以下简称“气密性检测仪”)是对防水板搭接缝焊接质量进行充气法检查的专用仪器。一般由压力指示器、充气装置和探针组成;其中,按压力指示器分为模拟指针式气密性检测仪(压力表)或数字式气密性检测仪(数字压力计),其结构示意图见图3-31-1、图3-31-2。充气装置有全自动恒压和手动充压两种类型。气密性检测仪的工作原理是将探针插入焊缝,通过充气装置进行加压,在指示器达到0.25MPa时停止充气,保持15min,观察指示器下降值来检测焊缝的气密性。

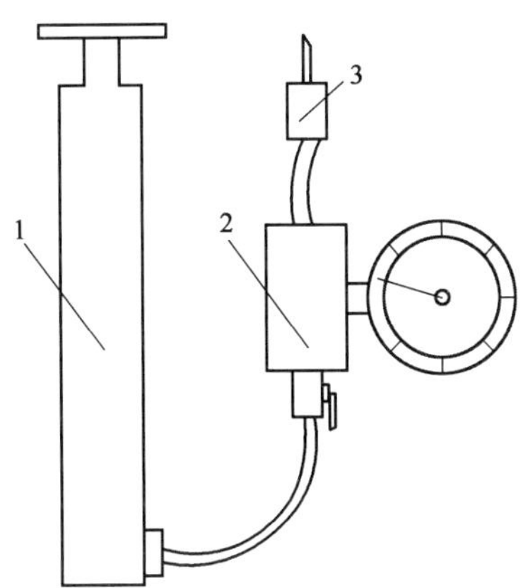

图3-31-1　手动充压式气密性检测仪结构示意图

1——充气装置;2——压力指示器;3——探针。

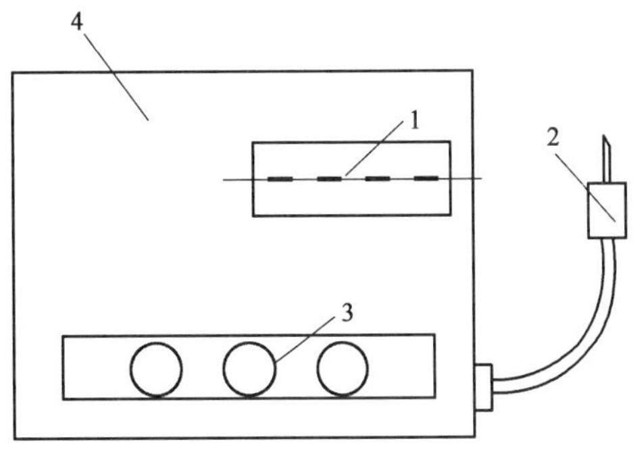

图3-31-2　自动恒压式气密性检测仪结构示意图

1——压力指示器;2——探针;3——控制面板;4——充气装置。

31.3 通用技术要求

(1)压力指示器应装配牢固,无松动现象,可见部分应无明显的瑕疵、划伤且表面玻璃应不得有妨碍读数的缺陷或损伤。

(2)压力指示器分度盘应平整光洁。

(3)调零装置应灵活可靠。

(4)导气管以及各连接处不应有裂痕以及腐蚀老化现象。

31.4 计量性能要求

31.4.1 气密性

气密性试验加载至0.25MPa,保持15min,压力下降值不大于加载值的2%。

31.4.2 零点漂移

1)模拟指针式气密性检测仪

(1)正常大气压下,带有止销的压力表,指针应紧靠止销,“缩格”应不超过表3-31-1规定的最大允许误差绝对值;

(2)正常大气压下,没有止销的压力表,指针应位于零位标志内,零位标志宽度应不超过表3-31-1规定的最大允许误差绝对值的2倍。

压力最大允许误差　表3-31-1

准确度等级	最大允许误差(按量程的百分数计算)(%)
1.0级	±1.0
1.6(1.5)级	±1.6
2.5级	±2.5

2)数字式气密性检测仪

数字式指示器的零位漂移量在16min内,不得大于表3-31-1规定的最大允许误差绝对值的1/2。

31.4.3 压力示值误差

气密性测试仪的准确度等级及压力最大允许误差应符合表3-31-1的规定。

31.4.4 轻敲位移(只适用于模拟指针式气密性检测仪)

轻敲表壳前与轻敲表壳后,压力表的示值变动量应不大于最大允许误差绝对值的1/2。

31.5 环境条件

(1)温度:(5~35)℃,但在测试过程中温度变化不超过±5℃。

(2)相对湿度:≤85%。

(3)气密性检测仪的周围环境应无影响输出稳定的机械振动。

31.6 计量器具

(1)精密压力表:量程应大于(0~0.25)MPa,不低于0.25级。

(2)秒表:测量范围:(0~60)min;分度值不大于0.2s。

(3)插口密封装置:结构示意如图3-31-3所示,具体要求如下:

①金属卡扣式设计(钢牌号为Q275)。

②为了让插卡口与密封垫良好接触并无缝隙,防止加压顶开漏气,与插口接触处应有硅胶材质的密封垫,密封垫厚度至少为5mm,直径至少为10mm,密封垫根据使用次数及时间应定期更换。

(4)转换接头、导压管等。

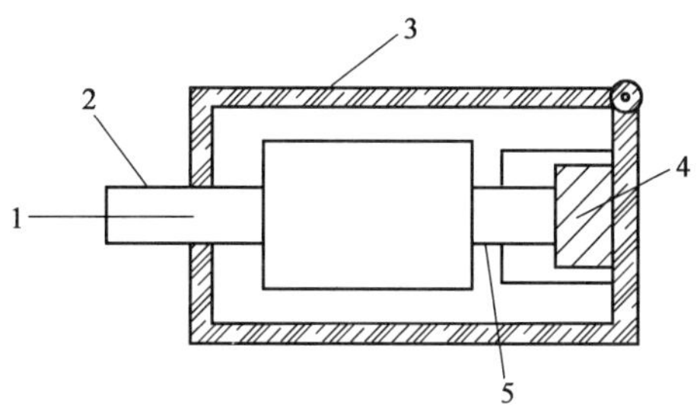

图3-31-3 插口密封装置结构示意图

1——气压气流方向;2——导气管;3——卡扣装置;4——硅胶密封垫;5——插口。

31.7 测试步骤

31.7.1 通用技术要求

采用目测和手感的方法检查。

31.7.2 气密性

试验步骤如下：

(1)按试验状态装配好气密性检测仪。

(2)将连接探针的插口与密封装置连接。

(3)使气密性检测仪加压至0.25MPa,该值作为压力的初始值,保持至15min,立即读取气密性试验仪的压力值,读取的压力值,按照式(3-31-1)计算气密性。

$$\Delta P = \frac{P_1 - P_0}{P_0} \times 100\% \tag{3-31-1}$$

式中：ΔP——气密性检测仪的气密性；

P_1——15min时,气密性检测仪的气压示值(MPa)；

P_0——气密性检测仪的初始气压示值(MPa)。

31.7.3 零点漂移

1)模拟指针式气密性检测仪

模拟指针式气密性检测仪的压力指示器与大气相通,记录压力指示器初始值,然后每隔4min记录一次显示值,记录4次。压力指示器各显示值与初始值的差值中,取绝对值最大的数值为零位漂移。

2)数字式气密性检测仪

将气密性检测仪的压力指示器与大气相通,并通电预热30min,记录压力指示器初始值(有调零装置的在通大气的条件下可将初始示值调到0),然后每隔4min记录一次显示值,记录4次。压力指示器各显示值与初始值的差值中,取绝对值最大的数值为零位漂移。

31.7.4 压力示值误差

试验步骤如下：

(1)将气密性检测仪和精密压力表在测试环境条件下放置2h。

(2)以气密性检测仪量程的最大压力值做1次升压预压测试,测试中升压应平稳,避免有冲击和过压现象。

(3)示值误差采用精密压力表与被测试气密性检测仪指示器示值相比较的方法,测试连接示意图如图3-31-4所示。

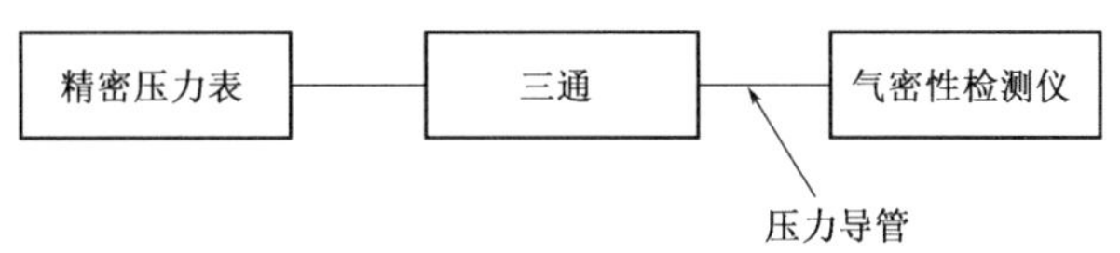

图3-31-4　气密性检测仪测试连接示意图

1)模拟指针式气密性检测仪

启动模拟指针式气密性检测仪开始加压,压力指示器显示的示值达到0.25MPa后,读取并记录精密压力表的示值。接着轻敲一下压力指示器外壳,读取并记录压力指示器的示值,轻敲前、后压力指示器示值与精密压力表的最大差值即为该测试点的示值误差。

2)数字式气密性检测仪

(1)通电预热后,在不做任何调整的情况下(有调零装置的可将初始值调至0),有手动或内置测试程序的可先根据使用说明将数字式气密性检测仪指示器示值进行标定,再进行示值误差测试。

(2)启动数字式气密性检测仪开始加压,在压力指示器显示的示值达到0.25MPa后,读取并记录精密压力表的示值,压力指示器与精密压力表示值之差即为该测试点的示值误差。

31.7.5　轻敲位移(只适用于模拟指针式气密性检测仪)

轻敲位移测试在示值误差测试的同时进行,在压力达到测试点稳定时轻敲指示器外壳前与轻敲指示器外壳后,指针位移变化所引起的示值变动量即为模拟指针式气密性检测仪的轻敲位移。

31.8　测试周期

测试时间间隔一般不超过12个月,使用中可根据实际情况增加测试次数。

31.9 原始数据记录表

原始数据记录表见表 3-31-2。

隧道防水板焊缝气密性检测仪测试原始数据记录表　　表 3-31-2

表格编号：

记录编号：

<table>
<tr><td colspan="2">设备名称</td><td colspan="2">隧道防水板焊缝气密性检测仪</td><td colspan="2">样品编号</td><td colspan="2"></td></tr>
<tr><td colspan="2">型号规格</td><td colspan="2"></td><td colspan="2">出厂编号</td><td colspan="2"></td></tr>
<tr><td colspan="2">制造单位</td><td colspan="2"></td><td colspan="2">测试依据</td><td colspan="2"></td></tr>
<tr><td colspan="2">接收日期</td><td colspan="2"></td><td colspan="2">测试地点</td><td colspan="2"></td></tr>
<tr><td colspan="2">测试前样品状态</td><td colspan="2"></td><td colspan="2">测试后样品状态</td><td colspan="2"></td></tr>
<tr><td colspan="2">环境条件</td><td colspan="6"></td></tr>
<tr><td colspan="8">测试使用的计量标准器及主要配套设备</td></tr>
<tr><td>名称
(设备编号)</td><td>测量范围</td><td>不确定度/准确度等级/最大允许误差</td><td>证书编号</td><td>溯源机构</td><td>证书
有效期至</td><td>使用前情况
(是否良好)</td><td>使用后情况
(是否良好)</td></tr>
<tr><td>精密压力表</td><td>(0~0.25)
MPa</td><td>0.25 级</td><td></td><td></td><td></td><td></td><td></td></tr>
<tr><td>秒表</td><td>(0~60)
min</td><td>—</td><td></td><td></td><td></td><td></td><td></td></tr>
<tr><td colspan="8">测试项目</td></tr>
<tr><td rowspan="3">1)</td><td rowspan="3">气密性</td><td colspan="6">2%</td></tr>
<tr><td colspan="2" rowspan="2">(1).⑤</td><td colspan="2">①本项目测试结果</td><td colspan="2"></td></tr>
<tr><td colspan="2">②本项目评价结果</td><td colspan="2"></td></tr>
<tr><td rowspan="6">(1)</td><td rowspan="6">气密性</td><td colspan="2">试验序号</td><td colspan="2">③测量值(MPa)</td><td colspan="2">④标准值(MPa)</td></tr>
<tr><td colspan="2">1</td><td colspan="2"></td><td colspan="2"></td></tr>
<tr><td colspan="2">2</td><td colspan="2"></td><td colspan="2"></td></tr>
<tr><td colspan="2">3</td><td colspan="2"></td><td colspan="2"></td></tr>
<tr><td colspan="2" rowspan="2">(1.③-0.25)/0.25</td><td colspan="2">⑤本指标测试结果</td><td colspan="2"></td></tr>
<tr><td colspan="2">⑥本指标评价结果</td><td colspan="2"></td></tr>
</table>

续上表

测试项目				
2)	零点漂移	(1).⑤	①本项目测试结果	
			②本项目评价结果	
(1)	零点漂移	试验序号	③测量值(MPa)	④标准值(MPa)
		1		
		2		
		3		
		4		
		MAX[ABS(③) - 初始值]	⑤本指标测试结果	
			⑥本指标评价结果	
3)	压力示值误差	1.0级:±1.0%;1.6级:±1.6%;2.5级:±2.5%		
		(1).⑤或(2).③	①本项目测试结果	
			②本项目评价结果	
(1)	模拟指针式气密性检测仪	试验序号	③测量值(MPa)	④标准值(MPa)
		1		
		2		
		3		
		MAX(③) -0.25	⑤本指标测试结果	
			⑥本指标评价结果	
(2)	数字式气密性检测仪	试验序号	③测量值(MPa)	④标准值(MPa)
		1		
		2		
		3		
		③ -0.25	⑤本指标测试结果	
			⑥本指标评价结果	
4)	轻敲位移	轻敲表壳前后,压力表的示值变动量应不大于最大允许误差绝对值的1/2		
		(1).⑤	①本项目测试结果	
			②本项目评价结果	

续上表

测试项目				
(1)	轻敲位移	试验序号	③测量值(MPa)	④标准值(MPa)
		1		
		2		
		1.③-2.③	⑤本指标测试结果	
			⑥本指标评价结果	
测量不确定度				
序号	评定项目	评定结果	计算方法说明	
1				
2				
3				

测试：　　　　　　　　　　核验：　　　　　　　　　　日期：

32　防腐层抗弯曲试验装置计量测试作业指导书（仪器编号：GL03010042）

32.1　范围

本作业指导书适用于圆柱轴型防腐层抗弯曲试验装置的计量测试，不适用于其他类型（如T形）防腐层抗弯曲试验装置的计量测试。

32.2　概述

防腐层抗弯曲试验装置（以下简称“装置”）是用于评定材料防腐层（如漆膜、各类涂层等）在标准条件下产生弯曲变形时抗损伤性的专用仪器。

装置由平台、试板、不同直径的轴棒、施力装置等部件组成，结构示意图见图3-32-1。

装置通过对平台上的试板施加压力，使试板绕不同直径的圆柱轴弯曲，产生形变。

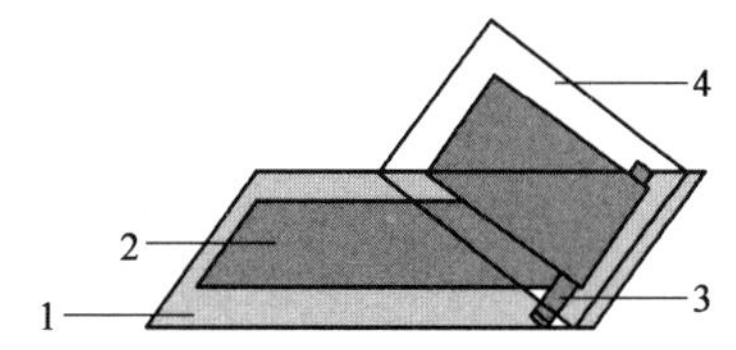

图3-32-1　防腐层抗弯曲试验装置结构示意图

1——平台；2——试板；3——不同直径的轴棒；4——施力装置。

32.3　通用技术要求

（1）装置应无锈蚀及其他明显缺陷。

（2）轴棒表面应无变形。

（3）装置各调节旋钮及螺栓部件应连接可靠，可正常操作。

32.4 计量性能要求

(1)轴棒直径的极限偏差不超过 ±0.1mm。

(2)轴棒跳动公差不大于0.1mm。

32.5 环境条件

(1)温度:(23 ±5)℃。

(2)相对湿度:≤85%。

32.6 计量器具

(1)游标卡尺:测量范围(0 ~ 200)mm,分度值 0.02mm,示值最大允许误差 ±0.03mm。

(2)偏摆检测仪:直径测量范围(0 ~50)mm,分度值 0.005mm,示值最大允许误差 ±0.01mm。

(3)辅助设备:水平台或支架。

32.7 测试步骤

32.7.1 轴棒直径的极限偏差

试验步骤:

(1)将轴棒取出置于水平台或支架上。

(2)沿轴向任取 3 点用游标卡尺依次测量轴棒直径,记录该轴棒的 3 个测量值,并取其算术平均值作为该轴棒的测量结果。

(3)计算轴棒直径标称值与游标卡尺测得的标准值之差,得到轴棒的偏差。

(4)重复步骤(1) ~(3),依次对所有轴棒进行测试。

32.7.2　轴棒跳动公差

试验步骤：

(1)将轴棒取出置于偏摆检测仪上。

(2)调整好偏摆检测仪，并进行置零。

(3)转动轴棒，观察偏摆检测仪示值的变化。

(4)记录轴棒转动过程中的最大示值 r_{max} 与最小示值 r_{min}。

(5)按照式(3-32-1)计算该轴棒的跳动公差：

$$\Delta = r_{max} - r_{min} \tag{3-32-1}$$

式中：Δ——轴棒的跳动公差(mm)；

r_{max}——轴棒转动过程中的最大示值(mm)；

r_{min}——轴棒转动过程中的最小示值(mm)；

(6)重复步骤(1)～(5)，依次对所有轴棒进行测试。

32.8　测试周期

测试时间间隔一般不超过24个月，使用中可根据实际情况增加测试次数。

32.9　原始数据记录表

原始数据记录表见表3-32-1。

防腐层抗弯曲试验装置测试原始数据记录表　　表3-32-1

表格编号：

记录编号：

设备名称	防腐层抗弯曲试验装置	样品编号	
型号规格		出厂编号	
制造单位		测试依据	
接收日期		测试地点	
测试前样品状态		测试后样品状态	
环境条件			

续上表

<table>
<tr><td colspan="8">测试使用的计量标准器及主要配套设备</td></tr>
<tr><td>名称
(设备编号)</td><td>测量范围</td><td>不确定度/
准确度等级/
最大允许
误差</td><td>证书编号</td><td>溯源机构</td><td>证书
有效期至</td><td>使用前情况
(是否良好)</td><td>使用后情况
(是否良好)</td></tr>
<tr><td>游标卡尺</td><td>(0~200)mm</td><td>±0.03mm</td><td></td><td></td><td></td><td></td><td></td></tr>
<tr><td>偏摆检测仪</td><td>(0~50)mm</td><td>±0.01mm</td><td></td><td></td><td></td><td></td><td></td></tr>
<tr><td colspan="8">测试项目</td></tr>
<tr><td rowspan="3">1)</td><td rowspan="3">轴棒1
直径</td><td colspan="6">±0.1mm</td></tr>
<tr><td colspan="2" rowspan="2">(1).⑤</td><td colspan="2">①本项目测试结果</td><td colspan="2"></td></tr>
<tr><td colspan="2">②本项目评价结果</td><td colspan="2"></td></tr>
<tr><td rowspan="6">(1)</td><td rowspan="6">轴棒1
直径</td><td colspan="2">试验序号</td><td colspan="2">③测量值(mm)</td><td colspan="2">④标准值(mm)</td></tr>
<tr><td colspan="2">1</td><td colspan="2"></td><td colspan="2"></td></tr>
<tr><td colspan="2">2</td><td colspan="2"></td><td colspan="2"></td></tr>
<tr><td colspan="2">3</td><td colspan="2"></td><td colspan="2"></td></tr>
<tr><td colspan="2" rowspan="2">AVERAGE(③)</td><td colspan="2">⑤本指标测试结果</td><td colspan="2"></td></tr>
<tr><td colspan="2">⑥本指标评价结果</td><td colspan="2"></td></tr>
<tr><td rowspan="3">2)</td><td rowspan="3">轴棒1
跳动公差</td><td colspan="6">≤0.1mm</td></tr>
<tr><td colspan="2" rowspan="2">(1).⑤</td><td colspan="2">①本项目测试结果</td><td colspan="2"></td></tr>
<tr><td colspan="2">②本项目评价结果</td><td colspan="2"></td></tr>
<tr><td rowspan="6">(1)</td><td rowspan="6">轴棒1
跳动公差</td><td colspan="2">试验序号</td><td colspan="2">③测量值(mm)</td><td colspan="2">④标准值(mm)</td></tr>
<tr><td colspan="2">1</td><td colspan="2"></td><td colspan="2"></td></tr>
<tr><td colspan="2">2</td><td colspan="2"></td><td colspan="2"></td></tr>
<tr><td colspan="2">3</td><td colspan="2"></td><td colspan="2"></td></tr>
<tr><td colspan="2" rowspan="2">MAX(③) - MIN(③)</td><td colspan="2">⑤本指标测试结果</td><td colspan="2"></td></tr>
<tr><td colspan="2">⑥本指标评价结果</td><td colspan="2"></td></tr>
<tr><td colspan="8">测量不确定度</td></tr>
<tr><td>序号</td><td>评定项目</td><td colspan="2">评定结果</td><td colspan="4">计算方法说明</td></tr>
<tr><td>1</td><td></td><td colspan="2"></td><td colspan="4"></td></tr>
<tr><td>2</td><td></td><td colspan="2"></td><td colspan="4"></td></tr>
<tr><td>3</td><td></td><td colspan="2"></td><td colspan="4"></td></tr>
</table>

测试：　　　　　　　　核验：　　　　　　　　日期：

33　涂层耐冲击试验装置计量测试作业指导书（仪器编号：GL03010043）

33.1　范围

本作业指导书适用于标称冲击深度为2mm的防腐蚀构件耐冲击性能测试装置的计量测试。

33.2　概述

涂层耐冲击试验装置用于涂层耐冲击性能的测定。涂层耐冲击试验装置利用重锤的重量在不同高度以自由落体所产生的冲击力测试涂层破坏程度。涂层耐冲击试验装置由导盖管、重锤控制器、冲头导槽、冲模、底座、支架、冲头、导管和重锤组成，其结构示意见图3-33-1。

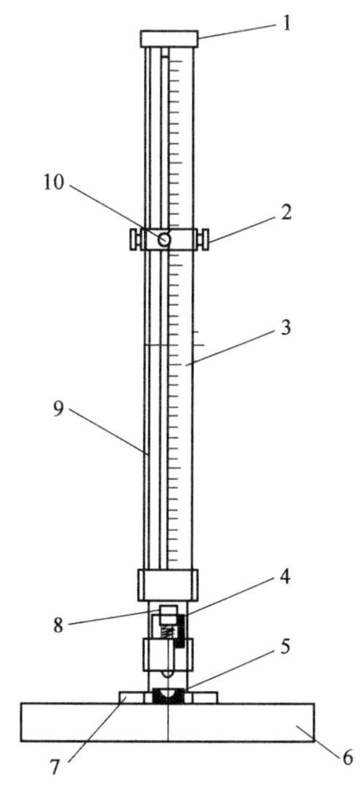

图3-33-1　涂层耐冲击试验装置示意图

1——导管盖；2——重锤控制器；3——刻度；4——冲头导槽；5——冲模；6——底座；7——支架；8——冲头；9——导管；10——重锤。

33.3　通用技术要求

（1）冲头钢球表面应无油污、无锈蚀、无氧化皮。

（2）导管刻度应清晰、完整。

33.4　计量性能要求

（1）导管最大刻度极限偏差不超过±2mm。

(2)重锤总质量(包括插销)为(1000 ±3)g。

(3)冲头钢球硬度(HRC)为61 ~66。

(4)冲头进入凹槽深度为(2.0 ±0.2)mm。

33.5 环境条件

(1)温度:(23 ±5)℃。

(2)相对湿度:≤85%。

(3)周围无影响测试的振动。

33.6 计量器具

(1)钢卷尺:测量范围不小于2m,分度值不大于1mm,准确度等级Ⅱ级。

(2)天平:测量范围不小于2kg,准确度等级Ⅲ级。

(3)里氏硬度计:示值误差不大于±3HLD,重复性误差不大于±3HLD。

(4)高度卡尺:测量范围(0 ~ 500)mm,分度值不大于0.05mm,最大允许误差±0.10mm。

33.7 测试步骤

33.7.1 导管最大刻度极限误差

试验步骤如下:

(1)用钢卷尺测量导管“0”刻度点到最大刻度点的距离,并记录。

(2)重复步骤(1)3次。

(3)计算3次测量值的算术平均值与标准值的差值,作为导管最大刻度的偏差。

33.7.2 重锤总质量

试验步骤如下:

(1)将重锤和插销一同轻置于天平托盘上。

(2)待天平读数稳定后,读取并记录测量值。

(3)将重锤和插销从天平托盘上取下。

(4)重复步骤(1)~(3)3 次,计算 3 次测量的算术平均值作为重锤总质量。

33.7.3 冲头钢球硬度

试验步骤如下:

(1)用卡簧钳取下冲头的簧扣,从导管上端将冲头整个取出。

(2)将钢球表面擦拭干净。

(3)按照钢球材质选择里氏硬度计档位,固定冲头向上对准钢球处冲击测量。

(4)重复步骤(3)3 次,每个测试点间距应大于 3mm。

(5)取 3 次测量的算术平均值作为冲头钢球硬度。

33.7.4 冲头进入凹槽深度

试验步骤如下:

(1)将冲头装回导管,用卡簧钳扣紧簧扣。

(2)将涂层耐冲击装置水平放置在桌面上。

(3)用高度卡尺测量钢球底部距离桌面距离 A,卡槽顶部距离桌面距离 B,冲头底部距离桌面距离 C,冲头导槽距离桌面距离 D,如图 3-33-2 所示。

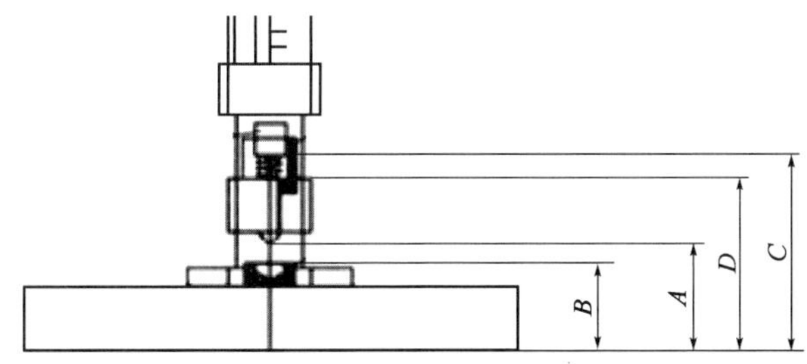

图 3-33-2 距离测量示意图

(4)重复步骤(2)~(3)次。

(5)取钢球底部距离桌面距离 3 次测量结果的算术平均值为 $\overline{A}$,取卡槽顶部距离桌面距离 3 次测量结果的算术平均值为 $\overline{B}$,取冲头底部距离桌面距离 3 次测量结果的算术平均值为 $\overline{C}$,取冲头导槽距离桌面距离 3 次测量结果的算术平均值为 $\overline{D}$,按照式(3-33-1)计算冲头进入凹槽深度。

$$d = \overline{B} + \overline{C} - \overline{A} - \overline{D} \tag{3-33-1}$$

33.8 测试周期

测试时间间隔一般不超过 12 个月，使用中可根据实际情况增加测试次数。

33.9 原始数据记录表

原始数据记录表见表 3-33-1。

涂层耐冲击试验装置测试原始数据记录表 表 3-33-1

表格编号：

记录编号：

<table>
<tr><td colspan="2">设备名称</td><td colspan="2">涂层耐冲击试验装置</td><td colspan="2">样品编号</td><td colspan="2"></td></tr>
<tr><td colspan="2">型号规格</td><td colspan="2"></td><td colspan="2">出厂编号</td><td colspan="2"></td></tr>
<tr><td colspan="2">制造单位</td><td colspan="2"></td><td colspan="2">测试依据</td><td colspan="2"></td></tr>
<tr><td colspan="2">接收日期</td><td colspan="2"></td><td colspan="2">测试地点</td><td colspan="2"></td></tr>
<tr><td colspan="2">测试前样品状态</td><td colspan="2"></td><td colspan="2">测试后样品状态</td><td colspan="2"></td></tr>
<tr><td colspan="2">环境条件</td><td colspan="6"></td></tr>
<tr><td colspan="8">测试使用的计量标准器及主要配套设备</td></tr>
<tr><td>名称
（设备编号）</td><td>测量范围</td><td>不确定度/准确度等级/最大允许误差</td><td>证书编号</td><td>溯源机构</td><td>证书
有效期至</td><td>使用前情况
（是否良好）</td><td>使用后情况
（是否良好）</td></tr>
<tr><td>钢卷尺</td><td>≥2m</td><td>Ⅱ级</td><td></td><td></td><td></td><td></td><td></td></tr>
<tr><td>天平</td><td>≥2kg</td><td>Ⅲ级</td><td></td><td></td><td></td><td></td><td></td></tr>
<tr><td>里氏硬度计</td><td>—</td><td>±3HLD</td><td></td><td></td><td></td><td></td><td></td></tr>
<tr><td>高度卡尺</td><td>（0～500）mm</td><td>±0.10mm</td><td></td><td></td><td></td><td></td><td></td></tr>
<tr><td colspan="8">测试项目</td></tr>
<tr><td rowspan="3">1）</td><td rowspan="3">导管最大刻度示值误差</td><td colspan="6">±2mm</td></tr>
<tr><td colspan="2" rowspan="2">（1）.⑤</td><td colspan="2">①本项目测试结果</td><td colspan="2"></td></tr>
<tr><td colspan="2">②本项目评价结果</td><td colspan="2"></td></tr>
</table>

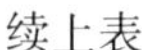

续上表

<table>
<tr><td colspan="5">测试项目</td></tr>
<tr><td rowspan="6">(1)</td><td rowspan="6">导管最大刻度示值误差</td><td>试验序号</td><td>③测量值(m)</td><td>④标准值(m)</td></tr>
<tr><td>1</td><td></td><td></td></tr>
<tr><td>2</td><td></td><td></td></tr>
<tr><td>3</td><td></td><td></td></tr>
<tr><td rowspan="2">AVERAGE(③) -1.④</td><td>⑤本指标测试结果</td><td></td></tr>
<tr><td>⑥本指标评价结果</td><td></td></tr>
<tr><td rowspan="3">2)</td><td rowspan="3">重锤质量</td><td colspan="3">(1000 ±3)g</td></tr>
<tr><td rowspan="2">(1).⑤</td><td>①本项目测试结果</td><td></td></tr>
<tr><td>②本项目评价结果</td><td></td></tr>
<tr><td rowspan="6">(1)</td><td rowspan="6">重锤质量</td><td>试验序号</td><td>③测量值(g)</td><td>④标准值(g)</td></tr>
<tr><td>1</td><td></td><td></td></tr>
<tr><td>2</td><td></td><td></td></tr>
<tr><td>3</td><td></td><td></td></tr>
<tr><td rowspan="2">AVERAGE(③)</td><td>⑤本指标测试结果</td><td></td></tr>
<tr><td>⑥本指标评价结果</td><td></td></tr>
<tr><td rowspan="3">3)</td><td rowspan="3">冲头钢球硬度</td><td colspan="3">61 ~66</td></tr>
<tr><td rowspan="2">(1).⑤</td><td>①本项目测试结果</td><td></td></tr>
<tr><td>②本项目评价结果</td><td></td></tr>
<tr><td rowspan="6">(1)</td><td rowspan="6">垂直振动幅度</td><td>试验序号</td><td>③测量值</td><td>④标准值</td></tr>
<tr><td>1</td><td></td><td></td></tr>
<tr><td>2</td><td></td><td></td></tr>
<tr><td>3</td><td></td><td></td></tr>
<tr><td rowspan="2">AVERAGE(③)</td><td>⑤本指标测试结果</td><td></td></tr>
<tr><td>⑥本指标评价结果</td><td></td></tr>
<tr><td rowspan="3">4)</td><td rowspan="3">冲头进入凹槽深度及允许误差</td><td colspan="3">(2.0 ±0.2)mm</td></tr>
<tr><td rowspan="2">(2).⑤+(3).⑤-(1).⑤-(4).⑤</td><td>①本项目测试结果</td><td></td></tr>
<tr><td>②本项目评价结果</td><td></td></tr>
</table>

续上表

<table>
<tr><td colspan="5">测试项目</td></tr>
<tr><td rowspan="6">(1)</td><td rowspan="6">钢球底部距离桌面距离</td><td>试验序号</td><td>③测量值(mm)</td><td>④标准值(mm)</td></tr>
<tr><td>1</td><td></td><td></td></tr>
<tr><td>2</td><td></td><td></td></tr>
<tr><td>3</td><td></td><td></td></tr>
<tr><td rowspan="2">AVERAGE(③)</td><td>⑤本指标测试结果</td><td></td></tr>
<tr><td>⑥本指标评价结果</td><td></td></tr>
<tr><td rowspan="6">(2)</td><td rowspan="6">卡槽顶部距离桌面的距离</td><td>试验序号</td><td>③测量值(mm)</td><td>④标准值(mm)</td></tr>
<tr><td>1</td><td></td><td></td></tr>
<tr><td>2</td><td></td><td></td></tr>
<tr><td>3</td><td></td><td></td></tr>
<tr><td rowspan="2">AVERAGE(③)</td><td>⑤本指标测试结果</td><td></td></tr>
<tr><td>⑥本指标评价结果</td><td></td></tr>
<tr><td rowspan="6">(3)</td><td rowspan="6">冲头底部距离桌面距离</td><td>试验序号</td><td>③测量值(mm)</td><td>④标准值(mm)</td></tr>
<tr><td>1</td><td></td><td></td></tr>
<tr><td>2</td><td></td><td></td></tr>
<tr><td>3</td><td></td><td></td></tr>
<tr><td rowspan="2">AVERAGE(③)</td><td>⑤本指标测试结果</td><td></td></tr>
<tr><td>⑥本指标评价结果</td><td></td></tr>
<tr><td rowspan="6">(4)</td><td rowspan="6">冲头导槽距离桌面距离</td><td>试验序号</td><td>③测量值(mm)</td><td>④标准值(mm)</td></tr>
<tr><td>1</td><td></td><td></td></tr>
<tr><td>2</td><td></td><td></td></tr>
<tr><td>3</td><td></td><td></td></tr>
<tr><td rowspan="2">AVERAGE(③)</td><td>⑤本指标测试结果</td><td></td></tr>
<tr><td>⑥本指标评价结果</td><td></td></tr>
<tr><td colspan="5">测量不确定度</td></tr>
<tr><td>序号</td><td>评定项目</td><td>评定结果</td><td colspan="2">计算方法说明</td></tr>
<tr><td>1</td><td></td><td></td><td colspan="2"></td></tr>
<tr><td>2</td><td></td><td></td><td colspan="2"></td></tr>
<tr><td>3</td><td></td><td></td><td colspan="2"></td></tr>
</table>

测试： 核验： 日期：

34 RCM试验装置计量测试作业指导书（仪器编号：GL01050020）

34.1 范围

本作业指导书适用于混凝土氯离子扩散系数测定用RCM试验装置的计量测试。

34.2 概述

RCM试验装置（又称“混凝土氯离子扩散系数测定仪”）用于测量混凝土抗氯离子侵蚀强度，广泛应用于公路工程领域混凝土耐久性检测试验。该装置通过对混凝土试件施加电场，加速氯离子在混凝土试件中的迁移速度，测定一定时间内的氯离子在混凝土试件中的渗透深度，计算得出氯离子在混凝土中得扩散系数，通过扩散系数来反应混凝土的抗氯离子渗透的性能。

RCM试验装置由主机、连接线、阴极试验槽、支架、阴极板、阳极板、环箍和有机硅橡胶套等组成，其中主机由电压输出系统，电流采集系统、温度测量系统及控制系统四部分组成。RCM试验装置一般有多通道，其结构示意如图3-34-1所示。

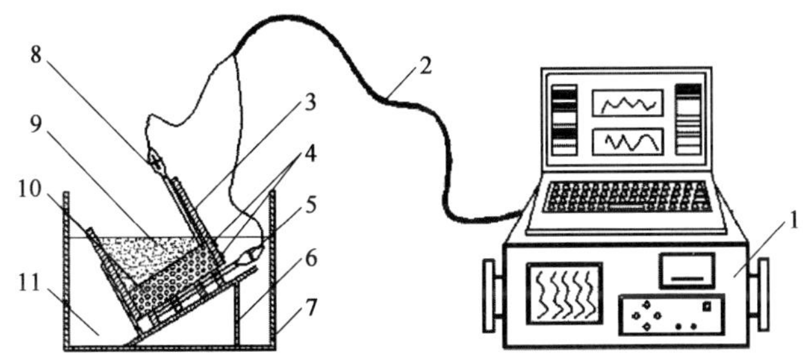

图3-34-1 RCM试验装置结构示意图

1——主机；2——连接线；3——有机硅橡胶套；4——环箍；5——阴极板；6——支撑头；——阴极试验槽；8——阳极板；9——阳极溶液；10——试件；11——阴极溶液。

34.3 计量性能要求

RCM 试验装置的允许误差要求见表 3-34-1。

RCM 试验装置允许误差 表 3-34-1

技术参数	各项允许误差	技术参数	各项允许误差
电压	±0.1V	温度	±0.2℃
电压重复性	±0.03V	时间	±2s/h
电流	±0.1mA	—	—

34.4 环境条件

(1)温度:(20±2)℃。

(2)相对湿度:≤85%。

(3)测试应在周围无电磁场,无雨淋、无水浸、无暴晒的条件下进行。

34.5 计量器具

(1)数字电压表:测量范围不小于 60V,分度值 0.01V,在实际测量范围内的允许误差应不超过 RCM 实验装置允许误差的 1/5。

(2)数字电流表:测量范围不小于 15A,分度值 0.01mA,在实际测量范围内的允许误差应不超过 RCM 实验装置允许误差的 1/5。

(3)温度测量装置:测量范围(0~100)℃,分度值 0.05℃。

(4)电子秒表:分辨力 0.01s。

(5)电阻箱:准确度等级应不小于 5.0 级。

34.6 测试步骤

34.6.1 电压示值误差

试验步骤如下:

(1)选择 10V、15V、20V、25V、30V、35V、40V、50V、60V 作为测试点。

(2)连接电阻箱、数字电压表、RCM 试验装置。

(3)每个测试点测量 3 次,取 3 次测量的算术平均值,按照式(3-34-1)计算电压示值误差。

$$\Delta V = \overline{V} - V_0 \tag{3-34-1}$$

式中:ΔV——电压示值误差(V);

$\overline{V}$——RCM 试验装置的电压输出值(V);

V_0——数字电压表的示值(V)。

(4)重复步骤(1)~(3),完成对所有通道的测试。

34.6.2 电压重复性

选择 RCM 试验装置的一个通道和精密电阻箱(5000Ω)串联,使用数字电压表,连续测量电阻两端的电压 10 次,按照式(3-34-2)计算电压的重复性。

$$S = \sqrt{\frac{\sum_{i=1}^{n}(V_i - \overline{V}_i)^2}{n-1}} \tag{3-34-2}$$

式中:S——电压的重复性(V);

$\overline{V}_i$——RCM 试验装置 10 次电压输出值的算术平均值(V);

V_i——第 i 次测量,RCM 试验装置输出的电压值(V)。

34.6.3 电流示值误差

试验步骤如下:

(1)调节电阻箱,在量程范围内均匀选择 5 个测试点。

(2)连接电阻箱、数字电流表、RCM 试验装置。

(3)每个测试点测量 3 次,取 3 次测量的算术平均值,按照式(3-34-3)计算电流示值误差。

$$\Delta I = \overline{I} - I_0 \tag{3-34-3}$$

式中:ΔI——电流示值误差(mA);

$\overline{I}$——RCM 试验装置的电流输出值(mA);

I_0——数字电流表的示值(mA)。

(4)重复步骤(1)~(3),完成对所有通道的测试。

34.6.4 温度示值误差

试验步骤如下：

(1)选择(5 ±5)℃、(35 ±5)℃、(65 ±)5℃、(95 ±5)℃,4 个温度区间中的任一温度作为测试点。

(2)同时放置 RCM 试验装置的温度传感器和温度测量装置于水中,待读数稳定后读取相应的示值。

(3)每个区间测量 1 次,按照式(3-34-4)计算 RCM 的温度示值误差,取最大值作为测量结果。

$$\Delta T = T - T_0 \tag{3-34-4}$$

式中：ΔT——RCM 试验装置的温度示值误差(℃)；

T——RCM 试验装置的温度示值(℃)；

T_0——温度测量装置的示值(℃)。

34.6.5 时间示值误差

将 RCM 试验装置设置 1h 的试验时间,点击开始试验,同时按下秒表。待试验时间停止,再次按下秒表。记录此时秒表的数据,RCM 的时间示值误差按照式(3-34-5)计算。

$$\Delta H = H - H_0 \tag{3-34-5}$$

式中:ΔH——RCM 试验装置的时间示值误差(s)；

H——RCM 试验装置的时间示值(s)；

H_0——电子秒表的示值(s)。

34.7 测试周期

测试时间间隔一般不超过 12 个月,使用中可根据实际情况增加测试次数。

34.8 原始数据记录表

原始数据记录表见表 3-34-2。

RCM 试验装置测试原始数据记录表　　表 3-34-2

表格编号：

记录编号：

<table>
<tr><td colspan="2">设备名称</td><td colspan="2">RCM 试验装置</td><td colspan="2">样品编号</td><td colspan="2"></td></tr>
<tr><td colspan="2">型号规格</td><td colspan="2"></td><td colspan="2">出厂编号</td><td colspan="2"></td></tr>
<tr><td colspan="2">制造单位</td><td colspan="2"></td><td colspan="2">测试依据</td><td colspan="2"></td></tr>
<tr><td colspan="2">接收日期</td><td colspan="2"></td><td colspan="2">测试地点</td><td colspan="2"></td></tr>
<tr><td colspan="2">测试前样品状态</td><td colspan="2"></td><td colspan="2">测试后样品状态</td><td colspan="2"></td></tr>
<tr><td colspan="2">环境条件</td><td colspan="6"></td></tr>
<tr><td colspan="8">测试使用的计量标准器及主要配套设备</td></tr>
<tr><td>名称
(设备编号)</td><td>测量范围</td><td>不确定度/准确度等级/最大允许误差</td><td>证书编号</td><td>溯源机构</td><td>证书
有效期至</td><td>使用前情况
(是否良好)</td><td>使用后情况
(是否良好)</td></tr>
<tr><td>数字电压表</td><td>≥60V</td><td>—</td><td></td><td></td><td></td><td></td><td></td></tr>
<tr><td>数字电流表</td><td>≥15A</td><td>—</td><td></td><td></td><td></td><td></td><td></td></tr>
<tr><td>温度计</td><td>0 ~ 100℃</td><td>—</td><td></td><td></td><td></td><td></td><td></td></tr>
<tr><td>电子秒表</td><td>—</td><td>—</td><td></td><td></td><td></td><td></td><td></td></tr>
<tr><td>电阻箱</td><td>—</td><td>5.0 级</td><td></td><td></td><td></td><td></td><td></td></tr>
<tr><td colspan="8">测试项目</td></tr>
<tr><td rowspan="3">1)</td><td rowspan="3">10V 电压示值误差</td><td colspan="6">±0.1V</td></tr>
<tr><td colspan="2" rowspan="2">(1).⑤</td><td colspan="2">①本项目测试结果</td><td colspan="2"></td></tr>
<tr><td colspan="2">②本项目评价结果</td><td colspan="2"></td></tr>
<tr><td rowspan="6">(1)</td><td rowspan="6">10V 电压示值误差</td><td colspan="2">试验序号</td><td colspan="2">③测量值(V)</td><td colspan="2">④标准值(V)</td></tr>
<tr><td colspan="2">1</td><td colspan="2"></td><td colspan="2"></td></tr>
<tr><td colspan="2">2</td><td colspan="2"></td><td colspan="2"></td></tr>
<tr><td colspan="2">3</td><td colspan="2"></td><td colspan="2"></td></tr>
<tr><td colspan="2" rowspan="2">AVERAGE(③) -1.④</td><td colspan="2">⑤本指标测试结果</td><td colspan="2"></td></tr>
<tr><td colspan="2">⑥本指标评价结果</td><td colspan="2"></td></tr>
<tr><td rowspan="3">2)</td><td rowspan="3">15V 电压示值误差</td><td colspan="6">±0.1V</td></tr>
<tr><td colspan="2" rowspan="2">(1).⑤</td><td colspan="2">①本项目测试结果</td><td colspan="2"></td></tr>
<tr><td colspan="2">②本项目评价结果</td><td colspan="2"></td></tr>
</table>

续上表

测试项目				
(1)	15V 电压示值误差	试验序号	③测量值(V)	④标准值(V)
		1		
		2		
		3		
		AVERAGE(③) -1.④	⑤本指标测试结果	
			⑥本指标评价结果	
3)	20V 电压示值误差	±0.1V		
		(1).⑤	①本项目测试结果	
			②本项目评价结果	
(1)	20V 电压示值误差	试验序号	③测量值(V)	④标准值(V)
		1		
		2		
		3		
		AVERAGE(③) -1.④	⑤本指标测试结果	
			⑥本指标评价结果	
4)	25V 电压示值误差	±0.1V		
		(1).⑤	①本项目测试结果	
			②本项目评价结果	
(1)	25V 电压示值误差	试验序号	③测量值(V)	④标准值(V)
		1		
		2		
		3		
		AVERAGE(③) -1.④	⑤本指标测试结果	
			⑥本指标评价结果	
5)	30V 电压示值误差	±0.1V		
		(1).⑤	①本项目测试结果	
			②本项目评价结果	

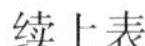

续上表

测试项目				
(1)	30V 电压示值误差	试验序号	③测量值(V)	④标准值(V)
		1		
		2		
		3		
		AVERAGE(③) -1.④	⑤本指标测试结果	
			⑥本指标评价结果	
6)	35V 电压示值误差	±0.1V		
		(1).⑤	①本项目测试结果	
			②本项目评价结果	
(1)	35V 电压示值误差	试验序号	③测量值(V)	④标准值(V)
		1		
		2		
		3		
		AVERAGE(③) -1.④	⑤本指标测试结果	
			⑥本指标评价结果	
7)	40V 电压示值误差	±0.1V		
		(1).⑤	①本项目测试结果	
			②本项目评价结果	
(1)	40V 电压示值误差	试验序号	③测量值(V)	④标准值(V)
		1		
		2		
		3		
		AVERAGE(③) -1.④	⑤本指标测试结果	
			⑥本指标评价结果	
8)	50V 电压示值误差	±0.1V		
		(1).⑤	①本项目测试结果	
			②本项目评价结果	

续上表

<table>
<tr><td colspan="5">测试项目</td></tr>
<tr><td rowspan="6">(1)</td><td rowspan="6">50V 电压示值误差</td><td>试验序号</td><td>③测量值(V)</td><td>④标准值(V)</td></tr>
<tr><td>1</td><td></td><td></td></tr>
<tr><td>2</td><td></td><td></td></tr>
<tr><td>3</td><td></td><td></td></tr>
<tr><td rowspan="2">AVERAGE(③) -1.④</td><td>⑤本指标测试结果</td><td></td></tr>
<tr><td>⑥本指标评价结果</td><td></td></tr>
<tr><td rowspan="3">9)</td><td rowspan="3">60V 电压示值误差</td><td colspan="3">±0.1V</td></tr>
<tr><td rowspan="2">(1).⑤</td><td>①本项目测试结果</td><td></td></tr>
<tr><td>②本项目评价结果</td><td></td></tr>
<tr><td rowspan="6">(1)</td><td rowspan="6">60V 电压示值误差</td><td>试验序号</td><td>③测量值(V)</td><td>④标准值(V)</td></tr>
<tr><td>1</td><td></td><td></td></tr>
<tr><td>2</td><td></td><td></td></tr>
<tr><td>3</td><td></td><td></td></tr>
<tr><td rowspan="2">AVERAGE(③) -1.④</td><td>⑤本指标测试结果</td><td></td></tr>
<tr><td>⑥本指标评价结果</td><td></td></tr>
<tr><td rowspan="3">10)</td><td rowspan="3">电压重复性</td><td colspan="3">±0.03V</td></tr>
<tr><td rowspan="2">(1).⑤</td><td>①本项目测试结果</td><td></td></tr>
<tr><td>②本项目评价结果</td><td></td></tr>
<tr><td rowspan="13">(1)</td><td rowspan="13">电压重复性</td><td>试验序号</td><td>③测量值(V)</td><td>④标准值(V)</td></tr>
<tr><td>1</td><td></td><td></td></tr>
<tr><td>2</td><td></td><td></td></tr>
<tr><td>3</td><td></td><td></td></tr>
<tr><td>4</td><td></td><td></td></tr>
<tr><td>5</td><td></td><td></td></tr>
<tr><td>6</td><td></td><td></td></tr>
<tr><td>7</td><td></td><td></td></tr>
<tr><td>8</td><td></td><td></td></tr>
<tr><td>9</td><td></td><td></td></tr>
<tr><td>10</td><td></td><td></td></tr>
<tr><td rowspan="2">STDEV(③)</td><td>⑤本指标测试结果</td><td></td></tr>
<tr><td>⑥本指标评价结果</td><td></td></tr>
</table>

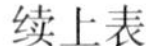

续上表

<table>
<tr><td colspan="5">测试项目</td></tr>
<tr><td rowspan="3">11)</td><td rowspan="3">测试点1
电流示值
误差</td><td colspan="3">±0.1mA</td></tr>
<tr><td rowspan="2">(1).⑤</td><td>①本项目测试结果</td><td></td></tr>
<tr><td>②本项目评价结果</td><td></td></tr>
<tr><td rowspan="6">(1)</td><td rowspan="6">测试点1
电流示值
误差</td><td>试验序号</td><td>③测量值(mA)</td><td>④标准值(mA)</td></tr>
<tr><td>1</td><td></td><td></td></tr>
<tr><td>2</td><td></td><td></td></tr>
<tr><td>3</td><td></td><td></td></tr>
<tr><td rowspan="2">AVERAGE(③) -1.④</td><td>⑤本指标测试结果</td><td></td></tr>
<tr><td>⑥本指标评价结果</td><td></td></tr>
<tr><td rowspan="3">12)</td><td rowspan="3">测试点2
电流示值
误差</td><td colspan="3">±0.1mA</td></tr>
<tr><td rowspan="2">(1).⑤</td><td>①本项目测试结果</td><td></td></tr>
<tr><td>②本项目评价结果</td><td></td></tr>
<tr><td rowspan="6">(1)</td><td rowspan="6">测试点2
电流示值
误差</td><td>试验序号</td><td>③测量值(mA)</td><td>④标准值(mA)</td></tr>
<tr><td>1</td><td></td><td></td></tr>
<tr><td>2</td><td></td><td></td></tr>
<tr><td>3</td><td></td><td></td></tr>
<tr><td rowspan="2">AVERAGE(③) -1.④</td><td>⑤本指标测试结果</td><td></td></tr>
<tr><td>⑥本指标评价结果</td><td></td></tr>
<tr><td rowspan="3">13)</td><td rowspan="3">测试点3
电流示值
误差</td><td colspan="3">±0.1mA</td></tr>
<tr><td rowspan="2">(1).⑤</td><td>①本项目测试结果</td><td></td></tr>
<tr><td>②本项目评价结果</td><td></td></tr>
<tr><td rowspan="6">(1)</td><td rowspan="6">测试点3
电流示值
误差</td><td>试验序号</td><td>③测量值(mA)</td><td>④标准值(mA)</td></tr>
<tr><td>1</td><td></td><td></td></tr>
<tr><td>2</td><td></td><td></td></tr>
<tr><td>3</td><td></td><td></td></tr>
<tr><td rowspan="2">AVERAGE(③) -1.④</td><td>⑤本指标测试结果</td><td></td></tr>
<tr><td>⑥本指标评价结果</td><td></td></tr>
</table>

续上表

测试项目				
14)	测试点4电流示值误差	±0.1mA		
		(1).⑤	①本项目测试结果	
			②本项目评价结果	
(1)	测试点4电流示值误差	试验序号	③测量值(mA)	④标准值(mA)
		1		
		2		
		3		
		AVERAGE(③) -1.④	⑤本指标测试结果	
			⑥本指标评价结果	
15)	测试点5电流示值误差	±0.1mA		
		(1).⑤	①本项目测试结果	
			②本项目评价结果	
(1)	测试点5电流示值误差	试验序号	③测量值(mA)	④标准值(mA)
		1		
		2		
		3		
		AVERAGE(③) -1.④	⑤本指标测试结果	
			⑥本指标评价结果	
16)	温度示值误差	±0.2℃		
		MAX[(1).⑤~(4).⑤]	①本项目测试结果	
			②本项目评价结果	
(1)	(5±5)℃	试验序号	③测量值(℃)	④标准值(℃)
		1		
		1.③-1.④	⑤本指标测试结果	
			⑥本指标评价结果	
(2)	(35±5)℃	试验序号	③测量值(℃)	④标准值(℃)
		1		
		1.③-1.④	⑤本指标测试结果	
			⑥本指标评价结果	

续上表

<table>
<tr><td colspan="5">测试项目</td></tr>
<tr><td rowspan="4">(3)</td><td rowspan="4">(65 ±5)℃</td><td>试验序号</td><td>③测量值(℃)</td><td>④标准值(℃)</td></tr>
<tr><td>1</td><td></td><td></td></tr>
<tr><td rowspan="2">1.③ -1.④</td><td>⑤本指标测试结果</td><td></td></tr>
<tr><td>⑥本指标评价结果</td><td></td></tr>
<tr><td rowspan="4">(4)</td><td rowspan="4">(95 ±5)℃</td><td>试验序号</td><td>③测量值(℃)</td><td>④标准值(℃)</td></tr>
<tr><td>1</td><td></td><td></td></tr>
<tr><td rowspan="2">1.③ -1.④</td><td>⑤本指标测试结果</td><td></td></tr>
<tr><td>⑥本指标评价结果</td><td></td></tr>
<tr><td rowspan="3">17)</td><td rowspan="3">时间示值误差</td><td colspan="3">±2s/h</td></tr>
<tr><td rowspan="2">(1).⑤</td><td>①本项目测试结果</td><td></td></tr>
<tr><td>②本项目评价结果</td><td></td></tr>
<tr><td rowspan="4">(1)</td><td rowspan="4">时间示值误差</td><td>试验序号</td><td>③测量值(s)</td><td>④标准值(s)</td></tr>
<tr><td>1</td><td></td><td></td></tr>
<tr><td rowspan="2">③ -④</td><td>⑤本指标测试结果</td><td></td></tr>
<tr><td>⑥本指标评价结果</td><td></td></tr>
<tr><td colspan="5">测量不确定度</td></tr>
<tr><td>序号</td><td>评定项目</td><td>评定结果</td><td colspan="2">计算方法说明</td></tr>
<tr><td>1</td><td></td><td></td><td colspan="2"></td></tr>
<tr><td>2</td><td></td><td></td><td colspan="2"></td></tr>
<tr><td>3</td><td></td><td></td><td colspan="2"></td></tr>
</table>

测试： 核验： 日期：

35　电动铺砂仪计量测试作业指导书
（仪器编号：GL01200036）

35.1　范围

本作业指导书适用于电动铺砂仪的计量测试。

35.2　概述

电动铺砂仪用于测量沥青路面及无刻槽水泥混凝土路面表面构造深度，用以评定路面表面抗滑性能。电动铺砂仪固定体积量砂在路面上的摊铺长度与在玻璃板上的摊铺长度进行比较后，通过公式计算得到构造深度。电动铺砂仪主要由电动铺砂仪主机、标准量砂筒、玻璃板、直尺、漏斗等组成，结构示意图如图3-35-1所示，其中主机由砂漏斗、标尺、控制系统、运行系统等组成。量砂筒为一端封闭的量筒状容器，结构示意见图3-35-2。

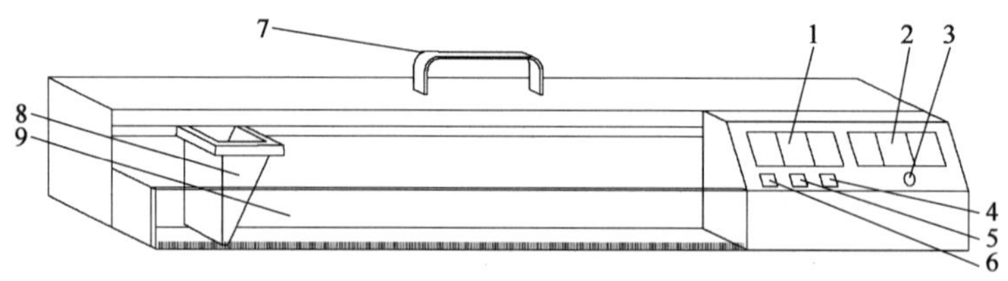

图3-35-1　电动铺砂仪结构示意图

1——速度显示屏；2——位移显示屏；3——速度控制旋钮；4——复位键；5——停止键；6——启动键；7——把手；8——砂漏斗；9——标尺。

35.3　通用技术要求

(1)电动铺砂仪按键应灵敏,带有数显屏的电动铺砂仪,数值显示应清晰,无缺少笔画和跳动现象。

(2)运行过程中砂漏斗应平稳移动,无卡顿、停滞现象。

(3)在开始实验后,铺砂仪应均匀将50mL量砂铺成一条砂带,砂子下漏无卡滞,铺砂完成砂漏斗距右侧还有空余空间。

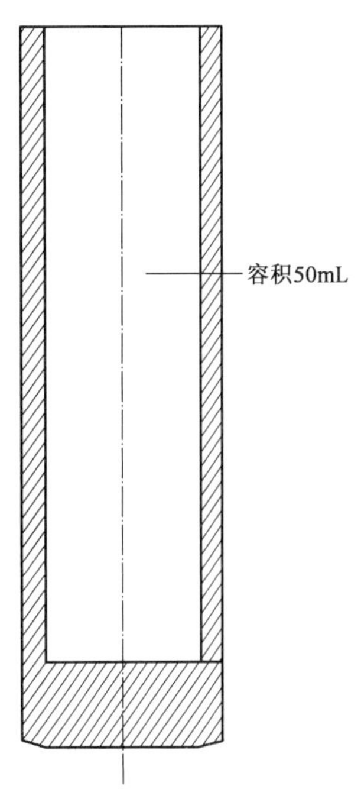

图3-35-2　标准量砂筒结构示意图

35.4　计量性能要求

(1)砂漏斗容量:>50mL。

(2)砂漏斗宽度:(50 ±0.5)mm。

(3)标准量砂筒容积:(50 ±0.5)mL。

(4)玻璃板厚度:≥5mm。

35.5　环境条件

(1)温度:(20 ±5)℃。

(2)相对湿度:≤85%。

(3)测试周围应无明显振动、电磁干扰。

35.6　计量器具

(1)游标卡尺,测量范围(0 ~150)mm,分度值0.01mm,最大允许误差 ±0.03mm。

(2)量筒,测量范围(0 ~50)mL,分度值1mL,最大允许误差 ±0.5mL。

(3)电子天平,测量范围(0 ~300)g,分度值0.01g,最大允许误差 ±0.1g。

(4)测厚卡规,测量范围(0～100)mm×200mm,分度值0.01mm,最大允许误差±0.04mm。

(5)温度计,测量范围(0～150)℃,分度值0.1℃,最大允许误差±0.4℃。

(6)其他:容量不少于200mL的带盖容器;纯水。

35.7 测试步骤

35.7.1 通用技术要求

(1)采用目测和手感检查。

(2)运行铺砂情况:装载50mL量砂进行一次预试验,观察仪器运行过程。

35.7.2 砂漏斗容量

将砂漏斗移至开始位置,用量筒量取50mL量砂,再将量取的量砂均匀倒入砂漏斗中至砂面基本呈平面,观察砂面是否超出砂漏斗口。

35.7.3 砂漏斗宽度

用游标卡尺测量电动铺砂仪砂漏斗宽度,共进行3次测量,按照式(3-35-1)计算算术平均值作为测量结果。

$$X=\frac{\sum X_i}{3} \tag{3-35-1}$$

式中:X——测量结果的算术平均值;

X_i——第i次测量结果,$i=1$、2、3。

35.7.4 标准量砂筒容积

试验步骤如下:

(1)测量前清洗标准量砂筒,并将量砂筒内壁上的水擦干净,在带盖容器中装入纯水;然后将标准量砂筒、带盖容器、纯水、电子天平放在测试试验室内静置30min以上。

(2)将标准量砂筒置于天平上,进行空称量平衡(使用电子天平去皮),然后将标准量砂筒内注满水,称得纯水质量m,用温度计测定带盖容器中纯水的温度,标准量砂筒在标准温度20℃时的实际容量按照公式(3-35-2)计算。

$$V_{20} = \frac{m}{\rho_{W}}[1 + \beta(20 - t)] \tag{3-35-2}$$

式中：V_{20}——20℃时仪器的实际容量(mL)；

m——纯水质量(g)；

β——量砂筒材料的体膨胀系数(℃$^{-1}$)，根据附录B计算；

t——纯水的温度(℃)；

ρ_{W}——t温度时纯水的密度值(g/cm^3)，可查附录A。

(3)重复步骤(1)、(2)，共进行3次测量，按照式(3-35-1)计算算术平均值作为测量结果。

35.7.5　玻璃板厚度

用测厚卡规测量玻璃板中点位置b点厚度，及左、右半边中点a、c点厚度，如图3-35-3所示，按照式(3-35-1)计算算术平均值作为测量结果。

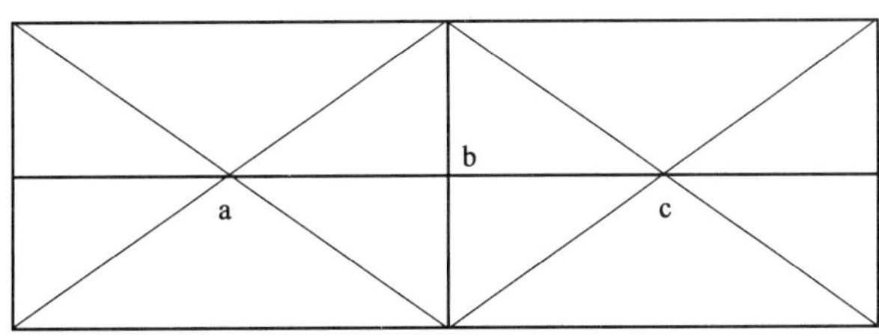

图3-35-3　玻璃板测点分布

35.8　测试周期

测试时间间隔一般不超过12个月，使用中可根据实际情况增加测试次数。

35.9　原始数据记录表

原始数据记录表见表3-35-1。

电动铺砂仪测试原始数据记录表　　　表 3-35-1

表格编号：

记录编号：

<table>
<tr><td colspan="2">设备名称</td><td colspan="2">电动铺砂仪</td><td colspan="2">样品编号</td><td colspan="2"></td></tr>
<tr><td colspan="2">型号规格</td><td colspan="2"></td><td colspan="2">出厂编号</td><td colspan="2"></td></tr>
<tr><td colspan="2">制造单位</td><td colspan="2"></td><td colspan="2">测试依据</td><td colspan="2"></td></tr>
<tr><td colspan="2">接收日期</td><td colspan="2"></td><td colspan="2">测试地点</td><td colspan="2"></td></tr>
<tr><td colspan="2">测试前样品状态</td><td colspan="2"></td><td colspan="2">测试后样品状态</td><td colspan="2"></td></tr>
<tr><td colspan="2">环境条件</td><td colspan="6"></td></tr>
<tr><td colspan="8">测试使用的计量标准器及主要配套设备</td></tr>
<tr><td>名称（设备编号）</td><td>测量范围</td><td>不确定度/准确度等级/最大允许误差</td><td>证书编号</td><td>溯源机构</td><td>证书有效期至</td><td>使用前情况（是否良好）</td><td>使用后情况（是否良好）</td></tr>
<tr><td>游标卡尺</td><td>(0～150)mm</td><td>±0.03mm</td><td></td><td></td><td></td><td></td><td></td></tr>
<tr><td>量筒</td><td>(0～50)mL</td><td>±0.5mL</td><td></td><td></td><td></td><td></td><td></td></tr>
<tr><td>电子天平</td><td>(0～300)g</td><td>±0.1g</td><td></td><td></td><td></td><td></td><td></td></tr>
<tr><td>测厚卡规</td><td>—</td><td>±0.04mm</td><td></td><td></td><td></td><td></td><td></td></tr>
<tr><td>温度计</td><td>(0～50)℃</td><td>±0.5℃</td><td></td><td></td><td></td><td></td><td></td></tr>
<tr><td colspan="8">测试项目</td></tr>
<tr><td rowspan="3">1)</td><td rowspan="3">砂漏斗容量</td><td colspan="6">>50mL</td></tr>
<tr><td colspan="2" rowspan="2">(1).⑤</td><td colspan="2">①本项目测试结果</td><td colspan="2"></td></tr>
<tr><td colspan="2">②本项目评价结果</td><td colspan="2"></td></tr>
<tr><td rowspan="4">(1)</td><td rowspan="4">砂漏斗容量</td><td colspan="2">试验序号</td><td colspan="2">③测量值(mL)</td><td colspan="2">④标准值(mL)</td></tr>
<tr><td colspan="2">1</td><td colspan="2"></td><td colspan="2"></td></tr>
<tr><td colspan="2" rowspan="2">③</td><td colspan="2">⑤本指标测试结果</td><td colspan="2"></td></tr>
<tr><td colspan="2">⑥本指标评价结果</td><td colspan="2"></td></tr>
<tr><td rowspan="3">2)</td><td rowspan="3">砂漏斗宽度</td><td colspan="6">(50±0.5)mm</td></tr>
<tr><td colspan="2" rowspan="2">(1).⑤</td><td colspan="2">①本项目测试结果</td><td colspan="2"></td></tr>
<tr><td colspan="2">②本项目评价结果</td><td colspan="2"></td></tr>
</table>

续上表

测试项目				
(1)	砂漏斗宽度	试验序号	③测量值(mm)	④标准值(mm)
		1		
		2		
		3		
		AVERAGE(③)	⑤本指标测试结果	
			⑥本指标评价结果	
3)	标准量砂筒容积	(50 ±0.5)mL		
		AVERAGE{[(1).⑤/水的密度]×[1+β×(20-(2).③)],……}	①本项目测试结果	
			②本项目评价结果	
(1)	第一次纯水质量	试验序号	③测量值(g)	④标准值(g)
		1		
		③	⑤本指标测试结果	
			⑥本指标评价结果	
(2)	第一次纯水温度	试验序号	③测量值(℃)	④标准值(℃)
		1		
		③	⑤本指标测试结果	
			⑥本指标评价结果	
(3)	第二次纯水质量	试验序号	③测量值(g)	④标准值(g)
		1		
		③	⑤本指标测试结果	
			⑥本指标评价结果	
(4)	第二次纯水温度	试验序号	③测量值(℃)	④标准值(℃)
		1		
		③	⑤本指标测试结果	
			⑥本指标评价结果	
(5)	第三次纯水质量	试验序号	③测量值(g)	④标准值(g)
		1		
		③	⑤本指标测试结果	
			⑥本指标评价结果	

续上表

<table>
<tr><td colspan="5">测试项目</td></tr>
<tr><td rowspan="4">(6)</td><td rowspan="4">第三次
纯水温度</td><td>试验序号</td><td>③测量值(℃)</td><td>④标准值(℃)</td></tr>
<tr><td>1</td><td></td><td></td></tr>
<tr><td rowspan="2">③</td><td>⑤本指标测试结果</td><td></td></tr>
<tr><td>⑥本指标评价结果</td><td></td></tr>
<tr><td rowspan="3">4)</td><td rowspan="3">玻璃板
厚度</td><td colspan="3">≥5mm</td></tr>
<tr><td rowspan="2">(1).⑤</td><td>①本项目测试结果</td><td></td></tr>
<tr><td>②本项目评价结果</td><td></td></tr>
<tr><td rowspan="6">(1)</td><td rowspan="6">玻璃板
厚度</td><td>试验序号</td><td>③测量值(mm)</td><td>④标准值(mm)</td></tr>
<tr><td>1</td><td></td><td></td></tr>
<tr><td>2</td><td></td><td></td></tr>
<tr><td>3</td><td></td><td></td></tr>
<tr><td rowspan="2">ACERAGE(③)</td><td>⑤本指标测试结果</td><td></td></tr>
<tr><td>⑥本指标评价结果</td><td></td></tr>
<tr><td colspan="5">测量不确定度</td></tr>
<tr><td>序号</td><td>评定项目</td><td>评定结果</td><td colspan="2">计算方法说明</td></tr>
<tr><td>1</td><td></td><td></td><td colspan="2"></td></tr>
<tr><td>2</td><td></td><td></td><td colspan="2"></td></tr>
<tr><td>3</td><td></td><td></td><td colspan="2"></td></tr>
</table>

测试： 核验： 日期：

附录 A

标准大气压下不同温度时水的密度见表 3-35-2。

标准大气压下不同温度时水的密度 表 3-35-2

温度(℃)	密度($kg \cdot m^{-3}$)	温度(℃)	密度($kg \cdot m^{-3}$)	温度(℃)	密度($kg \cdot m^{-3}$)
0	999.841	4	999.973	8	999.849
1	999.900	5	999.965	9	999.781
2	999.941	6	999.941	10	999.700
3	999.965	7	999.902	11	999.605

续上表

温度（℃）	密度（kg·m⁻³）	温度（℃）	密度（kg·m⁻³）	温度（℃）	密度（kg·m⁻³）
12	999.498	25	997.044	38	992.96
13	999.377	26	996.783	39	992.59
14	999.244	27	996.512	40	992.21
15	999.099	28	996.232	41	991.83
16	998.943	29	995.994	42	991.44
17	998.774	30	995.646	50	988.04
18	998.595	31	995.340	60	983.21
19	998.405	32	995.025	70	977.78
20	998.203	33	994.702	80	971.80
21	997.992	34	994.371	90	965.31
22	997.770	35	994.031	100	958.35
23	997.538	36	993.68	3.98	1000.00
24	997.296	37	993.33	—	

注：纯水3.98℃时密度最大。

附录B

常见金属的线性膨胀系数见表3-35-3。

常见金属的线性膨胀系数 表3-35-3

金属名称	线性热膨胀系数	金属名称	线性热膨胀系数
铜	17.5	镉	41.0
铝	23.2	镁	26.0
铁	12.2	金	14.2
铍	12.3	铂	9.0
铬	6.2	银	19.5
镍	13.0	锡	2.0
铅	29.3	—	—

注：测定温度条件及单位：20℃，$10^{-6}K^{-1}$。

36　游离氧化钙测定仪计量测试作业指导书（仪器编号：GL01080003）

36.1　范围

本作业指导书适用于甘油法、乙二醇法和乙二醇萃取-EDTA 滴定法对游离氧化钙进行定量分析时所用的游离氧化钙测定仪的计量测试。

36.2　概述

游离氧化钙测定仪采用加热搅拌等方式，催进游离氧化钙与乙二醇（或其他有机溶剂）完全发生反应。游离氧化钙测定仪上通过设定加热时间、并进行加热、控制搅拌电机对溶液进行搅拌。游离氧化钙测定仪由冷凝管、锥形瓶（容量 250mL）、搅拌子、控制面板（带计时功能）、搅拌电机、加热装置组成，其结构示意见图 3-36-1。

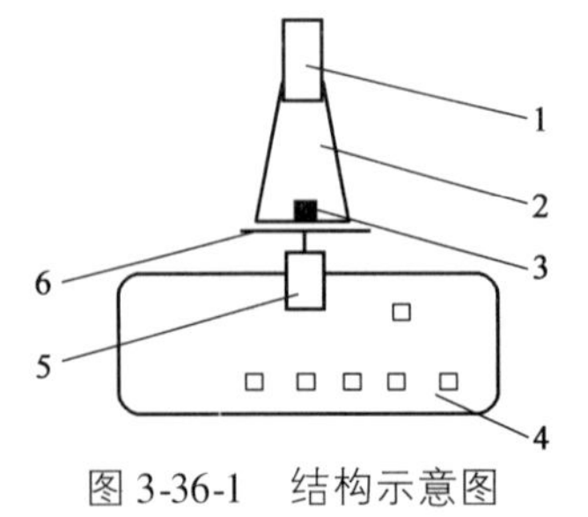

图 3-36-1　结构示意图

1——冷凝管；2——锥形瓶（容量 250mL）；3——搅拌子；4——控制面板（带计时功能）；5——搅拌电机；6——加热装置。

36.3　通用技术要求

1）外观要求

外观不应带有影响正常工作的机械损伤，电缆线的接插件应牢固。

2）功能要求

（1）控制面板应工作正常，显示清晰完整。

（2）冷凝管中水流顺畅。

36.4　计量性能要求

时间示值误差不超过 ±5s。

36.5 环境条件

(1)温度:(23 ±5)℃。

(2)相对湿度:≤80%。

(3)周围应无影响测试的振动。

36.6 计量器具

秒表,量程(0 ~15)min,分度值 0.1s, 准确度 ±0.8s/15min。

36.7 测试步骤

36.7.1 通用技术要求

目测和手感检查。

36.7.2 时间示值误差

试验步骤如下:

(1)将游离氧化钙测定仪的时间设置为 5min;

(2)启动游离氧化钙测定仪计时同时启动秒表;

(3)待游离氧化钙测定仪计时结束时,停止秒表计时,记录秒表的示值;

(4)计算秒表的示值与游离氧化钙测定仪设置时间的差值;

(5)重复步骤(1) ~(4),取算术平均值作为时间示值误差。

36.8 测试周期

测试时间间隔一般不超过 12 个月,使用中可根据实际情况增加测试次数。

36.9 原始数据记录表

原始数据记录表见表 3-36-1。

游离氧化钙测定仪测试原始数据记录表 表 3-36-1

表格编号：

记录编号：

设备名称		游离氧化钙测定仪		样品编号			
型号规格				出厂编号			
制造单位				测试依据			
接收日期				测试地点			
测试前样品状态				测试后样品状态			
环境条件							
测试使用的计量标准器及主要配套设备							
名称（设备编号）	测量范围	不确定度/准确度等级/最大允许误差	证书编号	溯源机构	证书有效期至	使用前情况（是否良好）	使用后情况（是否良好）
秒表	（0～15）min	±0.8s/15min					
测试项目							
1）	时间示值误差	±5s					
		（1）.⑤		①本项目测试结果			
				②本项目评价结果			
（1）	时间示值误差	试验序号		③测量值（s）		④标准值（s）	
		1					
		2					
		3					
		AVERAGE（③－④）		⑤本指标测试结果			
				⑥本指标评价结果			
测量不确定度							
序号	评定项目	评定结果		计算方法说明			
1							
2							
3							

测试： 核验： 日期：

37　梯度比渗透仪计量测试作业指导书（仪器编号：GL01120006）

37.1　范围

本作业指导书适用于土工合成材料滤层梯度比渗透仪的计量测试。

37.2　概述

梯度比渗透仪用于检测土工合成材料滤层的淤堵性能。梯度比渗透仪在正常的试验条件下，对土工织物和土体逐级施加水压，达到规定的压力值稳定后读取水位差，计算梯度比和含土量。

梯度比渗透仪由透明圆筒、测压管、土工织物及筛网、排水口、连接常水头水容器、排气口等组成，其结构示意见图 3-37-1。

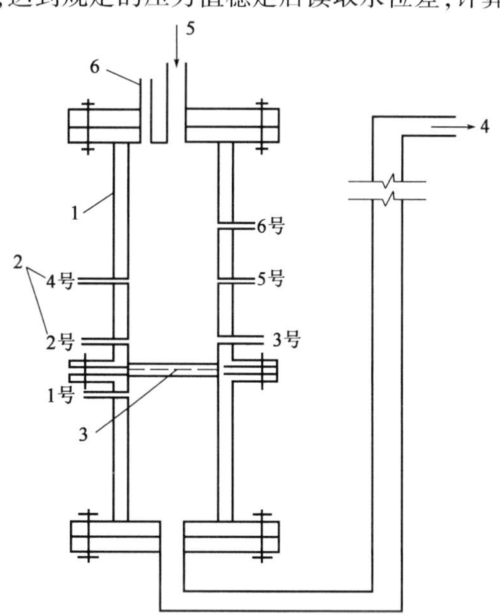

图 3-37-1　梯度比渗透仪结构示意图

1——透明圆筒；2——测压管；3——土工织物及筛网；4——排水口；5——连接常水头水容器；6——排气口。

37.3　通用技术要求

（1）进水和出水装置均应有溢水口，能够保持常水头。

（2）金属穿孔板的筛孔应按直线或交错线排列。

（3）梯度比渗透仪的进水口和排水口水流通畅无阻塞。

（4）透明圆筒与测压管的连接应密封完好无渗漏。

37.4 计量性能要求

(1)透明圆筒内径为(100 ±0.5mm)。

(2)测压管的尺寸。

①高度不小于1200mm,其示值误差不超过 ±1.0mm。

②圆筒侧壁6根测压管,内径不小于3mm,其示值误差不超过 ±0.5mm。

(3)筛网的网眼孔径为(6 ±0.5)mm。

(4)测压板刻度尺最小分度值为(1 ±0.27)mm。

37.5 环境条件

(1)温度:(18 ~25)℃。

(2)相对湿度:50% ±10%。

(3)测试过程中应无影响测试结果的振动干扰。

37.6 测试器具

(1)游标卡尺:测量范围(0 ~300)mm,分度值0.02mm,最大允许误差 ±0.02mm。

(2)读数显微镜:测量范围(0 ~4)mm,分度值0.01mm,最大允许误差 ±0.01mm。

(3)钢卷尺:测量范围(0 ~2000)mm,最大允许误差 ±0.4mm。

37.7 测试步骤

37.7.1 通用技术要求

(1)通过目测和手感进行检查。

(2)加水后,检查梯度比渗透仪的水流是否畅通,连接是否密封完好。

37.7.2　透明圆筒的尺寸

用游标卡尺测量透明圆筒的内径,圆筒上下两端分别按垂直方向各测 2 次,以 4 次测量值的算术平均值作为测量结果。

37.7.3　测压管的尺寸

1)高度

沿圆管圆周方向等间隔选 3 个测点,用钢卷尺测量每根测压管高度,取 3 次测量的算术平均值作为测压管的高度测量值,按照式(3-37-1)计算测压管高度的偏差。

$$\Delta L_1 = (L_1 - L_0) \tag{3-37-1}$$

式中:ΔL_1——测压管高度的示值误差(mm);

L_1——3 次测量值的算术平均值(mm);

L_0——测压管高度的标准值(mm)。

2)内径

沿圆管圆周方向等间隔选 3 个测点,用游标卡尺测量每根测压管内径,取 3 次测量的算术平均值作为测压管的内径测量值,按照式(3-37-2)计算测压管内径的偏差。

$$\Delta l_1 = l_1 - l_0 \tag{3-37-2}$$

式中:Δl_1——测压管高度的偏差误差(mm);

l_1——3 次测量值的算术平均值(mm);

l_0——测压管高度的标准值(mm)。

37.7.4　筛网的网眼孔径

用游标卡尺测量相互垂直两个方向的网眼孔径,任意选取 3 个网眼进行测量。

37.7.5　测压板刻度尺最小分度值

在测压板刻度尺的量程范围内,等间隔选择 3 个最小分度值,用读数显微镜进行测试,取 3 次测量的算术平均值作为测压板刻度尺最小分度值的测量结果。

37.8　测试周期

测试时间间隔一般不超过 12 个月,使用中可根据实际情况增加测试次数。

37.9 原始数据记录表

原始数据记录表见表 3-37-1。

梯度比渗透仪测试原始数据记录表 表 3-37-1

表格编号：

记录编号：

<table>
<tr><td colspan="2">设备名称</td><td colspan="2">梯度比渗透仪</td><td colspan="2">样品编号</td><td colspan="2"></td></tr>
<tr><td colspan="2">型号规格</td><td colspan="2"></td><td colspan="2">出厂编号</td><td colspan="2"></td></tr>
<tr><td colspan="2">制造单位</td><td colspan="2"></td><td colspan="2">测试依据</td><td colspan="2"></td></tr>
<tr><td colspan="2">接收日期</td><td colspan="2"></td><td colspan="2">测试地点</td><td colspan="2"></td></tr>
<tr><td colspan="2">测试前样品状态</td><td colspan="2"></td><td colspan="2">测试后样品状态</td><td colspan="2"></td></tr>
<tr><td colspan="2">环境条件</td><td colspan="6"></td></tr>
<tr><td colspan="8">测试使用的计量标准器及主要配套设备</td></tr>
<tr><td>名称
(设备编号)</td><td>测量范围</td><td>不确定度/准确度等级/最大允许误差</td><td>证书编号</td><td>溯源机构</td><td>证书
有效期至</td><td>使用前情况
(是否良好)</td><td>使用后情况
(是否良好)</td></tr>
<tr><td>游标卡尺</td><td>(0～300)mm</td><td>±0.02mm</td><td></td><td></td><td></td><td></td><td></td></tr>
<tr><td>读数
显微镜</td><td>(0～4)mm</td><td>±0.01mm</td><td></td><td></td><td></td><td></td><td></td></tr>
<tr><td>钢卷尺</td><td>(0～2000)mm</td><td>±1mm</td><td></td><td></td><td></td><td></td><td></td></tr>
<tr><td>三等标准
金属浅纹尺</td><td>(0～1020)mm</td><td>±1mm</td><td></td><td></td><td></td><td></td><td></td></tr>
<tr><td colspan="8">测试项目</td></tr>
<tr><td rowspan="3">1)</td><td rowspan="3">透明圆筒的内径</td><td colspan="6">(100 ±0.5)mm</td></tr>
<tr><td colspan="2" rowspan="2">(1).⑤</td><td colspan="2">①本项目测试结果</td><td colspan="2"></td></tr>
<tr><td colspan="2">②本项目评价结果</td><td colspan="2"></td></tr>
</table>

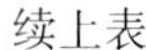

续上表

<table>
<tr><td colspan="5">测试项目</td></tr>
<tr><td rowspan="7">(1)</td><td rowspan="7">透明圆筒的内径</td><td>试验序号</td><td>③测量值(mm)</td><td>④标准值(mm)</td></tr>
<tr><td>1</td><td></td><td></td></tr>
<tr><td>2</td><td></td><td></td></tr>
<tr><td>3</td><td></td><td></td></tr>
<tr><td>4</td><td></td><td></td></tr>
<tr><td rowspan="2">AVERAGE(③)</td><td>⑤本指标测试结果</td><td></td></tr>
<tr><td>⑥本指标评价结果</td><td></td></tr>
<tr><td rowspan="3">2)</td><td rowspan="3">测压管的高度</td><td colspan="3">(1200 ±0.5)mm</td></tr>
<tr><td rowspan="2">(1).⑤</td><td>①本项目测试结果</td><td></td></tr>
<tr><td>②本项目评价结果</td><td></td></tr>
<tr><td rowspan="6">(1)</td><td rowspan="6">测压管的高度</td><td>试验序号</td><td>③测量值(mm)</td><td>④标准值(mm)</td></tr>
<tr><td>1</td><td></td><td></td></tr>
<tr><td>2</td><td></td><td></td></tr>
<tr><td>3</td><td></td><td></td></tr>
<tr><td rowspan="2">AVERAGE(③) -1.④</td><td>⑤本指标测试结果</td><td></td></tr>
<tr><td>⑥本指标评价结果</td><td></td></tr>
<tr><td rowspan="3">3)</td><td rowspan="3">测压管的内径</td><td colspan="3">内径不小于 3mm, ±0.5mm</td></tr>
<tr><td rowspan="2">(1).⑤</td><td>①本项目测试结果</td><td></td></tr>
<tr><td>②本项目评价结果</td><td></td></tr>
<tr><td rowspan="6">(1)</td><td rowspan="6">测压管的内径</td><td>试验序号</td><td>③测量值(mm)</td><td>④标准值(mm)</td></tr>
<tr><td>1</td><td></td><td></td></tr>
<tr><td>2</td><td></td><td></td></tr>
<tr><td>3</td><td></td><td></td></tr>
<tr><td rowspan="2">AVERAGE(③) -1.④</td><td>⑤本指标测试结果</td><td></td></tr>
<tr><td>⑥本指标评价结果</td><td></td></tr>
<tr><td rowspan="3">4)</td><td rowspan="3">筛网的网眼 1 孔径</td><td colspan="3">(6 ±0.5)mm</td></tr>
<tr><td rowspan="2">(1).⑤</td><td>①本项目测试结果</td><td></td></tr>
<tr><td>②本项目评价结果</td><td></td></tr>
</table>

续上表

测试项目				
(1)	筛网的网眼1孔径	试验序号	③测量值(mm)	④标准值(mm)
		1		
		2		
		ACERAGE(③)	⑤本指标测试结果	
			⑥本指标评价结果	
5)	筛网的网眼2孔径	(6 ±0.5)mm		
		(1).⑤	①本项目测试结果	
			②本项目评价结果	
(1)	筛网的网眼2孔径	试验序号	③测量值(mm)	④标准值(mm)
		1		
		2		
		ACERAGE(③)	⑤本指标测试结果	
			⑥本指标评价结果	
6)	筛网的网眼3孔径	(6 ±0.5)mm		
		(1).⑤	①本项目测试结果	
			②本项目评价结果	
(1)	筛网的网眼3孔径	试验序号	③测量值(mm)	④标准值(mm)
		1		
		2		
		ACERAGE(③)	⑤本指标测试结果	
			⑥本指标评价结果	
7)	测压板刻度尺最小分度值	(1 ±0.27)mm		
		(1).⑤	①本项目测试结果	
			②本项目评价结果	
(1)	测压板刻度尺最小分度值	试验序号	③测量值(mm)	④标准值(mm)
		1		
		2		
		3		
		ACERAGE(③)	⑤本指标测试结果	
			⑥本指标评价结果	

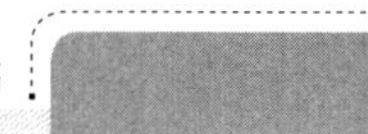

续上表

测量不确定度			
序号	评定项目	评定结果	计算方法说明
1			
2			
3			

测试：　　　　　　　　　　核验：　　　　　　　　　　日期：

38　沉降板计量测试作业指导书
（仪器编号：GL01200042）

38.1　范围

本作业指导书适用于路基填筑过程或运营期使用的沉降板的计量测试。

38.2　概述

沉降板（又称"地表型沉降计"）用于路基在填筑过程或服役期所产生沉降量的测量，可计算路基的沉降速率和总沉降量。沉降板中管顶位置在不同时间点的高程变化，表征路基在某时间段内的沉降量。沉降板按照使用场合不同可分为Ⅰ型、Ⅱ型两种。Ⅰ型沉降板主要由底板、镀锌管、内丝连接件（束节）、闷头、PVC 塑料保护管组成，其结构示意如图 3-38-1 所示。Ⅱ型沉降板主要底板、镀锌管、内丝连接件（束节）、闷头、PVC 塑料保护管、侧翼板组成，其结构示意如图 3-38-2 所示。

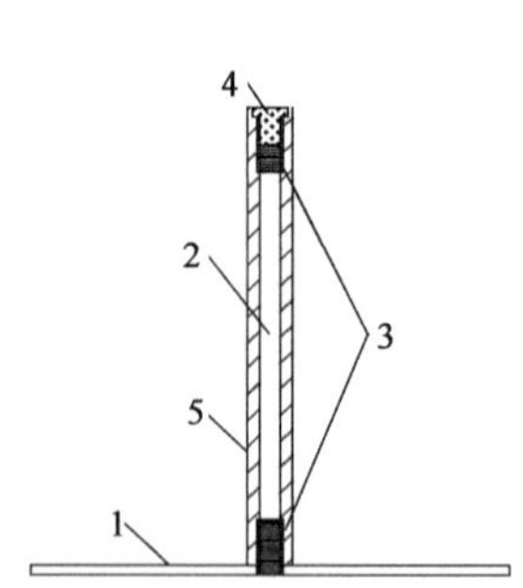

图 3-38-1　Ⅰ型沉降板结构示意图

1——底板；2——镀锌管；3——内丝连接件（束节）；4——闷头；5——PVC 塑料保护管。

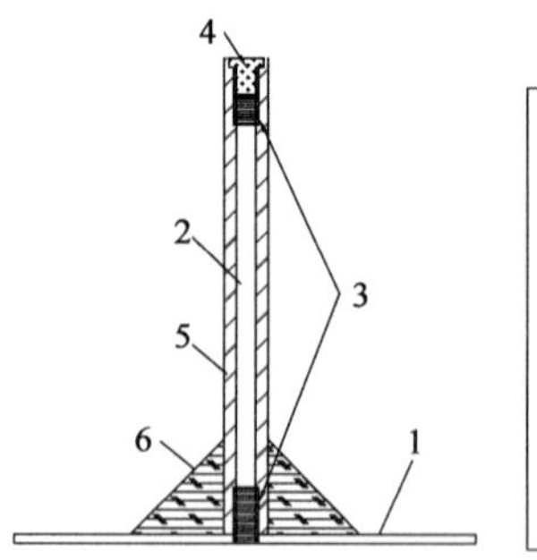

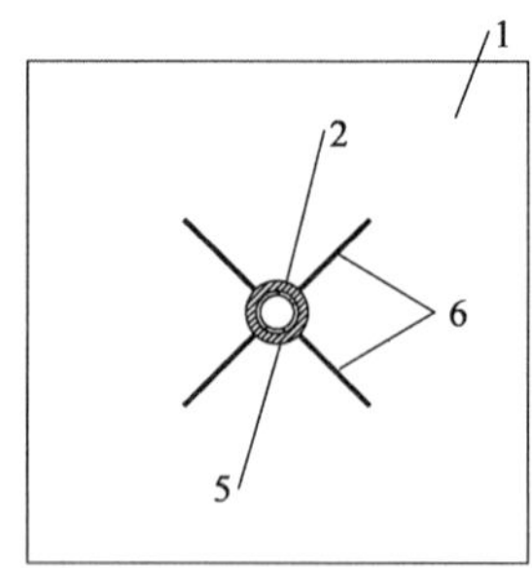

图 3-38-2　Ⅱ型沉降板结构示意图

1——底板；2——镀锌管；3——内丝连接件（束节）；4——闷头；5——PVC 塑料保护管；6——侧翼板。

38.3 计量性能要求

1)底板的尺寸要求

底板形状为正方形,边长示值误差不超过 ±10mm,厚度为(10 ±0.55)mm。

2)镀锌管的尺寸要求

(1)外径、壁厚。

端部用螺纹连接的镀锌管外径、壁厚尺寸参见表 3-38-1。

端部用螺纹连接的镀锌管外径、壁厚尺寸(单位:mm) 表 3-38-1

公称口径 DN	外径 D	壁厚 t
15	21.3 ±0.5	2.8 ±0.28
20	26.9 ±0.5	2.8 ±0.28
25	33.7 ±0.5	3.2 ±0.32

注:表中的公称口径是近似内径的名义尺寸,不表示外径减去两倍壁厚所得的内径。

(2)长度。

每根镀锌管长度可根据工程需要确定,无特殊要求时,一般为(400 ~500)mm。

(3)垂直度。

底板上第一根镀锌管(除束节外)与底板间的垂直度(4 个方向)均应满足(90 ±1)°。

3)侧翼板的尺寸要求

侧翼板形状为等腰直角三角形,直角边长度为(120 ±20)mm,厚度为(10 ±0.55)mm。

38.4 环境条件

(1)温度:(10 ~35)℃。

(2)测试周围应无影响试验的振动。

38.5 计量器具

(1)钢直尺:测量范围不小于 600mm,分度值 1mm,最大允许误差 ±0.15mm。

(2)直角尺:测量范围不小于 200mm,分度值 1mm,最大允许误差 ±0.3mm。

(3)游标卡尺:测量范围不小于150mm,分度值0.02mm,最大允许误差±0.05mm。

(4)超声波测厚仪:测量范围不小于20mm,分度值0.01mm,最大允许误差±0.10mm。

(5)角度尺:测量范围360°,分度值5′,最大允许误差±5′。

(6)数显卡钳表测厚仪:测量范围不小于5mm,分度值0.01mm。

38.6 测试步骤

38.6.1 底板的尺寸

试验步骤如下:

(1)将沉降板放置于预放4块垫块的工作台上,如图3-38-3所示,保证其垫平稳定。

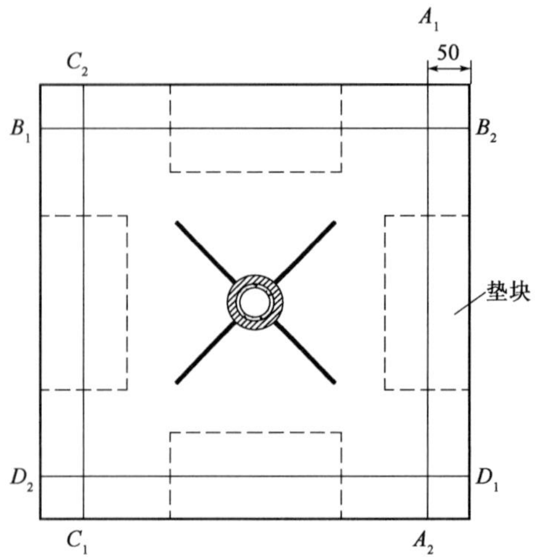

图3-38-3 沉降板投影图(尺寸单位:mm)

(2)在底板四周距离断面边缘线50mm处,标记四条边长平行线A_1A_2、B_1B_2、C_1C_2、D_1D_2。

(3)用钢直尺测量四条平行直线的长度,计算a边长(长度)=(A_1A_2长+C_1C_2长)/2,b边长(宽度)=(B_1B_2长+D_1D_2长)/2,边长的测得值减去标准值,得到边长的偏差。

(4)在底板上距边缘约1/4边长距离的4个方向中间位置,用超声波测厚仪测量4次底板的厚度,取算术平均值作为底板厚度。

38.6.2 镀锌管的尺寸

(1)用游标卡尺在镀锌管两端离端口约50mm处,沿相互垂直的两个方向测量管的外径,取2次测量的算术平均值作为镀锌管的外径。

(2)用数显卡钳表测厚仪在镀锌管两端管口,沿相互垂直的两个方向测量管的壁厚,取4次测量的算术平均值作为镀锌管的壁厚。

(3)在镀锌管两端端口沿相互垂直的2个方向,用钢直尺测量镀锌管的长度,取2次测量的算术平均值作为镀锌管的长度。

(4)围绕镀锌管选择相互垂直的4个方向,在底板上逐次紧靠束节安放标准块(厚度大于束节及侧翼板高度的长方体),采用角度尺测量标准块顶面与镀锌管间的垂直夹角。

38.6.3 侧翼板的尺寸

(1)分别用直角尺测量4块侧翼板的两直角边长。

(2)选择4块侧翼板中间部位,用超声波测厚仪分别测量侧翼板厚度。

38.7 测试周期

测试时间间隔一般不超过12个月,使用中可根据实际情况增加测试次数。

38.8 原始数据记录表

原始数据记录表见表3-38-2。

地表型沉降计测试原始数据记录表 表3-38-2

表格编号:

记录编号:

设备名称		地表型沉降计		样品编号			
型号规格				出厂编号			
制造单位				测试依据			
接收日期				测试地点			
测试前样品状态				测试后样品状态			
环境条件							
测试使用的计量标准器及主要配套设备							
名称(设备编号)	测量范围	不确定度/准确度等级/最大允许误差	证书编号	溯源机构	证书有效期至	使用前情况(是否良好)	使用后情况(是否良好)
钢直尺	≥600mm	±0.15mm					
直角尺	≥200mm	±0.3mm					
游标卡尺	≥150mm	±0.05mm					
超声波测厚仪	≥20mm	0.1mm					

续上表

<table>
<tr><td colspan="8">检定项目</td></tr>
<tr><td>角度尺</td><td>0～360°</td><td>±5′</td><td></td><td></td><td></td><td></td><td></td></tr>
<tr><td>数显卡钳表测厚仪</td><td>≥5mm</td><td>—</td><td></td><td></td><td></td><td></td><td></td></tr>
</table>

<table>
<tr><td colspan="5">测试项目</td></tr>
<tr><td rowspan="3">1)</td><td rowspan="3">底板的长度</td><td colspan="3">±10mm</td></tr>
<tr><td rowspan="2">(1).⑤</td><td>①本项目测试结果</td><td></td></tr>
<tr><td>②本项目评价结果</td><td></td></tr>
<tr><td rowspan="5">(1)</td><td rowspan="5">底板的长度</td><td>试验序号</td><td>③测量值(mm)</td><td>④标准值(mm)</td></tr>
<tr><td>1</td><td></td><td></td></tr>
<tr><td>2</td><td></td><td></td></tr>
<tr><td rowspan="2">AVERAGE(③) －1.④</td><td>⑤本指标测试结果</td><td></td></tr>
<tr><td>⑥本指标评价结果</td><td></td></tr>
<tr><td rowspan="3">2)</td><td rowspan="3">底板的宽度</td><td colspan="3">±10mm</td></tr>
<tr><td rowspan="2">(1).⑤</td><td>①本项目测试结果</td><td></td></tr>
<tr><td>②本项目评价结果</td><td></td></tr>
<tr><td rowspan="5">(1)</td><td rowspan="5">底板的宽度</td><td>试验序号</td><td>③测量值(mm)</td><td>④标准值(mm)</td></tr>
<tr><td>1</td><td></td><td></td></tr>
<tr><td>2</td><td></td><td></td></tr>
<tr><td rowspan="2">AVERAGE(③) －1.④</td><td>⑤本指标测试结果</td><td></td></tr>
<tr><td>⑥本指标评价结果</td><td></td></tr>
<tr><td rowspan="3">3)</td><td rowspan="3">底板的厚度</td><td colspan="3">(10 ±0.55)mm</td></tr>
<tr><td rowspan="2">(1).⑤</td><td>①本项目测试结果</td><td></td></tr>
<tr><td>②本项目评价结果</td><td></td></tr>
<tr><td rowspan="7">(1)</td><td rowspan="7">底板的厚度</td><td>试验序号</td><td>③测量值(mm)</td><td>④标准值(mm)</td></tr>
<tr><td>1</td><td></td><td></td></tr>
<tr><td>2</td><td></td><td></td></tr>
<tr><td>3</td><td></td><td></td></tr>
<tr><td>4</td><td></td><td></td></tr>
<tr><td rowspan="2">AVERAGE(③)</td><td>⑤本指标测试结果</td><td></td></tr>
<tr><td>⑥本指标评价结果</td><td></td></tr>
</table>

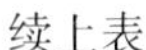

续上表

<table>
<tr><td colspan="5">测试项目</td></tr>
<tr><td rowspan="3">4)</td><td rowspan="3">镀锌管的外径</td><td colspan="3">DN15:(21.3 ±0.5)mm;DN20:(26.9 ±0.5)mm;
DN25:(33.7 ±0.5)mm</td></tr>
<tr><td rowspan="2">(1).⑤</td><td>①本项目测试结果</td><td></td></tr>
<tr><td>②本项目评价结果</td><td></td></tr>
<tr><td rowspan="5">(1)</td><td rowspan="5">镀锌管的外径</td><td>试验序号</td><td>③测量值(mm)</td><td>④标准值(mm)</td></tr>
<tr><td>1</td><td></td><td></td></tr>
<tr><td>2</td><td></td><td></td></tr>
<tr><td rowspan="2">AVERAGE(③)</td><td>⑤本指标测试结果</td><td></td></tr>
<tr><td>⑥本指标评价结果</td><td></td></tr>
<tr><td rowspan="3">5)</td><td rowspan="3">镀锌管的壁厚</td><td colspan="3">DN15:(2.8 ±0.28)mm;DN20:(2.8 ±0.28)mm;
DN25:(3.2 ±0.32)mm</td></tr>
<tr><td rowspan="2">(1).⑤</td><td>①本项目测试结果</td><td></td></tr>
<tr><td>②本项目评价结果</td><td></td></tr>
<tr><td rowspan="7">(1)</td><td rowspan="7">镀锌管的壁厚</td><td>试验序号</td><td>③测量值(mm)</td><td>④标准值(mm)</td></tr>
<tr><td>1</td><td></td><td></td></tr>
<tr><td>2</td><td></td><td></td></tr>
<tr><td>3</td><td></td><td></td></tr>
<tr><td>4</td><td></td><td></td></tr>
<tr><td rowspan="2">ACERAGE(③)</td><td>⑤本指标测试结果</td><td></td></tr>
<tr><td>⑥本指标评价结果</td><td></td></tr>
<tr><td rowspan="3">6)</td><td rowspan="3">镀锌管的长度</td><td colspan="3">(400 ~ 500)mm</td></tr>
<tr><td rowspan="2">(1).⑤</td><td>①本项目测试结果</td><td></td></tr>
<tr><td>②本项目评价结果</td><td></td></tr>
<tr><td rowspan="5">(1)</td><td rowspan="5">镀锌管的长度</td><td>试验序号</td><td>③测量值(mm)</td><td>④标准值(mm)</td></tr>
<tr><td>1</td><td></td><td></td></tr>
<tr><td>2</td><td></td><td></td></tr>
<tr><td rowspan="2">AVERAGE(③)</td><td>⑤本指标测试结果</td><td></td></tr>
<tr><td>⑥本指标评价结果</td><td></td></tr>
<tr><td rowspan="3">7)</td><td rowspan="3">垂直度</td><td colspan="3">(90 ±1)°</td></tr>
<tr><td rowspan="2">(1).⑤</td><td>①本项目测试结果</td><td></td></tr>
<tr><td>②本项目评价结果</td><td></td></tr>
</table>

续上表

<table>
<tr><td colspan="5">测试项目</td></tr>
<tr><td rowspan="7">(1)</td><td rowspan="7">垂直度</td><td>试验序号</td><td>③测量值(°)</td><td>④标准值(°)</td></tr>
<tr><td>1</td><td></td><td></td></tr>
<tr><td>2</td><td></td><td></td></tr>
<tr><td>3</td><td></td><td></td></tr>
<tr><td>4</td><td></td><td></td></tr>
<tr><td rowspan="2">AVERAGE(③)</td><td>⑤本指标测试结果</td><td></td></tr>
<tr><td>⑥本指标评价结果</td><td></td></tr>
<tr><td rowspan="3">8)</td><td rowspan="3">侧翼板的直角边长度</td><td colspan="3">(120 ± 20)mm</td></tr>
<tr><td rowspan="2">(1).⑤</td><td>①本项目测试结果</td><td></td></tr>
<tr><td>②本项目评价结果</td><td></td></tr>
<tr><td rowspan="7">(1)</td><td rowspan="7">直角边长 1</td><td>试验序号</td><td>③测量值(mm)</td><td>④标准值(mm)</td></tr>
<tr><td>1</td><td></td><td></td></tr>
<tr><td>2</td><td></td><td></td></tr>
<tr><td>3</td><td></td><td></td></tr>
<tr><td>4</td><td></td><td></td></tr>
<tr><td rowspan="2">AVERAGE(③)</td><td>⑤本指标测试结果</td><td></td></tr>
<tr><td>⑥本指标评价结果</td><td></td></tr>
<tr><td rowspan="3">9)</td><td rowspan="3">侧翼板的直角边长度</td><td colspan="3">(120 ± 20)mm</td></tr>
<tr><td rowspan="2">(1).⑤</td><td>①本项目测试结果</td><td></td></tr>
<tr><td>②本项目评价结果</td><td></td></tr>
<tr><td rowspan="7">(1)</td><td rowspan="7">直角边长 2</td><td>试验序号</td><td>③测量值(mm)</td><td>④标准值(mm)</td></tr>
<tr><td>1</td><td></td><td></td></tr>
<tr><td>2</td><td></td><td></td></tr>
<tr><td>3</td><td></td><td></td></tr>
<tr><td>4</td><td></td><td></td></tr>
<tr><td rowspan="2">AVERAGE(③)</td><td>⑤本指标测试结果</td><td></td></tr>
<tr><td>⑥本指标评价结果</td><td></td></tr>
<tr><td rowspan="3">10)</td><td rowspan="3">侧翼板的厚度</td><td colspan="3">10 ± 0.55mm</td></tr>
<tr><td rowspan="2">(1).⑤</td><td>①本项目测试结果</td><td></td></tr>
<tr><td>②本项目评价结果</td><td></td></tr>
</table>

续上表

<table>
<tr><td colspan="5">测试项目</td></tr>
<tr><td rowspan="4">(1)</td><td rowspan="4">厚度</td><td>试验序号</td><td>③测量值(mm)</td><td>④标准值(mm)</td></tr>
<tr><td>1</td><td></td><td></td></tr>
<tr><td rowspan="2">③</td><td>⑤本指标测试结果</td><td></td></tr>
<tr><td>⑥本指标评价结果</td><td></td></tr>
<tr><td colspan="5">测量不确定度</td></tr>
<tr><td>序号</td><td>评定项目</td><td>评定结果</td><td colspan="2">计算方法说明</td></tr>
<tr><td>1</td><td></td><td></td><td colspan="2"></td></tr>
<tr><td>2</td><td></td><td></td><td colspan="2"></td></tr>
<tr><td>3</td><td></td><td></td><td colspan="2"></td></tr>
</table>

测试：　　　　　　　　　　　　　核验：　　　　　　　　　　　　　日期：

39 电阻应变式土压力测量系统计量测试作业指导书[仪器编号:GL02120005、GL01200045、GL02090028]

39.1 范围

本作业指导书适用于电阻应变式土压力测量系统的计量测试。

39.2 概述

电阻应变式土压力测量系统利用粘贴于土压力盒受力膜上的圆环形电阻应变片作为敏感元件,测量土的压力;当土压力作用于受力膜时,电阻应变片随受力膜产生变形,利用电阻应变组成的电桥输出电压,通过测量电压的变化,根据标定曲线确定受力膜所受所到的压力作用大小。

电阻应变式土压力测量系统由电阻式土压力计和数据采集分析系统组成,其中电阻式土压力计包括:应变电桥、电阻应变片、土压力计端盖、橡胶传力块、螺栓、壳体、数据采集分析系统,其结构示意如图3-39-1所示。

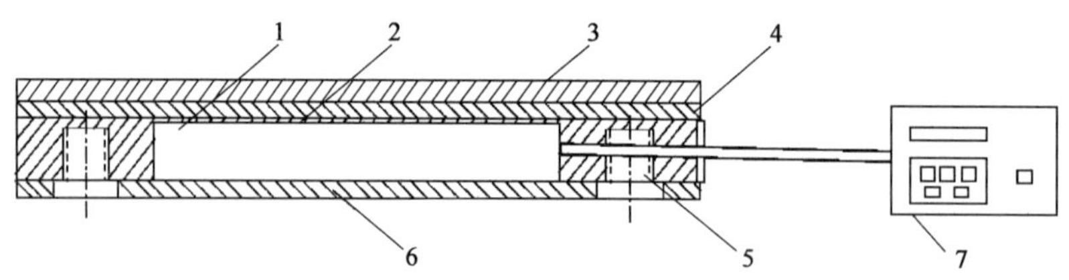

图3-39-1 电阻应变式土压力测量系统结构示意图

1——应变电桥;2——电阻应变片;3——土压力计端盖;4——橡胶传力块;5——螺栓;6——壳体;7——数据采集分析系统。

39.3 通用技术要求

(1)各部分连接应牢固,无影响其计量性能的外观损伤。

(2)数据采集分析系统的显示窗口应清晰。

39.4 计量性能要求

(1)应变示值误差为 ±(0.5% FS + 3με)。

(2)压力示值误差不超过 ±2.5% FS。

(3)滞后误差应不超过 ±1.0% FS。

(4)重复性应不大于 0.5% FS。

(5)非线性度误差不超过 ±1.5% FS。

(6)综合误差应不超过 ±2.0% FS。

注 1:"FS"表示满量程;

注 2:约定以 με 作为微应变的单位符号。

39.5 环境条件

(1)温度:(23 ±5)℃。

(2)相对湿度:≤85%。

(3)测试周围应无影响试验的振动。

39.6 计量器具

39.6.1 标准模拟应变量校准器

测量范围:(0 ~ 10^5)με,分度值 0.1με,准确度等级 0.05 级。

39.6.2 精密压力表

测量范围:(0 ~ 10)MPa,分度值 0.001MPa,准确度等级 0.1 级。

39.7 测试步骤

39.7.1 通用技术要求

目测和手感检查。

39.7.2 应变示值误差

试验步骤如下:

(1)将电阻应变式土压力测量系统与标准模拟应变量校准器连接;

(2)在应变范围内均匀选取 10 个测试点;

(3)每个测试点稳定 20s 后,读取标准模拟应变量校准器的标准应变值和数据采集分析系统的测量值,计算 3 次测量值的算术平均值。按照式(3-39-1)计算应变示值误差。

$$\Delta = \frac{\bar{e} - e}{e} \times 100\% \tag{3-39-1}$$

式中:Δ——应变示值误差;

$\bar{e}$——电阻应变式土压力测量系统的算术平均值(με);

e——标准模拟应变量校准器输出的标准应变值(με)。

39.7.3 压力示值误差

试验步骤如下:

(1)在测试的环境条件下,电阻应变式土压力测量系统预先放置 8h;

(2) 将电阻应变式土压力测量系统装入液体压力容器中(耐压不小于土压力计满量程的 1.2 倍),静置 20min;

(3)将标准模拟应变量校准器与电阻应变式土压力测量系统计连接,按满量程压力对土压力计预加压 3 次,静置 5min 后进行测试;

(4)分别读取压力为 0 时,电阻应变式土压力测量系统、标准模拟应变量校准器的输出应变值 e_0,按照 10% FS 逐级加压至满量程压力值,每级压力至少保持 1min,读取标准模拟应变量校准器的输出应变值；

(5)加压加到满量程压力值后，按照10% FS逐级泄压至零点压力，每级压力至少保持1min，读取电阻应变式土压力测量系统的输出应变值；

(6)退回零点压力值后，保持3min；

(7)重复步骤(4)～(6)，进行3次循环测量，每次间隔不少于5min，按照式(3-39-2)计算对应于P_i时刻作用在承受膜上的压力；

$$\overline{P}_i = k(\bar{e}_{ij} - \bar{e}_{0j}) \tag{3-39-2}$$

式中：$\overline{P}_i$——第i次测量时，3次循环测量电阻应变式土压力测量系统的压力平均值(MPa)；

k——出厂时标定的电阻应变式土压力测量系统系数(MPa/μm)；

$\bar{e}_{0j}$——压力为0时电阻应变式土压力测量系统的3次输出应变值平均值(με)；

$\bar{e}_{ij}$——第i个测试点电阻应变式土压力测量系统的3次输出应变值平均值(με)。

(8)按照式(3-39-3)计算压力示值误差，取δ中示值误差最大值为压力示值误差的测试结果。

$$\delta = \frac{\overline{P}_i - P}{P} \times 100\% \tag{3-39-3}$$

式中：δ——第i次测量时压力示值误差；

P——压力的标准值(MPa)。

39.7.4 滞后误差

试验步骤如下：

(1)按照式(3-39-4)计算零点与各测试点输出应变值差的理论值：

$$E_i = \frac{1}{k} P_i \tag{3-39-4}$$

式中：E_i——3次循环测量各测试点输出应变值的理论值(με)；

P_i——3次循环测量各测试点的压力平均值(MPa)。

(2)按照式(3-39-5)计算零点第j次行程的输出应变值与第i个测试点第j次行程输出应变值E_{ij}：

$$E_{ij} = e_{ij} - e_{0j} \tag{3-39-5}$$

(3)按照式(3-39-6)计算单次滞后误差，取a_i'中绝对值最大值为滞后的测试结果。

$$a_i' = \frac{E_{iJ} - E_{iH}}{|\bar{e}_0 - \bar{e}_{10}|} \times 100\% \text{FS} \tag{3-39-6}$$

式中：a'_i——单次滞后误差；

E_{iJ}——3 次进程测量各测试点对应的 E_{ij} 平均值（με）；

E_{iH}——3 次回程测量各测试点对应的 E_{ij} 平均值（με）；

$\bar{e}_0$——3 次循环测量中压力为 0 时电阻应变式土压力测量系统测得应变的平均值（με）；

$\bar{e}_{10}$——3 次循环试验测量中压力为满量程时电阻应变式土压力测量系统测得应变的平均值（με）。

39.7.5 重复性

按照式（3-39-7）计算重复性，取 a''_i 中最大值为重复性的测试结果。

$$a''_i = \frac{|\Delta E_R|}{|\bar{e}_0 - \bar{e}_{10}|} \times 100\%\,\mathrm{FS} \tag{3-39-7}$$

式中：a''_i——重复性；

ΔE_{R}——进程和回程重复测试时，各测试点输出应变值偏差的最大值（με）。

39.7.6 非线性度误差

按照式（3-39-8）进行计算非线性度，取 L_i 中绝对值最大值为非线性度的测试结果。

$$L_i = \frac{E_{\mathrm{L}} - E_i}{|\bar{e}_0 - \bar{e}_{10}|} \times 100\%\,\mathrm{FS} \tag{3-39-8}$$

式中：L_i——非线性度误差；

E_{L}——3 次循环测量中各测试点的输出应变值的平均值（με）。

39.7.7 综合误差

按照式（3-39-9）进行计算综合误差 $\varepsilon_{i\mathrm{C}}$，取 $\varepsilon_{i\mathrm{C}}$ 中绝对值最大值为综合误差的测试结果。

$$\varepsilon_{i\mathrm{C}} = \frac{E_{ij} - E_i}{|\bar{e}_0 - \bar{e}_{10}|} \times 100\%\,\mathrm{FS} \tag{3-39-9}$$

式中：$\varepsilon_{i\mathrm{C}}$——综合误差。

39.8 测试周期

测试时间间隔一般不超过 12 个月，使用中可根据实际情况增加测试次数。

39.9 原始数据记录表

原始数据记录表见表 3-39-1。

电阻应变式土压力测量系统测试原始数据记录表 表 3-39-1

表格编号：

记录编号：

<table>
<tr><td colspan="2">设备名称</td><td colspan="2">电阻应变式土压力测量系统</td><td colspan="2">样品编号</td><td colspan="2"></td></tr>
<tr><td colspan="2">型号规格</td><td colspan="2"></td><td colspan="2">出厂编号</td><td colspan="2"></td></tr>
<tr><td colspan="2">制造单位</td><td colspan="2"></td><td colspan="2">测试依据</td><td colspan="2"></td></tr>
<tr><td colspan="2">接收日期</td><td colspan="2"></td><td colspan="2">测试地点</td><td colspan="2"></td></tr>
<tr><td colspan="2">测试前样品状态</td><td colspan="2"></td><td colspan="2">测试后样品状态</td><td colspan="2"></td></tr>
<tr><td colspan="2">环境条件</td><td colspan="6"></td></tr>
<tr><td colspan="8">测试使用的计量标准器及主要配套设备</td></tr>
<tr><td>名称（设备编号）</td><td>测量范围</td><td>不确定度/准确度等级/最大允许误差</td><td>证书编号</td><td>溯源机构</td><td>证书有效期至</td><td>使用前情况（是否良好）</td><td>使用后情况（是否良好）</td></tr>
<tr><td>标准模拟应变量测试器</td><td>(0～100000)με</td><td>0.05 级</td><td></td><td></td><td></td><td></td><td></td></tr>
<tr><td>精密压力表</td><td>(0～10)MPa</td><td>0.1 级</td><td></td><td></td><td></td><td></td><td></td></tr>
<tr><td colspan="8">测试项目</td></tr>
<tr><td rowspan="3">1)</td><td rowspan="3">测试点 1 应变示值误差</td><td colspan="6">±(0.5%×满量程+3με)</td></tr>
<tr><td colspan="2" rowspan="2">(1).⑤</td><td colspan="2">①本项目测试结果</td><td colspan="2"></td></tr>
<tr><td colspan="2">②本项目评价结果</td><td colspan="2"></td></tr>
<tr><td rowspan="6">(1)</td><td rowspan="6">测试点 1 应变示值误差</td><td colspan="2">试验序号</td><td colspan="2">③测量值(με)</td><td colspan="2">④标准值(με)</td></tr>
<tr><td colspan="2">1</td><td colspan="2"></td><td colspan="2"></td></tr>
<tr><td colspan="2">2</td><td colspan="2"></td><td colspan="2"></td></tr>
<tr><td colspan="2">3</td><td colspan="2"></td><td colspan="2"></td></tr>
<tr><td colspan="2" rowspan="2">[AVERAGE(③)-1.④]/1.④</td><td colspan="2">⑤本指标测试结果</td><td colspan="2"></td></tr>
<tr><td colspan="2">⑥本指标评价结果</td><td colspan="2"></td></tr>
</table>

续上表

测试项目				
2)	测试点……应变示值误差	±(0.5% ×满量程 +3με)		
		(1).⑤	①本项目测试结果	
			②本项目评价结果	
(……)	测试点……应变示值误差	试验序号	③测量值(με)	④标准值(με)
		1		
		2		
		3		
		[AVERAGE(③) - 1.④]/1. ④	⑤本指标测试结果	
			⑥本指标评价结果	
3)	测试点 10 应变示值误差	±(0.5% ×满量程 +3με)		
		(1).⑤	①本项目测试结果	
			②本项目评价结果	
(1)	测试点 10 应变示值误差	试验序号	③测量值(με)	④标准值(με)
		1		
		2		
		3		
		[AVERAGE(③) - 1.④]/1. ④	⑤本指标测试结果	
			⑥本指标评价结果	
4)	压力示值误差	±1% ×满量程		
		{*k*{AVERAGE[(1).2.③+(3). 2. ③+(6). 2.③] - AVERAGE[(1).1.③+(3). 1. ③+(6). 1.③]} - P}/*P*	①本项目测试结果	
			②本项目评价结果	
(1)	循环 1 进程	试验序号	③测量值(με)	④标准值(με)
		1		
		2		
		3		
		—	⑤本指标测试结果	
			⑥本指标评价结果	

续上表

测试项目				
(2)	循环 1 回程	试验序号	③测量值(με)	④标准值(με)
		1		
		2		
		3		
		—	⑤本指标测试结果	
			⑥本指标评价结果	
(3)	循环 2 进程	试验序号	③测量值(με)	④标准值(με)
		1		
		2		
		3		
		—	⑤本指标测试结果	
			⑥本指标评价结果	
(4)	循环 2 回程	试验序号	③测量值(με)	④标准值(με)
		1		
		2		
		3		
		—	⑤本指标测试结果	
			⑥本指标评价结果	
(5)	循环 3 进程	试验序号	③测量值(με)	④标准值(με)
		1		
		2		
		3		
		—	⑤本指标测试结果	
			⑥本指标评价结果	
(6)	循环 3 回程	试验序号	③测量值(με)	④标准值(με)
		1		
		2		
		3		
		—	⑤本指标测试结果	
			⑥本指标评价结果	

续上表

<table>
<tr><td colspan="5">测试项目</td></tr>
<tr><td rowspan="3">5)</td><td rowspan="3">滞后误差</td><td colspan="3">±1% ×满量程</td></tr>
<tr><td rowspan="2">每个测试点的进程平均值减去回程平均值,除以零时应变平均值与满量程时应变平均值的绝对值。取多个测试点的最大值作为滞后误差</td><td>①本项目测试结果</td><td></td></tr>
<tr><td>②本项目评价结果</td><td></td></tr>
<tr><td rowspan="4">(1)</td><td rowspan="4">—</td><td>试验序号</td><td>③测量值(με)</td><td>④标准值(με)</td></tr>
<tr><td>1</td><td>—</td><td>—</td></tr>
<tr><td rowspan="2">—</td><td>⑤本指标测试结果</td><td></td></tr>
<tr><td>⑥本指标评价结果</td><td></td></tr>
<tr><td rowspan="3">6)</td><td rowspan="3">重复性</td><td colspan="3">≤0.5% ×满量程</td></tr>
<tr><td rowspan="2">每个测试点的进程值减去回程值,除以零时应变平均值与满量程时应变平均值的绝对值。取多个测试点的最大值作为重复性</td><td>①本项目测试结果</td><td></td></tr>
<tr><td>②本项目评价结果</td><td></td></tr>
<tr><td rowspan="4">(1)</td><td rowspan="4">—</td><td>试验序号</td><td>③测量值(με)</td><td>④标准值(με)</td></tr>
<tr><td>1</td><td></td><td></td></tr>
<tr><td rowspan="2">—</td><td>⑤本指标测试结果</td><td></td></tr>
<tr><td>⑥本指标评价结果</td><td></td></tr>
<tr><td rowspan="3">7)</td><td rowspan="3">非线性度误差</td><td colspan="3">±1.5% ×满量程</td></tr>
<tr><td rowspan="2">每个测试点的3次循环应变平均值减去应变理论值,除以零时应变平均值与满量程时应变平均值的绝对值。取多个测试点的最大值作为非线性误差</td><td>①本项目测试结果</td><td></td></tr>
<tr><td>②本项目评价结果</td><td></td></tr>
</table>

续上表

<table>
<tr><td colspan="5">测试项目</td></tr>
<tr><td rowspan="4">(1)</td><td rowspan="4">—</td><td>试验序号</td><td>③测量值(με)</td><td>④标准值(με)</td></tr>
<tr><td>1</td><td></td><td></td></tr>
<tr><td rowspan="2">—</td><td>⑤本指标测试结果</td><td></td></tr>
<tr><td>⑥本指标评价结果</td><td></td></tr>
<tr><td rowspan="3">8)</td><td rowspan="3">综合误差</td><td colspan="3">±2.0% ×满量程</td></tr>
<tr><td rowspan="2">每个测试点的进程值减去应变理论值,除以零时应变平均值与满量程时应变平均值的绝对值。取多个测试点的最大值作为综合误差</td><td>①本项目测试结果</td><td></td></tr>
<tr><td>②本项目评价结果</td><td></td></tr>
<tr><td rowspan="4">(1)</td><td rowspan="4">—</td><td>试验序号</td><td>③测量值(με)</td><td>④标准值(με)</td></tr>
<tr><td>1</td><td></td><td></td></tr>
<tr><td rowspan="2">—</td><td>⑤本指标测试结果</td><td></td></tr>
<tr><td>⑥本指标评价结果</td><td></td></tr>
<tr><td colspan="5">测量不确定度</td></tr>
<tr><td>序号</td><td>评定项目</td><td>评定结果</td><td colspan="2">计算方法说明</td></tr>
<tr><td>1</td><td></td><td></td><td colspan="2"></td></tr>
<tr><td>2</td><td></td><td></td><td colspan="2"></td></tr>
<tr><td>3</td><td></td><td></td><td colspan="2"></td></tr>
</table>

测试:　　　　　　　　　　　　核验:　　　　　　　　　　　　日期:

40　扭转试验机计量测试作业指导书
（仪器编号：GL02030006）

40.1　范围

本作业指导书适用于直径（1 ~ 14）mm 金属线材扭转试验用扭转试验机的计量测试。

40.2　概述

扭转试验机用于测试金属线材在单向或双向扭转过程中达到规定塑性变形的扭转圈数。扭转试验机的工作原理是一端固定，另一端扭转，通过施加扭力使线材达到规定塑性变形（规定扭转次数或破断）的扭转次数。扭转试验机由柜体、伺服驱动电机、防护罩、旋转夹头、导轨、固定端夹头、显示器、后尾座、拉紧力加力装置组成，其结构示意见图 3-40-1。

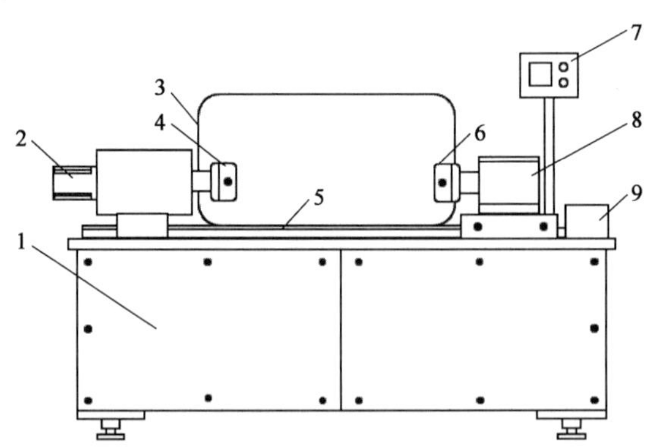

图 3-40-1　扭转试验机结构示意图

1——柜体；2——伺服驱动电机；3——防护罩；4——旋转夹头；5——导轨；6——固定端夹头；7——显示器；8——后尾座；9——拉紧力加力装置。

40.3　通用技术要求

(1)夹头距离和转速可调节。

(2)扭转试验机应安装防护罩,在试样破断时,可自动停机。

40.4　计量性能要求

(1)拉紧力示值误差不超过 ±1% 。

(2)同轴度。

试验机两夹头的同轴度不应大于0.4mm。

(3)硬度。

夹持端钳口硬度应为(55 ~65)HRC。

(4)扭转速度示值误差不超过 ±1% 。

40.5　环境条件

(1)温度:(23 ±5)℃。

(2)相对湿度:≤85% 。

40.6　计量器具

(1)拉紧力测试装置:测量范围(0 ~1)kN ,准确度等级0.3 级。

(2)电子秒表:测量范围(0 ~10)min,最大允许误差 ±0.07s。

(3)同轴度测试仪:测量范围(0 ~5)mm, 最大允许误差 ±2% 。

(4)洛氏硬度计:测量范围(20 ~70)HRC,最大允许误差 ±1.5HRC。

40.7　测试步骤

40.7.1　通用技术要求

(1)采用目测的方法检查扭转试验机外观。

（2）夹持试验用样品进行试验，观察扭转试验机在试样破断时，是否自动停机。

40.7.2 拉紧力相对误差

试验步骤如下：

（1）将拉紧力测试装置安装在扭转试验机两夹头上，确保夹头夹紧；

（2）设定扭转试验机，分别施加200N、480N、800N拉紧力 F；

（3）待力值稳定后读取拉紧力测试装置示值 F_0；

（4）重复步骤（1）～（3）3次，计算各测点平均值。以标准测力仪的测值作为标准值，按照式（3-40-1）计算误差，取最大值作为测试结果。

$$\delta_F = \frac{F - \overline{F}_0}{\overline{F}_0} \times 100\% \tag{3-40-1}$$

式中：δ_F——拉紧力误差（N）；

F——扭转试验机施加的拉紧力（N）；

$\overline{F}_0$——拉紧力测试装置3次读数平均值（N）。

40.7.3 同轴度

试验步骤如下：

（1）将同轴度测试仪夹持在夹头上，键插入定位槽，旋紧夹头；

（2）将同轴度测试仪清零后，施加800N拉紧力，待示值稳定后，记录同轴度测试仪的示值；

（3）重复步骤（1）、（2）3次，取算术平均值作为测试结果，同轴度按照式（3-40-2）计算。

$$e = \Delta L_{max} - \overline{\Delta L} \tag{3-40-2}$$

式中：e——加力系统中夹头中心线与试验机加力轴线的同轴度（mm）；

ΔL_{max}——在同一测试点，同一次测量中，测试试样变形较大一侧的变形值（mm）；

$\overline{\Delta L}$——在同一测试点，同一次测量中，测试试样两侧变形的算术平均值（mm）。

40.7.4 夹持端钳口硬度（适用于首次计量测试）

将夹头钳口取下，用洛氏硬度计分别测量4块钳口硬度，各测量6次，取平均值作为测量结果。

40.7.5　扭转速度

试验步骤如下：

(1)设定扭转试验机的扭转速度分别为 6r/min 和 120r/min；

(2)用记号笔在扭转试验机旋转夹头上做标记；

(3)同时启动扭转试验机和电子秒表，当扭转试验机旋转端旋转 6r 和 120r 时按下秒表计时；

(4)按照式(3-40-3)计算转速误差。

$$s = \frac{n/t - s_0}{s_0} \times 100\% \tag{3-40-3}$$

式中：n——扭转试验机旋转端旋转的圈数(6r/120r)；

t——旋转端旋转至 6r(120r)时所用时间；

s_0——扭转试验机设定的旋转速度(6r/min 和 120r/min)。

40.8　测试周期

测试时间间隔一般不超过 12 个月，使用中可根据实际情况增加测试次数。

40.9　原始数据记录表

原始数据记录表见表 3-40-1。

扭转试验机测试原始数据记录表　　表 3-40-1

表格编号：

记录编号：

设备名称	扭转试验机	样品编号	
型号规格		出厂编号	
制造单位		测试依据	
接收日期		测试地点	
测试前样品状态		测试后样品状态	
环境条件			

续上表

测试使用的计量标准器及主要配套设备							
名称（设备编号）	测量范围	不确定度/准确度等级/最大允许误差	证书编号	溯源机构	证书有效期至	使用前情况（是否良好）	使用后情况（是否良好）
拉紧力测试装置	(0～1)kN	0.3 级					
电子秒表	(0～10)min	±0.07s					
同轴度测试仪	(0～5)mm	±2%					
洛氏硬度计	(20～70)HRC	±1.5HRC					

测试项目				
1)	拉紧力允许误差	±1%		
		MAX[(1).⑤,(2).③,(3).⑤]	①本项目测试结果	
			②本项目评价结果	
(1)	200N	试验序号	③测量值(N)	④标准值(N)
		1		
		2		
		3		
		[1.③－AVERAGE(④)]/AVERAGE(④)	⑤本指标测试结果	
			⑥本指标评价结果	
(2)	480N	试验序号	③测量值(N)	④标准值(N)
		1		
		2		
		3		
		[1.③－AVERAGE(④)]/AVERAGE(④)	⑤本指标测试结果	
			⑥本指标评价结果	
(3)	800N	试验序号	③测量值(N)	④标准值(N)
		1		
		2		
		3		
		[1.③－AVERAGE(④)]/AVERAGE(④)	⑤本指标测试结果	
			⑥本指标评价结果	

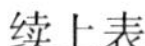

续上表

测试项目				
2)	同轴度	≤0.4mm		
		(1).⑤	①本项目测试结果	
			②本项目评价结果	
(1)	同轴度	试验序号	③测量值(mm)	④标准值(mm)
		1		
		2		
		3		
		MAX(③) - AVERAGE(③)	⑤本指标测试结果	
			⑥本指标评价结果	
3)	夹持端钳口1的硬度	(55~65)HRC		
		(1).⑤	①本项目测试结果	
			②本项目评价结果	
(1)	夹持端钳口1的硬度	试验序号	③测量值(HRC)	④标准值(HRC)
		1		
		2		
		3		
		4		
		5		
		6		
		AVERAGE(③)	⑤本指标测试结果	
			⑥本指标评价结果	
4)	夹持端钳口2的硬度	(55~65)HRC		
		(1).⑤	①本项目测试结果	
			②本项目评价结果	
(1)	夹持端钳口2的硬度	试验序号	③测量值(HRC)	④标准值(HRC)
		1		
		2		

续上表

测试项目				
(1)	夹持端钳口2的硬度	3		
		4		
		5		
		6		
		AVERAGE(③)	⑤本指标测试结果	
			⑥本指标评价结果	
5)	夹持端钳口3的硬度	(55～65)HRC		
		(1).⑤	①本项目测试结果	
			②本项目评价结果	
(1)	夹持端钳口3的硬度	试验序号	③测量值(HRC)	④标准值(HRC)
		1		
		2		
		3		
		4		
		5		
		6		
		AVERAGE(③)	⑤本指标测试结果	
			⑥本指标评价结果	
6)	夹持端钳口4的硬度	(55～65)HRC		
		(1).⑤	①本项目测试结果	
			②本项目评价结果	
(1)	夹持端钳口4的硬度	试验序号	③测量值(HRC)	④标准值(HRC)
		1		
		2		
		3		
		4		
		5		

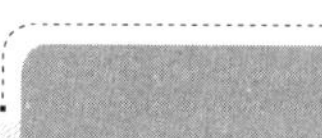

续上表

<table>
<tr><td colspan="5">测试项目</td></tr>
<tr><td rowspan="3">(1)</td><td rowspan="3">夹持端钳口 4 的硬度</td><td>6</td><td></td><td></td></tr>
<tr><td rowspan="2">AVERAGE(③)</td><td>⑤本指标测试结果</td><td></td></tr>
<tr><td>⑥本指标评价结果</td><td></td></tr>
<tr><td rowspan="3">7)</td><td rowspan="3">扭转速度示值误差</td><td colspan="3">±1%</td></tr>
<tr><td rowspan="2">(1).⑤</td><td>①本项目测试结果</td><td></td></tr>
<tr><td>②本项目评价结果</td><td></td></tr>
<tr><td rowspan="4">(1)</td><td rowspan="4">6r/min</td><td>试验序号</td><td>③测量值(s)</td><td>④标准值(s)</td></tr>
<tr><td>1</td><td></td><td></td></tr>
<tr><td rowspan="2">(6/③ -6)/6</td><td>⑤本指标测试结果</td><td></td></tr>
<tr><td>⑥本指标评价结果</td><td></td></tr>
<tr><td rowspan="3">8)</td><td rowspan="3">扭转速度示值误差</td><td colspan="3">±1%</td></tr>
<tr><td rowspan="2">(1).⑤</td><td>①本项目测试结果</td><td></td></tr>
<tr><td>②本项目评价结果</td><td></td></tr>
<tr><td rowspan="4">(1)</td><td rowspan="4">120r/min</td><td>试验序号</td><td>③测量值(s)</td><td>④标准值(s)</td></tr>
<tr><td>1</td><td></td><td></td></tr>
<tr><td rowspan="2">(120/③ -120)/120</td><td>⑤本指标测试结果</td><td></td></tr>
<tr><td>⑥本指标评价结果</td><td></td></tr>
<tr><td colspan="5">测量不确定度</td></tr>
<tr><td>序号</td><td>评定项目</td><td>评定结果</td><td colspan="2">计算方法说明</td></tr>
<tr><td>1</td><td></td><td></td><td colspan="2"></td></tr>
<tr><td>2</td><td></td><td></td><td colspan="2"></td></tr>
<tr><td>3</td><td></td><td></td><td colspan="2"></td></tr>
</table>

测试： 核验： 日期：

41　磁致式分层沉降计计量测试作业指导书（仪器编号：GL02090014）

41.1　范围

本作业指导书适用于现场测量地基、基础等地下各土体分层沉降量所用的磁致式分层沉降计的计量测试。

41.2　概述

磁致式分层沉降计用于交通工程地基、基础土体分层沉降的监测。磁致式分层沉降计利用磁致伸缩效应，计算沉降磁环与测杆之间产生的相对位移，表征土体的沉降量。磁致式分层沉降计主要由电缆、电子仓、沉降仪固定盘、磁环、测杆、测杆聚中环组成，其结构示意如图3-41-1所示。

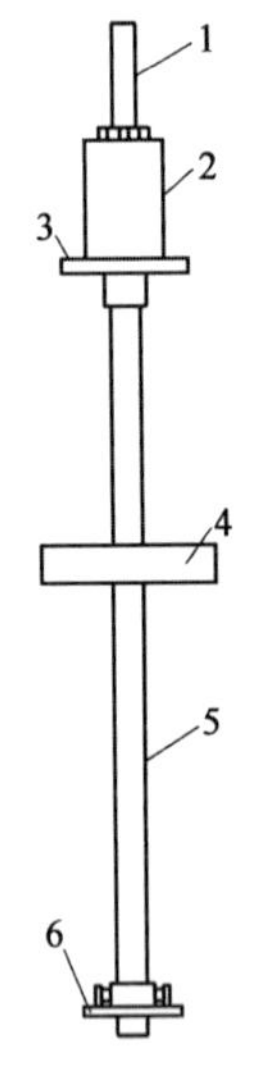

图3-41-1　磁致式分层沉降计结构示意图
1——电缆；2——电子仓；3——沉降仪固定盘；4——磁环；5——测杆；6——测杆聚中环。

41.3　通用技术要求

（1）磁致式分层沉降计的外观应整洁、平整，不应有明显弯曲及裂痕等缺陷。

（2）活动部件无卡顿，紧固件无松动、损坏。

41.4　计量性能要求

磁致式分层沉降计的计量性能要求见表3-41-1。

磁致式分层沉降计计量性能要求　　表3-41-1

项目名称	技术指标	项目名称	技术指标
基本误差	不超过±1.0%	回程误差	≤0.4%
线性度	不超过±1.0%	重复性	≤0.4%

41.5　环境条件

(1)温度:(20±2)℃。

(2)相对湿度:≤75%。

(3)测试应避开强交变电磁场或近距离的交变磁场(如电机、电焊机等)的干扰。

41.6　计量器具

(1)量块:1组,测量范围(0.5~1000)mm,5等及以上(或采用相同准确度等级的标准器)。

(2)数字频率计:测量范围0.1Hz ~1.5GHz,准确度不低于4×10^{-5}。

(3)秒表:分辨力≤1s。

41.7　测试步骤

41.7.1　通用技术要求

采用目测和手感检查。

41.7.2　基本误差

试验步骤如下:

(1)按磁致式分层沉降计满量程值预拉3次,每次间隔5min;

(2)在满量程范围内选取包括量程上下限在内均匀分布的11个测试点;

(3)将磁致式分层沉降计固定在平台上,采用量块作为位移测试的标准值,读取沉降计的输出值;

(4)以测得的下限为起点,按顺序分别记录量块提供的标准值和各测试点的分层沉降计输出值;

(5)以正、反两个行程作为一个测量循环,共测量3个循环;

(6)根据3个测量循环的测试结果,按照式(3-41-1)进行最小二乘法进行线性拟合:

$$Y_i = Y_0 + KL_i \tag{3-41-1}$$

式中:Y_i——磁致式分层沉降计在第i个测试点处输出量的拟合输出值(mm);

Y_0——拟合直线的截距;

K——拟合直线的斜率;

L_i——第i个测试点量块的标准值(mm)。

(7)按照式(3-41-2)计算磁致式分层沉降计在第j($j=1,2,3,4,5,6$)次行程中第i个测试点的基本误差δ_{ij},取δ_{ij}中的绝对值最大值作为基本误差测试结果。

$$\delta_{ij} = \frac{y_{ij} - Y_i}{Y_M - Y_N} \times 100\% \tag{3-41-2}$$

式中:δ_{ij}——磁致式分层沉降计在j次行程中第i个测试点的基本误差;

y_{ij}——磁致式分层沉降计在第j次行程中第i个测试点处的输出量(mm);

Y_i——磁致式分层沉降计在第i个测试点处输出量的拟合输出值(mm);

Y_M——位移至上限值时,3个循环正、反行程输出量的平均值(mm);

Y_N——位移至下限值时,3个循环正、反行程输出量的平均值(mm)。

41.7.3 线性度

按照式(3-41-3)计算分层沉降计的线性度l_i,取l_i中的绝对值最大值作为线性度测试结果。

$$l_i = \frac{\overline{y_i} - Y_i}{Y_M - Y_N} \times 100\% \tag{3-41-3}$$

式中:l_i——第i个测试点的线性度;

$\overline{y_i}$——磁致式分层沉降计第i个测试点3个循环正、反行程输出量的平均值(mm);

Y_i——磁致式分层沉降计在第i个测试点处输出量的拟合输出值(mm);

Y_M——位移至上限值时,3 个循环正、反行程输出量的平均值(mm);

Y_N——位移至下限值时,3 个循环正、反行程输出量的平均值(mm)。

41.7.4 回程误差

按照式(3-41-4)计算磁致式分层沉降计各测试点的回程误差 h_i,取 h_i 中最大值作为回程误差测试结果。

$$h_i = \frac{|\overline{g_i} - \overline{b_i}|}{Y_M - Y_N} \times 100\% \tag{3-41-4}$$

式中:h_i——第 i 个测试点的回程误差;

$\overline{g_i}$——磁致式分层沉降计在第 i 个测试点 3 个循环正行程输出量的平均值(mm);

$\overline{b_i}$——磁致式分层沉降计在第 i 个测试点 3 个循环反行程输出量的平均值(mm);

Y_M——位移至上限值时,3 个循环正、反行程输出量的平均值(mm);

Y_N——位移至下限值时,3 个循环正、反行程输出量的平均值(mm)。

41.7.5 重复性

按照式(3-41-5)计算各测试点的重复性 r_i,取 r_i 中的绝对值最大值作为重复性测试结果。

$$r_i = \frac{0.61\Delta_i}{Y_M - Y_N} \times 100\% \tag{3-41-5}$$

式中:r_i——各测试点的重复性;

Δ_i——磁致式分层沉降计在第 i 个测试点 3 个循环同向行程中输出量最大差值(mm);

Y_M——位移至上限值时,3 个循环正、反行程输出量的平均值(mm);

Y_N——位移至下限值时,3 个循环正、反行程输出量的平均值(mm)。

41.8 测试周期

测试时间间隔一般不超过 12 个月,使用中可根据实际情况增加测试次数。

41.9 原始数据记录表

原始数据记录表见表 3-41-2。

磁致式分层沉降计测试原始数据记录表 表 3-41-2

表格编号：

记录编号：

<table>
<tr><td colspan="2">设备名称</td><td colspan="2">磁致式分层沉降计</td><td colspan="2">样品编号</td><td colspan="2"></td></tr>
<tr><td colspan="2">型号规格</td><td colspan="2"></td><td colspan="2">出厂编号</td><td colspan="2"></td></tr>
<tr><td colspan="2">制造单位</td><td colspan="2"></td><td colspan="2">测试依据</td><td colspan="2"></td></tr>
<tr><td colspan="2">接收日期</td><td colspan="2"></td><td colspan="2">测试地点</td><td colspan="2"></td></tr>
<tr><td colspan="2">测试前样品状态</td><td colspan="2"></td><td colspan="2">测试后样品状态</td><td colspan="2"></td></tr>
<tr><td colspan="2">环境条件</td><td colspan="6"></td></tr>
<tr><td colspan="8">测试使用的计量标准器及主要配套设备</td></tr>
<tr><td>名称（设备编号）</td><td>测量范围</td><td>不确定度/准确度等级/最大允许误差</td><td>证书编号</td><td>溯源机构</td><td>证书有效期至</td><td>使用前情况（是否良好）</td><td>使用后情况（是否良好）</td></tr>
<tr><td>量块套组</td><td>(0.5～1000)mm</td><td>5等</td><td></td><td></td><td></td><td></td><td></td></tr>
<tr><td>数字频率计</td><td>0.1Hz～1.5GHz</td><td>—</td><td></td><td></td><td></td><td></td><td></td></tr>
<tr><td>秒表</td><td>—</td><td>—</td><td></td><td></td><td></td><td></td><td></td></tr>
<tr><td colspan="8">测试项目</td></tr>
<tr><td rowspan="3">1)</td><td rowspan="3">基本误差</td><td colspan="6">±1.0%</td></tr>
<tr><td colspan="2" rowspan="2">第 i 个测试点处的输出量减去拟合输出量，再除以3个循环正、反行程输出量平均值的上限值与下限值差，以不同测试点的最大值作为基本误差</td><td colspan="2">①本项目测试结果</td><td colspan="2"></td></tr>
<tr><td colspan="2">②本项目评价结果</td><td colspan="2"></td></tr>
<tr><td rowspan="6">(1)</td><td rowspan="6">循环1
正行程</td><td colspan="2">试验序号</td><td colspan="2">③测量值(mm)</td><td colspan="2">④标准值(mm)</td></tr>
<tr><td colspan="2">1</td><td colspan="2"></td><td colspan="2"></td></tr>
<tr><td colspan="2">2</td><td colspan="2"></td><td colspan="2"></td></tr>
<tr><td colspan="2">3</td><td colspan="2"></td><td colspan="2"></td></tr>
<tr><td colspan="2">4</td><td colspan="2"></td><td colspan="2"></td></tr>
<tr><td colspan="2">5</td><td colspan="2"></td><td colspan="2"></td></tr>
</table>

续上表

测试项目				
(1)	循环1 正行程	6		
		7		
		8		
		9		
		10		
		11		
		—	⑤本指标测试结果	
			⑥本指标评价结果	
(2)	循环1 反行程	试验序号	③测量值(mm)	④标准值(mm)
		1		
		2		
		3		
		4		
		5		
		6		
		7		
		8		
		9		
		10		
		11		
		—	⑤本指标测试结果	
			⑥本指标评价结果	
(3)	循环2 正行程	试验序号	③测量值(mm)	④标准值(mm)
		1		
		2		
		3		
		4		
		5		
		6		
		7		

续上表

测试项目				
(3)	循环2 正行程	8		
		9		
		10		
		11		
		—	⑤本指标测试结果	
			⑥本指标评价结果	
(4)	循环2 反行程	试验序号	③测量值(mm)	④标准值(mm)
		1		
		2		
		3		
		4		
		5		
		6		
		7		
		8		
		9		
		10		
		11		
		—	⑤本指标测试结果	
			⑥本指标评价结果	
(5)	循环3 正行程	试验序号	③测量值(mm)	④标准值(mm)
		1		
		2		
		3		
		4		
		5		
		6		
		7		
		8		
		9		

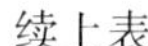

续上表

测试项目				
(5)	循环3 正行程	10		
		11		
		—	⑤本指标测试结果	
			⑥本指标评价结果	
(6)	循环3 反行程	试验序号	③测量值(mm)	④标准值(mm)
		1		
		2		
		3		
		4		
		5		
		6		
		7		
		8		
		9		
		10		
		11		
		—	⑤本指标测试结果	
			⑥本指标评价结果	
2)	线性度	±1.0%		
		第i个测试点3个循环正、反行程输出量的平均值减去拟合输出量,再除以3个循环正、反行程输出量平均值的上限值与下限值差,以不同测试点的最大值作为线性度	①本项目测试结果	
			②本项目评价结果	
(1)	—	试验序号	③测量值(mm)	④标准值(mm)
		1		
		—	⑤本指标测试结果	
			⑥本指标评价结果	

续上表

测试项目				
3)	回程误差	≤0.4%		
		第 i 个测试点 3 个循环正行程输出量的平均值减去反行程输出量的平均值，再除以 3 个循环正、反行程输出量平均值的上限值与下限值差，以不同测试点的最大值作为回程误差	①本项目测试结果	
			②本项目评价结果	
(1)	—	试验序号	③测量值(mm)	④标准值(mm)
		1		
		—	⑤本指标测试结果	
			⑥本指标评价结果	
4)	重复性	≤0.4%		
		第 i 个测试点 3 个循环同向行程中输出量最大差值 ×0.61，再除以 3 个循环正、反行程输出量平均值的上限值与下限值差，以不同测试点的最大值作为回程误差	①本项目测试结果	
			②本项目评价结果	
(1)	—	试验序号	③测量值(mm)	④标准值(mm)
		1		
		—	⑤本指标测试结果	
			⑥本指标评价结果	
测量不确定度				
序号	评定项目	评定结果	计算方法说明	
1				
2				
3				

测试：　　　　　　　　　　核验：　　　　　　　　　　日期：

42 耐静水压测定装置计量测试作业指导书
（仪器编号：GL01120007）

42.1 范围

本作业指导书适用于土工合成材料耐静水压测定装置的计量测试。

42.2 概述

耐静水压测定装置用于测定土工合成材料的耐静水压防渗性能。

耐静水压测定装置通过静水压力法确定土工合成材料的耐水渗透性，主要包括进水调压装置、网、多孔板、小透孔、试件、集水器、压力显示器等，其结构示意如图 3-42-1 所示。

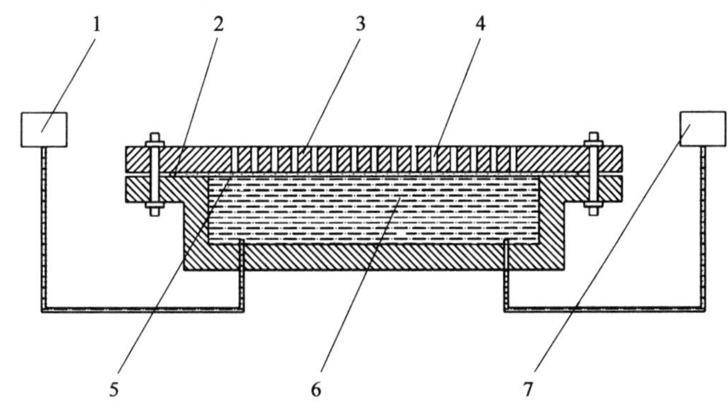

图 3-42-1 耐静水压测定装置结构示意图

1——进水调压装置；2——网；3——多孔板；4——小透孔；5——试件；6——集水器；7——压力显示器。

42.3 通用技术要求

(1)耐静水压测定装置表面不应有影响使用的锈蚀及破裂损伤。

(2)控制操控应灵活,各紧固件应无松动。

(3)密封圈密封性能良好。

42.4 计量性能要求

(1)集水器内腔的内径为(200 ±5)mm。

(2)小透孔的直径为(3 ±0.05)mm。

(3)压力测定装置的示值误差不超过 ±2% 。

42.5 环境条件

(1)温度:(20 ±2)℃。

(2)测试环境无明显的振动干扰。

42.6 计量器具

(1)游标卡尺:量程(0 ~300)mm,分度值 0.02mm,最大允许误差 ±0.04mm。

(2)内径千分尺:量程(0 ~25)mm,分辨力 0.001mm,最大允许误差 ±0.004mm。

(3)压力计:分度值 0.001MPa,准确度等级 0.02 级。

(4)其他设备:模拟试样(直径 220mm 圆形橡胶垫)、三通及连接管。

42.7 测试步骤

42.7.1 通用技术要求

用目测和手感的方法。

42.7.2　集水器内腔的内径

沿集水器内腔的圆周方向等间隔选取 3 个测点,用游标卡尺测量集水器内腔的内径,取 3 次测量的算术平均值作为集水器内腔的内径。

42.7.3　小透孔的直径

在多孔板上随机选取 3 个小透孔,使用内径千分尺测量小透孔直径,取 3 个小透孔直径的算术平均值作为小透孔的直径。

42.7.4　压力示值误差

试验步骤如下:

(1)用三通管连接耐静水压测定装置与压力计;

(2)开启进水调压装置,使水缓慢地进入并充满集水器,至水刚好要溢出;

(3)将模拟试样平整地放在集水器内的网上,溢出多余水以确保夹样器内无气泡;

(4)将多孔板盖上,均匀地夹紧试样;

(5)缓慢调节进水加压装置,使水压上升至压力示值器显示 0.1MPa,待压力稳定后读取压力计示值并记录;

(6)压力示值器以 0.5MPa 的级差(0.5MPa、1.0MPa、1.5MPa)逐级加压至 2.5MPa,待压力稳定后记录每一级压力下压力计的示值;

(7)调节进水调压装置,缓慢释放压力至 0MPa;

(8)重复步骤(5)~(7),取 3 次测量的算术平均值,作为每一级的压力计的示值,按照式(3-42-1)计算压力的示值误差。若试验过程中存在压力不稳定或渗水现象,则该次测试不记入结果。

$$\delta = P_i - P \tag{3-42-1}$$

式中:δ——耐静水压测定装置的压力示值误差(MPa);

P_i——压力计每级示值平均值(MPa);

P——压力示值器示值(MPa)。

42.8　测试周期

测试时间间隔一般不超过 12 个月,使用中可根据实际情况增加测试次数。

42.9 原始数据记录表

原始数据记录表见表 3-42-1。

耐静水压测定装置测试原始数据记录表 表 3-42-1

表格编号：

记录编号：

<table>
<tr><td colspan="2">设备名称</td><td colspan="2">耐静水压测定装置</td><td colspan="2">样品编号</td><td colspan="2"></td></tr>
<tr><td colspan="2">型号规格</td><td colspan="2"></td><td colspan="2">出厂编号</td><td colspan="2"></td></tr>
<tr><td colspan="2">制造单位</td><td colspan="2"></td><td colspan="2">测试依据</td><td colspan="2"></td></tr>
<tr><td colspan="2">接收日期</td><td colspan="2"></td><td colspan="2">测试地点</td><td colspan="2"></td></tr>
<tr><td colspan="2">测试前样品状态</td><td colspan="2"></td><td colspan="2">测试后样品状态</td><td colspan="2"></td></tr>
<tr><td colspan="2">环境条件</td><td colspan="6"></td></tr>
<tr><td colspan="8">测试使用的计量标准器及主要配套设备</td></tr>
<tr><td>名称
(设备编号)</td><td>测量范围</td><td>不确定度/准确度等级/最大允许误差</td><td>证书编号</td><td>溯源机构</td><td>证书
有效期至</td><td>使用前情况
(是否良好)</td><td>使用后情况
(是否良好)</td></tr>
<tr><td>游标卡尺</td><td>(0～300)mm</td><td>±0.04mm</td><td></td><td></td><td></td><td></td><td></td></tr>
<tr><td>内径千分尺</td><td>(0～25)mm</td><td>±0.004mm</td><td></td><td></td><td></td><td></td><td></td></tr>
<tr><td>压力计</td><td>—</td><td>0.02 级</td><td></td><td></td><td></td><td></td><td></td></tr>
<tr><td colspan="8">测试项目</td></tr>
<tr><td rowspan="3">1)</td><td rowspan="3">集水器内腔的内径</td><td colspan="6">(200±5)mm</td></tr>
<tr><td colspan="2" rowspan="2">(1).⑤</td><td colspan="2">①本项目测试结果</td><td colspan="2"></td></tr>
<tr><td colspan="2">②本项目评价结果</td><td colspan="2"></td></tr>
<tr><td rowspan="6">(1)</td><td rowspan="6">集水器内腔的内径</td><td colspan="2">试验序号</td><td colspan="2">③测量值(mm)</td><td colspan="2">④标准值(mm)</td></tr>
<tr><td colspan="2">1</td><td colspan="2"></td><td colspan="2"></td></tr>
<tr><td colspan="2">2</td><td colspan="2"></td><td colspan="2"></td></tr>
<tr><td colspan="2">3</td><td colspan="2"></td><td colspan="2"></td></tr>
<tr><td colspan="2" rowspan="2">AVERAGE(③)</td><td colspan="2">⑤本指标测试结果</td><td colspan="2"></td></tr>
<tr><td colspan="2">⑥本指标评价结果</td><td colspan="2"></td></tr>
</table>

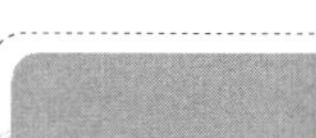

续上表

<table>
<tr><td colspan="5">测试项目</td></tr>
<tr><td rowspan="3">2)</td><td rowspan="3">小透孔的直径</td><td colspan="3">(3 ±0.05)mm</td></tr>
<tr><td rowspan="2">(1).⑤</td><td>①本项目测试结果</td><td></td></tr>
<tr><td>②本项目评价结果</td><td></td></tr>
<tr><td rowspan="6">(1)</td><td rowspan="6">小透孔的直径</td><td>试验序号</td><td>③测量值(mm)</td><td>④标准值(mm)</td></tr>
<tr><td>1</td><td></td><td></td></tr>
<tr><td>2</td><td></td><td></td></tr>
<tr><td>3</td><td></td><td></td></tr>
<tr><td rowspan="2">AVERAGE(③)</td><td>⑤本指标测试结果</td><td></td></tr>
<tr><td>⑥本指标评价结果</td><td></td></tr>
<tr><td rowspan="3">3)</td><td rowspan="3">压力示值误差</td><td colspan="3">≤2%</td></tr>
<tr><td rowspan="2">(1).⑤</td><td>①本项目测试结果</td><td></td></tr>
<tr><td>②本项目评价结果</td><td></td></tr>
<tr><td rowspan="6">(1)</td><td rowspan="6">0.1MPa</td><td>试验序号</td><td>③测量值(MPa)</td><td>④标准值(MPa)</td></tr>
<tr><td>1</td><td></td><td></td></tr>
<tr><td>2</td><td></td><td></td></tr>
<tr><td>3</td><td></td><td></td></tr>
<tr><td rowspan="2">AVERAGE(④) -1.③</td><td>⑤本指标测试结果</td><td></td></tr>
<tr><td>⑥本指标评价结果</td><td></td></tr>
<tr><td rowspan="3">4)</td><td rowspan="3">压力示值误差</td><td colspan="3">≤2%</td></tr>
<tr><td rowspan="2">(1).⑤</td><td>①本项目测试结果</td><td></td></tr>
<tr><td>②本项目评价结果</td><td></td></tr>
<tr><td rowspan="6">(1)</td><td rowspan="6">0.5MPa</td><td>试验序号</td><td>③测量值(MPa)</td><td>④标准值(MPa)</td></tr>
<tr><td>1</td><td></td><td></td></tr>
<tr><td>2</td><td></td><td></td></tr>
<tr><td>3</td><td></td><td></td></tr>
<tr><td rowspan="2">AVERAGE(④) -1.③</td><td>⑤本指标测试结果</td><td></td></tr>
<tr><td>⑥本指标评价结果</td><td></td></tr>
</table>

续上表

测试项目				
5)	压力示值误差	≤2%		
		(1).⑤	①本项目测试结果	
			②本项目评价结果	
(1)	1.0MPa	试验序号	③测量值(MPa)	④标准值(MPa)
		1		
		2		
		3		
		AVERAGE(④)-1.③	⑤本指标测试结果	
			⑥本指标评价结果	
6)	压力示值误差	≤2%		
		(1).⑤	①本项目测试结果	
			②本项目评价结果	
(1)	1.5MPa	试验序号	③测量值(MPa)	④标准值(MPa)
		1		
		2		
		3		
		AVERAGE(④)-1.③	⑤本指标测试结果	
			⑥本指标评价结果	
7)	压力示值误差	≤2%		
		(1).⑤	①本项目测试结果	
			②本项目评价结果	
(1)	2.0MPa	试验序号	③测量值(MPa)	④标准值(MPa)
		1		
		2		
		3		
		AVERAGE(④)-1.③	⑤本指标测试结果	
			⑥本指标评价结果	

续上表

<table>
<tr><td colspan="5">测试项目</td></tr>
<tr><td rowspan="3">8)</td><td rowspan="3">压力示值误差</td><td colspan="3">≤2%</td></tr>
<tr><td rowspan="2">(1).⑤</td><td>①本项目测试结果</td><td></td></tr>
<tr><td>②本项目评价结果</td><td></td></tr>
<tr><td rowspan="6">(1)</td><td rowspan="6">2.5MPa</td><td>试验序号</td><td>③测量值(MPa)</td><td>④标准值(MPa)</td></tr>
<tr><td>1</td><td></td><td></td></tr>
<tr><td>2</td><td></td><td></td></tr>
<tr><td>3</td><td></td><td></td></tr>
<tr><td rowspan="2">AVERAGE(④) -1.③</td><td>⑤本指标测试结果</td><td></td></tr>
<tr><td>⑥本指标评价结果</td><td></td></tr>
<tr><td colspan="5">测量不确定度</td></tr>
<tr><td>序号</td><td>评定项目</td><td>评定结果</td><td colspan="2">计算方法说明</td></tr>
<tr><td>1</td><td></td><td></td><td colspan="2"></td></tr>
<tr><td>2</td><td></td><td></td><td colspan="2"></td></tr>
<tr><td>3</td><td></td><td></td><td colspan="2"></td></tr>
</table>

测试：　　　　　　　　　　　　核验：　　　　　　　　　　　　日期：

43　道路运输车辆车载卫星定位装置计量测试作业指导书

43.1　范围

本作业指导书适用于道路运输车辆车载卫星定位装置的计量测试。

43.2　概述

道路运输车辆车载卫星定位装置具有卫星定位、移动网络接入、道路运输车辆行驶记录、道路运输车辆相关信息采集和控制的功能，可实现对车辆速度、里程、位置进行监测的装置。

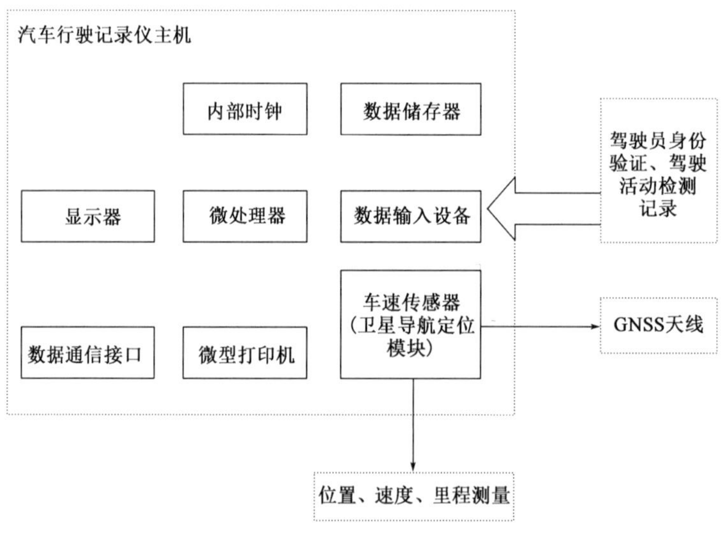

图 3-43-1　基本结构和工作原理图

道路运输车辆车载卫星定位装置能够捕获到按一定卫星截止角所选择的待测卫星，并跟踪待测卫星的运行。当卫星定位装置捕获到跟踪的卫星信号后，可测量出接收天线至卫星的伪距离和距离的变化率，解调出卫星轨道参数等数据。卫星定位装置中的微处理计算机按照定位解算方法进行定位计算，计算出其所在地理位置的经纬度、高度、速度、时间等信息。

道路运输车辆车载卫星定位装置主要由微处理器、数据储存器、数据通信接口、显示器、微型打印机、内部时钟、数据输入设备、车速传感器（卫星导航定位模块）等组成，其基本结构和工作原理如图 3-43-1 所示。

43.3　计量性能要求

（1）定位偏差不大于 15m。

（2）测速偏差不超过 ±1km/h。

（3）里程的最大允许误差：±2%（里程不小于 5km）。

43.4　环境条件

测试环境条件如下：

（1）温度：（ −25 ~40）℃；

（2）应避免雷雨等天气；

（3）应回避高压线、建筑物、信号塔等遮挡干扰卫星信号的设施；

（4）无影响仪器正常工作的电磁干扰和机械振动。

43.5　计量器具

测试器具如下：

（1）卫星信号模拟器：

①支持系统：支持被检道路运输车辆车载卫星定位装置所适用的全球卫星导航系统。

②场景：可定义测试所需测试场景，如定位偏差测试场景、测速偏差测试场景和里程

记录误差测试场景;模拟信号通过天线进行发射。

(2)卫星定位接收标准装置:定位、测速和量程的最大允许误差绝对值应不大于被测道路运输车辆车载卫星定位装置相应项目最大允许误差绝对值的1/3,或其他满足测量不确定度要求的测量设备。

(3)测试平台:可实时接收被检道路运输车辆车载卫星定位装置和卫星定位接收标准装置的定位、速度、里程等信息。

43.6 测试步骤

43.6.1 卫星信号模拟器仿真场景设置

设置模拟器参数,仿真一段不小于5km直行运行场景。初始起点静止时间不小于2min(确保卫星定位装置接收到模拟卫星信号,并上报3个以上位置信息),直线运行期间速度包含70km/h、90km/h、120km/h的行驶速度,每个速度段至少保持匀速行驶30s。

43.6.2 定位偏差

启动模拟器场景仿真,模拟信号经天线发射。模拟器仿真一个静止坐标,测试平台接收被测卫星定位装置上报的位置信息(X_i,Y_i,Z_i)和卫星定位接收标准装置上报的位置信息(X_0,Y_0,Z_0),待收到第一个有效定位值后,连续接收3个定位数据(卫星定位装置数据上报间隔建议不大于5s),计算卫星定位接收标准装置的定位标准值与被测卫星定位装置测量值差值的平均值$\overline{X}$、$\overline{Y}$、$\overline{Z}$,按式(3-43-1)计算定位偏差δ_P。

$$\delta_P = \sqrt{\overline{X}^2 + \overline{Y}^2 + \overline{Z}^2} \tag{3-43-1}$$

式中:δ_P——卫星定位装置的定位偏差(m);

$\overline{X}$——被测卫星定位装置接收位置坐标X轴方向的定位值X_i与卫星定位接收标准装置接收位置坐标X轴方向的定位标准值X_0差值的平均值(m);

$\overline{Y}$——被测卫星定位装置接收位置坐标Y轴方向的定位值Y_i与卫星定位接收标准装置接收位置坐标Y轴方向的定位标准值Y_0差值的平均值(m);

$\overline{Z}$——被测卫星定位装置接收位置坐标Z轴方向的定位值Z_i与卫星定位接收标准装置接收位置坐标Z轴方向的定位标准值Z_0差值的平均值(m)。

43.6.3 测速偏差

模拟器动态场景设置为直线运行,速度包含70km/h、90km/h、120km/h 3个行驶速度,每个速度点至少保持匀速行驶30s。测试平台接收被检卫星定位装置和卫星定位接收标准装置上报的3个速度点的实测速度信息,每个速度点记录3次的实测速度,取3次测量值的算术平均值作为该速度点的实测值。按式(3-43-2)分别计算每个速度点的测速偏差,取偏差最大的值作为测试结果。

$$\Delta v = v_{d} - v_{m} \tag{3-43-2}$$

式中:Δv——卫星定位装置测速偏差(km/h);

v_{d}——卫星定位装置实测平均速度(km/h);

v_{m}——卫星定位接收标准装置的实测平均速度(km/h)。

43.6.4 里程记录误差

模拟器动态场景设置为直线运行,模拟一段不小于5km直线里程。测试平台分别接收被测卫星定位装置模拟运动前至运动结束后上报的里程s_{d},以及卫星定位接收标准装置上报的运动前至运动结束后的实测里程,按式(3-43-3)计算被测卫星定位装置的里程记录误差。

$$\Delta r = \frac{s_{d} - s_{g}}{s_{g}} \times 100\% \tag{3-43-3}$$

式中:Δr——卫星定位装置里程记录相对误差;

s_{d}——卫星定位装置里程测量结果(km);

s_{g}——卫星定位接收标准装置的实测里程(km)。

43.6.5 在线计量实施

在道路运输车辆经过固定点位,例如收费站、检查站、服务区等位置,以不低于1Hz频率采集多个点位坐标,计算定位偏差、测速偏差、里程记录误差等。

43.7 测试周期

测试时间间隔一般不超过12个月,使用中可根据实际情况增加测试次数。

43.8 原始数据记录表

原始数据记录表见表3-43-1。

道路运输车辆卫星定位装置测试原始数据记录表 表 3-43-1

表格编号：

记录编号：

<table>
<tr><td colspan="2">设备名称</td><td colspan="2">道路运输车辆
卫星定位装置</td><td colspan="2">样品编号</td><td colspan="2"></td></tr>
<tr><td colspan="2">型号规格</td><td colspan="2"></td><td colspan="2">出厂编号</td><td colspan="2"></td></tr>
<tr><td colspan="2">制造单位</td><td colspan="2"></td><td colspan="2">测试依据</td><td colspan="2"></td></tr>
<tr><td colspan="2">接收日期</td><td colspan="2"></td><td colspan="2">测试地点</td><td colspan="2"></td></tr>
<tr><td colspan="2">测试前样品状态</td><td colspan="2"></td><td colspan="2">测试后样品状态</td><td colspan="2"></td></tr>
<tr><td colspan="2">环境条件</td><td colspan="6"></td></tr>
<tr><td colspan="8">测试使用的计量标准器及主要配套设备</td></tr>
<tr><td>名称
（设备编号）</td><td>测量范围</td><td>不确定度/
准确度等级/
最大允许
误差</td><td>证书编号</td><td>溯源机构</td><td>证书
有效期至</td><td>使用前情况
（是否良好）</td><td>使用后情况
（是否良好）</td></tr>
<tr><td>卫星信号
模拟器</td><td>—</td><td>—</td><td></td><td></td><td></td><td></td><td></td></tr>
<tr><td>卫星定位
接收标准
装置</td><td>—</td><td>—</td><td></td><td></td><td></td><td></td><td></td></tr>
<tr><td>测试平台</td><td>—</td><td>—</td><td></td><td></td><td></td><td></td><td></td></tr>
<tr><td colspan="8">测试项目</td></tr>
<tr><td rowspan="3">1）</td><td rowspan="3">定位偏差</td><td colspan="6">≤15m</td></tr>
<tr><td colspan="2" rowspan="2">（1）.⑤</td><td colspan="2">①本项目测试结果</td><td colspan="2"></td></tr>
<tr><td colspan="2">②本项目评价结果</td><td colspan="2"></td></tr>
<tr><td rowspan="6">（1）</td><td rowspan="6">定位偏差</td><td colspan="2">试验序号</td><td colspan="2">③测量值（m）</td><td colspan="2">④标准值（m）</td></tr>
<tr><td colspan="2">1</td><td colspan="2"></td><td colspan="2"></td></tr>
<tr><td colspan="2">2</td><td colspan="2"></td><td colspan="2"></td></tr>
<tr><td colspan="2">3</td><td colspan="2"></td><td colspan="2"></td></tr>
<tr><td colspan="2" rowspan="2">AVERAGE（③）－1.④</td><td colspan="2">⑤本指标测试结果</td><td colspan="2"></td></tr>
<tr><td colspan="2">⑥本指标评价结果</td><td colspan="2"></td></tr>
</table>

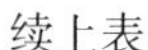

续上表

测试项目				
2）	测速偏差	±1km/h		
		MAX[（1）.⑤、（2）.⑤、（3）.⑤]	①本项目测试结果	
			②本项目评价结果	
（1）	70km/h	试验序号	③测量值（km/h）	④标准值（km/h）
		1		
		2		
		3		
		AVERAGE（③）－1.④	⑤本指标测试结果	
			⑥本指标评价结果	
（2）	90km/h	试验序号	③测量值（km/h）	④标准值（km/h）
		1		
		2		
		3		
		AVERAGE（③）－1.④	⑤本指标测试结果	
			⑥本指标评价结果	
（3）	120km/h	试验序号	③测量值（km/h）	④标准值（km/h）
		1		
		2		
		3		
		AVERAGE（③）－1.④	⑤本指标测试结果	
			⑥本指标评价结果	
3）	里程记录误差	±2%		
		（1）.⑤	①本项目测试结果	
			②本项目评价结果	
（1）	里程记录误差	试验序号	③测量值（km）	④标准值（km）
		1		
		③－④	⑤本指标测试结果	
			⑥本指标评价结果	

续上表

测量不确定度			
序号	评定项目	评定结果	计算方法说明
1			
2			
3			

测试：　　　　核验：　　　　日期：

参考文献

[1] 高鹏,孙玉玖. 测量标准不确定度的评定[J]. 计测技术,2018,38(S1):16-19.

[2] 熊炜,何慈辉. 新时期计量设备量值溯源工作的开展[J]. 上海计量测试,2022,49(02):63-65.

[3] 计量发展规划(2021—2035 年)纲要[J]. 计量与测试技术,2022,49(04):120-122.

[4] 张金霞. 探究计量器具在检定周期失准的原因及对策[J]. 中国检验检测,2022,30(02):92-93. DOI:10.16428/j.cnki.cn10-1469/tb.2022.02.030.

[5] 王平. 计量器具的检定与管理探讨[J]. 新型工业化,2020,10(11):123-124. DOI:10.19335/j.cnki.2095-6649.2020.11.055.

[6] 蒋涛. 提升计量器具检定工作质量的有效策略分析[J]. 仪器仪表标准化与计量,2020(05):44-46.

[7] 宋冬,李辉. 关于做好计量器具检定工作的思考[J]. 科学咨询(科技·管理),2020(09):36.

[8] 徐宏光. 比重瓶容量示值校准方法研究及不确定度评定[J]. 中国计量,2022(07):105-107. DOI:10.16569/j.cnki.cn11-3720/t.2022.07.063.

[9] 杭伯安. 承载板测定土基回弹模量试验结果不确定度评定[J]. 公路交通科技(应用技术版),2020,16(07):144-147.

[10] 水利部综合事业局. 应变控制式直剪仪校验方法:SL 116—2012[S]. 北京:中国水利水电出版社,2012.

[11] 魏明. 混凝土氯离子电通量测定仪校准结果的不确定度评定实例[J]. 计量与测试技术,2020,47(09):103-105. DOI:10.15988/j.cnki.1004-6941.2020.9.033.

[12] 王星星,周小全,吕斌. 一种新型收敛计检定装置研制[J]. 中国新技术新产品,2020(14):51-52. DOI:10.13612/j.cnki.cntp.2020.14.024.

[13] 全国交通工程设施(公路)标准化技术委员会. 沥青混合料理论最大相对密度仪:JT/T 834—2012[S]. 北京:人民交通出版社,2013.

[14] 陈明,金京.关于混凝土坍落度仪的校准方法研究[J].计量与测试技术,2018,45(10):19-20. DOI:10.15988/j.cnki.1004-6941.2018.10.006.

[15] 卓焕权.水泥净浆搅拌机测量结果的不确定度评定[J].仪器仪表标准化与计量,2019(06):40-42.

[16] 马兴.行星式水泥胶砂搅拌机校准方法[J].现代工业经济和信息化,2021,11(11):240-241. DOI:10.16525/j.cnki.14-1362/n.2021.11.095.

[17] 陈泽滨.砂浆凝结时间测定仪校准方法研究[J].计量与测试技术,2021,48(10):98-99+103. DOI:10.15988/j.cnki.1004-6941.2021.10.031.

[18] 宋洁.维勃稠度仪的正确使用及不确定度评定[J].中国计量,2022(05):107-109. DOI:10.16569/j.cnki.cn11-3720/t.2022.05.035.

[19] 住房和城乡建设部,建设工程标准技术.维勃稠度仪:JG/T 250—2009[S].北京:中国标准出版社,2009.

[20] 水利部国际合作与科技司.振筛机校验规程:SL 411—2007[S].北京:中国水利水电出版社,2008.

[21] 张成辉,邹晓川.混凝土快速冻融试验机校准方法的探讨及不确定度评定[J].计量与测试技术,2021,48(10):110-113. DOI:10.15988/j.cnki.1004-6941.2021.10.035.

[22] 陈积光,祝新念,胡文峰.水泥混凝土直接拉伸试验研究[J].湖南文理学院学报(自然科学版),2007(03):85-87+94.

[23] 高辉,曹玉芬,韩鸿胜.氯离子扩散系数测定仪标准与计量技术[J].水道港口,2018,39(03):383-386.

[24] 黎建余.游离氧化钙测定仪校准方法研究[J].中国计量,2021(11):106-109. DOI:10.16569/j.cnki.cn11-3720/t.2021.11.034.

[25] 段兆辉,刘亚民,卢娟娟,等.水泥中游离氧化钙测量不确定度评定[J].水泥,2020(S1):77-78. DOI:10.13739/j.cnki.cn11-1899/tq.2020.S1.026.

[26] 刘宝有.电阻应变式土压力传感器土中标定的试验研究[J].传感器技术,1987(04):7-13+6. DOI:10.13873/j.1000-97871987.04.002.

[27] 彭萌,孙小波,郗涛.金属线材扭转性能的测量不确定度评定[J].理化检验-物理分册,2021,57(12):60-62.

[28] 田峰,秦海峰,陈立杰. JJG 1136—2017《扭转疲劳试验机检定规程》解读[J]. 中国计量,2018(03):126-128. DOI:10.16569/j.cnki.cn11-3720/t.2018.03.048.

[29] 全国力值硬度计量技术委员会. 扭转疲劳试验机:JJG 1136—2017[S]. 北京:中国质检出版社,2017.

[30] 王美华,王新新. 土体分层沉降监测技术的现状与发展趋势[J]. 建筑施工,2016,38(02):232-234. DOI:10.14144/j.cnki.jzsg.2016.02.044.

[31] 张建国. 耐静水压测定仪的研制[J]. 中国个体防护装备,2009(01):46-48.

[32] 全国纺织品标准化技术委员会. 土工合成材料　防渗性能　第1部分:耐静水压的测定:GB/T 19979.1—2005[S]. 北京:中国标准出版社,2005.